五泉山建筑群太昊宫修缮工程报告

兰州市五泉山公园 编
马 琰 编著

兰州大学出版社
LANZHOU UNIVERSITY PRESS

图书在版编目（ＣＩＰ）数据

五泉山建筑群太昊宫修缮工程报告 / 兰州市五泉山公园主编. -- 兰州 : 兰州大学出版社, 2023.6
ISBN 978-7-311-05993-4

Ⅰ. ①五… Ⅱ. ①兰… Ⅲ. ①古建筑－修缮加固－研究报告－兰州 Ⅳ. ①K928.75②TU746.3

中国版本图书馆CIP数据核字(2021)第091036号

责任编辑　梁建萍
封面设计　汪如祥

书　　名　五泉山建筑群太昊宫修缮工程报告
作　　者　兰州市五泉山公园 主编　马　琰 编著
出版发行　兰州大学出版社　(地址:兰州市天水南路222号　730000)
电　　话　0931-8912613(总编办公室)　0931-8617156(营销中心)
网　　址　http://press.lzu.edu.cn
电子信箱　press@lzu.edu.cn
印　　刷　广西昭泰子隆彩印有限责任公司
开　　本　880 mm×1230 mm　1/16
印　　张　28.25
字　　数　516千
版　　次　2023年6月第1版
印　　次　2023年6月第1次印刷
书　　号　ISBN 978-7-311-05993-4
定　　价　220.00元

五泉山建筑群太昊宫保护修缮工程

荣获“甘肃省示范性文物保护项目”称号

荣誉证书

HONORARY CREDENTIAL

甘肃省示范性文物保护项目

五泉山建筑群太昊宫保护修缮工程

业主单位：兰州市五泉山公园

设计单位：兰州华景文化遗产勘察设计有限公司

施工单位：甘肃昊廷古建工程有限公司

监理单位：甘肃经纬建设监理咨询有限责任公司

甘肃省文物局

二〇二三年六月七日

序　言

建筑是文化的载体，它凝固着历史信息，传递着民族文化，承载着文物价值。随着我国文物保护事业的蓬勃发展，国家对甘肃文物建筑保护给予了巨大支持，使得甘肃近十年在文物建筑保护方面取得了长足的发展。

五泉山太昊宫建筑群自建成已历经了百年岁月。20世纪80年代初期，太昊宫建筑群进行过简单的加固维修，但没有进行过文物保护性修缮。自20世纪90年代末期，建筑先后出现屋面破损坍塌、梁柱脱榫、地基下沉等情况，产生了较为严重的安全隐患。因此，兰州市五泉山公园对太昊宫建筑群采取了关闭太昊宫院落、暂停对游人开放的措施。2013年，五泉山建筑群成为全国重点文物保护单位后，五泉山公园逐级向兰州市文旅局和甘肃省文物局提交了申请保护修缮方案，并于当年得到国家文物局批复。经过两年的保护修缮，太昊宫建筑群在最小干预的基础上焕然一新，既延续了其历史脉络，又继承了其建筑特点，使这座古老的建筑获得新生。在关闭近20年后，太昊宫建筑群于2016年重新与大众见面。

五泉山建筑群作为中国古代建筑群的历史遗存之一，其建筑构造、结构特点、工艺技术、材料做法、地方文化等在西北清末建筑群落中都具有代表性和独特性。在这次太昊宫建筑群修缮工程中，建设单位严格遵循了最小干预原则，注重体现其真实性和完整性，最大限度地保留了其原有风貌，提高了其历史价值与文物价值。在验收投入使用后，修缮工程得到了社会的高度认可，太昊宫建筑群由此成为深受市民及游客喜爱的著名景观。

《五泉山建筑群太昊宫修缮工程报告》详尽对比了太昊宫修缮前后的具体面貌，记录了太昊宫建筑群修缮的全部过程。作者对太昊宫的传统技术、传统工艺、构造做法加以科学整理和艺术分析，并配有大量实物照片及专业绘图，使本书成为工程报告基础之上的科普读物。在修缮过程中，作者对文物古建筑构件与历史资料进行了对比和制式尺度的认定，具有科学研究的过程。马炳坚先生曾说："不以刀凿为攻，难通绳墨之诀。"作者依据《工程做法则例》的记载，对太昊宫建筑群的造型制式及构件尺寸加以理论诠释，不仅为五泉山其他古建筑群的修复提供了建造依据，也为研究兰州地区同时期古建筑给出了理论基础。在遵循传统工艺方式的前提下，作者对文物建筑修缮提出了新认知，对工程修缮内容进行了整体的归纳和总结。这些都在本书中得以体现。

百年沧桑，经历了无尽的风霜雨雪，太昊宫依然屹立在五泉山，经过此次修缮后"旧貌换新颜"，彰显着它丰富的古建筑文物价值。它记录着五泉山变迁的点点滴滴，承载着历史的记忆，俨然成为当地古建筑的标本和兰州市民休闲游览的精神家园。作为文物保护工作者，在新时代，我们更要做好古建筑的保护修缮，同时做好修缮记录，将文物建筑的价值延续传承下去。

甘肃省文物局局长 马玉萍

2020年12月

前　言

2013年3月5日，兰州市五泉山公园被正式公布为第七批全国重点文物保护单位，其中22组五泉山建筑群成为国家级文物保护建筑。建筑群落始建于元代（迁建而来的庄严寺建于唐代），历经元、明、清三代不断修葺增建，民国年间由兰州人清代翰林院编修刘尔炘先生主持重新整体修葺、规整。

五泉山建筑群太昊宫自1919年初建至今，已有百年历史。在这百年之中，太昊宫建筑群仅在1955年进行过部分构件修补，直到1991年，由于年久失修，砖木建筑受自然、人为等因素侵扰，产生了较大的安全隐患，同年关闭太昊宫四组建筑，不再对外开放。2013年，兰州市五泉山公园向国家文物局提交五泉山建筑群太昊宫修缮工程方案，当年9月23日，获得国家文物局批复；在甘肃省文物局、兰州市文物局各级领导的积极推动下，2014年8月12日完成招投标工作，至此，太昊宫修缮工程在历经百年沧桑后正式拉开帷幕。

这组记载着兰州市民共同记忆的建筑群，在五泉山建筑群中有着独特的乡土情怀，不同于其他古建筑官殿维修。太昊宫建筑群修建在国家动荡危亡时期，刘尔炘先生在建太昊宫建筑群时是怎样的心境？这样的建筑群要如何修缮？文化要如何融入？怎样才能保证文物建筑的完整性和文化传承性呢？要保证文物建筑的外观与内涵，必须采用最小干预的修缮方式，同时传承其文化信息，这是五泉山太昊宫修缮的核心，也是广大市民的期待。

项目前期，兰州市五泉山公园文物保护科工作人员积极走访相关单位并搜集整理相关文献资料，配合设计单位进行建筑勘察、测绘。2012年3月完成了第一版五泉山太昊宫建筑群勘察及修缮设计方案；2014年3月结合国家文物局第三方批复意见对修缮方案做了进一步的深化，同年8月完成招投标后，正式开工修缮。在项目进行中，甘肃省文物局、兰州市文物局和兰州市园林局等上级部门都非常重视，给予了极大的支持，对项目多次督导、协调；国家文物局文保司领导也在施工期间专程来现场检查、指导；建设单位文物保护科成立保护修缮工程甲方代表小组，全程实时参与建设项目中，自始至终随时对项目进行现场协调、现场管理；设计单位兰州华景文化遗产勘察设计有限公司指派专门的项目负责人协调不可预见的设计调整，积极配合项目推进；施工单位甘肃经纬建设监理咨询有限责任公司和甘肃昊廷古建工程有限公司在山体公园较为特殊的环境下，在取水转运、材料转运极为困难和人流量密集以及节假日无法正常施工的条件下，坚守承诺，努力施工，为文物保护作出了贡献。

经过各有关单位长达16个月的艰苦奋战，五泉山建筑群太昊宫修缮工程在2016年1月竣工验收，实现了国家文物局的修缮要求，达到了预期目标，成为国家级文物保护单位后的第一个文物建筑修缮项目。太昊宫建筑群开放后，得到了各级政府和广大市民的认可和好评，同年在五泉山建筑群由甘肃省文物局主办了“中国文化遗产日”活动，同时完成了配套的文化展示陈列。

《五泉山建筑群太昊宫修缮报告》记载了从项目前期的资料搜集到向市级、省级、国家文物局逐级申报，到设计单位勘察测绘、施工单位实施，再到项目验收、审计等全部过程，完整地记录了项目的每一个环节，已成为一份珍贵的历史档案，可以为后续项目工程提供可资借鉴的技术指导。同时，也饱含了参与项目的全体工作人员对文物保护修缮的虔诚与敬畏之心。

该报告共分为六章：第一章为“编制背景”，包括五泉山建筑群概况和文物价值以及历史沿革；第二章为“太昊宫建筑群历史文化”，包括建设单位对太昊宫自然资源及历史文化的考证；第三章为“太昊宫建筑群勘察设计”，是设计单位对太昊宫现场勘察及梳理的记载；第四章为“太昊宫建筑群在尺度空间下的修缮”，详细记录了项目从开工到竣工的修缮过程，详细描述了建筑群在揭顶修缮过程中尺度空间的测量，分别从太昊宫建筑群的台基、地面、大木作、屋面、墙体、小木作给出做法与比对（通过尺度空间比对，对文物建筑修缮给出了参考依据，同时对五泉山建筑群同时代建筑形制给出了参考依据）；第五章为“太昊宫建筑群修缮工程总结”，对工程质量、传统工艺、最小干预的贯彻进行了总结，对工程取得的效果和经验以及今后应该注意的事项进行分析归纳，对“五泉山建筑群太昊宫的文化精神”在建筑修缮过程中的传承和对建筑的尊重以及对刘尔炘先生首倡建造的初心都有一定程度的理解，对他当年所写《兰州五泉太昊宫记》表达出的文化情怀又有了新的体认与感悟；三个附录是对工程资料主要是施工绘图作了进一步的整理说明。

工程历时16个月，其间我们不断探索、认真考证，将建筑与时代背景结合起来反复推敲，科学严谨地对工程中的工艺和施工进行整理、归纳。但施工过程中仍有许多不足和不可预见的情况发生，尤其是细节部分的处理仍需我们继续学习和提高文物保护的经验，将文物保护最小干预和尊重每一段历史的精神贯穿始终，使其尽可能真实地记载历史，尽可能清晰地传承文化。修缮文物古建，以垂久远。

今年恰逢五泉山太昊宫修建100周年（修建时间：1919—1921年），修缮后的太昊宫，记录了沧桑，承载了历史，历经了破败，迎来了新的征程。五泉山建筑群的生命，将在岁月的洗礼下飞檐翘角、多姿多彩，灵动而又沉着，挺秀而又淳厚，昭示着历史与现实的生生不息。

编　者

2020年3月

目 录

图版目录

太昊宫残损图目录

太昊宫四进院

太昊宫修缮图目录

第1章

编制背景

1.1 五泉山概况

五泉山建筑群位于兰州市城南皋兰山北麓的五泉山公园景区内。景区有庄严寺古建筑群、浚源寺古建筑群、二郎庙、文昌宫古建筑群、大悲殿、武侯祠、地藏寺、嘛呢寺古建筑群、酒仙祠古建筑群、千佛阁、三教洞、清虚府古建筑群、万源阁、青云梯、木牌坊、山门、半月亭、企桥、秦公庙、太昊宫古建筑群、澄碧滴翠水榭和漪澜亭共22组。五泉山建筑群始建于元代（迁建而来的庄严寺建于唐代），历经元、明、清三代不断修葺增建，民国年间，由兰州人清代翰林院编修刘尔炘重新修葺而成。整个建筑群目前基础稳定，结构完整，保存良好（如图1-1所示）。

五泉山因有"甘露""掬月""摸子""惠""蒙"五眼泉而得名，历史上兰州曾设五泉县、兰泉县。五眼清泉、古树、飞瀑、22组古建筑与历代人文积淀共同构成了真山真水，儒、释、道、民俗文化融合的大型园林名胜。

五泉山地貌为三坡两涧，因而形成了园林建筑群"一轴两翼"的整体布局。22组建筑依山就势，对山地空间关系进行艺术分割，形成竖向分层、多维多向的景观空间。它们通过暮鼓晨钟、袅袅梵音、潺潺溪流、对联题额、诗词歌赋与寺观廊桥融为一体，形成五泉独特的自然与人文魅力。

景区中最具特点的园林古建筑有：以书法、绘画、雕塑"三绝"著称的始建于唐代的建筑庄严寺；依山就势，巧借地形，悬楼于危岩之上的千佛阁；结构完整，通柱

C-20
C-21
C-12
P-01
C-18
C-19
P-13
C-13
P-05
C-06
C-01
C-22
C-14
C-10
C-17
C-16
P-07
C-04
P-12
C-03
C-09
C-11
P-02
P-03
C-02
C-08
C-05
P-10
P-04
P-11
C-07
P-13

图1-1 五泉山公园平面图

法式典型，见证甘肃教育史的万源阁；精巧灵秀的企桥、半月亭等景园建筑，既遵循制式又不拘于制式，既有制式的敦厚又有民间建筑的灵巧，挑檐深，起翘高，轻巧而不轻佻，敦厚而不死板，独具地方特色。

1963年，庄严寺、泰和铁钟、铜接引佛公布为省级文物保护单位。

1984年10月，五泉山园林古建筑群确定为兰州市级文物保护单位。

1995年10月，五泉山景区被国内贸易部授予“中华老字号”称号。

2005年，五泉山公园被国家旅游等级评定委员会评为“中国百家名园”。

2013年5月，五泉山建筑群由国务院公布为第七批全国重点文物保护单位。

2014年，五泉山建筑群太昊宫开始修缮。

1.1.1 地理位置

五泉山建筑群位于兰州市城关区黄河南岸Ⅱ级阶地后缘，皋兰山北麓黄土丘陵地带的五泉山公园内。五泉山建筑群地理坐标：北纬34°04′25″～34°02′21″；东经103°54′37″～103°53′26″（如图1-2所示）。

1.1.2 自然环境

五泉山建筑群地处兰州黄河河谷南岸皋兰山的北麓，地貌为三坡两涧。景区内山地土壤历经改造熟化，灰钙土肥沃疏松。此段山体因蕴“甘露”“掬月”“摸子”“惠”和“蒙”这五眼泉水而得名“五泉山”。其由东、中、西三条山麓夹东、西两条深涧形成“三麓两涧”、北低南高的地理风貌。五眼清泉来自第四纪下更新统五泉组砾石层的基岩裂隙水，其中蒙泉的流量为3.98 L/s，惠泉的流量为4.07 L/s，矿化度小于2 g/L，是富锶型天然饮用水。

五泉山地下水源丰沛，在五泉山东、西两条涧底汇水成潭，称为“东龙口”“西龙口”。并于五泉山中麓孕育“甘露”“掬月”“摸子”三泉、东涧出“蒙”泉、西涧出“惠”泉。

五泉山公园位于兰州市城关区黄河右岸皋兰山山脚下，场地总体南高北低，海拔1526～1845 m。地貌类型属冲洪积平原区和黄土丘陵区。

兰州市五泉山建筑群地域气候属于温带半干旱气候，降水稀少，夏季短历时高强度降雨较多，降雨集中，年日照充足，蒸发量大，昼夜温差大。年平均气温5～9 ℃，年昼夜温差达13～15 ℃，年日照2100～2700小时，年降水300～400 mm，年平均蒸发量1650 mm，年平均相对湿度58%。无霜期185～200天，最大冻土层1.2 m。年主导风向为东北风，年平均风速为0.8 m/s。

五泉山树木郁郁葱葱，遮天蔽日，植物受泉水滋润，如人工林和自然林生长茂盛，个体大、品种杂，绿化覆盖率90%（图1–3）。植被以乔灌木为主要骨架，乔木有国槐、银白杨、旱柳、白榆、梨树、臭椿、雪松、水杉、云杉、栾树、火炬树、银杏、红花刺槐等；灌木有牡丹、丁香、玫瑰、榆叶梅、连翘、珍珠梅、红柳、月季、红叶小檗、贴梗海棠等。现存古树名木56株，6科8属9个品种，其中以600年树龄的状元槐最为著名。

五泉山周边林地中脊椎野生动物中啮齿目和鸟纲动物优势明显，两栖类较少；景区内的动物园中有圈养大型野生动物熊猫、亚洲象、狮子、华南虎等120种，1000多只。

1.1.3　人文环境

五泉山古建筑形式多样，构造精巧，汇聚了甘肃大部分建筑种类和特色。省级文物保护单位庄严寺、泰和铁钟、铜接引佛历史悠久，儒、释、道、民俗和革命历史文化积淀深厚，吸引了广大游客和社会贤达游赏五泉山，留下了内容丰富、意境深远的名篇佳作60余篇。明代前贤陈质题诗“梵宫高耸与云连，昼静僧焚宝鼎烟”；黄谏《五泉山》诗云：“水绕禅林左右连，萧萧古木带寒烟”；段坚《五泉寺》诗云：“千尺松杉欺晚雪，一番桃李媚春风”；近现代名人高一涵诗云：“争天沟柳排空起，过涧藤花隔岸开”；董必武先生题诗：“兰州名胜地，共说五泉山”……这些诗句名言就是对五泉山园林景观最真实的写照。

五泉山的灵山秀水激发了历代名家高手的创作灵感，涌现出了描写五泉山的对联229副：如梁章钜的“佛地本无边，看排闼层层，紫塞千峰凭槛立；清泉不能浊，笑出山滚滚，黄河九曲抱城来”；左宗棠的“法轮自转菩提海，净域长流功德泉”；吴柳堂的“曾谒汤阴祠，读壁上残诗，惊雨惊风，雪尽犹留鸿爪在；重登兰岭阁，望峰头夕照，好山好水，月明应有马蹄归”；黄毓麟的“碧天曾补，黄土偶抟，问从来何事非戏？一曲传奇，作俑且休嘲优孟；绿水长流，青山自在，到此处几人留名？千秋怀古，开场端合唱嫖姚。”张广建的“五处水同源，漫咏沧浪辨清浊，一泓冰比洁，可澄肺腑见光明”；马福祥的“客心洗流水，树身穿草亭”；吴钧的“开草昧，破天荒，惟智者乐水，仁者乐山，仰止景行，随处皆贤关圣域；为皋兰，培地脉，看五步一

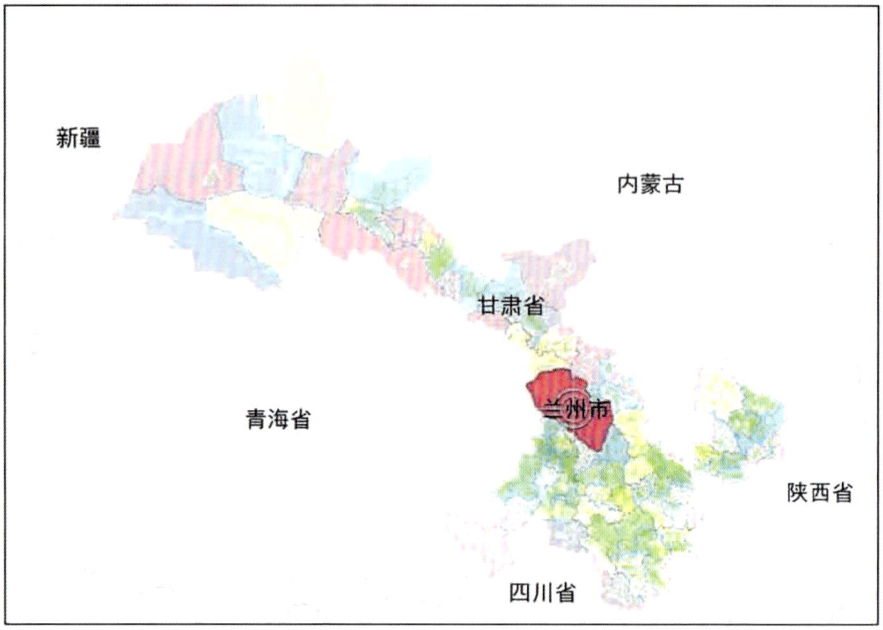

兰州市在甘肃省的位置

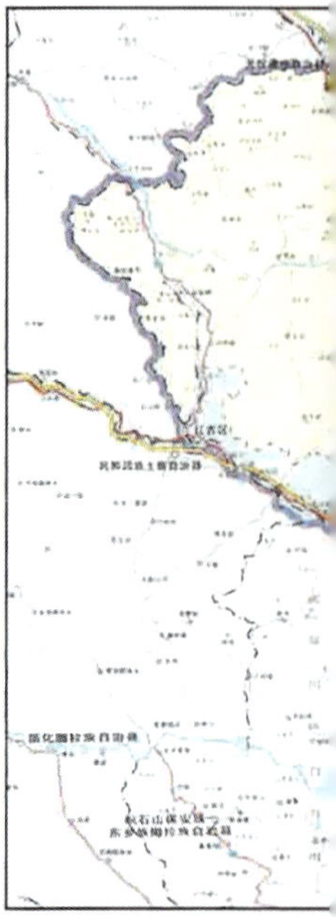

城关区在兰州

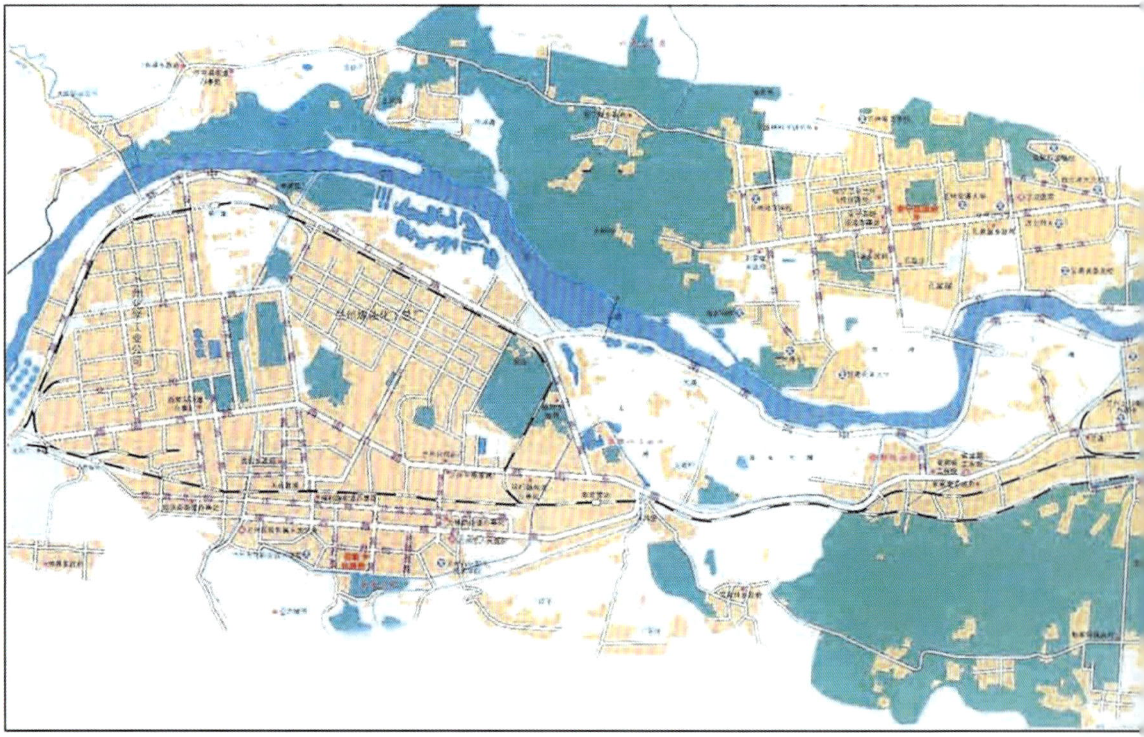

五泉山建筑群在兰州市的位置

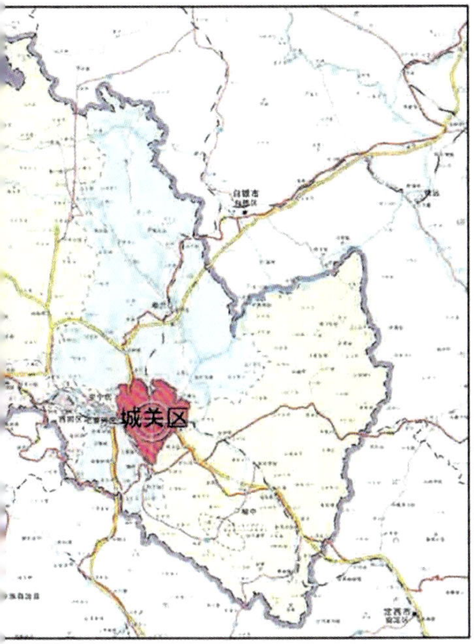

五泉山是兰州市乃至陇上著名的旅游胜地，地处兰州黄河河谷南岸皋兰山的北麓。五泉山建筑群位于甘肃省兰州市城南，东经103°49′26.30″北纬36°02′18.29″，海拔1554 m，总占地面积26.64 hm^2，西邻西北民族大学，东接红泥沟，北临兰新（青）铁路，南靠皋兰山。五泉山建筑群北东侧紧邻城市快速路南山路。

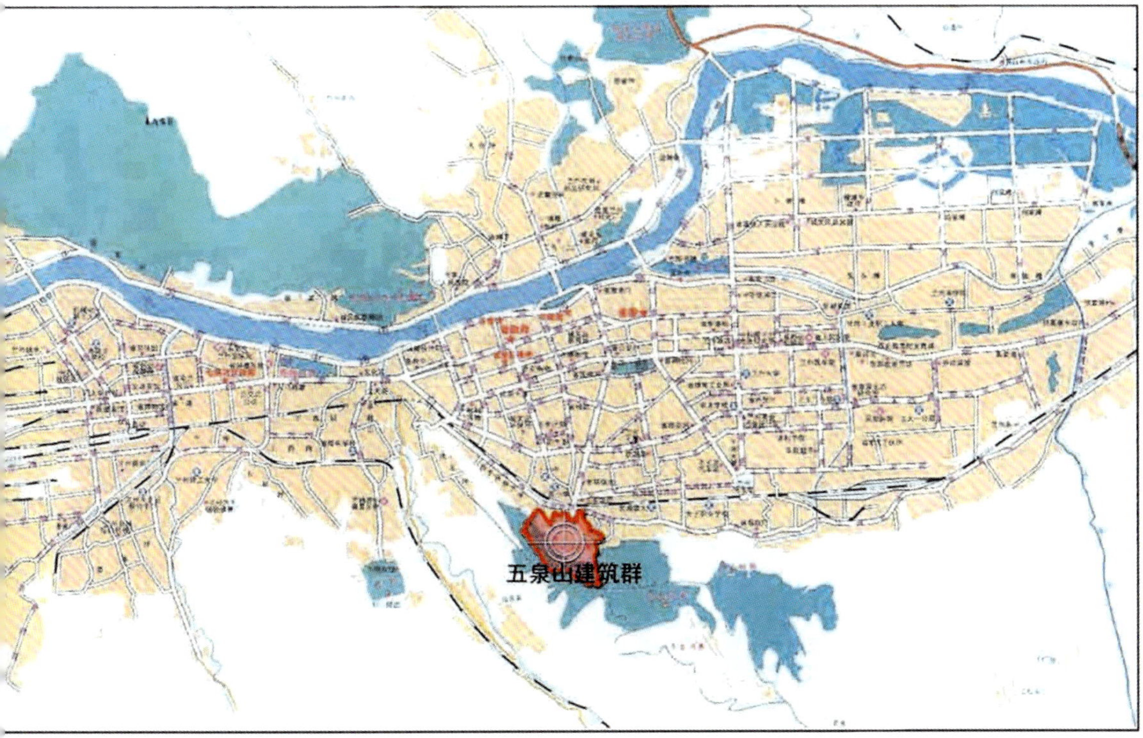

图1-2　五泉山公园区位图

图1-3 五泉山公园俯瞰图

楼，十步一阁，流丹耸翠，此间即园峤方壶”；黄文中的“水边春草绿，山外暮天青”；慕少堂的“水飞林木杪，僧老磬声中”；岳世英的“泉水自清不信出山偏会浊，楼台较近只嫌得月未能先”。尤其是民国九年（1920年）募集银两修葺五泉山的刘尔炘先生，撰书楹联130副。楹联广泛分布于五泉山各景点，通俗易懂，生动活泼，雅俗共赏，富有哲理，更加增添了五泉山的人文内涵。

五泉山公园属五泉街道办管辖，周围有汉族、蒙古族、回族、藏族、维吾尔族、苗族、壮族、朝鲜族、满族、瑶族、白族、土族、撒拉族、裕固族、东乡族、纳西族等民族。五泉山景区内的古建筑群周围，有住家户230户，有五泉菜馆、城关区人防办、兰州市动物园、派出所等13家驻园单位。

五泉山西邻西北民族大学，东接红泥沟，北临兰新（青）铁路，南靠皋兰山，周边以第三产业为主，没有大型的工矿企业，也没有高层和大型建筑，视野开阔，民风淳朴。来往交通便利，市内现有23条公交车线路直达或经过五泉山，是兰州市公交线路的一个交通枢纽站。

1.2 文物建筑概况

五泉山建筑群主要分布在五泉山两个区域：中麓区域、西麓区域。

1.2.1 中麓建筑群

1.浚源寺古建筑群始建于元仁宗皇庆年间（1312—1313年），由金刚殿、大雄宝殿、藏经阁、钟鼓楼及两侧厢房组成第三进院落。

2.文昌宫古建筑群始建于明初年，文昌宫为文昌帝君殿、乡贤祠、魁星阁及游廊共同组成的两进院落。

3.大悲殿始建于明惠帝建文元年（1399年），殿为四柱十一檩大悬山顶，面阔三间，进深二间，前出廊。

4.武侯祠始建于明惠帝建文元年（1399年），由正殿、前殿及配殿组成一进院落。

5.地藏寺始建于明惠帝建文元年（1399年），由正殿、配殿、旷观楼和北厢房组成第一进院落。

6.酒仙祠古建筑群始建于明惠帝建文元年（1399年），由东西正殿、东西悬楼及院中配殿组成东西两进院落。

7. 千佛阁始建于明英宗天顺六年（1462年），由东阁、西阁、中阁及爬山廊组成。

8. 三教洞始建于明英宗天顺六年（1462年），由贴山正殿、配殿及悬楼组成。

9. 清虚府古建筑群始建于清顺治十一年（1654年），由正殿、配殿及悬楼组成第一进院落。

10. 万源阁始建于清光绪元年（1875年），三层全木结构楼阁，四角攒尖。

11. 青云梯始建于清光绪元年（1875年），为一重双排三开间砖木牌坊。

12. 木牌坊始建于民国八年（1919年），为四柱三间木牌坊。

13. 山门始建于清光绪十四年（1888年），由山门、东西厢房蝴蝶亭组成第一进院落，山门台阶下置明肃王府石狮子一对。

14. 半月亭始建于民国八年（1919年），七间亭。屋面呈扇形，青方砖覆面。

15. 企桥始建于民国八年（1919年），该桥结构为单孔砖石廊桥，桥体用块石垒砌单孔涵洞并桥面至地面，上接西龙口之泉水。桥面上有砖木结构桥廊三间。

16. 秦公庙始建于光绪元年（1875年），该殿面阔三间，四柱十一檩前出檐硬山顶。

17. 太昊宫古建筑群始建于民国八年（1919年），太昊宫由伏羲殿、壤驷子祠、石作子祠、秦子祠组合为南高北低的四进院落。

1.2.2 西麓建筑群

18. 漪澜亭始建于民国十五年（1926年），八角攒尖顶木亭。

19. 澄碧滴翠水榭始建于民国八年（1919年），面阔九间，进深一间，卷棚顶，半廊式建筑。

20. 庄严寺古建筑群始建于唐高祖武德二年（619年），由前殿、中殿、后殿、西廊房组成三进院落。

21. 二郎庙始建于元朝初年，面阔三间，进深一间，前后出廊，四柱七檩悬山顶。

22. 嘛呢寺古建筑群始建于明惠帝建文元年（1399年），由山门、过殿、观音殿、三圣殿组成两进深院落。（如图1-4、1-5所示）

1.3 历史沿革

1.3.1 五泉山历史沿革

隋开皇二年（582年）设五泉县。

唐咸亨二年（671年）恢复为金城，天宝元年（742年）复置五泉县。

宋设兰泉县。

元代仁宗皇庆年间（1312—1313年）建皇庆寺；建霍去病庙，元末毁。

明洪武五年（1372年）改皇庆寺为五泉寺、重建霍去病庙。

明永乐年间（1403—1424年）重建五泉寺，改为崇庆寺。

明英宗天顺六年（1462年），在东龙口悬崖上建千佛阁，嘉靖十四年（1535年）重修。

明万历七年至九年（1579—1581年）建漱玉亭以观瀑布。重修后，改名“清晖阁”，建老君庵、读书楼、嘛呢寺、三教洞（老君洞）。

清顺治年间（1644—1661年）建鬘云阁、与偕堂、下下亭及回廊，并疏浚甘露泉。清康熙年间（1662—1722年）大力修葺，建筑完备形成规模。

清乾隆四十六年（1781年），大部分寺庙毁于兵祸，仅留千佛阁、五龙宫、藏经殿、戏楼等。乾隆五十年（1785年）后，重建，复旧观。

清嘉庆年间（1796—1820年）筑箭亭、修射场，命名为“瑶源阁”，重修千佛阁。

清同治元年（1862年），陕甘反清军焚山寺，仅剩下金刚殿和酒仙殿，同治十三年（1874年）重建嘛呢寺。

清光绪元年（1875年）重建千佛阁，武侯庙、秦公庙。十一年重建地藏寺，十三年建金花庙。十四年至十五年，在崇庆寺北建戏楼。重建三教洞。

民国八年（1919年）夏到民国十三年（1924年），刘尔炘募银修葺了五泉山原有之殿宇，增修了太昊宫、三子祠、层碧山庄等。将独立建筑物贯通门户，加强建筑之间联系，形成五泉山建筑群的基本格局。并根据各建筑特点以135副楹联点景题名。

抗战时期国民党第八战区司令长官公署进驻五泉山，为军事禁地，游人不得入内。在大悲殿后开挖防空洞，通往西龙口。部分门窗、板壁遭受破坏。

万源阁文化恢复：一层放置刘尔炘先生半身像和刘尔斩先生生平及楹联、书法绘画展示陈列。

清虚府文化恢复：正殿为岳飞塑像，东厢房陈列左宗棠塑像、西厢房陈列杨继盛塑像。

武侯祠文化恢复：正殿陈列诸葛亮、姜维、马超塑像，北侧厢房作为水烟博物馆陈列展厅。

文昌宫文化恢复：正殿陈列文昌帝君，上下两层厢房均为“一带一路”丝绸蜡像馆陈列展示厅。

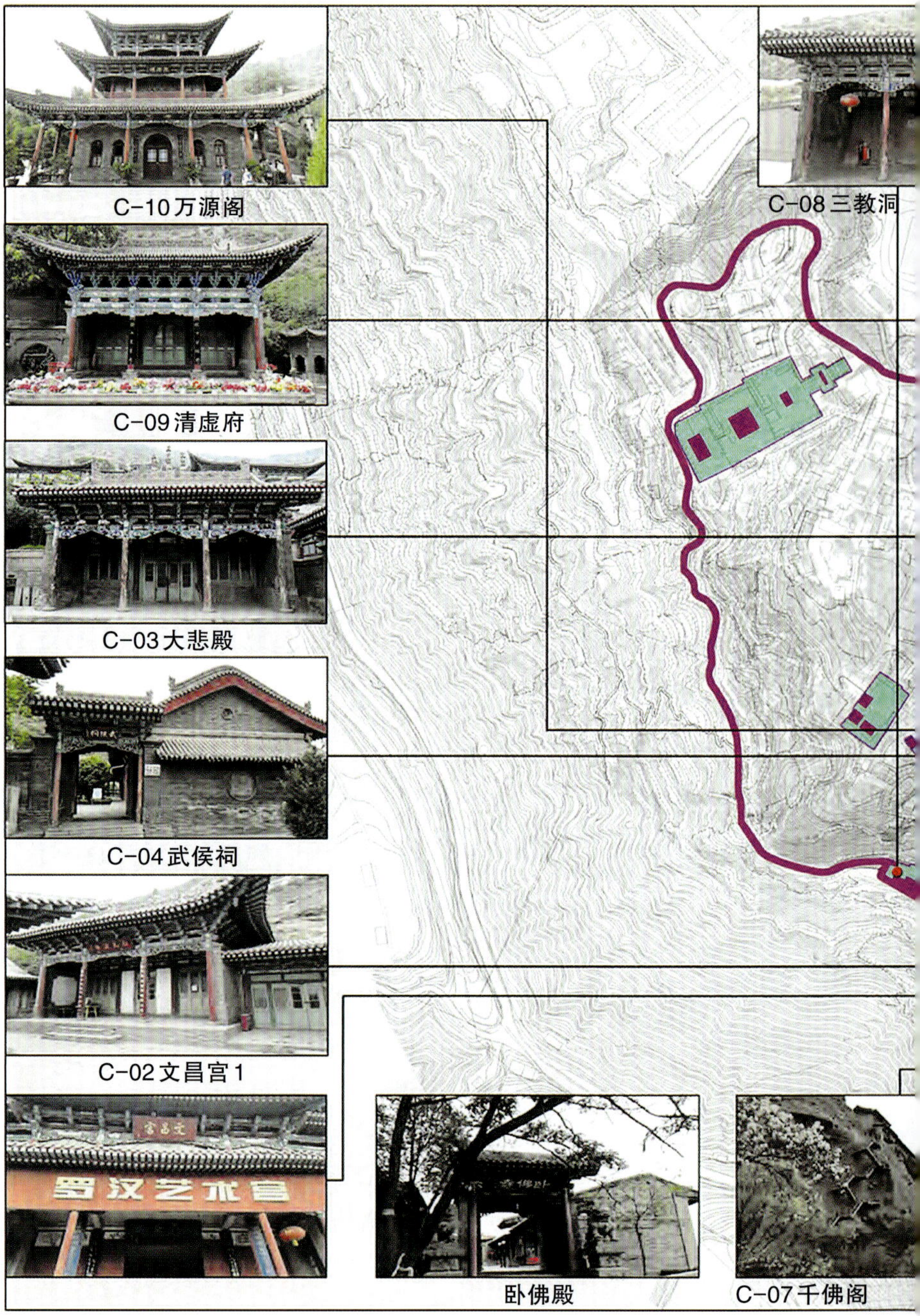

编号	修建年代	建筑名称
C-01	元代	浚源寺
C-02	明代	文昌宫
C-03	明代	大悲殿
C-04	明代	武侯祠
C-05	明代	地藏寺
C-06	明代	酒仙祠
C-07	明代	千佛阁
C-08	明代	三教洞
C-09	清代	清虚府
C-10	清代	万源阁
C-11	清代	青云梯

图1-4　五泉山建筑群分布示意图1

目前交于佛教协会使用。

目前交于佛教协会使用。

半月亭保留刘尔炘先生《兰州五泉太昊宫记》石碑。

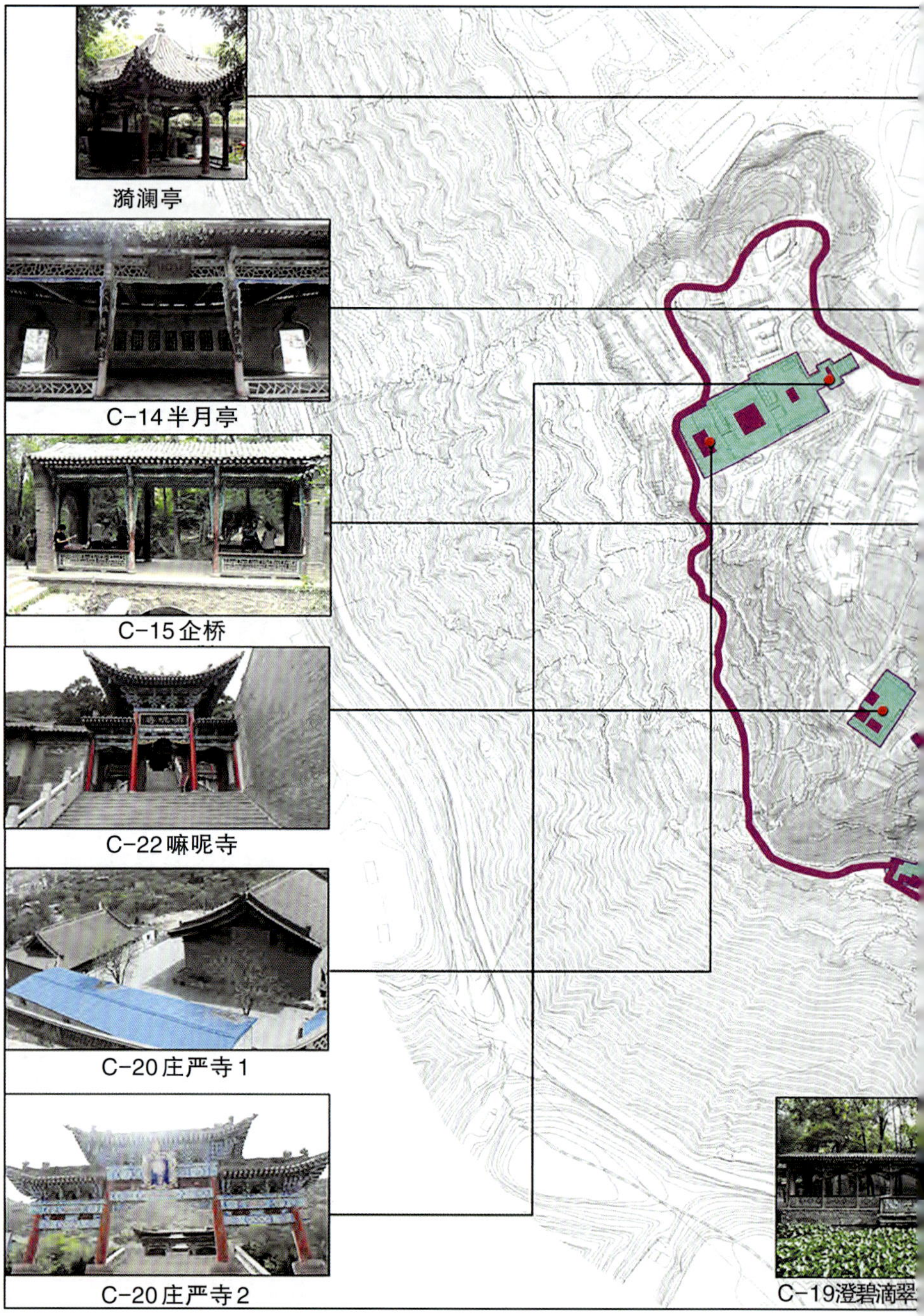

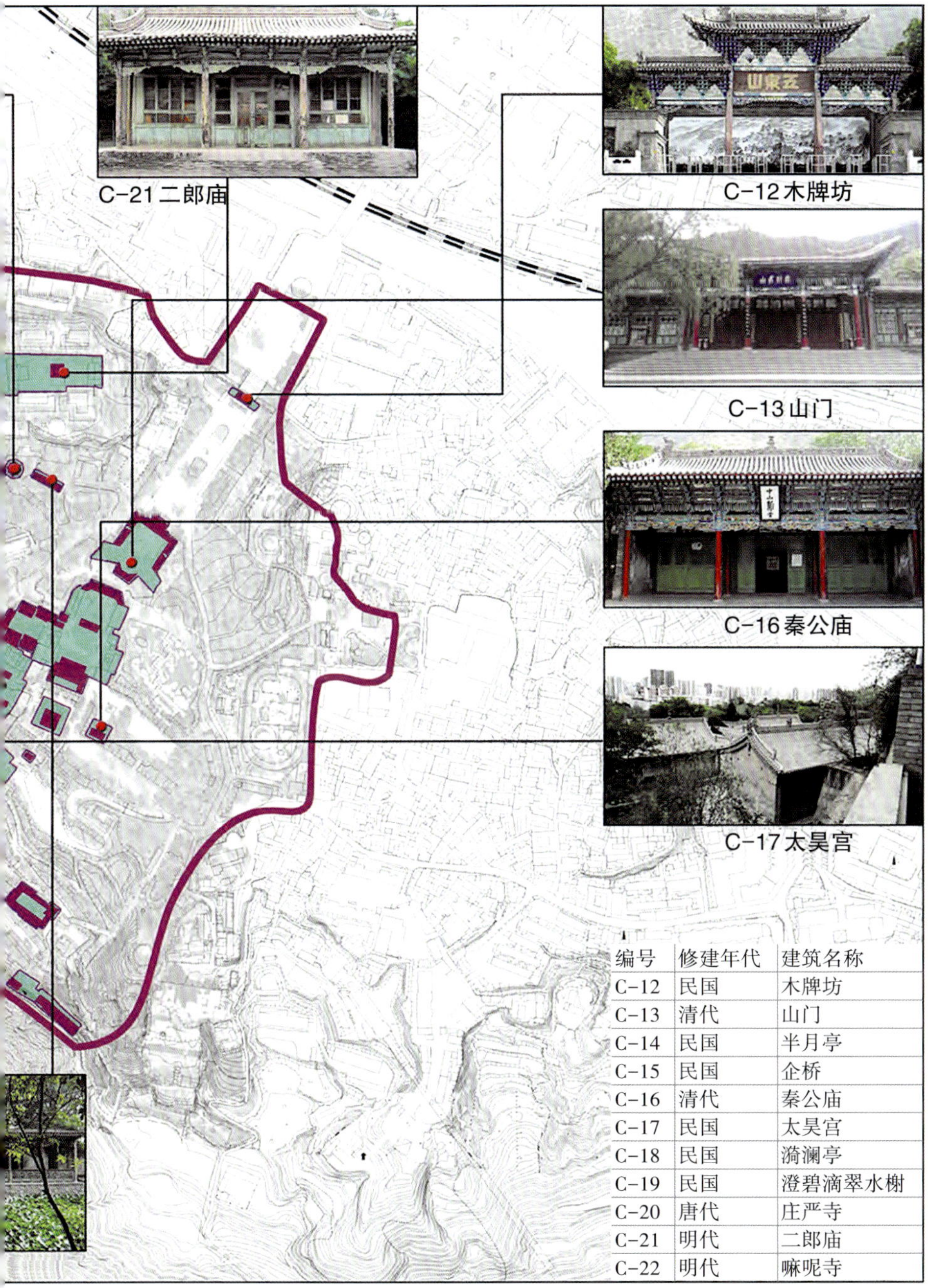

编号	修建年代	建筑名称
C-12	民国	木牌坊
C-13	清代	山门
C-14	民国	半月亭
C-15	民国	企桥
C-16	清代	秦公庙
C-17	民国	太昊宫
C-18	民国	漪澜亭
C-19	民国	澄碧滴翠水榭
C-20	唐代	庄严寺
C-21	明代	二郎庙
C-22	明代	嘛呢寺

图1-5　五泉山建筑群分布示意图2

二郎庙文化恢复：霍去病人物塑像和赵充国、邓训人物塑像陈列展示。

太昊宫文化恢复：伏羲、女娲、轩辕黄帝和壤驷子、石作子、秦子人物塑像及文化配祀简介。

1952年将明洪武三年（1370年）铸造的“铜接引佛”迁于猛醒亭和金刚殿中。（今保存于兰州市庆阳路城关区文化宫内。）

1954年将金代章宗泰和二年（1202年）铸造的泰和铁钟迁至园内。（今保存在兰园。）

1955年人民政府将五泉山划为公园。

1955年东西龙口建以长廊，殿宇楼阁彩漆绘画。

1996年庄严寺由兰州晚报社旧址迁于五泉山保护。

2010年起，对五泉山公园道路重新铺装，修缮地藏寺、东西长廊、大悲殿、武侯祠、太昊宫等，翠幽新圃透绿，西龙口修虹桥。

2013年5月，五泉山建筑群被国务院核定公布为第七批全国重点文物保护单位，属于古建筑类。

1.3.2　文物建筑历史沿革

1.西汉至宋时期

兰州自古地处西北边陲，是军事重镇。自秦代纳入中国版图后，历经两汉至隋唐，主要居民以戍边军士与少数民族为主。

五泉山建筑群的形成与兰州地区历史的发展血肉相连、荣辱与共。历史上的五泉山主要是以自然风光为主，山上只有规模不大的建筑。五泉山所在地域泉水丰沛，涌出百眼泉水，在东、西两山涧汇为瀑布溪流，流入黄河。北魏郦道元著《水经注·河水二》称：“河水又东南，迳金城县故城北。”《水经注》之“梁泉”是关于五泉山泉水最早的描述和传说的记载，体现出早期兰州城市、皋兰山、黄河及泉水之间的关系。隋代五泉定名，据《旧唐书·地理志》载：“五泉：汉金城县，属金城郡，西羌所处”“隋开皇初，置兰州，以皋兰山为名。炀帝改金城郡。隋置五泉县，咸亨二年，复为金城。天宝元年，改为五泉。”《宋史·地理志》载：“兰州，下，金城郡，军事。元丰四年收复。……县一：兰泉。”显然，隋兰州、唐五泉县、宋兰泉县都是以皋兰山和五泉等地域地理特征命名的。此时虽已经形成“五泉”的说法及文化特点，但还没有形成“五泉山”这个称谓，依旧沿用“皋兰山”称谓，两者没有明确的划分。皋兰山及五泉成为制定地名的依据，体现出皋兰山及五泉在当地广泛的影响力及重要的地理历史地位，是对五泉自然环境的肯定，预示着日后的五泉山作为古建筑营建地域的潜质及魅力，可以说这一时期是五泉山建筑群的孕育时期。这一时期呈现出五泉山原始的三麓两涧自然风貌格局。

2.元代

元代五泉山正式定名，建筑群正式开始营造。这一阶段兰州地区屡遭战火，皋兰山大部分森林被破坏，在五泉涌出的这一段山体因泉水滋润残留部分树木。《大元一统志》《大元混一方舆胜览》中明确提出了“五泉山”这一称谓。《大元一统志》记载：“皋兰山在（兰）州南五里”，“下有五眼泉，相传汉霍去病击匈奴至此，以鞭戳地而泉出。五泉山故以此命名。”元代仁宗皇庆年间（1312—1313年），在五泉山中麓坡度较为平缓的台地敕建皇庆寺。在西麓二郎岗建霍去病庙，元末毁。明天顺（1457—1464年）时民间讹为二郎庙，两组建筑规模无法考证。在五泉山中麓敕建的皇庆寺，西麓建的霍去病庙，标志着五泉山建筑群营建历史的开始。

3.明清两代

明清两代五泉山建筑群得到了大规模的发展，在乾隆时期（1736—1795年）形成了现有的规模。明建文元年（1399年），肃王朱楧移节兰州，兰州始为藩王驻地，初步奠定了兰州城市布局。乾隆二十九年（1764年），清政府将陕甘总督府自西安移驻兰州原明肃王府，裁撤甘肃巡抚，由总督兼管巡抚事，兰州遂成为总督、布政使、府、县驻地，形成西北重镇及大西北的经济、文化、政治、军事中心，对兰州城市建设产生了极大影响，促进了兰州城市基础设施和房屋建筑。清末，修建兰州黄河铁桥，整修栈道，拓修改造城市道路，兴办近代工业，城市建设进一步发展，人口迅速增长，为五泉山建筑群的营建提供了人力、经济的保障。

明万历七年至九年（1579—1581年）临巩兵备道副使暴孟奇在西龙口东侧建漱玉亭，以观瀑布。万历三十五年（1607年）兵备副使按察使刑云路重修后，改名“清晖阁”。天顺六年（1462年），在东龙口悬崖上建千佛阁，嘉靖十四年（1535年）重修，清同治六年（1867年）毁，光绪元年（1875年）重修。东龙口北部建老君庵。西麓还有明兵部侍郎邹应龙的读书楼，清中叶废。西麓南部建嘛呢寺。西龙口悬崖上建三教洞（亦称“老君洞”）。

清顺治十一年（1654年）兵备副使陈某建嫚云阁、与偕堂、下下亭及回廊，并疏浚甘泉露。康熙七年（1668年），甘肃巡抚刘斗大力修葺，凭山筑台。乾隆四十六年（1781年），五泉山绝大部分寺庙毁于兵祸，仅留千佛阁、五龙宫、藏经殿、戏楼等。乾隆五十年（1785年）后，官绅陆续募款重建，恢复旧观，根据乾隆时期五泉山图可以基本确定当时五泉山的建筑分布、形制特点、上山道路等情况，在五泉山中麓已经由北向南建有戏楼、山门、金刚殿、大雄宝殿、轮藏殿、大悲殿，奎文阁，在其东西两侧各建有水路堂、酒仙殿、燃灯寺、卧佛殿、大佛殿、清晖阁、三教洞。西涧由北向南有二郎庙、嘛呢寺及西龙口。东涧由北向南有老君庵、掬月泉、东龙口、五龙宫、地藏庵、千佛阁，可以看出东、西涧与中麓相对独立，山下的两座小桥以交通联系，建筑规模及功能已与现状类似，五泉山古建筑基本规模已经形成。嘉庆八年（1803年）甘肃布政使蔡廷衡捐资，在西龙口惠泉以南筑箭亭、修射场，命名为“瑶源阁”，内置茶室，公余常常与同僚行礼射于阁内。台阶之下杂植花木，引西龙口泉水浇灌。同治六年（1867年）八月十六日夜，陕甘反清军焚山寺，仅存金刚殿、酒仙祠。地方官绅捐资募款重建寺庙。同治十三年（1874年）重建嘛呢寺。

4.清末至中华人民共和国成立前

光绪元年（1875年）重建千佛阁、武侯庙、秦公庙。光绪十一年重建地藏寺，光绪十三年建金花庙。光绪十四年至十五年，在崇庆寺北建戏楼两层5间，湖南人谢威风题额“高山流水”。光绪初年重建三教洞。光绪末，兰州商人陈注（字敏斋）捐银八千三百两，后又经刘尔炘募款，于民国八年（1919年）夏到民国十三年（1924年）冬，以工代赈重修五泉山。在入山必经处建牌坊，题额“五泉山”，中麓建五泉山山门、戏楼及两侧看台、蝴蝶厅；修崇庆寺，并改名为“浚源寺”；移甘肃举院三层的明远楼，改名为“万源阁”，阁东西两侧建长廊，第二层建木桥通青云梯；修秦公庙、金花庙；为表彰甘肃籍的圣贤豪杰，鼓励民众见贤思齐，在燃灯寺、慈母宫遗址上，建太昊宫；修大悲殿；殿西修武侯庙，祀诸葛亮；殿东建既济宫，祀水神、火神；殿南重建清虚府。府东重建文昌宫。宫东南侧，在菩萨殿遗址上建皋兰乡贤祠，祠内分两个殿，正殿为容思殿，主祀明代兰州理学家段坚；祠东重建地藏寺；寺北重修五龙宫；寺南重建卧佛殿；殿东南修千佛阁；殿西南修三教洞。在东涧北端建层碧山庄；在东龙口瀑布之下建八卦台。在西涧北端建话月园、枕流老圃；就地势特点，充分利用古树泉石，建问柳轩、石补籍、洗心池、六吉亭、半月亭、四宜山房、绿荫湾、仙人岛、万绿丛中亭、小洞天、企桥、清音阁、俯仰楼等；在西麓扩建嘛呢寺。

抗战时，国民党第八战区司令长官公署进驻五泉山，成为军事禁地，游人不得入内。在中麓大悲殿后开挖防空洞，通往西龙口。部分建筑及门窗、板壁遭受破坏。

5.中华人民共和国成立至2013年

自中华人民共和国成立以来，五泉山建筑群受到国家以及地方文物保护部门的重视，历年组织力量对建筑进行测绘和修复。1954年，兰州市人民委员会将五泉山划为

成为兰州历史文化重要的载体。

（2）五泉山建筑群是西北地区多民族文化发展交流融合的见证。

中原的道教、佛教，西北的儒家及藏传佛教建筑在五泉山共生发展，反映了自隋朝至清末民初中国西北多民族聚居地区的经济、文化及技术水平，体现出中原文化与地方民族特有文化传统间的交流、有机融合的历史。

（3）五泉山建筑群是兰州城市发展的重要历史坐标。

五泉山建筑群与兰州唐宋明清历代故城及现代城市关系、街道空间格局对应关系保存较好，是研究兰州城市发展的实物遗存，具有极高的历史价值（如图1–6、1–7）。

图1–6　五泉山山门牌坊（1955年前）

图1–7　五泉山山门牌坊（1955年后）

（4）五泉山建筑群是地域建筑艺术发展史的重要实例。

五泉山建筑群是西北地区少有的保存完好的大规模明清山水古建筑群。其空间序列独特、丰富，与山水相得益彰，体现了中国传统建筑造园思想的精髓以及地方工匠技艺水准，是中国建筑史不可或缺之实例（如图1–8、1–9、1–10、1–11）。

图1–8　五泉山东长廊（一）

图1–9　五泉山文昌宫

图1–10　五泉山东长廊（二）

图1–11　五泉山地藏寺

1.4.2　艺术价值

（1）五泉山建筑群是甘青地区古建筑的典型代表与“基因库”。

五泉山建筑群由宗教建筑、园林建筑、民居等组成，建筑形式多样，布局灵活，保存了大量极具地方特色的建筑形制与做法。五泉山建筑群包含着砖雕、琉璃构件、石刻碑记，工艺高超，精美绝伦，具有很高的艺术价值。五泉山建筑群建造工艺体现了西北河州工艺与江南营造法原工艺的交融。

（2）西北园林的代表实例。

五泉山建筑群选址独特，坐南朝北，与兰州城遥遥相应，成为西北地区古典山水园林翘楚，建筑借山水之势因景而筑，并运用借景、框景等传统造园手段，将五泉山、建筑群、兰州城、黄河及白塔山等巧妙组织，既反映了中国传统的风水选址观念，又体现出其因地制宜“天人合一”的造园理念和艺术意境（如图1–12）。

中国古典园林史中对西北园林的记载少之又少，结合中国古典园林史、园林美学等多方面研究成果的比较分析，中国西北园林仅得出了敦煌莫高窟壁画营造的佛教园林及其独特的美学思想和佛教对于我国西北园林文化产生的深远影响①，从而对于中国园林发展历史与中国园林文化发展脉络有一个基本清晰的认知。在西北园林的实例中，五泉山建筑群结合五泉山的景观脉络（如图1–13），则是中国西北园林的一个微缩实景，因此五泉山建筑群对我国西北园林有着实体性的价值。

① 马琰：《敦煌莫高窟壁画中的佛教园林研究》，硕士学位论文，西北农林科技大学，2018，第67页。

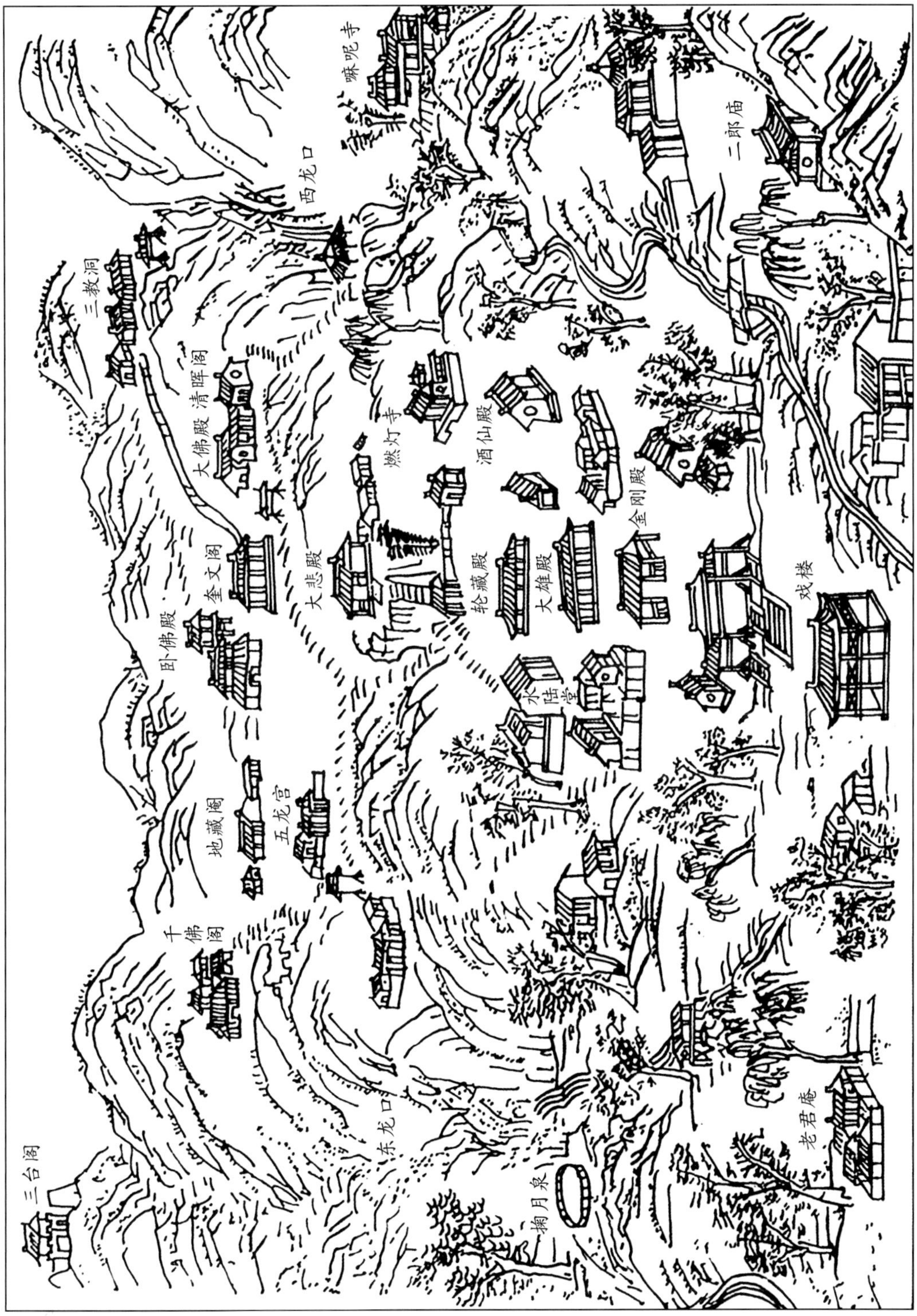

图1-12 清乾隆时期绘制的五泉山建筑群示意图

图1-13　五泉山彩色平面图

1.4.2　文化价值

五泉山建筑群文化内涵丰富，是多元文化和谐共荣的例证。五泉山建筑群所承载着既互相包容又共同发展的多样文化，儒、释、道、俗无不包括，且共生共存，是独特的地域文化现象。五泉山建筑群彩绘雕塑、书法碑刻、石雕铜像及楹联匾额为其建筑群画龙点睛，不失大气又具地方特色。

1.4.3　社会价值

（1）五泉山建筑群是兰州地区各民族的精神家园。自元仁宗皇庆年间起，筑在五泉山灵杰之地的建筑群，以泉为魂、山为骨，各色建筑为血肉，为兰州地区山水园林的代表，见证了多民族、多文化交流融合的过程，是地域历史文化的重要载体与地标性建筑群。五泉山建筑群及五泉山现已成为兰州市各民族人民休闲娱乐活动的主要场所，堪称当地居民乡愁依托的精神家园。（如图1-14）

（2）五泉山建筑群及五泉山是弘扬传统文化，普及地域历史文化知识，激发爱国、爱乡意识的重要场所。

（3）五泉山建筑群及五泉山是地方政府发展文化旅游的重要资源，对地区的文化、经济发展与生态保护产生积极作用。

（4）五泉山建筑群是彰显地域乡土文化的重要载体。在此祭祀上古至清陇上的先贤英杰，彰显了本地文脉。（如图1–15）

（5）爱国主义情怀的五泉山建筑群格局。

图1–15　五泉山文昌宫视角

现存的五泉山建筑群格局基本上是在民国八年（1919年）起，由刘尔炘先生重建（1919—1924年）五泉山的格局基础上发展而来。形成相互贯通的山地建筑群落形态。在当时文人建园，结合历史背景，刘尔炘在建筑群布局上有意分布了儒释道三教的布局形态，建筑形制与建筑格局背后透露出深厚的爱国主义情怀。

五泉山建筑群于1919年整体修缮，重新布局，在百年前，刘尔炘有意识地将儒家思想结合爱国情怀和救国之心融入五泉山的山水之中，此举符合文人造园之心，也符合动荡时代之情。“吾国旧习凡山水名胜地，皆僧徒羽客居之，以奉释迦老子，而奉释迦者，尤多于老子，故昔人有‘天下名山僧占多’之句，从无奉羲轩以来之圣贤，以崇祀于林泉幽邃中者，盖圣贤治世者也，其栖神之处，当与廊庙朝廷为一致，今既无能治之世，又无能行之道，圣贤之入山林时为之也，余之此举当亦四圣四贤，在天

悬崖吐液

五泉山牌坊

霍去病广场

霍去病塑像

柳荫轩

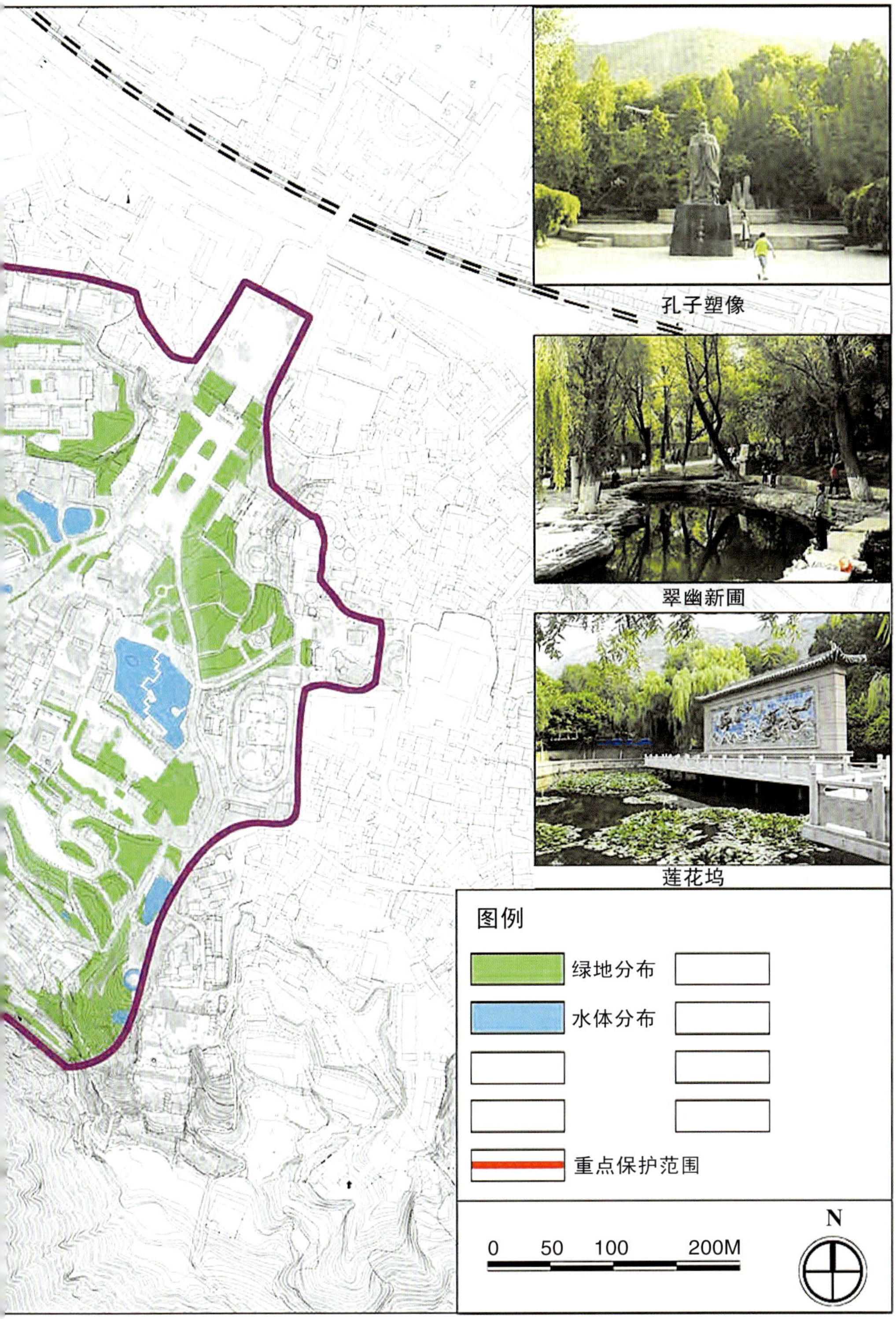

图1-14　五泉山公园分布图

之灵所俯仰太息，慨然而为之首肯者乎。”①

五泉山建筑群中陈列展示中包含佛教、道教、儒家，但这种圣贤崇祀于林泉，在1919年的时代背景下，是将国家兴亡寄托在圣贤读书之上。“今世之谈国，故尊孔教者，遍海内矣，如子所言，将皆无补于孔子之道乎。呜呼！是何言欤存国故耶，尊孔教耶，何者非吾中华四万万人所当从事者耶，吾不敢责其有近效也，吾不能不望其有真心也，高其说泛滥其辞，以欺流俗者，假其名以利己者，援儒入耶者，托孔子之时，以趋时，以无可无不可为，顺应潮流之妙解者，果可存孔子之道乎，果有裨于斯世乎。”②可见刘尔炘在1919年建园时期，对五泉山建筑群的形制是出于一种治学才能兴邦的情怀，在浚源寺南侧东西厢房门，因题其西门额曰“立人之道”，题其东门额曰“必归于儒”。在一处佛教寺院中的将门额题书“必归于儒”，可见刘尔炘在建园时有意识地将儒教巧妙融入山水园林之间，引导着人们走向圣贤之道，激发其救国之心。（如图1–16）

图1–16　楹联“必归于儒”

---

① 刘尔炘：《兰州五泉山修建记》，和通印刷馆，1926年石印本。

② 刘尔炘：《兰州五泉山修建记》，和通印刷馆，1926年石印本。

第二章
太昊宫建筑群历史文化

2.1 太昊宫建筑群地理历史背景

2.1.1 太昊宫建筑群地理环境

五泉山太昊宫建筑群位于兰州市五泉山公园西麓，为“燃灯寺”旧址，位于大雄宝殿西侧（如图2-1所示），是民国八年（1919年）刘尔炘主持增建的一组建筑。太昊宫共分四级，南高北低，海拔依次为1579.3 m—1576.7 m—1570.2 m—1569.3 m，总建筑面积455.66 m^2，附属建筑面积261.15 m^2。

2.1.2 太昊宫建筑群历史沿革

太昊宫始建于1919年，是刘尔炘先生专为表彰纪念陇上前古及历代贤人英才所建，对于鼓舞后进人才深具影响，意义重大。该建筑群自南而北第一级正中为伏羲殿，供祀着中华民族人文始祖伏羲氏、女娲氏、黄帝轩辕氏，为三柱九檩歇山顶砖木结构，明间安装四扇槅扇门，次间砖雕槛墙，上安槛窗，正殿东西两侧各建耳殿1座。

北向第二级，建三楹歇山顶殿宇2座，西为壤驷子祠，祀孔子陇上弟子壤驷赤，配祀汉赵充国等11人；东为石作子祠，奉孔子陇上弟子石作蜀，配祀前凉张轨等11人。这两座大殿规模同等，制式一致，均为四面檐柱形成围廊，金柱三面砌墙，正面槅窗装修，廊柱间置棋盘花格，花牙罩落，使两座殿宇显得玲珑精致。

图2–1　太昊宫建筑群位置示意图

北向第三级，居中建面阔三楹四柱七檩大木结构歇山顶殿宇1座，名曰“秦子祠”，祀孔子陇上弟子秦祖，配祀景清等13人。

秦子祠前沿阶而下为第四级，建一砖牌坊，辟门3通，中门额曰：“高山仰止”，西门额曰：“奋上兴下”，东门额曰：“继往开来”。门外院落，东、西、北三面建游廊，依廊而行，西可通小蓬莱，东可至大雄殿后，使得太昊宫既与其他建筑连通呼应，又自成一景。

刘尔炘撰书《兰州五泉太昊宫记》石碑8块（如图2–2），碑文记载：“借山水名胜地，起危楼杰阁，点缀亭台，以表章吾陇上三古以讫有清六千余载，帝制时代之圣贤豪杰，以示游人。经营者阅两寒暑，募而支出者万八千四百余两。后之人春秋佳日，挈榼提壶，歌于斯，啸于斯，登临瞻眺于斯者，当有以注其精神念虑，而不致入宝山空回也。”并为太昊宫撰联三副曰：“都来游圣人之门，上观千古；从此发名山间气，后有万年”；“进此等门来要拜圣贤，要尊豪杰从这条路去可登台阁，可入山林”；“我问你是谒庙、是游山？谒庙须恭，游山须雅；谁到此不花钱、不吃酒？花钱莫浪，吃酒莫狂”。

图2-2 《兰州五泉太昊宫记》石碑

1955年，太昊宫曾两次整修彩饰，改作展室。直到20世纪80年代末，仍作为五泉山公园标本陈列展览之用。由于年久失修，缺乏文物建筑保护意识，太昊宫建筑群于90年代封闭至2014年。

2000年至2013年，太昊宫建筑群由于年久失修，存在诸多安全隐患，建筑群整体存在基础沉降、开裂，木构架闪斜、糟朽，瓦件破损、脱落等诸多问题。院落铺装均为20世纪70年代的六棱水泥方砖，基础和植物的影响，使得整体院落排水不畅，院落铺装高低不平，破损严重，第二进院落和第三进院落铺装覆盖不足40%（如图2-3、2-4、2-5、2-6）。由于安全隐患，关闭的太昊宫，其建筑及院落的破败日益严重，杂乱生长的植物以及无法及时排出的积水对建筑物及景观的侵蚀破坏越来越大。这些惨不忍睹的状况，使得公园管理者及游客颇为关切，也体现出太昊宫修缮工程的必要性。

图2-3 失修的太昊宫壤驷子祠

（摄于2013年）

图2-4 失修的太昊宫伏羲殿

（摄于2013年）

图2-5　失修的太昊宫建筑群（一）

（摄于2013年）

图2-6　失修的太昊宫建筑群（二）

（摄于2013年）

2013年年初，太昊宫修缮设计方案提交至国家文物局，经过三次修改后，2013年9月，国家文物局正式批复太昊宫建筑群修缮方案。2014年8月，在经过招投标后，太昊宫修缮正式启动，工程历时1年，完成了第三进院落的太昊宫建筑群整体修缮以及院落修缮。2015年，沉寂了30年的太昊宫终于与广大游客重新见面。2016年，五泉山公园依据《兰州五泉山修建记》对太昊宫建筑群建筑内文化进行了恢复，建筑修缮配合文化陈列展示。2017年，太昊宫作为文化和自然遗产日主题宣传活动的举行地点，为游客展示了太昊宫的历史文化，并深受好评（如图2-7、2-8、2-9、2-10所示）。

2.2　太昊宫文化背景

2.2.1　太昊宫的山水文化

中国古典园林史上对西北园林记载较少，但自古以来人们对山岳的崇拜源远流长，在文明发展的初期，出于对自然的敬畏，相信山川有播风雨的神力，开始了最初的山川祭祀。随着农业生产方式和思维能力的发展，人们逐渐对自然界产生了审美需求，把山水作为审美对象，山水在中国传统文化中已超越高山流水的自然形态成为有着丰富文化内涵的载体，随着人们的审美意识的日益觉醒，对山水的审美需求随之发展，渗透在山水文化的各个方面。在此基础上，游览山水之风渐兴，许多山水胜景吸引着游客，庐山、黄山、雁荡山、武夷山、桂林山水、杭州西湖等等，逐渐成为著名的山水文化区域。《论语·雍也》曰“知者乐水，仁者乐山”。著名的“五岳”与“四

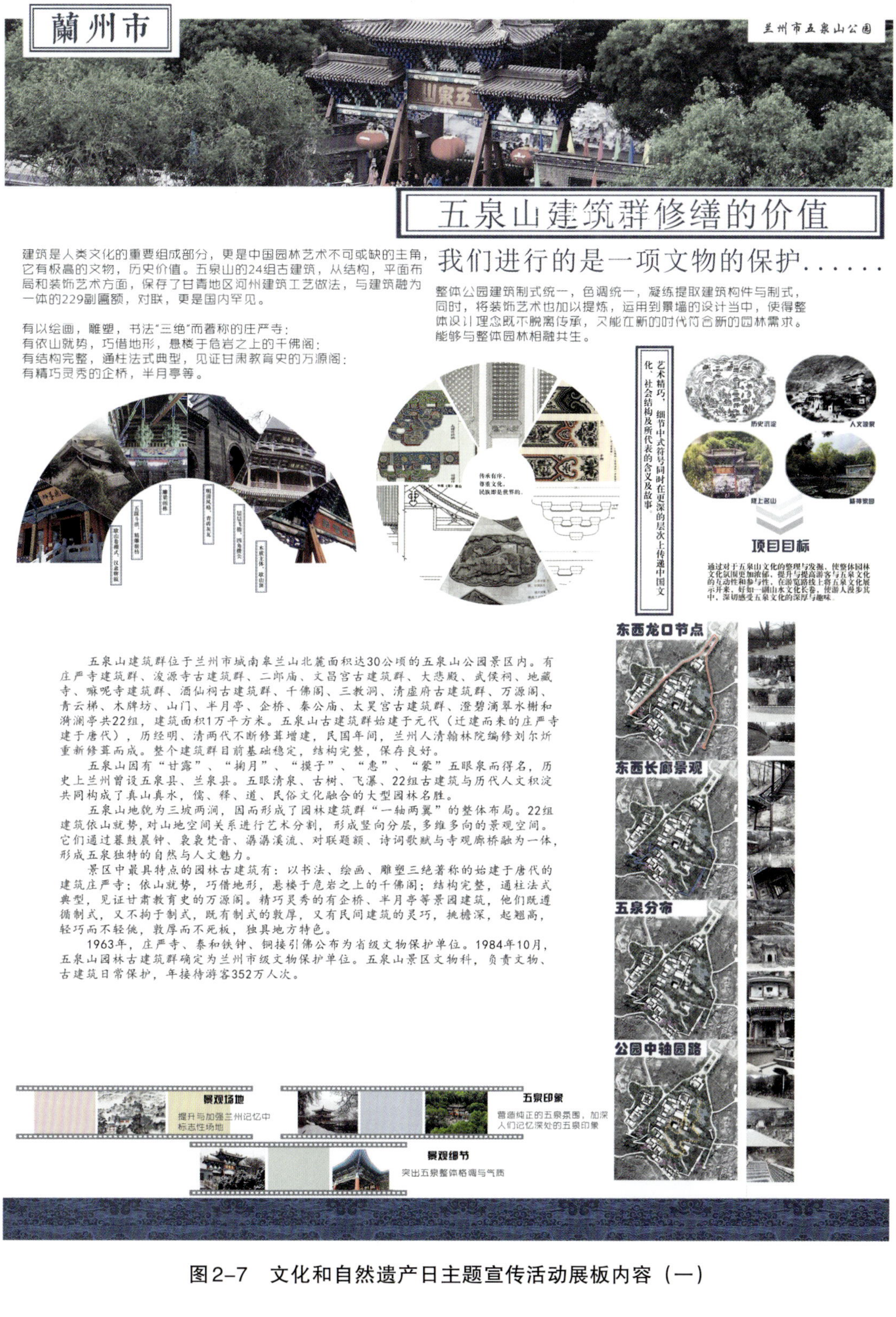

图2-7　文化和自然遗产日主题宣传活动展板内容（一）

五泉山建筑群太昊宫建筑群

有生命的建筑拥有着浓郁的文化。。。

landscape color plan

五泉山建筑群--太昊宫建筑群

太昊宫建筑群介绍及历史文化恢复

1919年刘尔炘修建五泉山，建成太昊宫。太昊宫南高北低，总建筑面积455.66㎡。

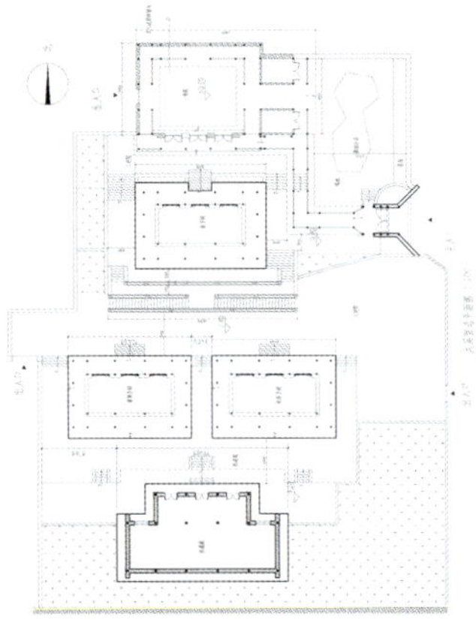

太昊宫平面图

太昊宫的建筑构成

自南而北第一级正中为伏羲殿，为3柱9檩歇山顶砖木结构，明间安装四扇槅扇门，次间砖雕槛墙，上安槛窗，正殿东西两侧各建耳殿1座。

北向第二级，建三楹歇山顶殿宇2座，西为壤驷子祠；东为石作子祠。这两座大殿规模一样，制式一致，均为四面檐柱形成围廊，金柱三面砌墙，正面槅窗装修，廊柱间置棋盘花格，花牙罩落，使两座殿宇显得玲珑精致。

北向第三级，居中建面阔3楹4柱7檩大木结构歇山顶殿宇1座，名曰秦子祠。

秦子祠前沿阶而下为第四级，建一砖牌坊，辟门3通，中门额曰：“高山仰止”，西门额曰：“奋上兴下”，东门额曰：“继往开来”。门外院落，东、西、北三面建游廊，依廊而行，西可通小蓬莱，东可至大雄殿后，使得太昊宫既与其它建筑连通呼应，又自成一景。

太昊宫建筑群是兰州市人文历史的重要场地！

刘尔炘将宫内所祀41名甘肃的圣贤事迹用白话文编为小传，楷书于各殿外墙壁间的木板上。过去每逢清明节，人们都要到五泉山进行祭祀活动，以纪念这些曾经为甘肃的经济发展、社会进步、生活安定付出过自己心血的先圣。对追溯甘肃人文历史，弘扬西北文化起过积极作用。

艺术精巧、细节中式符号同时在更深的层次上传递中国文化、社会结构及所代表的含义及故事。

太昊宫历史文化恢复内容

宫内共奉祀甘肃古代历史名人41位，其中先圣3位，先贤3位，乡贤35位。因此，太昊宫实际就是甘肃乡贤祠，或甘肃历史名人纪念馆。各殿宇所祀人物为：

① 伏羲殿　位于四台，也称三圣殿、三皇殿，祀先圣3位：太昊伏羲氏、女娲氏、黄帝轩辕氏。

② 壤驷子祠　位于三台，主祀春秋时孔子的陇上弟子、七十二贤人之一壤驷赤。陪祀甘肃乡贤赵充国（公元前137-前52年）等11人

③ 石作子祠　位于三台，主祀春秋时孔子的陇上弟子、七十二贤人之一石作蜀。陪祀甘肃乡贤张轨（公元255-314年）等11人。

④ 秦子祠　位于二台，主祀孔子陇上弟子、七十二贤人之一秦祖。陪祀甘肃乡贤景清等13人。

五泉山的太昊宫奉祀甘肃古代历史名人41位，形成了事实上的甘肃历史名人纪念馆。恢复其文化内容对于弘扬甘肃和兰州的历史文化，提升五泉山景区的文化品位，都具有重要意义，现已全部恢复。

图2-8　文化和自然遗产日主题宣传活动展板内容（二）

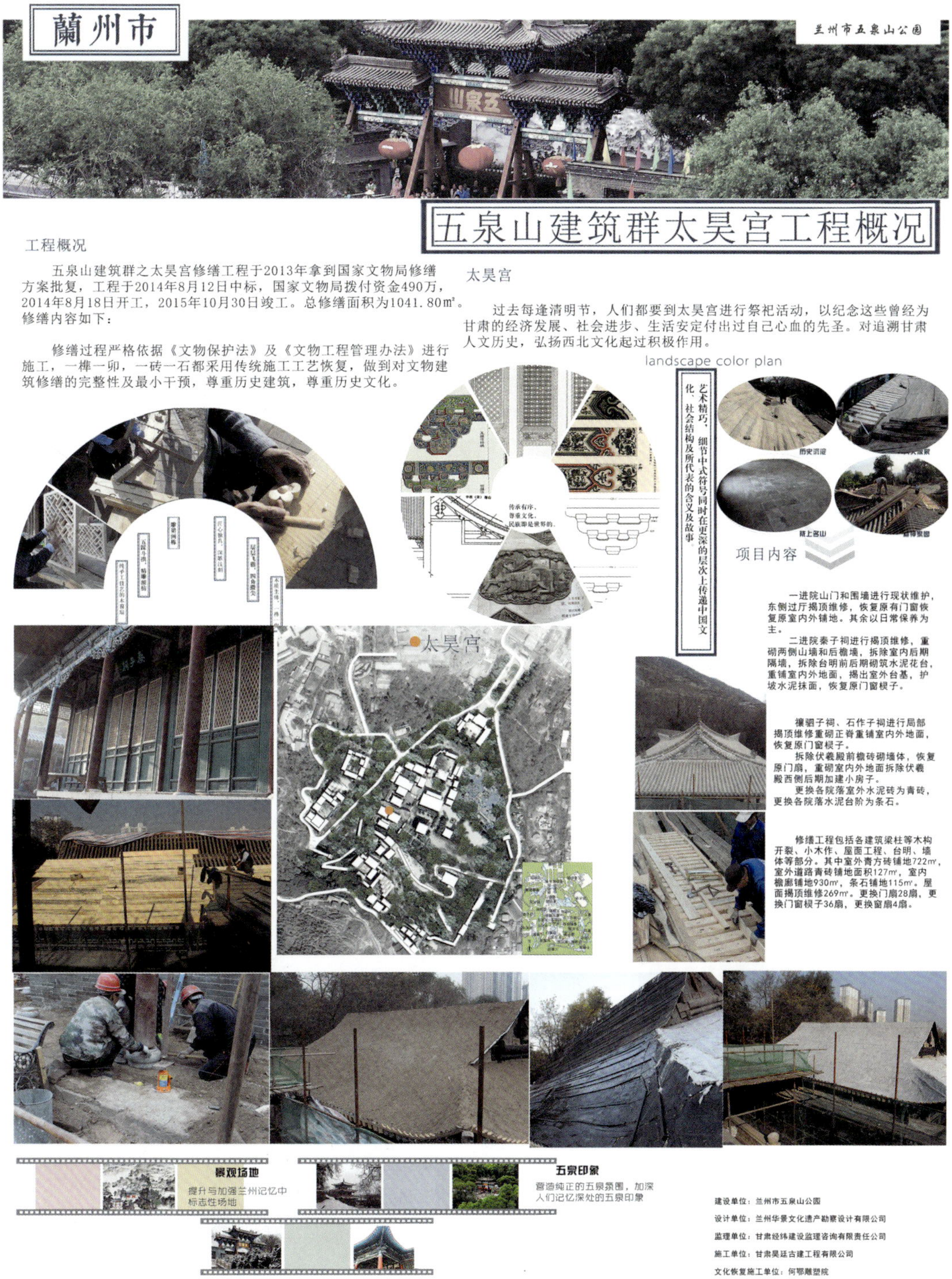

图2-9　文化和自然遗产日主题宣传活动展板内容（三）

五泉山建筑群太昊宫建筑群

我们进行的是一项文物的保护......

landscape color plan

艺术精巧，细节中式符号同时在更深的层次上传递中国文化、社会结构及所代表的含义及故事。

五泉山建筑群--太昊宫建筑群

五泉山园林建筑群具有悠久的历史渊源

五泉山是一处凭借真山真水，营造儒释道文化于一体的园林古建筑群，其悠久历史可以追溯到西汉。《大元一统志》载：“皋兰山在（兰）州南五里，”“下有五眼泉。”《汉书·卫青霍去病传》：“……转战六日，过焉支山千有余里，合短兵，鏖皋兰下，杀折兰王、斩卢侯王……”。传“霍去病以鞭卓地而出泉。”说明早在汉代五泉就已成为人们称道的景观了。

彩色平面图

什么是国家重点文物？

全国重点文物保护单位是中华人民共和国对不可移动文物所核定的最高保护级别--即中国国家级文物保护单位。中国是历史悠久的文明古国，拥有极为丰富的文化遗产。文物是文化遗产的重要组成部分，蕴含着中华民族特有的精神价值、思维方式、想象力，体现着中华民族的生命力和创造力。保护和利用好文物，对于继承和发扬民族优秀文化传统，增进民族团结和维护国家统一，增强民族自信心和凝聚力，促进社会主义精神文明建设，都具有重要而深远的意义。

五泉山建筑群是兰州市重要的历史遗存！

五泉山古建筑群与山水相依，参差掩映于这秀山胜水之中。据《兰州市志·园林绿化志》记载：“元初，西麓二郎岗有霍去病庙，元末毁。明洪武元年（公元1368年）重建。”元代在五泉山建皇庆寺，明洪武初改为五泉寺。

二千多年来，五泉山园林建筑群历经汉、隋、唐、金、元、明、清、民国，其营建史源远流长，它所积淀的文化底蕴历经漫长岁月显得十分深厚，成为我国西北地区不可多得的自然人文景观。五泉山园林建筑既是兰州历代建筑的博物馆，又是研究兰州地方史、城建史、古代建筑史的重要历史遗存。

兰州市五泉山建筑群

五泉山是以宗教为主的自然山水园林，其建筑类型既有宗教建筑，也有景园建筑，大体上有寺庙建筑、景园建筑、民居建筑、桥梁建筑等几种类型。寺庙建筑总量占整个建筑群的三分之一以上，其主要建筑修建都是硬脊歇山顶建筑，清水砖木结构。

景园建筑主要有水榭、牌坊、园亭、照壁、雕塑、爬山廊等，类型多样，利用地形自然高差，因地制宜，处理得十分协调。园亭有石亭、木亭，照壁有砖壁、瓷壁，雕塑有铜雕、石雕、木雕、砖雕，均称精美。民居建筑主要体现在太昊宫小建筑群，由几个相互贯通的小院落组成，院内建筑均为简朴的北方民居风格，卷棚硬山或悬山，木作也简洁明快。桥梁建筑主要有小廊桥——企桥，下部为石拱桥，上为青瓦卷棚桥廊，设有座榻，不单通行，也可观景，是景观环境桥梁中的经典之作；位于中轴线东侧的荷花池上的九曲桥，也独具风格。

以上几种类型建筑，不论是造型还是结构，都具有典型的中国西北地区建筑特征，表现为建筑形制相对较低，最高为歇山顶，大多为悬山、硬山、卷棚，起架较小，注重保暖挡风。大小木作简洁有力，虽然有部分装饰，并不繁复堆砌，彩绘用青绿旋子，风格淡雅且具有民间生活气息。建筑用材多为青砖、青瓦和块石，铺地材料也为当地所产石条，粗犷敦实。建筑装饰和小构件多借鉴甘肃民间特有的砖雕、木雕技艺，淳朴而具有乡土意味，与周边的山、水、花、树及当地的气候、风俗相互映衬，结合得体。

图2-10　文化和自然遗产日主题宣传活动展板内容（四）

渎”山水文化就是在这种背景基础上形成的。受此传统文化影响，五泉山的山水文化在兰州地区深入人心，具有一定的代表性。

五泉山是距离兰州城区最近、景色最美的自然山体，高出城区百米以上，以雄浑的山体与灵秀的飞瀑清泉著称，自古以来就是登高望远、探奇寻幽的胜地。在隋代，甚至以“五泉”为县名。五泉山山水文化可以分为山文化与水文化两部分。山文化，就是以山为载体的风景名胜。五泉山属皋兰山的一部分，山势陡峭，地貌丰富，高出城区超百米，登至五泉山高处，俯视黄河由西向东从兰州城流过，顿生居高临下、一览无余的豪情。所谓水文化，就是以水为载体的风景名胜。惠泉、甘露泉、掬月泉、摸子泉、蒙泉五眼山泉从众多自然山泉中脱颖而出，经过历史积淀，逐步形成五种各具特色的人文景观，从而构成了遐迩闻名的五泉山水文化。清代《兰州古今注》载，“兰州城南二里许有东西二谷，皆有泉出石岩中，谓之东西龙口。五泉者西谷曰惠泉，由惠泉东涉山腰曰甘露泉，又东曰掬月泉，又东曰摸子泉，又东下谷曰蒙泉。五泉味皆碱，而蒙泉独甘冽，可以烹茶”。据《兰州府志》载，五泉山的泉水北流汇成溪，灌溉州南园圃。《皋兰新志》云“五泉水灌园十余顷”。

太昊宫建筑群在五泉山山水环绕之中，经历代扩建，蔚为大观，涵蕴丰富，已成为地方众生寻求精神寄托和舒展情怀的佳地，这种现象折射出山水文化对五泉山建筑群的影响，也是太昊宫儒家思想惠泽山水景观的内在体现。以小见大，同样反映出五泉山建筑群与古都皇家园林、江南私家园林等游览区域的本质区别，它不是针对某一阶层的人群来营造的，而是体现出一种多元的建筑文化特征，为各色人等共同享有的乐园，这也是五泉山建筑群历经千年而颇具规模、久盛不衰的原因。

2.2.2　太昊宫的爱国思想

《兰州五泉太昊宫记》讲述：“借山水名胜地，起危楼杰阁，点缀亭台，以表章吾陇上三古以讫有清六千余载，帝制时代之圣贤豪杰，以示游人。经营者阅两寒暑，募而支出者万八千四百余两。后之人春秋佳日，挈榼提壶，歌于斯，啸于斯，登临瞻眺于斯者，当有以注其精神念虑，而不致入宝山空回也。”

太昊宫之建，专为表彰陇上前古人才，以鼓舞后进者也，其地共四级，自南而北第一级正中起伏羲殿五楹，再北为第二级，东西分壤驷子祠、石作子祠各五楹，再北为第三级，居中为秦子祠五楹，秦子祠前降阶为第四级，起大门三通，中门额曰“高山仰止”，西门额曰“奋上兴下”，东门额曰“继往开来”，门外为一院落，东西南传以游廊，循廊而行，西通小蓬莱，东则经第三门，第二门曲折以出，至大雄殿后，游廊下为总门，即额曰“太昊宫”者，题联云：

都来游圣人之门，上观千古；
从此发名山间气，后有万年。

第二门额曰“道义之门”，联云：

进此等门来要拜圣贤，要尊豪杰；
从这条路去可登台阁，可入山林。

第三门额曰“此中有真意”，联云：

我问你是谒庙、是游山？谒庙须恭，游山须雅；
谁到此不花钱、不吃酒？花钱莫浪，吃酒莫狂。

第三门通前院东廊，下有门，为出入总汇之处，题额曰“步屧寻幽”，联云：

人都要挤着进来，便闹得纷纷扰扰，乱乱哄哄，我劝你缓些儿好；
你既然游了出去，回想那曲曲弯弯，高高下下，他教人看个甚么？

西廊下与“步屧寻幽”门相对处，开一小门，为通“蓬莱之路”，额曰“渐入佳境”，联云：

他说是他约了些朋友，要赌酒，要闹诗钟，要品茶，要商量画意；
你管着你领来的儿童，莫涂墙，莫撕窗纸，莫摇树，莫搬弄石头。

南廊题额曰“行云流水”，联云：

这里面栽了些新树新花，要留连风月烟云，过客游人都爱惜；

那上头有的是真山真水，且点缀楼台殿阁，前贤往圣或归来。

有联可证，刘尔炘先生修建的太昊宫建筑群定位，则是专为表彰陇上前古人才，彰显儒家文化之地。与《兰州五泉山修建记》主旨相契，在1919年的历史背景下，要让世人进门拜圣贤、尊豪杰，以此来唤醒人们救国之心，以突显刘尔炘在国家危亡之际修建五泉山公园的爱国之心。儒家文化的思想与之浸入，使得太昊宫建筑与万源阁建筑在山水文化和儒家思想上相互呼应。而在太昊宫东侧，则是五泉山万源阁，万源阁于“望来堂”又有联云：

邀诸君来此谈谈，把亚欧非美澳政教源流说与我略窥门径；
请大众认真想想，那儒释老耶回精神传授到底谁能定乾坤。

此联与太昊宫儒家文化，以及空间布局上一一对应，刘尔炘先生请大众在游山观园的同时，去认真思考，儒释道三教在精神上到底谁能定乾坤，谁能真正救国家于危亡之时？《兰州五泉山修建记》的记载，确是一段呼吁救国的爱国主义修建血泪史，也是将国家在1919年特殊时期的忧国忧民情怀寄托于山水中，寄托在建筑修缮之中，启发当时亦惊醒后世之珍贵留存！有文献可证：

呜呼！今日之升天入地、摇荡乾坤者，科学也，机器也。科学开物质之文明，机器夺生人命脉。开物质文明者，非举世受科学之改造不可；夺生人命脉者，非全球遭机器之毁裂不可。故科学前途，机器来日，人类之祸福系焉，存亡系焉，注全力以谋进退，科学化裁机器，实今日世界消祸图存之要务也，不此之求而茫茫然言政言教，日奔走于自杀之途，以自戕自贼相推崇、相夸诩，举世皆然，而以吾盲从之中国为尤甚。

呜呼！中国之弱，弱于贫也；中国之贫，贫于科学，机器之劫夺也。科学机器者，人之所特创，吾之所本无也。取人之长，救己之短。十余年来，倘以诛求聚敛海以内无量数脂膏，尽用于研究科学，抵制机器之地，以自谋制造，收我利权，即无成效，死亦无憾矣。乃盲人瞎焉群焉逐遂于言政言教，以争趋于无可奈何之地，不可救药之天。噫嘻吁！危乎殆哉。[1]

①刘尔炘：《兰州五泉山修建记》，和通印刷馆，1926年石印本。

上述文献，是太昊宫建筑群价值最重要的体现和说明。在挖掘太昊宫文化的同时，公园管理方也在反复推敲，确立了主旨思路：如果要将建筑修活，先要将其文化修活，只有注入文化灵魂，才是真正意义上的文物保护的延续。

在我国名胜古迹中，以我国旧习，多是僧徒羽客居之，以奉佛教、道教为主，因此有“天下名山僧占多”“道家三十六洞天七十二福地”的俗语流传，鲜有奉圣贤的旧习，因此，刘尔炘先生的圣贤救国治世思想在太昊宫建筑中、文化中的充分表现，弥足珍贵。刘尔炘先生作为“五泉山第一人”，为何在1919年国家危亡之时却来修缮园子，让人不胜感慨。这种将爱国思想寄托于山水之中的做法，则是我国园林史以及建筑史屈指可数的壮举。这种将无形的历史记载在山水之中以警示后人的高明举动，在当时却受到社会大环境与贫弱现实的局限于掣肘，所以刘先生在字里行间也表现出了深深的无奈和无助。

2.2.3　太昊宫的地域文化

太昊宫建筑群用于表彰陇上人才，其中伏羲殿配祀者为女娲氏、黄帝轩辕氏以及太昊伏羲氏，并为宗代题二联云：

在当年玩河洛，理星辰，俯察仰观，思创出文明世界；
到今日驾风云，走雷电，醇漓朴散，悔打开混沌乾坤。
画成卦有三爻，天地人，分阴分阳，造化机缄都在手；
易之书无一字，文周孔，读来读去，圣神事业只传心。

壤驷子祠配祀者为：

汉谥壮侯营平侯赵公充国
汉秺侯金公日磾
汉左将军辛公庆忌
汉处士王公符
汉壮节侯傅公燮
汉京兆尹盖公勋
汉度辽将军皇甫公规

汉太尉皇甫公嵩
晋谥壮侯安乐亭侯索公靖
晋处士玄晏先生皇甫公谧
晋清泉侯傅公玄

孔子弟子从祀庙庭先贤壤驷子为宗，题联云：

任人间倒海翻江，逐宇宙新潮，正学莫忘宣圣统，
愿我辈模山范水，趁春秋佳日，大家来拜上邽侯。

石作子祠配祀者为：

晋谥武公西平公张公轨
晋西凉武昭王李公暠
唐谥忠献赠太尉辛公云京
唐赠太保检校司空李公抱真
唐谥昭武赠太保山南西道副元帅兼节度使李公抱玉
唐谥忠武西平王李公晟
唐赠太尉凉国公李公愬
宋举八行刘公愿
宋赠少师封涪王吴公玠
宋赠太师封信王吴公璘
宋谥武穆太尉刘公锜

孔子弟子从祀庙庭先贤石作子为宗，题联云：

是成纪数千年灵秀所钟，能傍尼山拜日月；
倘孔门二三子渊源不绝，庶几中国有乾坤。

秦子祠配祀者为：

明都御史景公清
明谥庄毅赠少保兵部尚书王公竑
明循吏河南南阳府知府段公坚
明谥襄毅加太保兵部尚书总督川陕诸军彭公泽
明小泉先生周公蕙
明礼科给事中张公万纪
明都察院左都御史巡抚云南邹公应龙
清谥襄忠兵部尚书赵公良栋
清谥忠勇奋威将军陕西提督王公进宝
清赠太仆寺卿入祀昭忠祠李公南晖
清四川按察使牛公树梅
清江西宜黄县知县傅公培峰
清河南道监察御史吴公可读

孔子弟子从祀庙庭先贤秦子为宗，题联云：

挺生于古雍州，求数千年往圣微言，得之东鲁；
赖有此少梁伯，把亿万世斯人命脉，留在西天。

右凡先圣三先贤，三乡贤，三十有五，皆将其生平事实用白话体编为小传，书木牌钳祠壁，循宫墙而读者，可以为鉴矣，此外编伏羲以来，甘人之知名于世者四五百人，用历史列传体别为一书，已由皋兰李君九如、王君国香从二十四史中采辑共为十二册，其重加考证，严订体例，编纂成书，则狄道张君维一力任之书成，当即印行也。

三先贤其初合为一祠，称“圣门三子”，曾代题“三子祠”联云：

从东鲁圣人悟易象、春秋、诗书、礼乐所传，为儒门要道；
俾西方佛地知格致、诚正、修齐、治平之说，是天下大经。
随德行、言语、政事、文学四科，分西州道统；
抱孝弟、忠信、礼义、廉耻八字，为北地儒宗。

壤驷子祠配祀者

1.汉谥壮侯营平侯赵公充国

赵充国，字翁孙，上邽（今天水市）人，迁居令居（今永登县）。熟悉匈奴、羌人情况。武帝、昭帝时，率军反击匈奴攻扰，勇敢善战，任后将军。宣帝即位，封为营平侯。用兵河湟，铺桥筑路屯田，传播内地先进农业生产技术。谥号壮侯。

2.汉秺侯金公日磾

金日磾，字翁叔。原为匈奴休屠王太子，武帝时从昆邪王归汉，任马监，升侍中。昭帝时，与霍光、桑弘羊受遗诏辅政。以擒拿谋反的莽阿罗之功，封为秺侯。

3.汉左将军辛公庆忌

辛庆忌，字子真，狄道（今临洮县）人。随长罗侯常惠屯田乌孙，以战功任侍郎。任金城长史，举荐人称。升张掖、酒泉太守，有政绩。因功绩卓著，升为左将军。王莽掌权，拒绝拉拢。

4.汉处士王公符

王符，字节信，临泾（今镇原县）人。一生隐居著述，讥评时政得失。认为农桑为富国之本，肯定“气”是万物根源，强调人为的重要，反对“圣人生而知之”的说法。著有《潜夫论》。

5.汉壮节侯傅公燮

傅燮，字南容，灵州（今宁夏灵武）人。任议郎时，陇右边章造反，司徒崔烈要放弃凉州，傅燮说：“斩崔烈，天下就安定了！”灵帝听从建议。任汉阳太守时，招抚叛羌，令屯田，安置四十多营。后守城战死，谥号壮节侯。

6.汉京兆尹盖公勋

盖勋，字元固，敦煌广至（今瓜州县西南）人。举孝廉，为汉阳长史。陇右边章造反，建议刺史妥善处理，被调守阿阳。任汉阳太守时，遭遇饥荒，开仓放粮，并用自家的粮食救济，救活千余人。任讨虏校尉，灵帝问天下大乱的缘故，说：“是朝臣内斗所致！”任京兆尹。

7.汉度辽将军皇甫公规

皇甫规，字威明，安定朝那（今平凉市）人。文武全才。举贤良方正，因反对权奸梁冀，取为下第。任中郎将，招抚叛羌十余万。任度辽将军、弘农太守、护羌校尉，北边畏服。招收学生三百余人，教授《诗经》《易经》，达十四年。著有赋、铭等二十七篇。

8.汉太尉皇甫公嵩

皇甫嵩，字义真，安定朝那（今平凉市）人，皇甫规侄子。少年时有建立文治武功的志向，举孝廉、茂才。灵帝时征为议郎，升北地太守。任左中郎将时镇压黄巾起义，升左车骑将军，领冀州牧，奏准减免一年田租，以救济饥民。官至太尉。为官谨慎，销毁奏章草稿五百多件，杜绝外露。

9.晋谥壮侯安乐亭侯索公靖

索靖，字幼安，敦煌人。出入经史，兼通谶纬之学。举孝廉方正，晋武帝拜为驸马都尉。以荡寇将军平定“八王之乱”，受伤而卒。封安乐亭侯，谥号壮侯。工书法，尤善章草，峻险坚劲，称为“银钩趸尾”。著有《草书状》《索子》等。

10.晋处士玄晏先生皇甫公谧

皇甫谧，号玄晏，安定朝那（今平凉市）人。家贫，种地而生。博览群书，著述为乐。患风痹，仍手不释卷。淡于名利，不愿做官。晋武帝赠书一车。汲取《素问》等医书的精华，结合实践经验，编著《针灸甲乙经》等中医经典。著有《帝王世纪》等。

11.晋清泉侯傅公玄

傅玄，字休奕，北地泥阳（今宁县）人。历官曹魏弘农太守、典农校尉，上疏言事，多所匡正。入晋官至司隶校尉，王公贵族慑服。认为自然界由“气”组成，社会和历史是自然过程。主张“礼”“法”结合。精通音律，擅长乐府诗。著有《傅子》。

石作子祠配祀者

1.晋谥武公西平公张公轨

张轨，字士彦，安定乌氏（今平凉市）人。西晋末天下大乱，任护羌校尉、凉州刺史，联合各族，稳定河西秩序，兴修水利，发展农业，扩建姑臧（今武威市）城，建学校，定币制。卒后，其子孙保有凉州七十多年，其孙张祚称帝，史称“前凉”。谥号武公。著有《易义》。

2.晋西凉武昭王李公暠

李暠，字玄盛，狄道（今临洮县）人。兼通经史，研习孙、吴兵法。任北凉敦煌太守。后自称“凉公”，建立西凉政权。攻占玉门以西城池，实行屯田，兴办学校，向东晋称臣，迁都酒泉。著有《敬恭堂颂》《述志赋》等。

3. 唐谥忠献赠太尉辛公云京

辛云京，金城（今兰州市）人。有胆有识，任唐太常卿史。安史之乱时，率军四千，打败叛将史思明，出任代州都督、镇北兵马使。又任太原尹，封金城郡王，严于法制，军中畏服，太原大治。升检校尚书右仆射、同中书门下平章事、检校左仆射。谥号忠献。

4. 唐赠太保检校司空李公抱真

李抱真，字太玄，武威人。李抱玉堂弟。任怀州刺史、怀泽潞观察留后，选壮丁，免其徭役，军事练习，成精兵两万。唐代宗继位，领昭义节度使，击败叛将，平定叛乱，进检校司空。喜接纳贤才。赠太保。

5. 唐谥昭武赠太保山南西道副元帅兼节度使李公抱玉

李抱玉，武威人。原名安重璋，唐玄宗赐姓李。以右羽林大将军升陈郑颍亳节度使，守城反击叛将史思明，杀敌甚多，立功第一，封栾城县公。代宗继位，任泽潞节度使，升兵部尚书。任凤翔节度使，十天平定群盗。加山南西道副元帅，除暴安良。谥号昭武。

6. 唐谥忠武西平王李公晟

李晟，字良器，洮州（今临潭县）人。李愬之父。幼丧父，孝顺母亲。初为裨将，屡立战功，后调任右神策军都将。唐德宗时，率军讨伐藩镇田悦、朱滔、王武俊叛乱。朱泚叛乱占据长安，又回师讨平，收复长安。任凤翔、陇右节度使等，兼四镇、北庭行营副元帅，封西平王。谥号忠武。

7. 唐赠太尉凉国公李公愬

李愬，字元直，洮州（今临潭县）人。任唐代随邓节度使，抚养士兵，优待降将，了解敌情，军队情愿效死。率军雪夜讨伐吴元吉叛乱，攻克蔡州，生擒元吉，进授山南东道节度使，封凉国公。赠太尉，谥号武。

8. 宋举八行刘公愿

刘愿，天水人。天性耿介。宋神宗时王安石新说盛行，学者靡然向风，刘愿独立思考，看出其弊病。潜心研究伊洛之学。后获八行举（孝、悌、睦、姻、任、恤、忠、和八种品行优秀者）。

9. 宋赠少师封涪王吴公玠

吴玠，字晋卿，陇干（今静宁县）人，迁居水洛（今庄浪县）。宋高宗时，任秦凤路副总管兼知凤翔府。富平之战宋军败后，与弟吴璘扼守和尚原，百姓运粮支援，击败进攻汉中的金军。防守仙人关，屡败金军。官至四川宣抚使。封涪王，赠少师。谥号武穆。

10.宋赠太师封信王吴公璘

吴璘，字唐卿，陇干（今静宁县）人。吴玠之弟。与吴玠守和尚原、仙人关，屡破金军。吴玠死，代为领军，收复秦州等地，以秦桧议和，被迫放弃。金帝完颜亮发动战争，他力疾督战，收复州郡多处，后因议和放弃。官至太傅，新安郡王。追封信王。

11.宋谥武穆太尉刘公锜

刘锜，字信叔，德顺军（今静宁县）人。南宋泾源经略使，富平之战中力战有功。任东京副留守，在顺昌大破金兀术主力。援淮西击败金军于柘皋。任潭州知州，兴修水利，垦田，安置流民。任江淮浙西节度使，于扬州打败金军。忧国呕血而死，谥号武穆。

秦子祠配祀者

1.明都御史景公清

景清，真宁（今正宁县）人。明洪武进士，授翰林编修，改监察御史。建文帝初，升左都御史，以刚直闻名。燕王朱棣造反，率军讨伐。明成祖继位，仍为原官，藏剑欲刺成祖，被逮，受酷刑而死。宣德间平反，追封为忠烈侯。

2.明谥庄毅赠少保兵部尚书王公竑

王竑，字公度，河州卫（今临夏市）人。明正统进士，任户科给事中。豪迈有气节。“土木之变”中，奋臂率众击毙阉党王振的亲信锦衣卫指挥马顺，名震天下。瓦剌首领也先进犯，受命防御京城。升右佥都御史。官至兵部尚书。赠少保，谥号庄毅。

3.明循吏河南阳府知府段公坚

段坚，号容思，兰州人。明景泰进士。历官山东福山县、莱州知州、河南南阳知府，以儒家学说施政，办学校，编教材，劝民读书，移风易俗，各地大治。在兰州创办甘肃首家书院，培养人才，制定礼俗，改变陋习。卒后，私谥为容思。著有《容思集》等。

4.明谥襄毅加太保兵部尚书总督川陕诸军彭公泽

彭泽，字济物，兰州人。明弘治进士。文武全才，刚正不阿。任徽州、真定知府时，修学宫，建书院，奖掖后进。巡抚辽东，修整军备。总督陕甘军务，平定叛乱。官至兵部尚书，太子太保。谥号襄毅。著有《读易纷纷稿》等。

5.明小泉先生周公蕙

周蕙，字廷芳，山丹卫（今山丹县）人。在兰州当兵，旁听段坚讲学，有所心得，与段坚讨论，后能讲学。后隐居秦州，研究理学，讲授太极图、先天图，有所发明。其父游江南不归，遂去寻找，溺江而卒。

6.明礼科给事中张万公纪

张万纪，字舜卿，狄道（今临洮县）人。明嘉靖进士，任户科给事中，弹劾严嵩党羽，为河间百姓清除贪官。任礼科给事中时，抵制嘉靖帝令道士设坛做法事，受廷杖四十。闻严嵩杀杨继盛，上疏施救，被外放为庐州知府。平反冤狱，捐资开渠灌田数千顷。

7.明都察院左都御史巡抚云南邹公应龙

邹应龙，字兰谷，兰州人。嘉靖进士。任行人，升御史。冒死弹劾奸相严嵩之子严世藩，致严嵩罢官，严世藩斩首。升通政司参议。以兵部侍郎兼右佥都御史巡抚云南，惩办骄奢淫逸的黔国公沐朝弼。平定云南铁索箐叛乱。卒后，只有数亩地几间房。

8.清谥襄忠兵部尚书赵公良栋

赵良栋，字擎之，宁夏（今银川）人。清顺治初从军，署潼关守备。康熙十年任宁夏提督，平定驻军叛乱。讨伐吴三桂叛乱，授勇略将军，攻克成都，升云贵总督。攻取昆明，平定三藩之乱。受权贵排挤，乞病而归。谥襄忠。

9.清谥忠勇奋威将军陕西提督王公进宝

王进宝，字显吾，靖远人。清顺治初任守备，从征贵州，以功升游击。康熙中任西宁总兵，率部平定王辅臣之乱，升陕西提督，以奋威将军镇守固原，兼总兵。率军平定吴三桂叛乱，功绩昭著。赠太子太保，谥忠勇。

10.清赠太仆寺卿入祀昭忠祠李公南晖

李南晖，字仲晦，通渭人。清乾隆拔贡。主讲秦州等书院，以笃行实践，教诲诸生。任四川威远知县，建书院，修城筑堤，编县志，断案若神。潜心理学，研究《周易》，著有《易象图说》等。通渭城破，坐家祠而死。赠太仆寺卿，入祀昭忠祠。

11.清四川按察使牛公树梅

牛树梅，字雪樵，通渭人。道光进士。历任四川彰明、隆昌、雅安等知县，休养生息，断案明慎，百姓称为“牛青天”。升四川按察使。主讲锦江书院，训导诸生，敦品励学，造就人才很多。学问以诚敬为宗，注重身体力行。著有《省斋全集》等。

12.清江西宜黄县知县傅公培峰

傅培峰，字孽三，镇番（今民勤县）人。道光进士。任江西宜黄知县。咸丰间，率士民守城，昼夜巡视指挥，不稍懈怠。苦守数月，粮尽而外援不至，城破。遂穿朝服，朝北叩首而死。赠云骑尉。

13.清河南道监察御史吴公可读

吴可读，字柳堂，兰州人。道光进士。任御史时，诸大臣要求外国使节觐见清帝时行跪拜礼，吴可读上疏建议不必行跪拜礼，宜随各国礼俗，准奏。同治帝病卒，无子嗣，慈禧太后使同治的堂弟载湉（光绪帝）继位，以便继续垂帘听政。吴可读以死谏诤，名垂青史。

这些陇上前古历代之士皆为为国家发展、陇上发展做出贡献的人，因此太昊宫修建初期，兰州市百姓自发为这些先贤们祭祀，以此纪念他们对国家、对陇上的功绩。在太昊宫修缮工程结束后，五泉山公园则以牌匾的形式，将记载的先贤平生进行陈列，恢复了太昊宫当年的社会及地域文化，将这些先贤的功绩继续传递延续。

2.3 太昊宫建筑空间营造

太昊宫建筑群场地台地共分四级，南高北低，海拔高度依次为1579.3 m—1576.7 m—1570.2 m—1569.3 m，院落建筑面积2804.00 m^2，总建筑面积1041.80 m^2，附属建筑面积261.15 m^2（如图2-11）。

太昊宫东侧万源阁旁边的小广场，有一朝东垂花门，为整组建筑的主入口。垂花门内为一座三开间游廊，游廊明间是月亮门，两次间是六菱形漏窗。穿过月亮门就进入太昊宫第一进院落。透过长廊看见第一进院落的南侧是一砖雕影壁墙，墙上开三个券门洞，安装有四抹槅扇门，北侧是三开间围廊。砖牌坊中门额曰“高山仰止”，西门额曰“奋上兴下”，东门额曰“继往开来”。门外院落，东、西、北三面建游廊，依廊而行，西可通小蓬莱，东可至大雄殿后，使得太昊宫既与其他建筑连通呼应，又自成一景。第一进院落东侧为云墙围绕的小花园。

过砖雕影壁，进入第二进院落，高台上坐落着秦子祠，为三开间带周围廊双坡歇山顶建筑。该建筑为三开间五檩周围廊双坡歇山顶。秦子祠祀孔子陇上弟子秦祖，配祀明景清等13人（如图2-12）。

图2-11　太昊宫航拍图一（摄于2019年）

图2-12　太昊宫航拍图二（摄于2019年）

第三进院落东西厢房为左右对称式，都为三开间五檩周围廊双坡歇山顶建筑，东为壤驷子祠，西为石作子祠，此院落中的两座建筑与第二进院落的秦子祠除台基略有差别，建筑形制完全相同。壤驷子祠祀孔子陇上弟子壤驷赤，配祀汉赵充国等11人；石作子祠祀孔子陇上弟子石作蜀，配祀前凉张轨等11人。这两座大殿规模一样，制式一致，均为四面外檐柱形成围廊，正立面槅扇窗装修，廊柱间置棋盘花格，罩花牙板，使两座殿宇显得玲珑精致（如图2-13、2-14、2-15、2-16、2-17、2-18、2-19、2-20）。

图2-13　太昊宫院落修缮前

图2-14　第一进院落砖雕影壁墙修缮前

图2-15　第一进院落东侧垂花门修缮前

图2-16　壤驷子祠修缮前

正厅房伏羲殿，祀人文始祖伏羲氏、女娲氏、黄帝轩辕氏。该建筑为五开间双坡硬山顶，明间与次间前出抱厦，抱厦为歇山卷棚顶，门窗为近年加建，为砖木结构。

刘尔炘撰书《兰州五泉太昊宫记》石碑8块，并为太昊宫撰联3副曰：“都来游圣人之门，上观千古；从此发名山间气，后有万年”；“进此等门来要拜圣贤，要尊豪杰，从这条路去可登台阁，可入山林”；“我问你是谒庙、是游山？谒庙须恭，游山须雅；谁到此不花钱、不吃酒？花钱莫浪，吃酒莫狂”。

图2-17　秦子祠修缮前

图2-18　石作子祠修缮前

图2-19　伏羲殿修缮前（一）

图2-20　伏羲殿修缮前（二）

该组建筑群为轴线对称式，院内地势高低起伏变化较大，主要建筑因山就势位于高处，依次降低。太昊宫建筑群在建筑体量、形式上较朴实，形体并不高大，与小游园相结合，朴实无华，为可细细品味的小型经典建筑群。站在武侯祠院内俯瞰太昊宫屋顶，别具一番特色，灰瓦屋面，正脊鸱吻与宝瓶装饰卷棚、歇山与硬山屋面交相辉映。而在太昊宫院落向五泉山望去，五泉山建筑群随层峦起伏，错落有致，在整体布局上有着园林意境的最佳位置选取。

2.3.1　空间布局

五泉山建筑群空间与自然山水相结合，具有多样性。太昊宫建筑群利用山地地形，建筑主次分明，整体建筑布局遵循园林对称结构，搭配游园以及回廊环抱形制，突出文人造园的精神。整体院落利用山体有序划分为三进院落，由高至低有序排列了圣贤的成就与功绩。从建筑的等级划分上也可看出太昊宫在祭祀圣贤的排序有尊卑之分，伏羲殿所处的第三进院落整体规格较为宏伟、庄重，包括院落也严格采用完全对称式，以表现伏羲、女娲、轩辕黄帝的祭祀地位；第二进院落的壤驷子祠、石作子祠在建筑体量上，就明显低于伏羲殿的规格；第一进院落的秦子祠占据中心位置，建筑规格也要大于石作子祠和壤驷子祠。因此，建筑规格、建筑用料都按照尊卑进行排序与使用，该建筑群中存在的规律能帮助我们更好地保护与修缮文物建筑，从而也能从凝固的建筑中提取更多文化和精神价值。

2.3.2 空间对比

空间对比是建筑群落常用的处理手法。建筑空间与五泉山自然山水相互结合，将太昊宫放置在西长廊东侧，东长廊西侧，使得太昊宫在整个五泉山24组建筑群中藏在深幽之处，隐于山石之中及树荫院墙之内。巧妙利用西长廊将太昊宫正门放置在了廊轩之中，避免了开门见山，使太昊宫若隐若现，这种依山造势不仅完美地利用了地形空间，也将空间穿插利用，与自然和其他建筑都巧妙结合，达到了藏与露的园林意境，同时也将圣贤之地放置在一个含蓄却又重要的位置，暗含刘尔炘先生的造园理念，也是文人造园的意境表现。太昊宫门前空间相互穿插，道路宛转曲折，加上葱郁的树木，产生了良好的空间层次感，(如图2–23)。太昊宫建筑群第三进院落与万源阁相互呼应（如图2–22)。从山脚下太昊宫第一进院落开始，山体呈起势，山中建筑依次层叠而上，与五泉山最高建筑群三教洞相互呼应，既表现了园林造景的艺术造诣，又表达了三教洞中儒释道与万源阁、太昊宫的儒家圣人思想的碰撞，以及在特殊时期背景下的反思，体现了刘尔炘先生的造园初衷（如图2–21、2–24)。

图2–21　太昊宫西长廊入口

图2–22　万源阁与太昊宫的借景

图2-23　错落的建筑群

图2-24　入口的藏与露

2.4　太昊宫建筑结构特征

通过建筑的结构特征，我们可以判断建筑的修建时期、修建地域、修建等级和修建规格。我国古建筑文化的发展过程分为可以分为四个阶段：初级萌芽阶段、新兴发展阶段、繁荣鼎盛阶段和高度成熟阶段。五泉山现存最早建筑群始建于元朝时期，太昊宫建筑群则为民国时期修建，属于我国古建筑高度成熟期的代表作，可谓西北古建筑以及西北园林建筑的典型。1919年是一个较为特殊的时期，太昊宫既有着古建筑制式的传承，也有着时代交替的创新，具有很高的建筑价值。

太昊宫建筑群中的秦子祠与东侧的壤驷子祠、西侧的石作子祠为相同建筑形式，为三开间带周围廊双坡歇山顶建筑。结构为抬梁式五架梁带周围廊式。坐南朝北。屋顶为筒板瓦屋面。挑檐檩下依次为襻间垫板、大额枋、额枋垫板、小额枋、雀替。襻间垫板为一个个装饰性极强的长方体木块，雕刻成仙桃与荷叶等形式。额枋垫板为草花与夔龙纹形，雀替为卷草夔龙纹。门为四抹槅扇门，窗为双扇外开平开窗，门窗格心因后期为安装玻璃进行了改造。彩画以蓝绿彩画为主，枋心多为山水画或花鸟画。

伏羲殿为五开间双坡硬山顶，前檐带卷棚抱厦的砖木结构建筑。结构为抬梁式五架梁。后期前檐被改造，更换为现代木门窗形式。两侧硬山山墙做叠涩变化。

2.5 平面布置、梁架形式与构件做法

五泉山建筑群规模宏大，构件繁多，结构的主体和大部分构件仍旧保持着明清及民国时期兰州地区古建筑的做法特征。太昊宫正殿伏羲殿为五开间，“凸”字形平面。配殿壤驷子祠、石作子祠与秦子祠为殿身三开间带周围廊形式，这组建筑建在台地上，因此配殿建筑的平面进深不大，室内均无柱。太昊宫为民国时期修建，建筑体量均不大，所用建筑材料较单薄，柱较纤细，柱础为灰色花岗岩鼓形。梁架较轻盈，翼角冲出有力，符合园林建筑轻巧、细腻的要求。伏羲殿的变化较丰富，“品”字形平面是河州匠人独具匠心的创作。各建筑无斗栱构件，仅在阑额上施襻间垫板，上举平板枋。

2.6 太昊宫建筑价值评估

2.6.1 历史价值

五泉山建筑群历时两千多年，其兴建演变的轨迹及现存的园林与建筑实物十分珍贵，是兰州地方史和城市建设史上重要的历史遗存，是兰州市非常珍贵的文化遗产。五泉山园林在西北地区园林古建筑群中具有重要地位，能够整体保存到现在实属不易，是十分宝贵的物质文化遗产，为我们研究明清至近代中国西北传统景观建筑和造园艺术留下了最好的实例。太昊宫建于民国时期，迄今不到百年，真实表现了兰州地区民国时期园林建筑的特征。

2.6.2 艺术价值

太昊宫带小游园景观，依山就势，构思巧妙，造就了人与自然山水融为一体、建筑与古树名木相互映衬的意境，具有很高的学术价值和造园艺术价值。

建筑依山形地貌选址，或藏或露，或大或小，丰富而多样，融自然景观与人文景观于一体，充分体现了中国传统造园艺术的精髓。

太昊宫是一处宫观游园结合的古建筑群，“山无云不灵，山无石不奇，山无树不秀，山无水不活”，山上鳞次栉比的古建筑群与五眼泉水相得益彰，惠泉、甘露泉、掬月泉、摸子泉和蒙泉水量充沛，水质甘美，得泉水滋润，五泉山花荣树茂，风光旖旎。

建筑装饰上，大木做工简洁有力，虽然有部分装饰，但并不繁复堆砌。彩绘用青绿旋子，风格淡雅且具有民间生活气息。建筑用材多为青砖、青瓦和块石，铺地材料也为当地所产石条，粗犷敦实。建筑装饰和小构件多借鉴甘肃民间特有的砖雕、木雕技艺，淳朴而具有乡土意味，与周边的山、水、花、树及当地的气候、风俗相互映衬，结合得体。

2.6.3 科学价值

太昊宫古建筑群建筑形制从歇山到硬山，从三架梁到五架梁，从起脊到卷棚兼有，建筑规模大，布局呼应得体，主次分明，单体建筑与院落、主体建筑与次要建筑都与山水地形巧妙结合，十分完美，体现了“虽由人作，宛若天成”的意境。其次，园林中所包含的文化思想主题一致但形式多样，是国内其他园林中罕见的。古建筑群整体保存完好，类型多样，造园艺术高超，是研究西北现存传统园林建筑的典型范例，具有重要的实物研究价值。

2.6.4 社会价值

五泉山公园历经千年，官民共建，是历代社会各阶层、多专业人士筹集资金、精心谋划、辛劳智慧的结晶，具有重要的示范作用和教育意义。兰州近代的杰出人物刘尔炘先生是护山建园、造福地方的典型代表，他的义举和贡献值得青史留驻，大书一笔。他创作的许多楹联和匾额题词都是一部出自五泉山、描绘五泉山的优秀教材。

自太昊宫建成后，为了纪念陇上社会先贤，主殿奉祀伏羲、女娲、轩辕黄帝、石作子、壤驷子、秦子6位人物，配祀35位人物，每年农历四月初八，兰州市民会来太昊宫举行纪念活动，不仅仅是对先贤的纪念，也是对陇上文化发展的传递与延续。

第三章
太昊宫建筑群勘察设计

3.1　太昊宫建筑群勘察残损情况概述

近年来，随着人们文物保护意识的加强，五泉山建筑群的维修、保护得到了大力加强。过去由于文物保护意识不够，科技力量不足，管理手段落后，专项资金有限，五泉山文物建筑的维修多以现代方法进行，没有遵从文物保护法的原则；加上基础设施缺乏，对于水土保持及山体滑坡的预防也缺乏足够的应对措施。

太昊宫整组建筑群因年久失修、缺乏保护和后期维修不当，建筑风貌破坏较为严重，铺装材料形式不妥，多处下陷；柱顶石损坏严重，柱身不同程度开裂，油饰大面积脱落；门窗、门槛、雕花多处变形损坏；梁架局部有开裂；屋檐局部挠曲下陷；滴水、勾头、筒瓦局部损坏、缺失；屋面积尘、杂草、沉积物较多，局部漏水；屋脊局部有断裂，吻兽、脊兽、套兽多处损坏，部分缺失。由于五泉山公园坐南朝北依山而建，建筑群场地北侧基础多为湿陷性黄土垫实，南北基础强度不一，导致建筑均具有前倾现象。因存在较大安全隐患，自20世纪90年代起，太昊宫建筑群实行关闭，直至2014年才恢复对游客开放。

根据《古建筑木结构维护与加固技术规范》（GB50165-92），对太昊宫的残损等级划分如下（见表3-1）：

表3-1　太昊宫建筑群残损等级表

建筑名称	分项维修级别					
	基础	地面	墙体	梁架	小木作	屋顶
第一进院落	Ⅰ类	Ⅲ类	Ⅲ类	Ⅲ类	Ⅲ类	Ⅳ类
第二进院落	Ⅰ类	Ⅲ类	Ⅲ类（护坡）	—	—	—
第三进院落	Ⅰ类	Ⅲ类	Ⅰ类	—	—	—
第四进院落	Ⅰ类	Ⅲ类	Ⅰ类	—	—	—
秦子祠	Ⅰ类	Ⅲ类	Ⅲ类	Ⅱ类	Ⅲ类	Ⅳ类
石作子祠	Ⅰ类	Ⅱ类	Ⅱ类	Ⅱ类	Ⅲ类	Ⅲ类
壤驷子祠	Ⅰ类	Ⅱ类	Ⅱ类	Ⅱ类	Ⅲ类	Ⅲ类
伏羲殿	Ⅰ类	Ⅲ类	Ⅳ类	Ⅱ类	Ⅲ类	Ⅱ类

3.1.1　第一进院落残损情况

第一进院落东侧过厅屋檐塌陷严重，门窗全部被后世改为玻璃门窗。地面被改为正六边形水泥砖和水泥阶条石铺墁，与建筑风貌不符；所有游廊和檐廊柱顶石后期更换为方形水泥方墩，破坏了原有建筑风貌；东侧院墙水泥抹灰层脱落严重，西侧院墙青砖风化，墙头损坏严重。影壁砖雕缺失，青砖雕花影壁门严重损坏。西侧、北侧过厅墙体多处开裂；廊下梁、枋多处开裂。柱身油饰大面积脱落，局部开裂严重（如图3-1）。

图3-1　第一进院落东过厅屋檐下陷

3.1.2 第二进院落残损情况

第二进院落秦子祠建筑年久失修，建筑风貌破坏严重。两侧山墙及后檐墙均出现较大裂缝，屋顶正脊多处断裂，东侧山花墙体倾斜塌陷，西南部屋檐翼角整体塌陷。前檐台明外水泥花台为后世加建，与原状不符。建筑院落地面后世改为正六边形水泥砖铺墁，局部下陷。台基损坏严重，台明水泥抹灰层开裂、脱落严重；阶条石后期更换为水泥预制块。前檐台明断裂、变形、下陷。前后院墙水泥抹灰层脱落严重。前后檐墙下碱大面积泛碱，墙体轻微开裂，青砖风化；柱顶石磨损严重，部分被水泥铺装掩埋，柱身局部开裂。门窗棂子后期改为玻璃，与原状不符。门槛磨损严重。梁架保存完整，檐椽、飞椽椽头部分糟朽，屋檐轻度挠曲。筒瓦局部缺失、损坏，滴水勾头缺失严重。屋面有积尘、杂草；屋脊局部断裂，吻兽、脊兽部分缺失。彩绘、装饰、损坏严重。秦子祠后对称“之”字形大台阶青砖栏板风化严重，石望柱多数风化，部分丢失，石作台阶被后世局部改为水泥（如图3-2、3-3、3-4、3-5）。

图3-2 秦子祠东侧山花严重倾斜

图3-3 秦子祠台明前水泥花池沉降（一）

图3-4 秦子祠台明前水泥花池沉降（二）

图3-5 秦子祠踏步沉降塌陷

3.1.3 第三进院落残损情况

第三进院落东西两侧各为壤驷子祠、石作子祠。整个院落地面局部用青砖铺装，青砖围栏风化严重，阶条石后期更换为预制水泥方块，台明水泥抹面严重开裂；前檐廊地面后期用六边形水泥砖铺面。柱顶石风化严重，后期用水泥修补，局部被掩埋。前后檐墙下碱泛碱，局部青砖风化，勒脚返潮较严重。整体柱身油饰剥落严重，局部开裂、糟朽；门窗油饰脱落严重，局部变形，窗花局部缺失。梁架局部有水渍。雀替、花牙子油饰脱落，额枋彩绘褪色。檐椽、飞椽糟朽严重；屋檐局部有挠曲下陷，屋面变形。滴水、勾头部分缺失，筒瓦、板瓦局部损坏。屋面积尘、杂草、鸟粪等久未清理。屋脊轻度开裂，脊兽部分缺失、断裂；宝瓶瓦损坏，倾斜（如图3-6、3-7）。

图3-6 门扇木质棂子后期被改为玻璃

图3-7 壤驷子祠踏步沉降塌陷

3.1.4 第四进院落残损情况

第四进院落伏羲殿建筑整体变动较大。前檐抱厦后世加筑青砖墙体，原槅扇门全部不存。整体院落用青砖铺墁，局部铺地损坏，青砖缺失、风化；阶条石后期改为水泥预制块，台阶局部开裂，后期改为水泥砂浆抹面。伏羲殿后期修缮过程中前檐廊加建青砖墙体，两侧开间各开窗户，中间开门。墙角青砖风化，砖雕酥碱严重；墙体原廊柱两处有较大的通体裂缝；门窗、玻璃损坏严重，局部变形；山墙墙裙后期修缮用水泥抹面，已开裂。雀替、额枋部分被后加墙体包裹；屋架局部有泥渍；前檐椽子、飞椽后期更换，无油饰，部分糟朽（如图3-8、3-9）。

图3-8　伏羲殿风貌被改动

图3-9　伏羲殿前踏步沉降

西侧附属用房为后期加建，加盖部分利用西侧围墙与伏羲殿西侧墙体建筑形成夹角，于20世纪80年代加盖管理用房成一间三角形库房，需拆除（如图3-10、3-11）。

图3-10　西墙与新盖水泥墙（一）

3-11　伏羲殿与西侧围墙夹角

3.1.5　太昊宫院落残损情况

四进院落建筑群的沉降和各种不同原因的残损，导致太昊宫院落关闭状态长达20年，而一个院落在长期未使用的状态下只能加速其功能和材质的消耗。现场勘查发现，四进院落的残损具有共性。四进院落中地面铺装均为20世纪80年代重铺的水泥六棱砖，院落砖下无基础，受排水不畅和植被生长影响，地面铺装有较大的沉降和开裂现象。其中第二进院落地面水泥砖缺失，露出土地表层（如图3-12、3-13）。

图3-12　西墙与新盖水泥墙（二）

图3-13　伏羲殿与西侧围墙夹角

在第一进院落东侧，为贴合中国古典园林思想，于20世纪80年代修砌如意形戏水池。90年代院落关闭后，由于缺乏管护保养，人工修砌水池的混凝土开裂，导致原黏接的黄河石脱落，防水层破裂，失去了原有景观效果，对建筑群基础产生渗水影响。据查《兰州五泉太昊宫记》和《兰州五泉山修建记》文献资料，原有太昊宫建筑群并没有如意形水池，后期修砌不符合原有建筑群风貌特征，也不符合西北园林造园形制要求，且对后院建筑群造成文物建筑安全隐患，因此在2014年修缮工程中，将如意水池拆除，恢复原有地面方砖铺装（如图3-14、3-15）。

图3-14　第一进院落如意形水池

图3-15　混凝土修砌水池脱落

3.1.6 残损情况小结

（1）太昊宫四栋主体建筑及其附属建筑结构稳定、合理。

（2）秦子祠两侧山墙及后檐墙均出现不同程度的裂缝，其余建筑墙体结构稳定。第一进院落过厅次间由于年久失修，屋檐塌陷较严重；秦子祠山花墙体出现较大程度倾斜，正脊开裂严重，屋面翼角塌陷严重，或与两侧山墙和后檐墙体之裂缝有直接关联。伏羲殿前檐砖砌墙体为后世不科学维修造成。

（3）室外护坡墙体、地面水泥砖、秦子祠前檐水泥花台等均为后世不科学维护造成。

（4）根据文献记载，历史上发生的自然灾害没有对太昊宫建筑群产生破坏性影响。

（5）太昊宫所具有的历史、艺术、社会价值，符合文物保护和文物工程管理办法的精神，太昊宫秦子祠山墙、后檐墙需重砌。其余建筑结构稳固，建筑单体残损较严重，后世维修不符合文物建筑保护精神要求，大量门窗槅扇均未按照文物建筑保护法律、条文精神进行维护，后期维护不科学造成文物建筑的人为破坏。综上，太昊宫亟须通过科学维修，对文物建筑进行保护。

3.2 太昊宫第一进院落残损勘察内容

3.2.1 地面及台阶部分

太昊宫第一进院落由两个院落组成（如表3-2、图3-16）。

表3-2 地面及台阶残损登记表

类别	编号	名称	原有工程做法	残损现状描述	残损量	残损原因及结论
地面及台阶部分	1	台基	台基条石（370 mm×100 mm×60 mm）砌筑	后期改用预制水泥块修砌	面积 32.40 m^2	原因:后期维修不当 结论:剔除水泥砂浆抹面，后用条石铺设，灰浆灌缝

续表3-2

类别	编号	名称	原有工程做法	残损现状描述	残损量	残损原因及结论
地面及台阶部分	2	室外地面	青砖（550 mm×550 mm×60 mm）铺墁，砌筑	后期用正六边形水泥砖铺墁，规格 D=400 mm 内接正六边形，与原有建筑风格不符	残损面积 62.30 m^2	原因：后期维修不当 结论：夯实基层后按原形制式重新铺墁
	3	室外铺地	青砖（360 mm×550 mm×60 mm）铺墁，砌筑	后期用正六边形水泥砖铺墁，规格 D=400 mm 内接正六边形，与原有建筑风格不符	残损面积 15.00 m^2	原因：后期维修不当 结论：揭除水泥砖，恢复青砖铺地
	4	台阶	条石（370 mm×180 mm×60 mm）铺砌	后期改用预制水泥块修砌	面积 25.00 m^2	原因：后期维修不当 结论：用阶条石按原形制复原

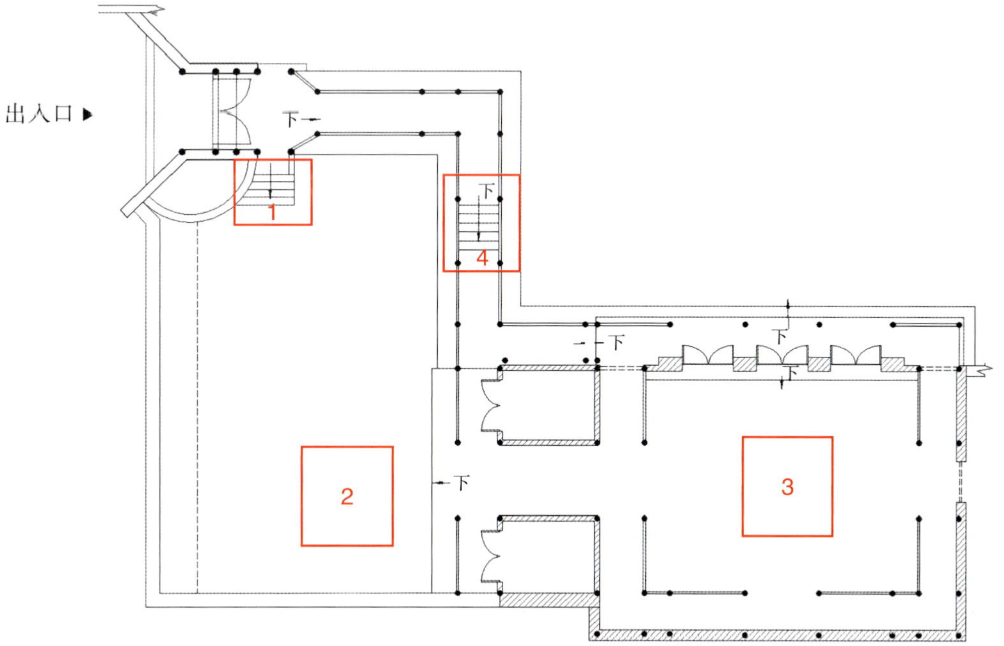

图3-16　第一进院落平面图

表内残损部位标注1、2、3、4如图3-17、3-18、3-19、3-20、3-21、3-22所示。

图3-17　院落正六边形水泥砖

图3-18　混凝土道牙台明

图3-19　后期正六边形水泥砖

图3-20　台明水泥抹面层

图3-21　混凝土踏步

图3-22　水泥六棱砖铺墁

3.2.2 墙体部分

第一进院落墙体主要指院落东侧围墙（如图3-23、3-24），残损情况如表3-3所示。

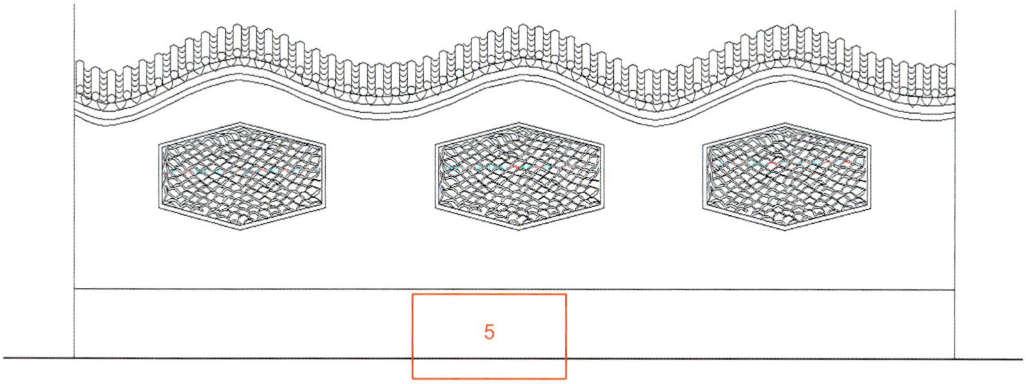

图3-23　第一进院落东侧院墙

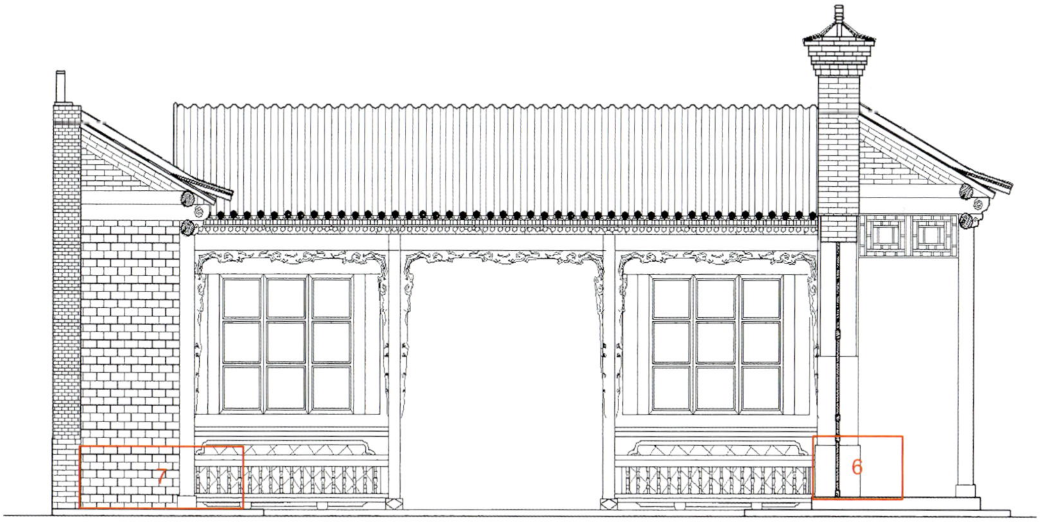

图3-24　第一进院落廊檐墙

表3–3　墙体残损登记表

类别	编号	名称	原有工程做法	残损现状描述	残损量	残损原因及结论
墙体部分	5	院墙	青砖(360 mm×180 mm×60 mm)砌筑	后期用水泥砂浆抹面处理,水泥砂浆抹面脱落严重,院墙局部开裂东侧院墙3处开裂,缝20～40 mm	墙体抹灰脱落45.00 m^2;墙体三处开裂,缝宽15～40 mm	原因: 1.地面排水不畅 2.地基不均匀沉降 结论:铲除水泥砂浆抹青砖砌筑,白灰勾缝开裂处用灌浆加固,草泥填缝,滑秸泥找平,白灰抹面
	6	北侧、西侧廊檐墙	青砖(360 mm×180 mm×60 mm)砌筑,滑秸泥找平,白灰抹面	下碱酥碱严重,墙体包柱的地方通体开裂	酥碱面积5.00 m^2	原因: 1.地基不均匀沉降 2.长期风雨侵蚀 3.墙体酥碱脱落 4.冻融循环 结论:铲除水泥砂浆抹面,重新青砖砌筑,白灰勾缝开裂处用灌浆加固,草泥填缝,滑秸泥找平,白灰勾缝,酥碱处剔除青砖酥碱部位,按原形加环氧树脂黏接、补配
	7	东侧卷棚厢房	主体墙体青砖砌筑,局部土坯墙外包青砖,表面刷黑色老泥浆	墙体局部开裂,下碱局部酥碱	两处开裂,缝长1000 mm、宽30 mm、深20 mm,酥碱面积3.50 m^2	原因: 1.年久失修 2.基础不均匀沉降引起墙体开裂 3.后期维修不当 结论:根据地勘报告进行地基加固或按实际情况填缝、择砌
	8	南侧照壁青砖	青砖砌筑,内加3个四抹格栅门	砖墙下碱酥碱脱落严重,勾缝不密实	酥碱面积5.00 m^2	原因: 1.年久失修,后期维修不当 2.人为破坏严重 3.屋檐滴水回溅 4.冻融循环 结论:揭除影壁水泥砂浆抹面,按原形制复原影壁砖雕剔除砖墙酥碱部位,局部剔凿挖补,勒脚青砖替换,修补
	9	南侧照壁下碱	青砖砌筑	厢房墙角青砖泛碱	酥碱面积3.50 m^2	

表内残损情况如图3-25、3-26、3-27、3-28、3-29所示。

图3-25　院落墙开裂

图3-26　东侧院墙开裂

图3-27　墙体下碱返潮

图3-28　下碱墙酥碱

图3-29　山墙风化

3.2.3 建筑大木作部分

牌坊残损部位标注8、标注9如图3-30，太昊宫第一进院落牌坊及东侧厢房残损如图3-31、3-32、3-33、3-34。

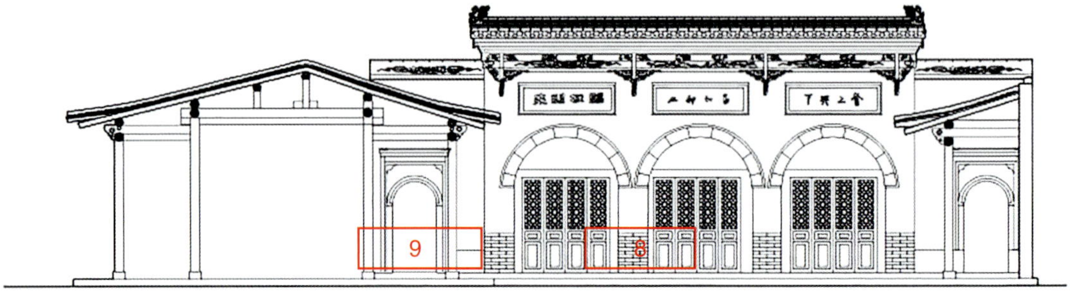

图3-30 牌坊及东侧厢房立面图

图3-31 下碱墙酥碱脱落导致柱身糟朽

图3-32 前院柱顶石后期被水泥方墩替换

图3-33 游廊柱子开裂

图3-34 金柱柱身开裂

残损情况如表3-4所示：

表3-4　大木作残损登记表

类别	编号	名称	原有工程做法	残损现状描述	残损量	残损原因及结论
大木作部分	10	柱础	圆形石质柱顶石，规格 D=40 mm	柱础后期全部更换为水泥方墩，柱顶石全部严重风化	柱顶石残损54个	原因： 1.年久失修 2.原柱础石材质地影响 3.后期修缮方法欠妥 4.风化腐蚀 结论：柱顶石按原形制全部更换
	11	柱	柱身木构榫卯搭接；柱径275 mm，柱高2900～3200 mm；无地仗	柱头开裂遭朽严重，柱身大部分开裂，开裂程度不一	13根檐柱柱头柱脚全部开裂，4个柱脚糟朽，24根柱子开裂，缝长700～1200 mm、宽10～20 mm、深30～40 mm	原因： 1.气候影响、木材干缩变形 2.屋面漏雨，下碱返潮引起糟朽 结论：根据实际开裂及糟朽的残损情况进行木条嵌缝加环氧树脂黏接或铁箍加固、墩接
	12	梁	木构榫卯搭接	梁全部开裂，个别通缝，糟朽发霉严重	梁全部开裂,其中3根出现通体开裂，最大缝宽10 mm;1个梁头糟朽严重	原因： 1.屋面局部漏雨 2.气候影响，木材干缩开裂 3.局部受力不均使得梁枋挠曲变形 结论：根据实际开裂糟朽的残损情况进行修复或更换
	13	枋	木构榫卯搭接	枋不同程度开裂、糟朽	枋全部细微开裂，6个开裂通缝，缝宽大于10 mm	原因： 1.屋面局部漏雨 2.气候影响和木材干缩开裂 3.局部受力不均使得梁枋挠曲变形、拔榫 结论：需按实际残损情况进行大木归安或铁箍加固
	14	檩	木构榫卯搭接	个别檩开裂、挠曲	檩5根开裂缝最大缝宽10 mm；1根挑檐檩挠曲	原因： 1.屋面局部漏雨 2.气候影响，木材干缩开裂 3.局部受力不使得梁枋挠曲变形 结论：需按实际残损情况进行修复或更换

第一进院落小游廊残损部位如图3–35，其中标注10、11如图3–36，标注12如图3–37，标注13如图3–38，标注14、15如图3–39。

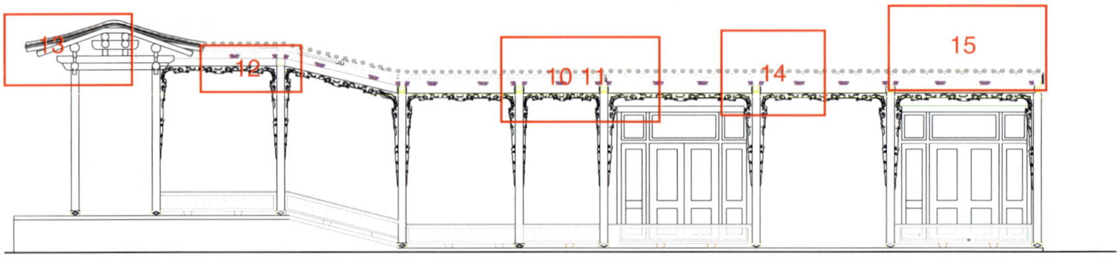

图3–35　小游廊立面图

图3–36　梁枋局部开裂

图3–37　榻条局部开裂

图3–38　檩局部开裂

图3–39　椽头糟朽开裂

第一进院东侧厢房及游廊大木作残损表如表3–5所示，其中望板（榻条）开裂破损较为严重，建筑北侧飞椽、圆椽保存相对完整，后檐及后屋（南侧）飞椽糟朽较为严重。

3.2.4 屋面及小木作部分

第一进院落小游廊残损部位如图3-40，其中立面图中标注16如图3-41、3-42、3-43、3-44图中；标注17正脊处如图3-45；图中标注18门窗雕花，均已换成玻璃如图3-46；标注19雀替残损，如图3-47；标注20望兽断裂，如图3-48。

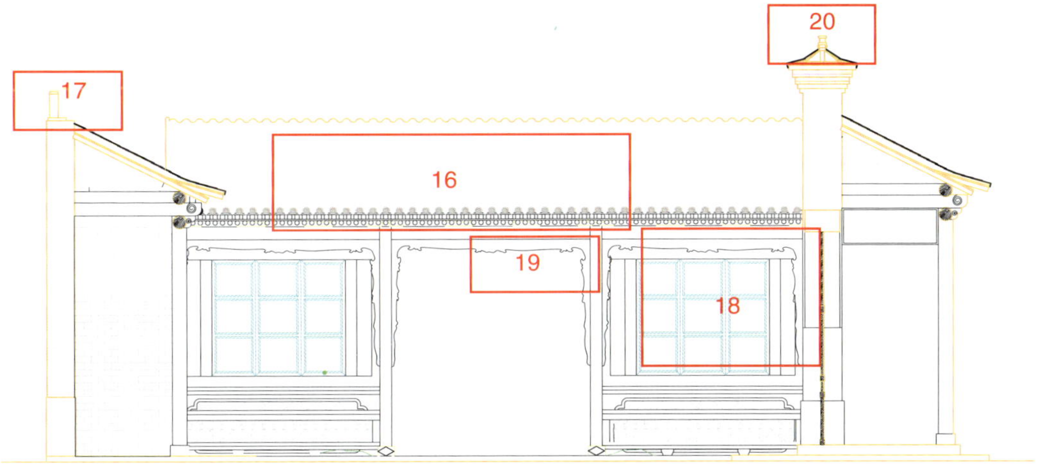

图3-40 小游廊立面图

图3-41 东厢房屋面塌陷

图3-42 屋面杂草丛生

图3-43　卷棚顶下陷

图3-44　滴水缺失

图3-45　正脊开裂、歇山坍塌

图3-46　门窗雕花格栅缺失

图3-47　雀替残损

图3-48　脊兽残损

第一进院落屋面及小木作残损情况如表3-5所示：

表3-5　屋面及小木作残损登记表

类别	编号	名称	原有工程做法	残损现状描述	残损量	残损原因及结论
屋面	15	椽	内外两架椽，圆椽直径100 mm	椽开裂，局部糟朽	24根裂缝宽大于5 mm；椽整体遭烟熏	1.房间内使用明火产生烟渍 2.屋面局部漏雨 3.木材干缩开裂 4.局部屋面下陷使得椽受力不均，出现弯曲 结论：大木归安，根据实际情况进行修复或更换
	16	飞椽	截面 80 mm×80 mm	大量飞椽开裂、糟朽	80根缝宽大于10mm；60个糟朽残损严重	
	17	望板	望板厚20 mm，连檐50 mm×30 mm，闸挡板厚10 mm	东侧过厅望板开裂糟朽严重，局部塌陷；大小连檐整体不同程度的开裂糟朽；闸挡板整体细微开裂、轻度糟朽	东侧过厅整个屋面50.00 m^2望板开裂糟朽，1.50 m^2望板塌陷；8 m连檐糟朽； 8 m闸挡板细微开裂、糟朽	原因： 1.屋顶排水不畅，局部下陷漏雨 2.木材干缩变形 结论：需按残损程度局部揭顶维修，更换残损及糟朽的望板、大小连檐和闸挡板
	18	屋顶	歇山、筒瓦屋面	屋面上瓦片、滴水及勾头残损、缺失，瓦件有不同程度的风化开裂东过厅屋顶下陷严重；歇山东面屋顶下陷严重	瓦片缺失45片，勾头缺失30个，滴水缺失42个，揭顶维修面积80.00 m^2	原因： 1.长期受紫外线照射，风雨作用 2.后期维修保护不当 3.屋顶漏雨导致梁架变形，屋顶下陷 结论：屋面加做防水处理，修补残损瓦件、大木归安，揭顶维修，脊件补全，定期做杂物清理
	19	脊	捏塑正脊	正脊局部残损、开裂	正脊残损0.5 m	
	20	脊兽	捏塑脊吻	脊吻破损	脊吻残损3个	原因： 1.年久失修 2.人为破坏 结论：修复正脊及脊兽
小木作部分	21	门窗	东过厅东侧槅扇门（1560 mm×590 mm），西侧槅扇窗（1580 mm×1540 mm）	门窗均为后世改建，形制与原貌不符	残损8扇门，4扇窗	原因： 1.木材变形引起 2.人为破坏 3.受潮腐朽 结论：归安扶正，恢复原貌
	22	雀替	木雕雀替	雀替整体油饰脱落、损坏	脱落雀替6个	原因： 1.年久失修 2.人为破坏 结论：按历史原貌复原

3.3 太昊宫第二进院落残损勘察内容

3.3.1 地面及台阶部分

第二进院秦子祠残损部位如图3-49，其中平面图中标注1台基后期加抹混凝土抹面，及后期为谐调园林，加建花坛景观，其中，后期加建花坛之中种植绿化苗木，日益浇灌对建筑本体基础影响较大，导致基础沉降，台基倾斜开裂，种植灌木根系对台基产生植物侵扰，浇灌时对台基产生倒灌（如图3-50）。图中标注2，地面六棱水泥砖破损严重并存在沉降现象。水泥方砖与地面不存在黏接性（如图3-51）。平面图中标注3为秦子祠室内地面情况，室内方砖破损严重，于20世纪90年代全部清除后铺设水泥（如图3-52）。平面图中标注4号位置为前院台阶水泥抹面脱落，以及第二进院落踏步均为后期混凝土踏步（如图3-53）。

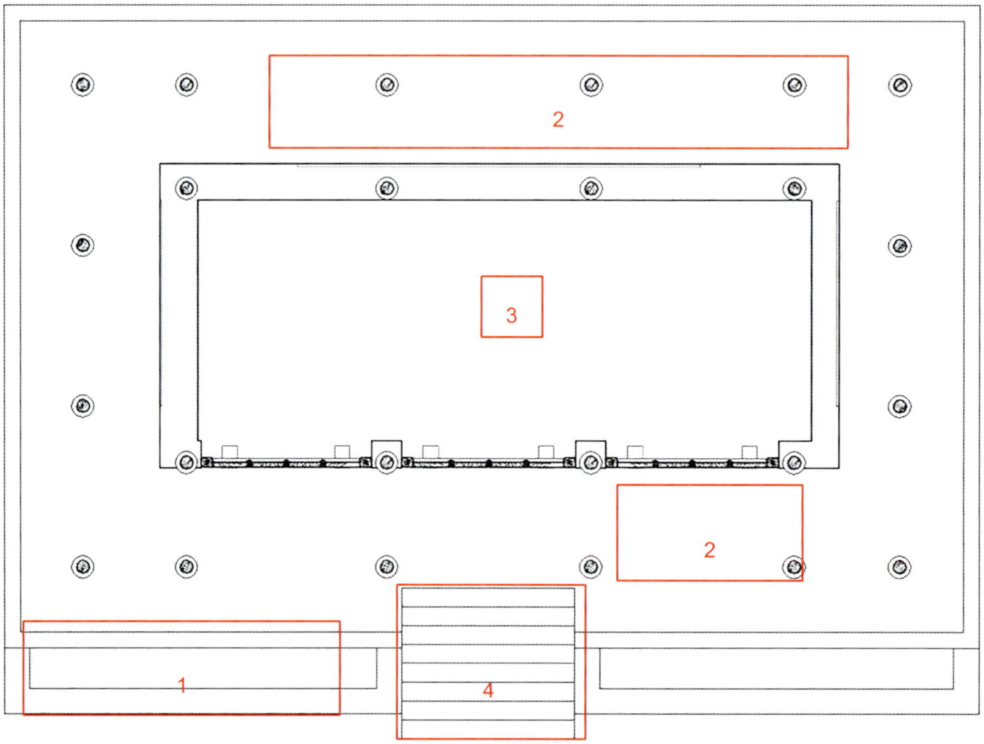

图3-49　第二进院落平面图

图3-50　台基及后期加建花坛

图3-51　地面铺装破损

图3-52　秦子祠室内水泥抹面

图3-53　水泥踏步

文物建筑群的园林景观随着时代的要求发生着变迁，建筑寿命要长久于院落铺装，然而随着时间的推移，建筑成为具有文物价值的本体，而院落却要不断修葺以与之匹配，院落的修葺还应该保持古典园林风格。20世纪80年代的五泉山公园，建园不久，由于资金匮乏和修缮保护意识不够，在台基处加建花池，表面上增加了绿植，增加了景观面积，实质上却改变了古建筑内的园林景观的风貌。同时花池紧贴建筑台基，砖砌后未做防水处理，对台基也造成了侵蚀，导致整体台基以及建筑柱基沉降（如表3-6所示）。

3.3.2　踏步及护坡挡墙部分

第二进院落挡墙及进第三进院落的踏步立面图和平面图（见图3-54、3-55），其中标注5青砖花墙柱头缺失、风化严重（如图3-56），青砖花墙松动，破损（如图3-57）。图中标注6上行踏步为混凝土道牙铺墁，严重破坏古建筑群的风貌特征

表3-6　地面及台阶残损登记表

类别	编号	名称	原有工程做法	残损现状描述	残损量	残损原因及结论
地面及台阶部分	1	台基	石质阶条石（370 mm×100 mm×60 mm）砌筑	后期改用预制水泥块修砌	阶条石断裂、破损14.00 m^2，花坛面积8.00 m^2	原因：后期维修不当 结论：补修并拆除花坛
	2	台明	青砖（360 mm×360 mm×60 mm）铺墁	后期加建水泥正六边形砖铺墁水泥方砖铺墁与原有建筑风格不符	铺地面积60.00 m^2	原因：后期修缮方法欠妥，年久失修 结论：去除水泥砖，夯实基层后按原制式重新铺墁
	3	室内铺地	青砖（360 mm×360 mm×60 mm）铺墁，砌筑	后期加建水泥地面	水泥地面面积80.00 m^2	原因：后期修缮方法欠妥 结论：按原制式复原
	4	院前台阶	条石（370 mm×180 mm×60 mm）砌筑	后改建水泥台阶	水泥台阶面积24.00 m^2	原因：后期修缮方法欠妥 结论：剔除水泥台阶，重新砌筑条石台阶，白灰勾缝

（如图3-58、3-59）；上行踏步保留了原有踏步青砖，挡墙外侧被水泥整体抹面，青砖花墙望柱为甘肃砂岩材质，历经100年后砂岩风化严重，呈片状剥落（如图3-60）。石狮子风化剥落（如图3-61）。

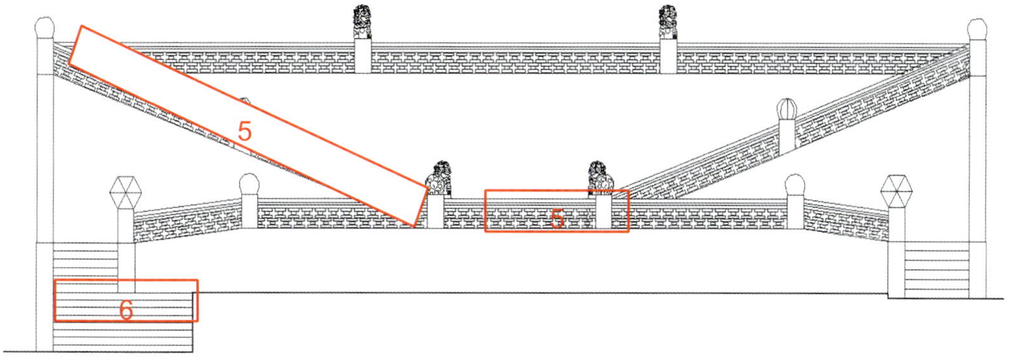

图3-54　踏步立面图

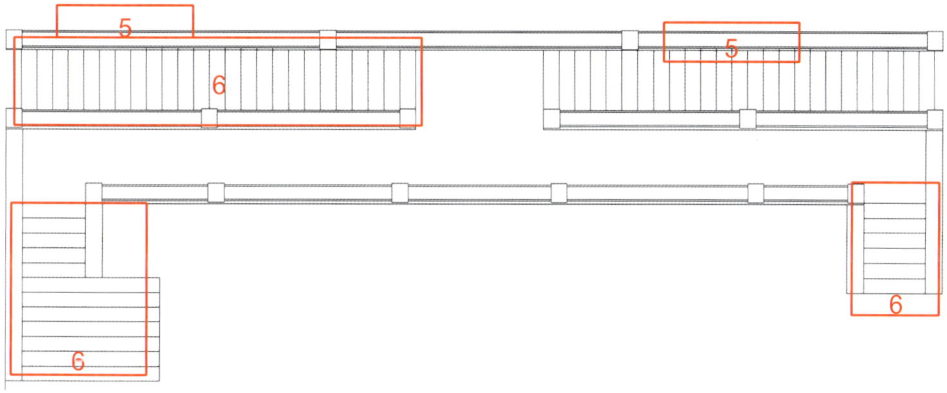

图3-55　踏步平面图

图3-56　青砖花墙缺失柱头

图3-57　青砖花墙青砖风化松动（一）

图3–58　青砖花墙缺失柱头

图3–59　青砖花墙青砖风化松动（二）

图3–60　挡墙水泥抹面脱落严重

图3–61　青砖花墙柱头风化剥落

第二进院落与第三进院落高差5.4 m，高差处设置挡墙保证建筑本体安全，因此第二进院落和第三进院落有了踏步与挡墙的景观节点，其中残损情况如表3–7所示。

表3–7　踏步及护坡挡墙残损登记表

类别	编号	名称	原有工程做法	残损现状描述	残损量	残损原因及结论
踏步及护坡挡墙部分	5	栏板、护坡墙	青砖砌筑栏杆	大面积松动，石雕风化破碎，护坡墙后期水泥抹面	栏杆松动面积15.00 m^2；石雕破损12个；护坡墙140.90 m^2	原因： 1.后期修缮方法欠妥 2.人为破坏 3.风雨侵蚀 结论：替换风化的青砖，重新砌筑栏杆，破损的石雕修补
	6	后院台阶	秦子祠后院大台阶条石铺砌，青砖栏板，石刻望柱	台明后期用水泥砂浆抹面；秦子祠后东侧台阶预制水泥砌块砌筑；青砖栏板风化、松动，局部青砖掉落；石望柱风化严重，个别石望柱掉落，缺失	水泥砌块铺地面积：20.00 m^2；青砖栏板风化松动面积8.00 m^2；水泥抹面面积20.00 m^2；石望柱缺失4个	原因： 1.后期修缮方法欠妥 2.人为破坏 结论：水泥抹面破坏了建筑原貌，剔除水泥抹面，按青砖砌筑，阶条石按原建筑形式复原，石望柱按原样式修补

3.3.3 秦子祠墙体部分

第二进院落秦子祠则是太昊宫建筑群主体建筑。秦子祠正立面如图3–62，剖面图如图3–63。图3–62中标注7为后期被更换的玻璃窗扇，共计12扇（如图3–64）。图3–63中标注8为后檐墙体泛碱情况（如图3–65）。图3–62中标注9为东侧墙体，由于花池沉降原因产生沉降现象，导致东侧墙体开裂（如图3–66），图3–63中标注10为西侧墙体（如图3–67），标注11为室内后期砌筑（如图3–68）。

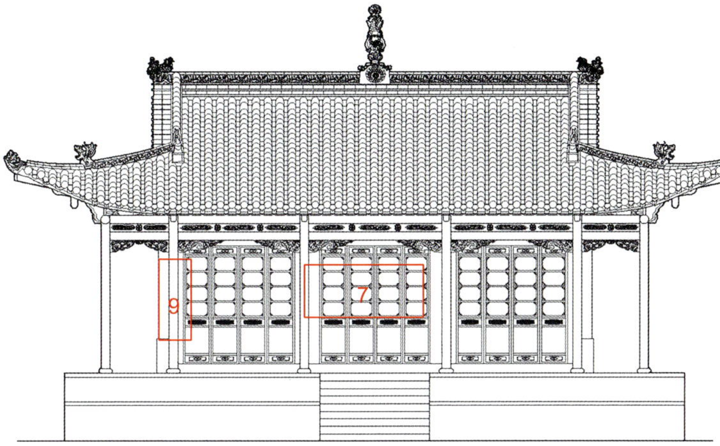

图3–62 秦子祠正立面图

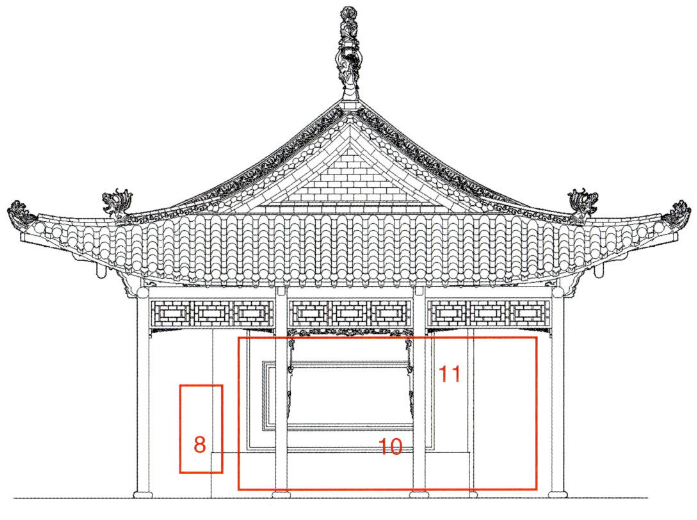

图3–63 秦子祠侧立面图

图3-64　已换的前檐门窗

图3-65　后檐墙泛碱

图3-66　东侧山墙

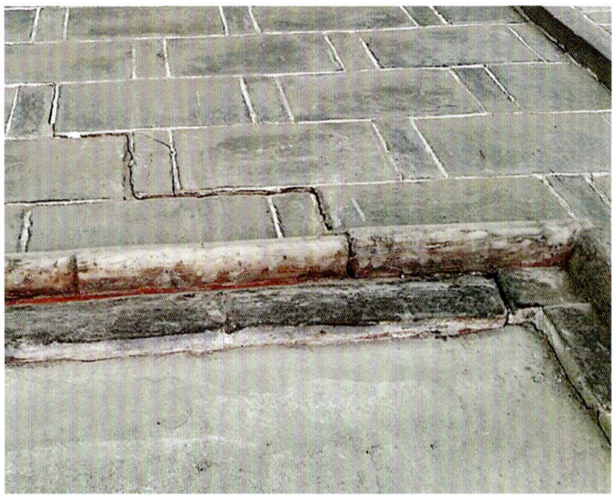

图3-67　西侧墙体开裂

图3-68　室内后期砌筑墙体

秦子祠墙体残损如表3-8所示。

表3–8　秦子祠墙体残损登记表

类别	编号	名称	原有工程做法	残损现状描述	残损量	残损原因及结论
墙体部分	7	前檐墙	五抹槅扇(700 mm×3000 mm),棂子(1560 mm×590 mm)	槅扇棂子后期被改为玻璃	残损12扇	原因:后期修缮不当 结论:恢复原貌
	8	后檐墙	墙青砖砌筑,局部土坯墙外包青砖,表面刷黑色老浆灰;650 mm高砖砌,墙厚450 mm	墙体局部开裂严重	开裂面积52.00 m^2	原因: 1.基础不均匀沉降引起墙体开裂 2.长期受风雨、紫外线侵蚀、热胀冷缩等作用 结论:拆除后按原形质重新砌筑
	9	东歇山墙	墙青砖砌筑,局部土坯墙外包青砖,表面刷黑色老浆灰;650mm高砖砌,墙厚450mm	山墙开裂严重,出现八字斜裂缝	开裂坍塌面积32.00 m^2	原因: 1.基础不均匀沉降引起墙体开裂 2.年久失修 3.长期受紫外线、雨水等侵蚀、热胀冷缩等作用 结论:拆除后按原形质重新砌筑
	10	西歇山墙	墙青砖砌筑,局部土坯墙外包青砖,表面刷黑色老浆灰;650 mm高砖砌,墙厚450 mm	墙体开裂严重	开裂面积32.00 m^2	原因: 1.基础不均匀沉降引起墙体开裂 2.地下水上泛 结论:拆除后按原形质重新砌筑
	11	室内隔墙	原无隔墙	室内隔墙为后期加建	加建隔墙面积25.00 m^2	原因:后期加建 结论:拆除墙体

3.3.4 秦子祠大木作部分

第二进院落秦子祠梁柱部分，柱体保存相对完整，多数开裂，除东侧前檐柱外，其余并不影响建筑结构，前檐椽保留比后檐椽相对较好。秦子祠正立面图3-69中标注12位置如图3-71、3-72，秦子祠正剖面图如图3-70。

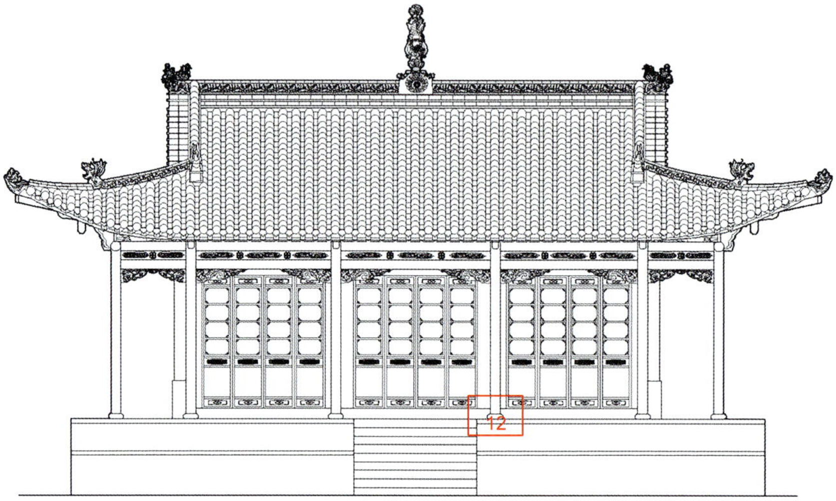

图3-69 秦子祠正立面图

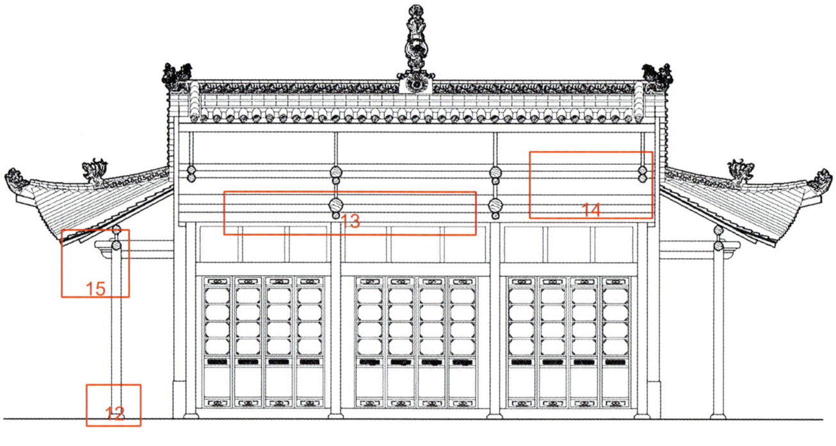

图3-70 秦子祠正剖面图

图3-71　柱体多处开裂（一）

图3-72　柱脚及柱顶石糟朽

图3-70中标注13、14为梁枋局部开裂（如图3-73），图中标注15为挑檐檩有轻度挠曲现象（如图3-74）。

图3-73　柱体多处开裂（一）

图3-74　柱脚及柱顶石糟朽

秦子祠由于屋面瓦件破损，屋面有不同程度漏雨现象，因而造成木结构的干缩变形，梁柱不同程度产生糟朽开裂，秦子祠大木作残损见表3-9。

3.3.5　秦子祠屋面部分

五泉山公园植被茂密，四季气候相对市区较为湿润，秦子祠屋面部分也因此受损较为严重。秦子祠梁架平面图如图3-75。其中标注16、17为秦子祠前檐椽和飞椽，这两处局部糟朽变形，屋面前后檐均有不同程度变形挠曲（如图3-76）；平面图标注18为正脊、垂脊、戗脊，均有断裂塌陷（如图3-77）；标注19、20为屋面瓦件，破损情况如图3-78、3-79、3-80、3-81所示。

秦子祠屋面残损见表3-10。

表3–9　秦子祠大木作残损登记表

类别	编号	名称	原有工程做法	残损现状描述	残损量	残损原因及结论
大木作部分	12	柱	檐柱、金柱部分柱身木构榫卯搭接，柱径275 mm，柱高2900 mm，无地仗	柱身大部分开裂，局部开裂严重；柱顶石损坏严重，后期用水泥修补，与原建筑风貌不符；柱头柱脚开裂严重，个别糟朽严重	6根柱子开裂，缝宽10～20 mm；4根檐柱柱头、柱脚全部开裂；3根柱脚糟朽；11个柱顶石糟朽	原因： 1.气候影响，木材干缩变形 2.局部屋面漏雨，下碱返潮引起糟朽 结论：根据实际开裂糟朽的残损情况进行铁箍加固或墩接，替换柱顶石
	13	梁	木构榫卯搭接	梁均有细微开裂，个别通缝，糟朽发霉严重	梁全部细微开裂，其中2根出现通体开裂，最大缝宽10 mm；1个梁头糟朽严重	原因： 1.屋面局部漏雨 2.气候影响，木材干缩开裂 3.局部受力不均使得梁枋挠曲变形 结论：大木归安，根据实际开裂糟朽的残损情况进行修复或更换
	14	枋	木构榫卯搭接	枋不同程度开裂、糟朽	枋全部细微开裂，4个通缝，缝宽大于10 mm	原因： 1.屋面局部漏雨 2.气候影响，木材干缩开裂 3.局部受力不均使得梁枋挠曲变形、拔榫 结论：按实际残损情况进行大木归安或铁箍加固
	15	檩	木构榫卯搭接	个别檩开裂、挠曲	檩5根开裂，最大缝宽10 mm；1根挑檐檩挠曲	原因： 1.屋面局部漏雨 2.气候影响，木材干缩开裂 3.局部受力不均使得梁枋挠曲变形 结论：大木归安，按实际残损情况进行修复或更换

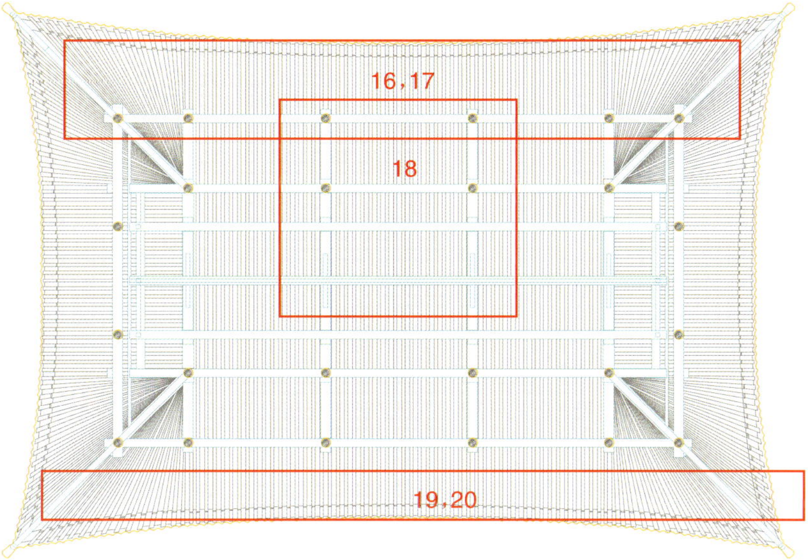

图 3–75　秦子祠梁架仰视图

图 3–76　前檐变形

图 3–77　正脊、垂脊、戗脊坍塌（一）

图 3–78　瓦件破损变形

图 3–79　正脊、垂脊、戗脊坍塌（二）

表3-10 秦子祠屋面残损登记表

类别	编号	名称	原有工程做法	残损现状描述	残损量	残损原因及结论
屋面部分	16	椽	内外两架椽，直径100 mm	椽开裂，局部糟朽，挠曲变形	椽83根开裂，24根裂缝宽大于5 mm，椽整体遭烟熏；5根挠曲变形	原因： 1.屋面局部漏雨 2.气候影响，木材干缩开裂 3.局部屋面下陷使得椽受力不均，出现弯曲 结论：大木归安，根据实际情况进行修复或更换
	17	飞椽	截面尺寸 80 mm×80 mm	大量飞椽开裂、糟朽	飞椽整体开裂、糟朽，60根缝宽大于10 mm，60根糟朽严重	原因： 1.屋面局部漏雨 2.气候影响，木材干缩开裂 结论：根据残损情况进行替换或防腐处理
	18	望板	望板厚20 mm	望板开裂糟朽，局部塌陷	屋面50.00 m² 望板开裂糟朽，1.50 m² 望板塌陷	原因： 1.屋顶排水不畅，局部下陷漏雨 2.气候影响，木材干缩变形 结论：需按残损程度局部揭顶维修，更换残损及糟朽的望板、大小连檐和闸挡板
	19	大小连檐	连檐尺寸 50 mm×30 mm	大小连檐整体不同程度开裂、糟朽	连檐30 m糟朽、滑落	
	20	闸挡板	闸挡板厚10 mm	闸挡板整体细微开裂、轻度糟朽	闸挡板49 m细微开裂、糟朽	
	21	屋面	歇山筒瓦屋顶	屋面东侧山花整体向外倾斜；屋面上瓦片、滴水及勾头残损、缺失，瓦件有风化开裂，歇山东面屋顶下陷	屋面面积189.00 m²；遗失筒瓦50个、勾头22个、滴水25个	原因： 1.长期受紫外线照射，风雨作用 2.后期维修保护不当 3.屋顶漏雨导致梁架变形，屋顶下陷 结论：屋面揭顶维修
	22	脊	捏塑正脊、垂脊、戗脊	正脊、垂脊和戗脊均局部开裂、塌陷	正脊残损2 m，戗脊塌陷	

图3-80　屋面破损坍塌

图3-81　屋面杂草丛生

3.4　太昊宫第三进院落壤驷子祠部分残损勘察内容

第三进院落坐落两座主体建筑，分别为壤驷子祠和石作子祠，用于纪念两位陇上先贤。

3.4.1　壤驷子祠地面及台阶部分

壤驷子祠位于太昊宫第三进院落东侧，建筑形制为歇山式建筑，其平面图如图3-82。

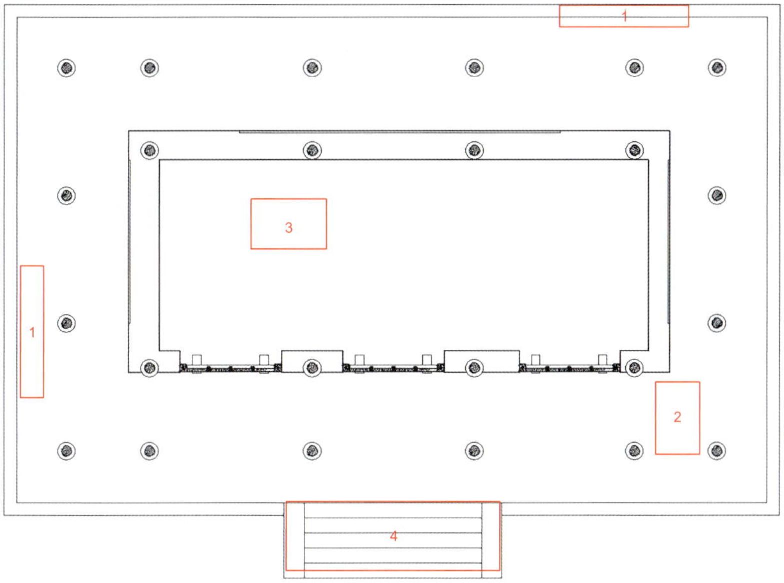

图3-82　壤驷子祠平面图

其中平面图中标注1为壤驷子祠残损阶条石，后期阶条石均为混凝土预制块，对文物建筑风貌影响较大（如图3-83）。平面图中标注2为建筑台明，在后期维修时均更换为水泥六棱砖，且已出现空鼓开裂现象（如图3-84）。平面图标注3为壤驷子祠室内地面，在后期修缮时更换为水泥抹面地面，严重破坏了壤驷子祠建筑风貌（如图3-85）。标注4为壤驷子祠上行踏步，在后期修缮时更换为混凝土模版浇筑，存在沉降开裂现象，踏步结构不稳定（如图3-86）。

图3-83 水泥阶条石

图3-84 水泥地砖铺装

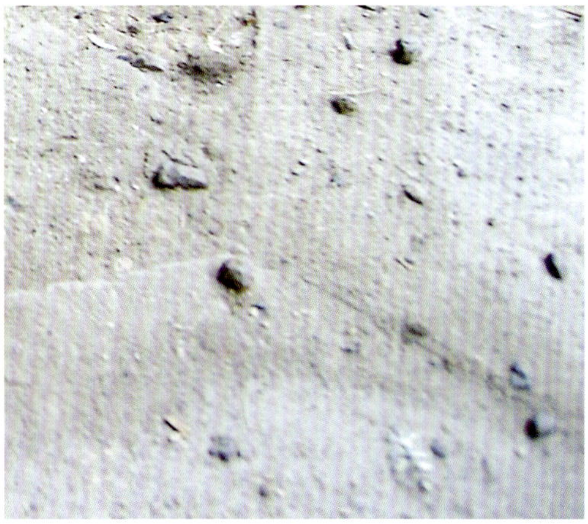

图3-85 建筑内水泥地面

图3-86 踏步沉降与开裂

壤驷子祠地面和台阶残损情况如表3-11所示。

表3-11 壤驷子祠地面及台阶残损登记表

类别	编号	名称	原有工程做法	残损现状描述	残损量	残损原因及结论
地面及台阶部分	1	台基	石质阶条石（370 mm×100 mm×60 mm）砌筑	后期改用预制水泥块修砌	水泥阶条石残损开裂面积38.00 m^2	原因:后期维修不当 结论:揭除后期加建水泥阶条石,重新用条石铺砌
	2	台明	青砖（360 mm×360 mm×60 mm）铺墁	后期加建水泥正六边形砖铺墁,水泥方砖铺墁,与原有建筑风格不符	铺地残损面积60.00 m^2	原因:后期修缮方法欠妥,年久失修 结论:去除水泥砖,夯实基层后按原制式重新铺墁
	3	室内铺地	青砖（360 mm×360 mm×60 mm）铺墁	后期加建水泥地面	水泥地面80.00 m^2	原因:后期修缮方法欠妥 结论:按原制式复原
	4	院前台阶	条石（370 mm×180 mm×60 mm）砌筑	后改建水泥台阶	水泥台阶面积24.00 m^2	原因:后期修缮方法欠妥 结论:剔除水泥台阶,重新砌筑条石台阶,白灰勾缝

3.4.2 壤驷子祠墙体部分

壤驷子祠前檐墙体、东西墙体改动较大，前檐墙体、后檐墙体和东西墙体立面图如图3-87所示。

平面图标注5位置为壤驷子祠前檐窗扇，后期安装玻璃，改变了建筑风格及风貌特征，原始窗扇木刻格栅均已被破坏（如图3-88）。立面图中标注7、8为壤驷子祠东西墙，东西墙和后檐墙面在20世纪六七十年代被更改为图画栏窗口，供当年宣传使用，其窗口如图3-89；立面图标注6为下碱墙的酥碱及粉化情况（如图3-90），其中标注8为墙体开裂情况（如图3-91）。

在太昊宫内地势位置中，第三进院落比第二进院落秦子祠和第四进院落伏羲殿都具有优势，东西两侧均为建筑群次出口，且北侧低洼，南侧背靠伏羲殿，具有良好的通风排雨条件，因此第三进院落建筑保存最好且残损情况相对较轻。

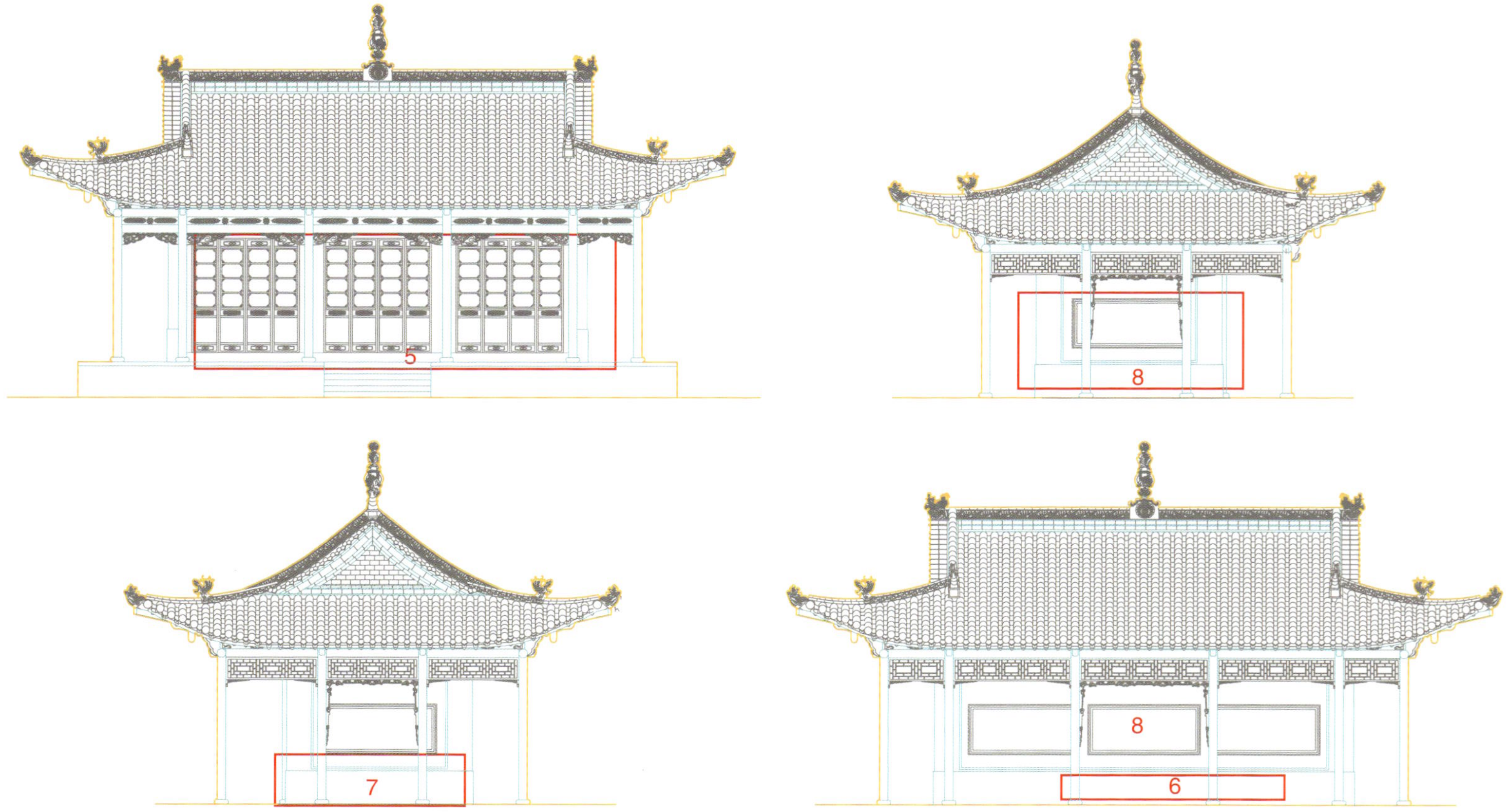

图3-87 壤驷子祠墙体立面图

图 3-88　前檐窗扇更改为玻璃（一）

图 3-89　前檐窗扇更改为玻璃（二）

图 3-90　墙体酥碱、粉化

图 3-91　墙体开裂

壤驷子祠墙体残损情况如表 3-12 所示。

表 3-12　壤驷子祠墙体残损登记表

类别	编号	名称	原有工程做法	残损现状描述	残损量	残损原因及结论
墙体部分	5	前檐墙	5 抹槅扇 700 mm×3000 mm， 棂子 1560 mm×590 mm	槅扇门棂子后期被改为玻璃	后期改为 12 扇玻璃	原因：后期修缮不当 结论：恢复原貌
	6	后檐墙	墙青砖砌筑，局部土坯墙外包青砖，表面刷黑色老浆灰；650 mm 高砖砌，墙厚 450 mm	墙面酥碱，局部剥落，抹面残缺，青砖风化	青砖酥碱 4.00 m^2，粉化 3.00 m^2	原因：长期受风雨、紫外线、热胀冷缩等作用侵蚀 结论：脱落处重做抹灰层，补修粉化青砖

续表3-12

类别	编号	名称	原有工程做法	残损现状描述	残损量	残损原因及结论
	7	东山墙	墙青砖砌筑，局部土坯墙外包青砖，表面刷黑色老浆灰；650 mm高砖砌，墙厚450 mm	墙面酥碱，局部剥落，青砖风化	青砖酥碱4.00 m^2，粉化3.00 m^2	原因： 1.年久失修 2.长期受紫外线、雨水、热胀冷缩等作用侵蚀 结论：脱落处重做抹灰层补修粉化青砖
	8	西山墙	墙青砖砌筑，局部土坯墙外包青砖，表面刷黑色老浆灰；650 mm高砖砌，墙厚450 mm	墙面酥碱，局部剥落，青砖风化，墙面开裂	青砖酥碱5.00 m^2，粉化0.50 m^2，墙面裂缝10 mm	原因： 1.年久失修 2.长期受紫外线、雨水、热胀冷缩等作用侵蚀 结论：脱落处重做抹灰层补修粉化青砖，灌浆法填补墙体裂缝

3.4.3 壤驷子祠大木作部分

壤驷子祠木构件中，柱体大部分开裂，柱顶石如壤驷子祠梁平面图（图3-92）中标注9，壤驷子祠屋面平面图（图3-93）中标注10梁局部开裂；木枋存在局部开裂现象，如屋面平面图标注11，檩子局部开裂，如图中标注12。

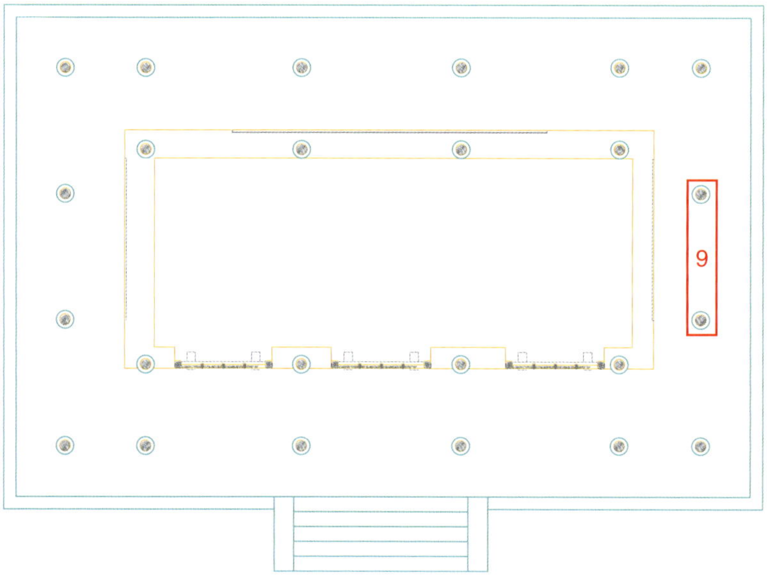

图3-92 壤驷子祠平面图

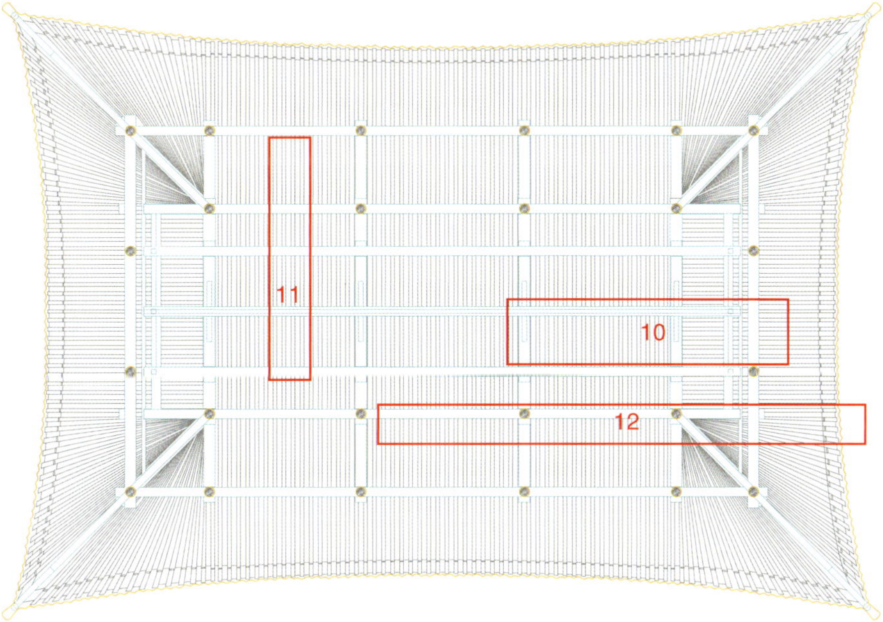

图 3–93　壤驷子祠梁架仰视图

其中标注 9 如图 3–94，柱体下柱顶石已粉化严重，现有柱顶石直径仅比柱底直径大 2 cm。标注 10 如图 3–95，壤驷子祠梁局部开裂。标注 11 如图 3–96，木枋存在局部开裂现象。标注 12 如图 3–97，檩子存在局部开裂现象。壤驷子祠大木作构件残损情况如表 3–13 所示。

大木作残损如表 3–13。

图 3–94　壤驷子祠柱顶石

图 3–95　壤驷子祠梁开裂

图 3–96　壤驷子祠木枋局部开裂

图 3–97　壤驷子祠檩子局部开裂

表 3–13　壤驷子祠大木作残损登记表

类别	编号	名称	原有工程做法	残损现状描述	残损量	残损原因及结论
大木作部分	9	柱	檐柱、金柱部分柱身木构榫卯搭接；柱径 275 mm，柱高 2900 mm，无地仗	柱身大部分开裂，局部开裂严重；柱顶石损坏严重，后期用水泥修补，与原建筑风貌不符，柱头柱脚开裂严重，个别糟朽严重	4 根柱子开裂，缝宽 10～15 mm，11 个柱顶石糟朽严重	原因： 1. 气候影响，木材干缩变形 2. 局部屋面漏雨，下碱返潮引起糟朽 结论：开裂柱子用木条加环氧树脂嵌缝墩接，更换开裂严重、糟朽的柱子，柱脚剔除水泥砂浆，更换严重损坏的柱顶石
	10	梁	木构榫卯搭接	梁全部开裂，个别通缝，糟朽发霉严重	梁其中 2 根出现通体开裂，最大缝宽 10 mm	原因： 1. 屋面局部漏雨 2. 气候影响，木材干缩开裂 3. 局部受力不均使得梁枋挠曲变形 结论：梁细微处开裂处用木条加木胶嵌缝，更换开裂、糟朽严重的梁
	11	枋	木构榫卯搭接	枋不同程度开裂、糟朽	枋细微开裂 1 根，开裂严重的枋 2 根	原因： 1. 屋面局部漏雨 2. 气候影响，木材干缩开裂 3. 局部受力不均使得梁枋挠曲变形、拔榫 结论：枋细微开裂处木条加木胶嵌缝，更换开裂严重的枋

3.4.4 壤驷子祠屋面部分

壤驷子祠梁架平面图标注如图3–98，立面图标注如图3–99。

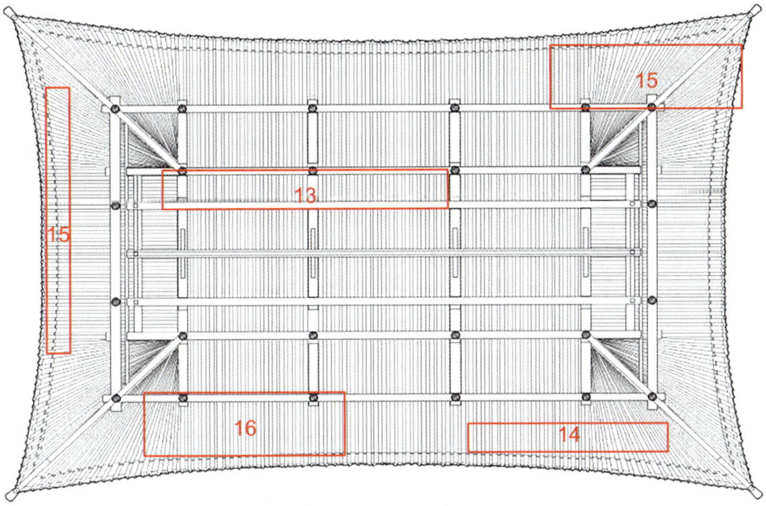

图3–98 壤驷子祠梁架平面图

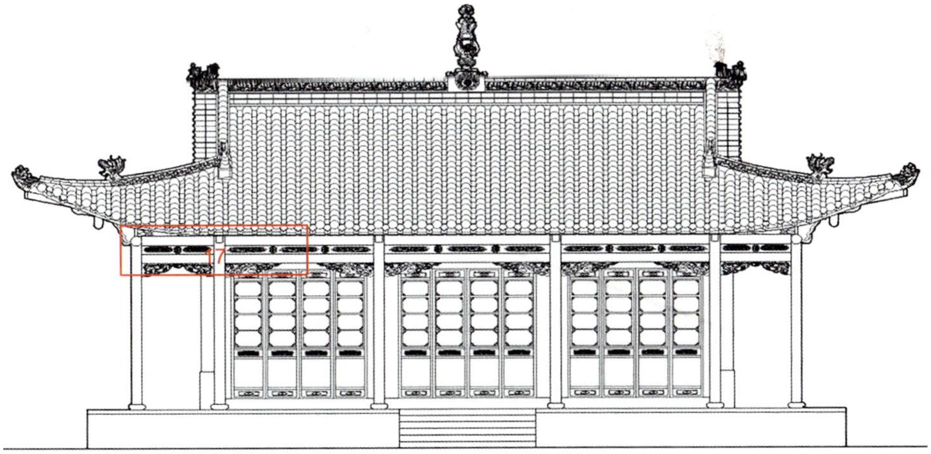

图3–99 壤驷子祠檐枋立面图

平面图3–98中标注13为椽子局部开裂（如图3–100）。标注14为飞椽糟朽严重，水渍痕迹明显（如图3–101）。标注15为望板破损开裂严重（如图3–102）。标注16为大小连檐开裂、脱落（如图3–103）。立面图标注17为建筑闸挡板，由于鸟类筑巢导致闸挡板开裂、破损（如图3–104）。

图3-100　椽子局部开裂

图3-101　飞椽糟朽

图3-102　望板破损

图3-103　大小连檐开裂、脱落

图3-104　闸挡板破损

壤驷子祠处于太昊宫建筑群第三进院落，距离山体仍有到第一进院落的距离，因此屋面相对保存较为完整，瓦件相对保存较好。但由于基础沉降，造成了屋脊的开裂，平面图如图3-105、立面图如图3-106，标注如下。

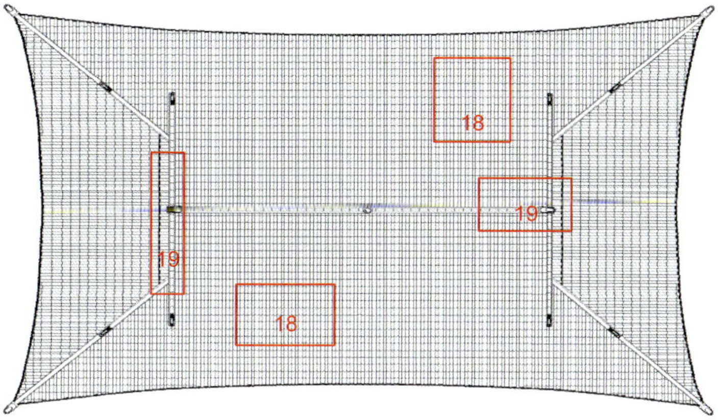

图3-105　屋面平面图

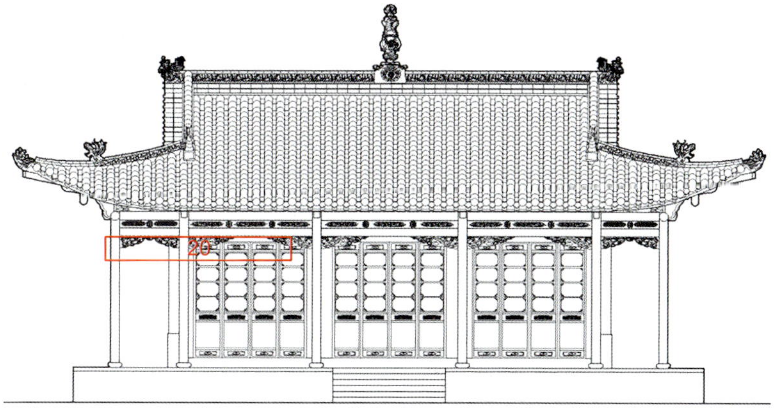

图3-106　屋面立面图

图中标注18为屋面瓦件残损，植被生长对屋面造成影响（如图3-107）。标注19为地面基础沉降柱体下沉造成的屋脊开裂（如图3-108）。立面图标注20为雀替轻微开裂糟朽（如图3-109）。

图3-107　屋面瓦件残损

壤驷子祠是太昊宫建筑群中保存较为完好、保留古建筑特征和风貌较多的建筑之一。除墙面在二十世纪六七十年代被改动为板报样式之外，其余建筑元素大部分得以保留，而开窗成板报的墙面也是有效地保留了六七十年代的历史信息，赋予了建筑新的历史价值。屋面残损如表3-14所示。

图3-108 屋脊断裂、脱落

图3-109 雀替轻微开裂糟朽

表3-14 壤驷子祠屋面残损登记表

类别	编号	名称	原有工程做法	残损现状描述	残损量	残损原因及结论
屋面部分	12	椽	内外两架椽,直径100 mm	椽开裂,局部糟朽	防腐防虫剂浸泡后补修椽子9根	原因: 1.木材干缩开裂 2.局部屋面下陷使得椽受力不均,出现弯曲 结论:轻微开裂、糟朽的椽子用防腐防虫剂浸泡后补修,严重的更换
	13	飞椽	截面尺寸80 mm×80 mm	局部飞椽开裂糟朽	防腐防虫剂浸泡后补修飞椽6根	原因:气候影响和木材干缩开裂 结论:轻微开裂、糟朽的飞椽用防腐防虫剂浸泡后补修,严重的更换
	14	望板	望板厚20 mm	望板开裂糟朽,局部塌陷	局部揭顶维修,修补望板0.90 m^2	原因: 1.屋顶排水不畅,局部下陷漏雨 2.木材干缩变形 结论:需按残损程度局部揭顶维修,更换残损及糟朽的望板、大小连檐和闸挡板
	15	大小连檐	连檐尺寸50 mm×30 mm	大小连檐整体不同程度的开裂糟朽	局部揭顶维修,修补连檐3 m	
	16	闸挡板	闸挡板厚10 mm	闸挡板整体细微开裂、轻度糟朽	局部揭顶维修,修补闸挡板3 m	
	17	屋面	歇山筒瓦屋顶	屋面上瓦片、滴水及勾头损、缺失,瓦件有不同程度的风化开裂	瓦片12个,勾头15个,滴水10个	原因: 1.长期受紫外线照射,风雨作用 2.后期维修保护不当 3.屋顶漏雨导致梁架变形,屋顶下陷 结论:按原制补配损坏、缺失瓦件,脊件补全,拆除后期加建的室内吊顶

3.5 太昊宫第三进院落石作子祠部分残损勘察内容

第三进院落坐落着两座建筑，分别为壤驷子祠和石作子祠。石作子祠位于西侧，建筑规格与壤驷子祠完全相同，均为歇山式建筑。

3.5.1 石作子祠地面及台阶部分

石作子祠平面图如图3-110所示。其中平面图中标注1为石作子祠残损阶条石，后期阶条石均为混凝土预制块，对文物建筑风貌影响较大，相同的水泥阶条石可确定与壤驷子祠为同一时期维修（如图3-111）。标注2为建筑铺装，在后期维修时均更换为水泥六棱砖，且已出现空鼓开裂现象（如图3-112）。标注3为石作子祠室内地面，在后期修缮时更换为水泥抹面地坪，严重破坏了石作子祠的建筑风貌和文物价值（如图3-113）。标注4为石作子祠上行踏步，在后期修缮时更换为混凝土浇筑，存在沉降开裂现象，踏步结构不稳定（如图3-114）。

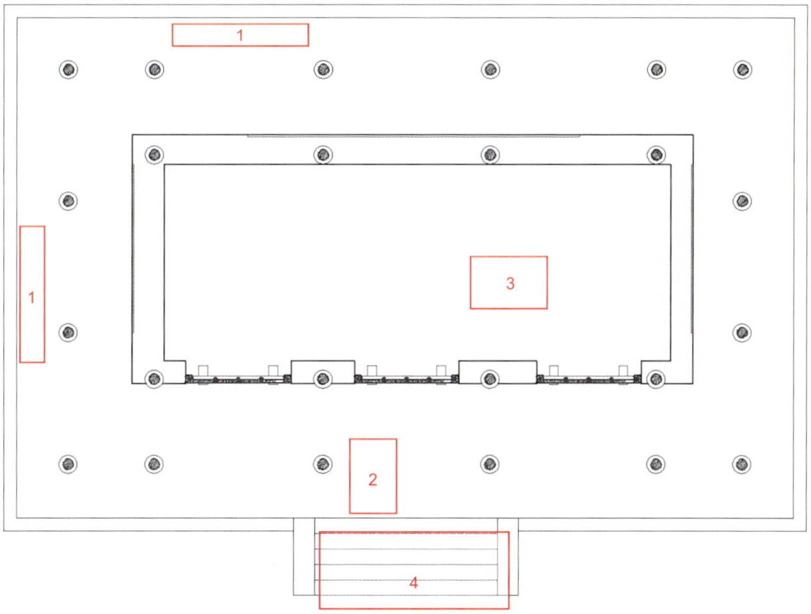

图3-110　石作子祠平面图

图3-111　水泥阶条石

图3-112　地面局部开裂

图3-113　室内水泥砂浆地面

图3-114　水泥台阶

石作子祠地面和台阶残损情况如表3-15。

3.5.2　石作子祠墙体部分

石作子祠前檐墙体、东西墙体改动较大，前檐墙体和东西墙体以及后檐墙体在20世纪六七十年代墙体被改作为宣传栏。立面图如图3-115。

立面图中标注5为前檐窗扇后期安装玻璃，改变了建筑风格及风貌特征，原始窗扇木刻格栅均已被破坏（如图3-116）。标注6为墙体酥碱、粉化（如图3-117）。标注7为由于基础下沉导致墙面局部开裂（如图3-118）。标注8为下碱墙的酥碱情况及粉化情况（如图3-119）。

表3–15　石作子祠地面及台阶残损登记表

类别	编号	名称	原有工程做法	残损现状描述	残损量	残损原因及结论
地面及台阶部分	1	台基	石质阶条石（370 mm×100 mm×60 mm）砌筑	后期改用预制水泥块修砌	阶条石面积 36.00 m^2	原因：后期维修不当 结论：重新按原形制恢复
	2	台明	青砖（360mm×360mm×60mm）铺墁	后期加建水泥正六边形砖铺墁，与原有建筑风格不符	水泥台明面积 70.00 m^2	原因：后期修缮方法欠妥，年久失修 结论：去除水泥砖，夯实基层后按原制式重新铺墁
	3	室内铺地	青砖（360 mm×360 mm×60 mm）铺墁	后期加建水泥地面	水泥地面面积 80.00 m^2	原因：后期修缮方法欠妥 结论：去除水泥地面，按原制式复原
	4	院前台阶	条石（370 mm×180 mm×60 mm）砌筑	后期改建水泥台阶	水泥台阶面积 24.00 m^2	原因：后期修缮方法欠妥 结论：剔除水泥台阶，重新砌筑条石台阶，白灰勾缝

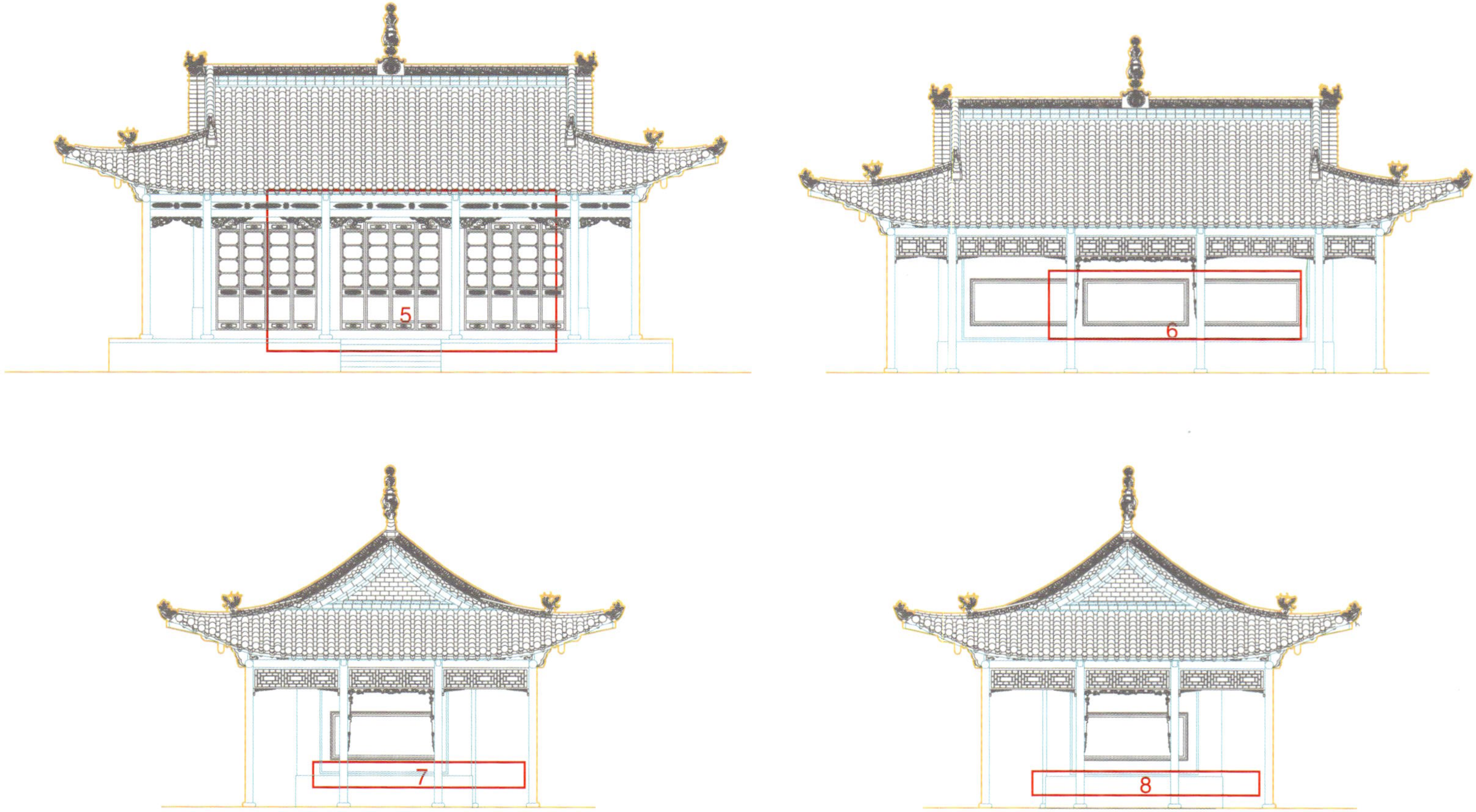

图3-115　石作子祠立面图

图3-116　前檐门棂改为玻璃

图3-117　墙体酥碱、粉化

图3-118　墙体局部开裂

图3-119　下碱墙体酥碱

二十世纪六七十年代，石作子祠与壤驷子祠的墙体被改作展览窗口，更改了建筑原有风貌和本体。由于石作子祠东侧榆树根系影响，整体建筑东侧下沉严重，如图3-120、3-121所示。

图3-120　枯死榆树根系（一）

图3-121　枯死榆树根系（二）

将已枯死榆树根系整体挖出，避免对建筑基础的稳定性继续干扰，对建筑结构产生扰动的成活绿植进行整体移植，对其给予保护。石作子祠墙体残损现状如表3–16所示。

表3–16　石作子祠墙体残损登记表

类别	编号	名称	原有工程做法	残损现状描述	残损量	残损原因及结论
墙体部分	5	前檐墙	五抹槅扇（700 mm×3000 mm），棂子（1560 mm×590 mm）	槅扇门棂子后期被改为玻璃	后期改建12扇玻璃窗	原因:后期修缮不当 结论:恢复原貌
	6	后檐墙	墙青砖砌筑,局部土坯墙外包青砖,表面刷黑色老浆灰;650 mm高砖砌,墙厚450 mm	墙面酥碱,局部剥落,抹面残缺,青砖风化	墙面酥碱面积4.00 m²,剥落4.00 m²,墙脚粉化4.00 m²	原因: 1.人为破坏 2.长期受风雨、紫外线、热胀冷缩等作用侵蚀 结论:需修补青砖后重做抹灰
	7	东山墙	墙青砖砌筑,局部土坯墙外包青砖,表面刷黑色老浆灰;650 mm高砖砌,墙厚450 mm	墙面酥碱,局部剥落,青砖风化,墙体局部开裂	墙面酥碱面积5皮砖,墙面粉化、剥落2.00 m²,一处开裂,缝宽最大为5 mm	原因: 1.年久失修 2.长期受紫外线、雨水、热胀冷缩等作用侵蚀 结论:根据地勘报告进行地基加固并按实际残损情况进行填缝、择砌
	8	西山墙	墙青砖砌筑,局部土坯墙外包青砖,表面刷黑色老浆灰;650 mm高砖砌,墙厚450 mm	墙面酥碱,局部剥落,青砖风化	墙面酥碱面积5.00 m²;墙面粉化、剥落0.80 m²	原因: 1.年久失修 2.长期受紫外线、雨水、热胀冷缩等作用侵蚀 结论:需修补青砖后重做抹灰

3.5.3　石作子祠大木作部分

石作子祠木构件中，柱体大部分开裂，如石作子祠平面图（如图3–122），石作子祠梁架平面图（如图3–123），石作子祠剖面图（如图3–124）中标注。

平面图中标注9为柱身开裂（如图3–125）。标注10为后期水泥砂浆修补后的柱顶石，均已开裂，脱落（如图3–126）。标注11为室内梁架局部开裂，大木构件局部有开裂（如图3–127）。标注12为枋局部开裂（如图3–128）。标注13为檩局部开裂（如图3–129）。

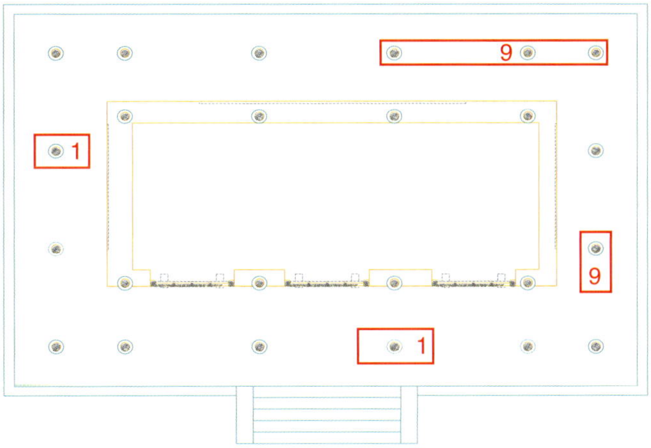

图3-122　石作子祠平面图

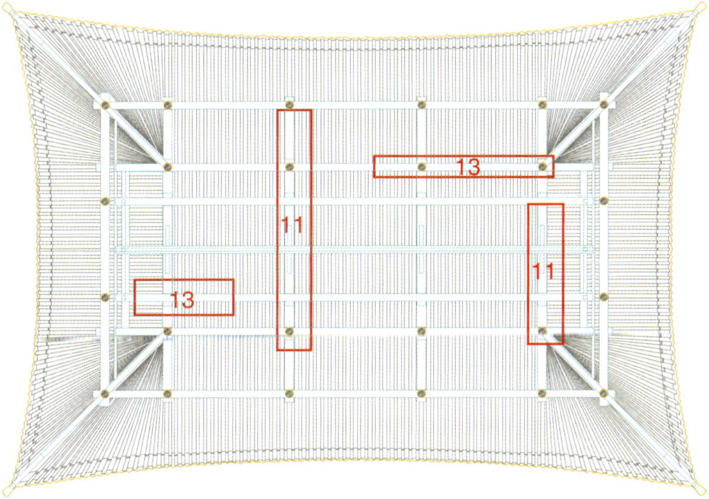

图3-123　石作子祠梁架平面图

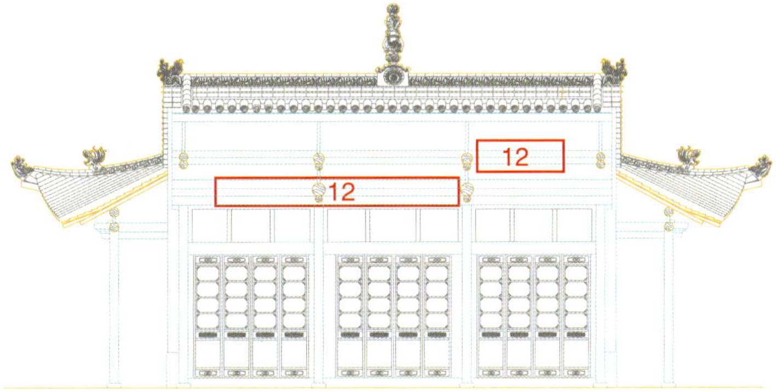

图3-124　石作子祠剖面图

图3-125　柱身开裂

图3-126　柱顶石开裂脱落

图3-127　梁架局部开裂

图3-128　枋局部开裂

图3-129　檩局部开裂

石作子祠大木作残损如表3-17。

表3-17　石作子祠大木作残损登记表

类别	编号	名称	原有工做法	残损现描述	残损量	残损原因及结论
大木作部分	9	柱	檐柱、金柱部分柱身木构榫卯搭接；柱径275 mm，柱高2900 mm无地仗	柱身大部分开裂，局部开裂严重；柱顶石损坏严重，后期用水泥修补，与原建筑风貌不符；柱头、柱脚开裂严重，个别糟朽严重	6根柱子开裂，缝宽10～15 mm；6根檐柱柱头、柱脚全部开裂；4个柱脚糟朽；15个柱顶石损坏	原因： 1.气候影响，木材干缩变形 2.局部屋面漏雨，下碱返潮引起糟朽 结论：开裂柱子用木条加环氧树脂嵌缝墩接，更换开裂严重、糟朽柱脚，剔除水泥砂浆，更换严重损坏的柱顶石
	10	梁	木构榫卯搭接	梁全部开裂，个别开明通缝	梁全部细微开裂，1根出现通体开裂，最大缝宽15 mm	原因： 1.屋面局部漏雨 2.气候影响，木材干缩开裂 3.局部受力不均使得梁挠曲变形 结论：梁细微处开裂处用木条加木胶嵌缝，更换开裂、糟朽严重的梁
	11	枋	木构榫卯搭接	枋不同程度开裂、糟朽	枋全部细微开裂，4个通缝，缝宽大于10 mm	原因： 1.屋面局部漏雨 2.气候影响，木材干缩开裂 3.局部受力不均使得枋挠曲变形、拔榫 结论：枋细微开裂处木条加木胶嵌缝，更换开裂严重的枋
	12	檩	木构榫卯搭接	个别檩开裂、挠曲	檩4根开裂，最大缝宽10 mm	原因： 1.屋面局部漏雨 2.气候影响，木材干缩开裂 3.局部受力不均使得檩挠曲变形 结论：枋细微开裂处用木条加木胶嵌缝，挠曲挑檐檩用铁箍箍紧

3.5.4　石作子祠屋面及小木作部分

石作子祠梁架平面图（如图3–130），立面图（如图3–131）。

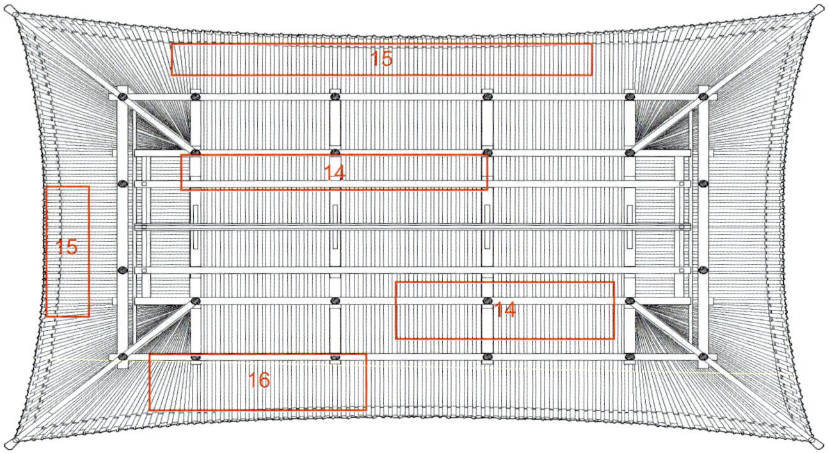

图3–130　石作子祠梁架平面图

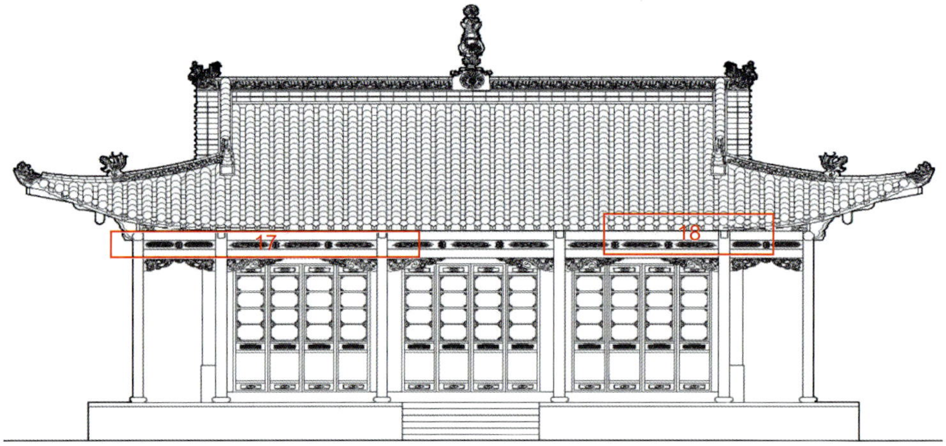

图3–131　石作子祠屋面立面图

石作子祠梁架平面图标注14为椽子局部开裂（如图3–132）。标注15为飞椽椽头糟朽、开裂并有糟朽水渍（如图3–133、3–134）。标注16为望板（1919年修缮时均为木榻条）糟朽破裂（如图3–135）。屋面平面图中标注17为大小连檐开裂、脱落（如图3–136）。标注18为闸挡板开裂，且有鸟窝在闸挡板内筑巢（如图3–137）。

图3-132　椽子局部开裂

图3-133　飞椽糟朽

图3-134　椽子水渍严重

图3-135　望板糟朽

图3-136　大小连檐开裂

图3-137　闸挡板开裂

石作子祠屋面及小木作残损如表3-18。

表3-18 石作子祠屋面及小木作残损登记表

类别	编号	名称	原有工程做法	残损现状描述	残损量	残损原因及结论
屋面部分	13	椽	内外两架椽，直径100 mm	椽开裂，局部糟朽	椽开裂，5根裂缝宽大于5 mm	原因： 1. 木材干缩开裂 2. 局部屋面下陷使得椽受力不均，出现弯曲 结论：轻微开裂、糟朽的椽子用防腐防虫剂浸泡后补修，严重的更换
	14	飞椽	截面尺寸80 mm×80 mm	局部飞椽开裂、糟朽	飞椽局部开裂、糟朽，5根缝宽大于5 mm	原因：气候影响和木材干缩开裂 结论：轻微开裂、糟朽的飞椽用防腐防虫剂浸泡后补修，严重的更换
	15	望板	望板厚20 mm	望板开裂、糟朽，局部塌陷	0.8 m² 望板糟朽塌陷	原因： 1. 屋顶排水不畅，局部漏雨下陷 2. 木材干缩变形 结论：需按残损程度局部揭顶维修，更换残损及糟朽的望板、大小连檐和闸挡板
	16	大小连檐	连檐尺寸50 mm×30 mm	大小连檐整体不同程度开裂、糟朽	连檐3 m糟朽、滑落	
	17	闸挡板	闸挡板厚10 mm	闸挡板整体细微开裂、轻度糟朽	闸挡板3 m细微开裂、糟朽	
	18	屋顶	歇山筒瓦屋顶	屋面上瓦片、滴水及勾头损、缺失，瓦件有不同程度的风化、开裂	瓦片缺失15个，勾头缺失12个，滴水缺失12个	原因： 1. 长期受紫外线照射，风雨作用侵蚀 2. 后期维修保护不当 3. 屋顶漏雨导致梁架变形，屋顶下陷 结论：按原制补配损坏、缺失瓦件，脊件补全，拆除后期加建室内吊顶
	19	脊	捏塑正脊、垂脊、戗脊	正脊局部残损、开裂	正脊残损12 m，断裂2处	
小木作部分	20	雀替	木雕雀替	雀替整体油饰脱落局部糟朽	3个雀替轻微糟朽	原因： 1. 年久失修 2. 人为破坏 3. 长期受紫外线照射，风雨作用侵蚀 结论：按原制补修损坏雀替

受到植被的影响，石作子祠和壤驷子祠屋面破损较为严重。除了屋面生长植物外，大乔木压枝和刮扫均对屋面产生了较大的影响。另外屋面漏水造成望板水渍痕迹明显，加速了屋面望板和椽檐糟朽。石作子祠屋顶平面图如图3–138、石作子祠立面图如图3–139。

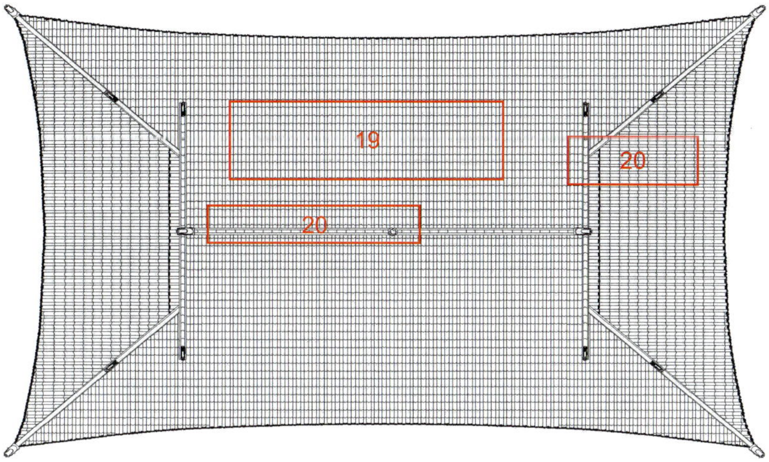

图3–138　石作子祠屋面平面图

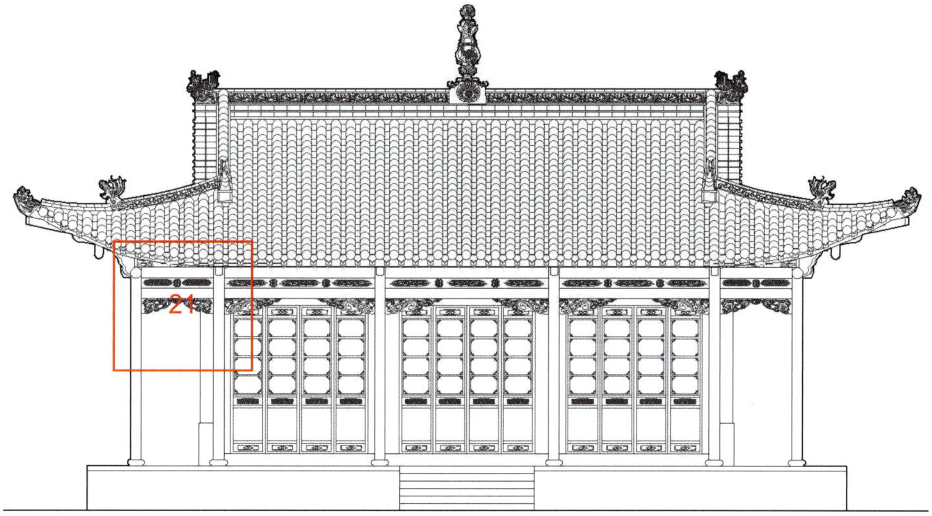

图3–139　石作子祠屋面立面图

平面图中标注19为屋面瓦片残损以及植被生长较为茂盛对屋面的破坏（如图3–140）。

标注20为植被生长造成的屋脊开裂（如图3–141）。立面图中标注21为雀替局部糟朽（如图3–142）。

图3–140　屋面瓦片破损

图3–141　屋脊开裂

图3–142　雀替局部糟朽

3.6　太昊宫第四进院落残损勘察内容

太昊宫第四进院落主体建筑为伏羲殿，是太昊宫建筑群中体量最大、建筑等级最高的一组建筑。建筑在20世纪改为“凸”字形，建筑形制为标准的“一殿一卷”式勾连搭屋顶，八九十年代作为太昊宫标本展厅。

3.6.1　伏羲殿地面及台阶部分

第四进院落是太昊宫建筑群最南侧建筑群落，因为依山而建的地形，存在着建筑排水不畅的问题。后期因维修方法不当，原有历史风貌被改变最多，历史信息和建筑信息被破坏最严重。伏羲殿在20世纪80年代末被闲置，加速了建筑的糟朽以及建筑地面铺装的残损，伏羲殿平面图如图3–143所示。

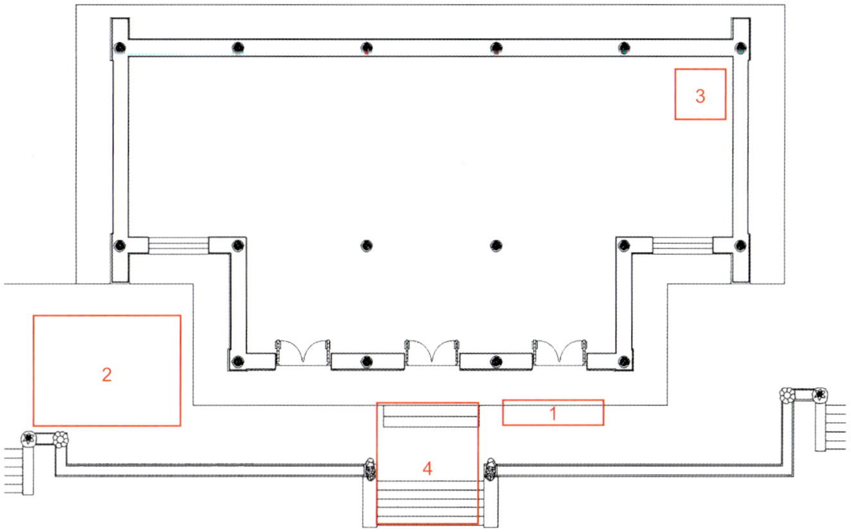

图3–143　伏羲殿平面图

平面图中标注1为后期改建水泥预制块台基（如图3–144）。标注2为伏羲殿前青砖铺地破损现状（如图3–145）。标注3为伏羲殿室内地面，均被水泥抹面铺装（如图3–146）。标注4为后期混凝土踏步，并且由于闲置时间较长加速了风化，产生开裂（如图3–147）。

图3–144　后期改建水泥台基

图3–145　青砖地面破损

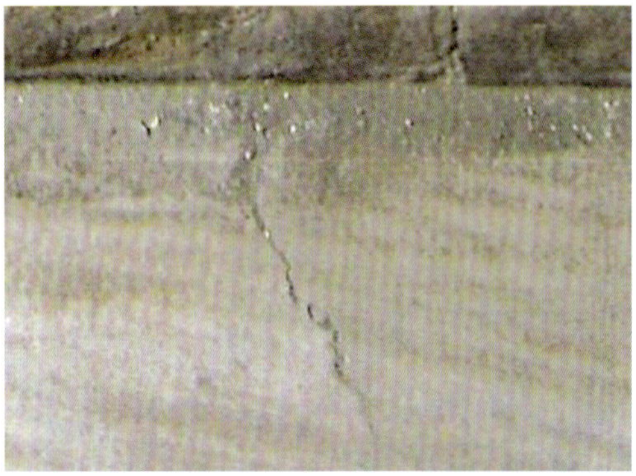

图3-146　后期改建水泥地面

图3-147　踏步风化开裂

第四进院落原有青砖路面破损较为严重，导致伏羲殿前后排水几乎失去了排水功能，而且大殿西侧后期加盖了小型管理用房，导致原有建筑排水通风功能几乎完全丧失。伏羲殿地面及台阶部分残损如表3-19。

表3-19　伏羲殿地面及台阶残损登记表

类别	编号	名称	原有工程做法	残损现状描述	残损量	残损原因分析及结论
地面及台阶部分	1	台基	青砖（360 mm×360 mm×60 mm），阶条石（370 mm×100 mm×60 mm）	地面被后期改为水泥地面，与原貌不符	水泥地面积 88.00 m^2	原因： 1.年久失修 2.后期维修设计不当 结论：按原有形制恢复
	2	院落室外地面	青砖（550 mm×550 mm×60 mm）铺墁	后世改为小青砖铺墁，与原貌不符	面积 380.00 m^2	原因： 1.长期受风雨侵蚀、紫外线照射 2.年久失修 3.后期维修设计不当 结论：按原制式重新铺墁
	3	室内铺地	青砖（360 mm×360 mm×60 mm）铺墁	地面局部凹凸不平	面积 86.00 m^2	原因： 1.年久失修 2.后期维修设计不当 结论：按原制式重新铺墁
	4	院前台阶	条石（370 mm×180 mm×60 mm）铺砌	局部踏面、象眼、垂带开裂，石望柱酥碱	水泥台阶 6.00 m^2，石望柱酥碱面积 1.00 m^2	原因： 1.年久失修 2.受力不均，人为破坏 结论：按原制式重新砌筑

3.6.2 伏羲殿墙体部分

伏羲殿作为太昊宫主殿，也是体量最大、建筑规模最大的建筑，20世纪80年代后期五泉山公园对建筑风貌进行改变，将其墙体重砌，将建筑形体改成“凸”字形，将原有前檐金柱砌墙与前檐柱连接，其立面图如图3-148、3-149所示。

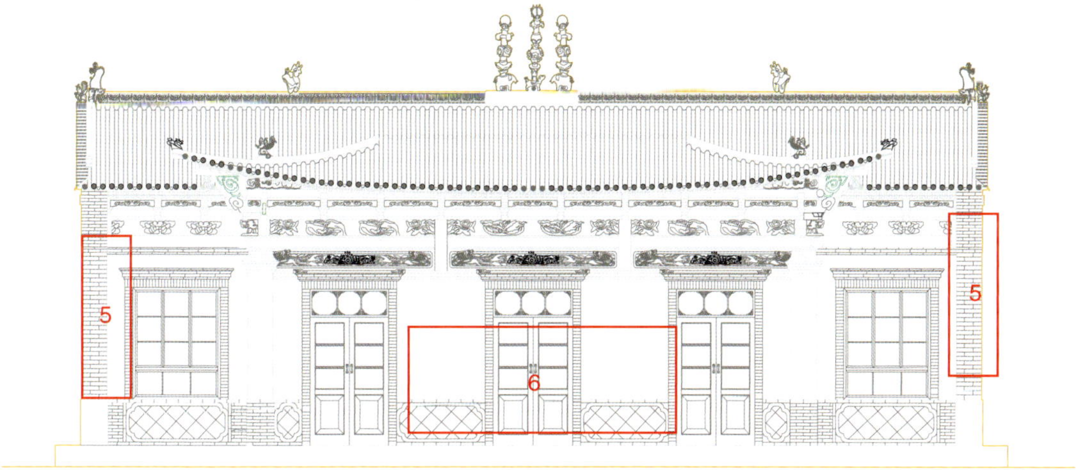

图3-148 伏羲殿立面图

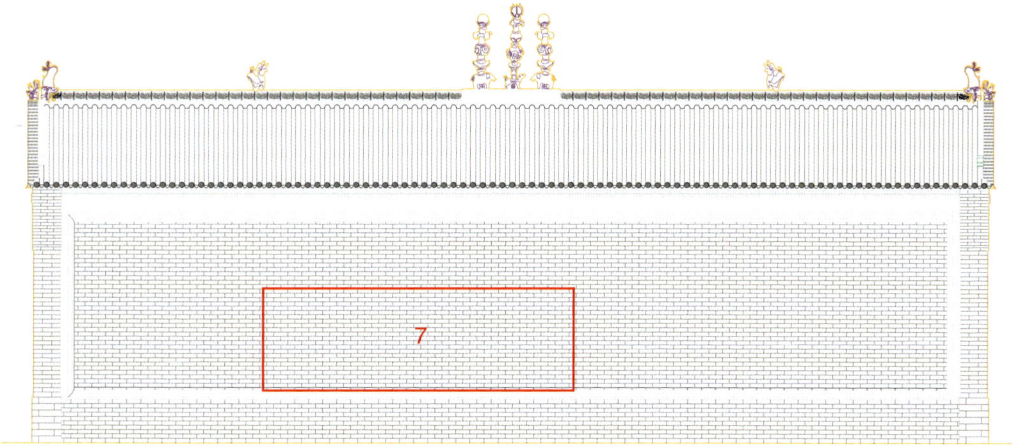

图3-149 伏羲殿南立面图

伏羲殿立面图中标注5为东西墙。西墙在后期被利用为西侧厢房的墙体，厢房拆除后墙体局部开裂（如图3-150）。标注6为后期加盖前檐墙（如图3-151）。标注7为后期加盖的前檐墙（如图3-152）。

图3-150　山墙水泥抹面开裂

图3-151　前檐青砖为后期加建

图3-152　加盖的前檐墙

伏羲殿墙体在太昊宫建筑群中改动最多，且改动规模也是最大的，虽然改变了最初的建筑形态，但也反映出了时代和历史演变的信息。自五泉山公园建园至20世纪90年代，太昊宫建筑群总体缺乏日常性养护和修缮，加上以前人们对文物建筑保护的意识不足，只是单纯地以建筑稳定为维修目标进行修缮和保护，把建筑的保护重点放在使用性和安全性，忽略了文物价值的保护。在勘查中，剥落的水泥抹面下层依然是青砖墙体，水泥抹面加速了青砖酥碱过程，对建筑风貌也是极大的破坏。伏羲殿墙体残损表见表3-20。

表 3-20　伏羲殿墙体残损登记表

类别	编号	名称	原有工程做法	残损现状描述	残损量	残损原因及结论
墙体部分	5	东西山墙	主体墙体青砖砌筑，局部土坯墙外包青砖，表面刷黑色老浆灰；650 mm高砖砌，墙厚450 mm	墙体局部开裂、酥碱下碱处为后期加建水泥板，且严重起鼓、剥落	有两处开裂缝宽大于10 mm，酥碱面积2.65 m^2，泛碱面积12.40 m^2，后期加建水泥墙体12.00 m^2	原因： 1. 长期受雨水、热胀冷缩等作用影响 2. 年久失修，后期维修设计不当 结论：按实际残损情况进行填缝、择砌
	6	前檐墙	木质槅扇门 2940 mm×680 mm	后期修缮加建土坯青砖墙体，与原貌不符	后期改建青砖墙体及门窗20扇	原因：后期维修设计不当 结论：恢复原貌
	7	后檐墙	青砖砌筑	后期修缮加建土坯青砖墙体，局部墙体开裂、酥碱、粉化，少许砖片残损	墙体裂缝最宽40 mm，酥碱、粉化面积6.00 m^2，砖片残损面积1.00 m^2	原因：年久失修 结论：下碱墙根据残损面积和严重程度进行择砌或局部拆砌，填补裂缝，加固

3.6.3　伏羲殿大木作部分

伏羲殿在后期改建成“凸”字形后，建筑形制如平面图3-153、3-154所示，建筑木质结构上，没有受到太大扰动。

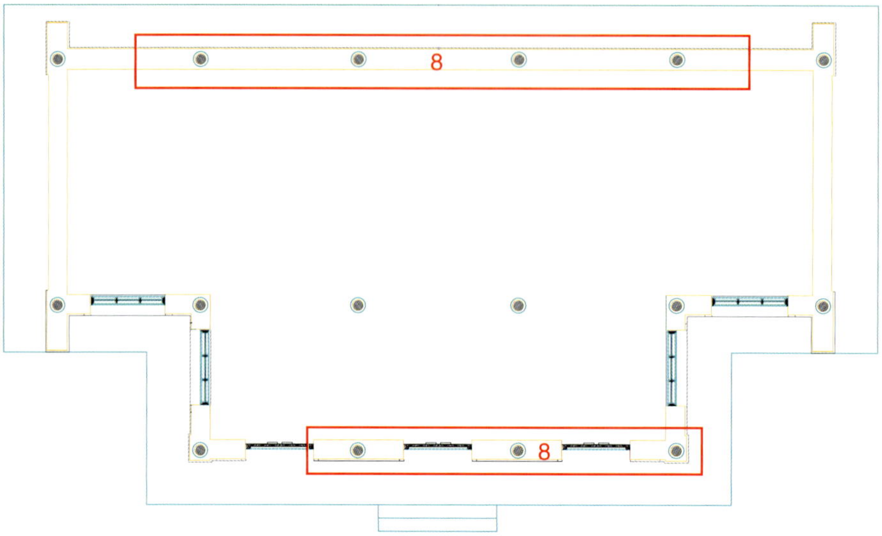

图3-153　伏羲殿平面图

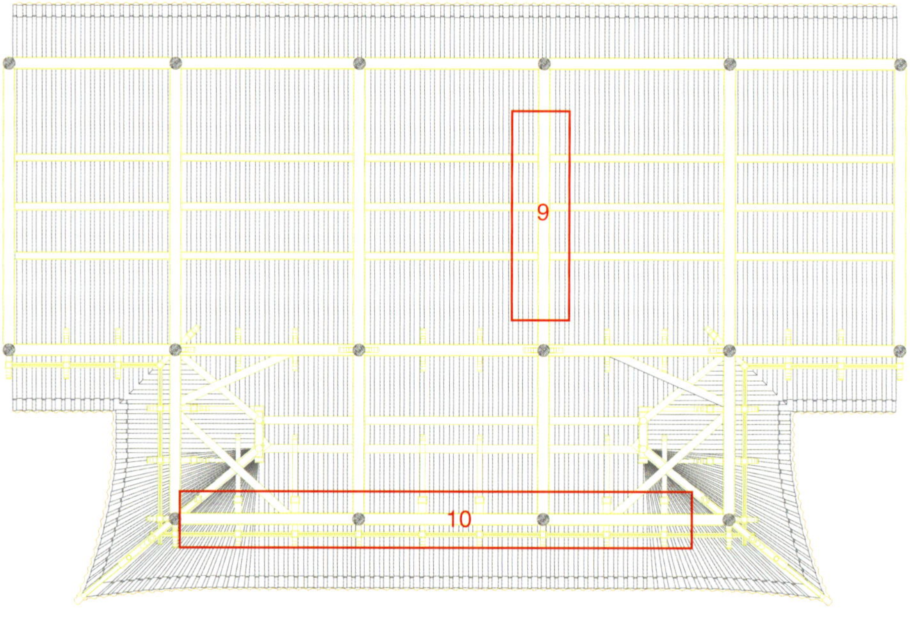

图3-154　伏羲殿梁架仰视图

平面图中标注8为室内檐柱、金柱部分柱身干缩变形（如图3-155）。标注9为殿内木构架（如图3-156），后期更换的梁架未进行油饰（如图3-157）。标注10为伏羲殿额枋局部开裂（如图3-158），其中由于后期加建砖墙，将部分额枋遮挡（如图3-159）。

图3-155　室内柱身开裂

图3-156　后期更换的梁架未油饰

图3-157　梁架多处有雨渍

图3-158　额枋局部开裂

图3-159　后期加建的砖墙挡住了额枋

伏羲殿大木作残损如表3-21。

表3-21 伏羲殿大木作残损登记表

类别	编号	名称	原有工程做法	残损现状描述	残损量	残损原因及结论
大木作部分	8	柱	檐柱、金柱部分柱身木构榫卯搭接;柱径275 mm,柱高2900 mm,无地仗	柱身大部分开裂,局部开裂严重;柱顶石损坏严重,后期用水泥修补,与原建筑风貌不符	8根柱子开裂,缝宽10~20 mm;2根檐柱柱头、柱脚全部开裂;3个柱脚糟朽;8个柱顶石替换	原因: 1.气候影响,木材干缩变形 2.局部屋面漏雨,下碱返潮引起糟朽 结论:开裂柱子用木条加环氧树脂嵌缝,墩接法更换开裂严重、糟朽柱脚,剔除水泥砂浆,更换严重损坏的柱顶石
	9	梁	木构榫卯搭接	梁全部有细微开裂,个别通缝,糟朽	梁全部细微开裂,最大缝宽10 mm,1个梁头糟朽严重	原因: 1.屋面局部漏雨 2.气候影响,木材干缩开裂 结论:根据实际开裂、糟朽的情况进行修复或更换
	10	枋	木构榫卯搭接	枋不同程度开裂、糟朽	枋全部细微开裂,6个通缝,缝宽大于10 mm	原因: 1.屋面局部漏雨 2.气候影响,木材干缩开裂 结论:根据实际开裂、糟朽的情况进行修复或更换
	11	檩	木构榫卯搭接	个别檩开裂、挠曲	檩3根开裂,最大缝宽10 mm,1根挑檐檩挠曲	原因: 1.屋面局部漏雨 2.局部受力不均使得檩挠曲变形 结论:根据实际开裂、糟朽的情况进行修复或更换

3.6.4 伏羲殿屋面及其他部分

伏羲殿位处太昊宫建筑群最南侧，南侧紧靠山体挡墙，饱受雨水冲刷，致使排水一度成为侵扰建筑的直接因素。屋面瓦件的残损，造成雨水渗漏，导致建筑的檩、椽均有侵扰和水渍侵蚀。檐椽如图3–160、3–161所示。

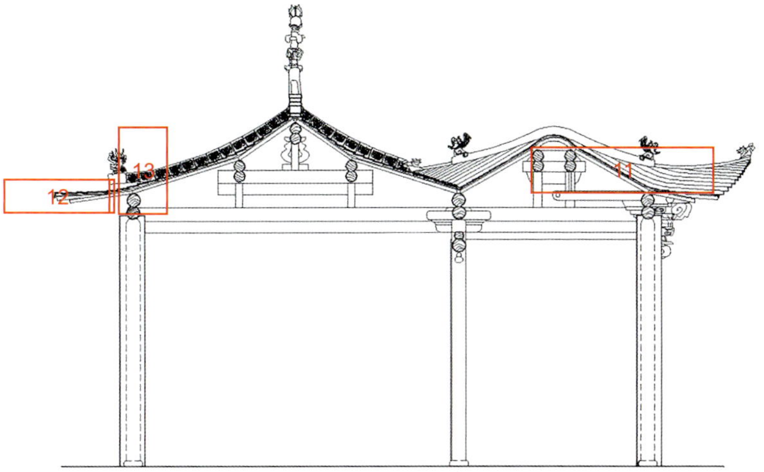

图3–160 伏羲殿剖面图

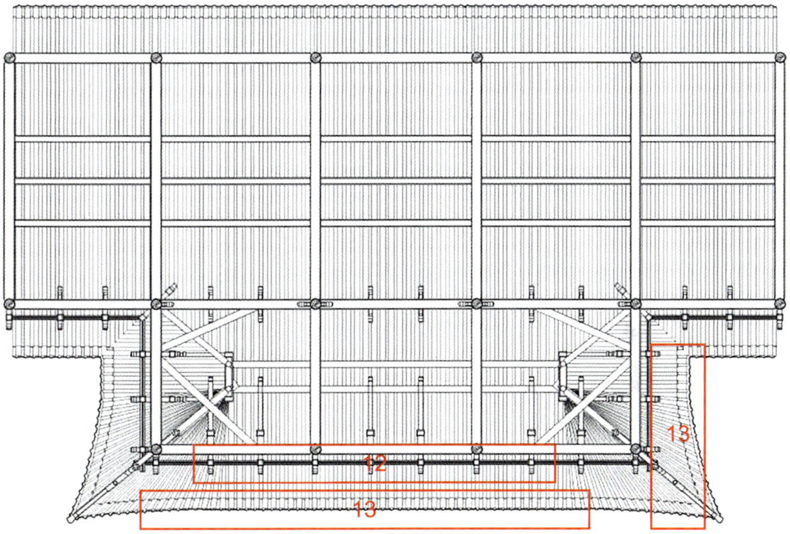

图3–161 伏羲殿梁架平面图

剖面图标注11为檩部分开裂、挠曲（如图3–162）。剖面和平面图中标注12为檐椽，均有开裂和部分糟朽现象（如图3–163、3–164）。图中标注13为飞椽被水渍侵蚀（如图3–165）。

图3–162　檩开裂、挠曲

图3–163　椽头糟朽

图3–164　椽口开裂

图3–165　飞椽水渍侵蚀

太昊宫伏羲殿屋面残损如表3–22所示。

表3–22　伏羲殿屋面及其他残损登记表

类别	编号	名称	原有工程做法	残损现状描述	残损量	残损原因及结论
屋面部分	12	椽	内外两架椽，直径100 mm	椽开裂，局部糟朽	椽开裂，6根椽子椽头糟朽	原因： 1.木材干缩开裂 2.局部屋面下陷使得椽受力不均，出现弯曲 结论：轻微开裂、糟朽的椽子用防腐防虫剂浸泡后补修，残损严重的更换

续表3-22

类别	编号	名称	原有工程做法	残损现状描述	残损量	残损原因及结论
屋面部分	13	飞椽	截面尺寸 80 mm×80 mm	局部飞椽开裂糟朽	飞椽局部开裂、糟朽，5根缝宽大于10 mm	原因：气候影响，木材干缩开裂 结论：轻微开裂、糟朽的飞椽用防腐防虫剂浸泡后补修，残损严重的更换
	14	望板	望板厚 20 mm	望板开裂糟朽	望板糟朽塌陷1.00 m^2	原因： 1.屋顶排水不畅，局部下陷漏雨 2.木材干缩变形 结论：需按残损程度局部揭顶维修，更换残损及糟朽的望板、大小连檐和闸挡板
	15	大小连檐	连檐尺寸 50 mm×30 mm	大小连檐整体不同程度开裂糟朽	连檐糟朽2 m	
	16	闸挡板	闸挡板厚 10 mm	闸挡板整体细微开裂、轻度糟朽	闸挡板细微开裂、糟朽3 m	
	17	屋顶	厅堂五架梁带卷棚顶前檐廊	屋面上瓦片、滴水及勾头损、缺失，瓦件有不同程度的风化开裂，屋面存在杂草	缺失瓦片20个，勾头15个，滴水15个	原因： 1.长期受紫外线照射、风雨作用侵蚀 2.后期维修保护不当 结论：脊毁坏不严重的用灰勾抹严实，缺失、散落的需添配归安，清理杂物和杂草
	18	脊	捏塑正脊	戗脊局部开裂破损	戗脊残损2处	
其他	19	附属建筑		西侧附属建筑为后期新建，与院落整体风貌不符	加建面积24.00 m^2	原因：后期新建 结论：拆除

伏羲殿屋面瓦当做法为典型的“一殿一卷”式勾连搭屋顶。由于雨水冲刷和长期排水不利因素影响，太昊宫建筑群中，伏羲殿屋面破损最为严重。如立面图3-166以及屋面平面图3-167所示。

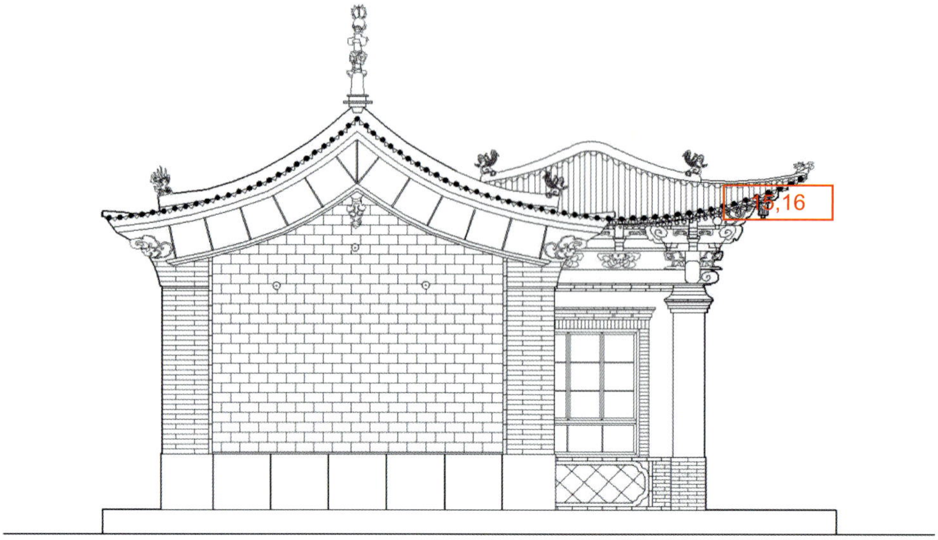

图3-166　伏羲殿立面图

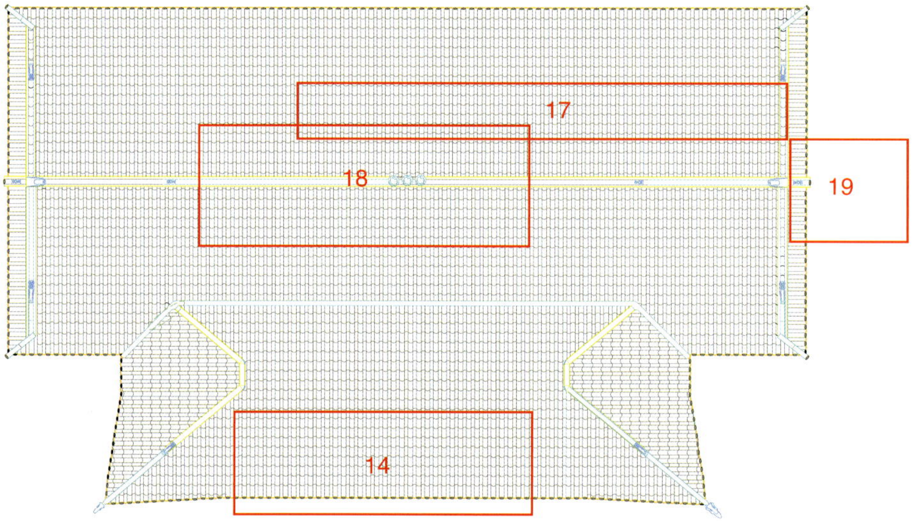

图3-167　伏羲殿屋面平面图

屋面平面图中标注14为望板局部水渍侵蚀（如图3-168）。立面图中标注15、16为由于雨水侵蚀和排水不畅，导致连檐糟朽严重（如图3-169）。平面图中标注17为屋面瓦件缺失、破损严重，宝瓶闪斜，宝瓶纹样断裂（如图3-170）。平面图中标注18为戗脊受植物和雨水影响形成破损（如图3-171）。

图3-168　望板局部水渍

图3-169　连檐糟朽

图3-170　屋面瓦件破损

图3-171　戗脊局部破损

3.7　太昊宫建筑群修缮设计

太昊宫建筑群总建筑面积为1041.80 m^2，修缮设计内容如下：

对第一进院落山门和围墙进行现状维护，东侧过厅揭顶维修，恢复原有门窗，恢复原室内外铺地。其余以日常保养为主。

对第二进院落秦子祠进行揭顶维修，重砌两侧山墙和后檐墙，拆除室内后期隔墙，拆除台明前后期砌筑的水泥花台，重铺室内外地面，揭除室外台基、护坡水泥抹面，恢复原门窗棂子。

对第三进院落的壤驷子祠、石作子祠进行局部揭顶维修，重砌正脊，重铺室内外地面，恢复原门窗棂子。

对第四进院落的伏羲殿拆除前檐砖砌墙体，恢复原门扇，重铺室内外地面，拆除伏羲殿西侧后期加建的小房子。

更换各院落室外水泥砖为青砖，规格为550 mm × 550 mm × 60 mm；更换各院落水泥台阶为条石，规格为370 mm × 180 mm × 700 mm。

修缮工程包括各建筑梁柱、木构架、小木作、屋面、台明、墙体等部分，其中，屋面揭顶维修面积269 m^2。更换门扇28扇，更换门扇棂子36扇，更换窗扇4扇。院落涉及室外青方砖铺地面积722 m^2，室外道路青砖铺地面积127 m^2，室内、檐廊铺地面积930 m^2，条石铺地面积115 m^2。

3.7.1　设计原则

使这一优秀的民族文化得到高质量的保护，是这次维修设计的宗旨。对太昊宫的维修设计遵循的原则如下：

（1）太昊宫的维修工作，以《中华人民共和国文物保护法》为基本原则，严格遵守我国古建筑维修管理的有关条例及规定，结合建筑特点和损坏程度，进行不同性质的修缮。

（2）必须严格遵守不改变文物原状和最小干预的修缮原则，不随意改变任何具有历史意义的文物建筑现状。

（3）慎重对待复原问题。凡复原者，必须有足够的依据。对缺少依据者，只要无碍结构和使用功能，均不做复原。出于保护和使用要求的复原，不在艺术和时代特征上臆测，待后期有确凿的依据时再进行复原。

（4）尽可能多地保留原构件。对构件的更换必须掌握在最小的限度。凡是能加固使用的原构件，均予以保留；确实无法使用但具备更高的历史与艺术价值的构件拆除后妥善保存。

（5）新添置的部分应具有可识别性和可逆性。当用原材料、原工艺进行维修时，应注意使新配部分在材料的色泽、细部、纹路等方面与原件有一定程度的区别，如有可能，应在所用材料、构件的隐蔽部位做出时间及修缮情况标记。对薄弱结构，可在隐蔽部分用现代材料或构造进行补强。

3.7.2　设计依据

（1）《中华人民共和国文物保护法》（2007年）；

（2）《中华人民共和国文物保护法实施条例》（2003年）；

（3）《文物保护工程管理办法》（2003年）；

（4）《中国文物古迹保护准则》（2004年修订）；

（5）《古建筑修建工程质量检验评定标准（北方地区）》（CJJ39-91）；

（6）《木结构设计规范》（GB50005-2003）；

（7）兰州市五泉山公园管委会提供的相关历史资料；

（8）国家、甘肃省颁布的有关法规、设计规范。

3.7.3 修缮内容概述

1.地面、楼面

揭除后期水泥砖、水泥台阶，用青砖重铺。台基损坏严重部分按原制式重新砌筑；揭除台帮、台明水泥抹面，用青砖重新砌筑；起碱、风化、返潮、局部破损部位按原尺寸进行局部重砌。

拆除后期改加水泥砖铺墁以及混凝土铺地，按原有形制青石重新铺墁，加做2%的排水坡度。因院墙地基下沉引起的墙体开裂拆除重砌。

青砖铺地下陷部分，揭除青砖，重新铺平，加做2%的排水坡度。

2.墙体墙面

重砌秦子祠砖砌墙体。剔凿挖补墙体裂缝，并做勾缝处理。院墙开裂部分属地基下陷引起的，重新砌筑。

墙面下碱泛碱、返潮部位剔除酥碱部分，抹灰层铲除鼓胀，脱落墙皮重新补抹；剔除所有外墙皮，重做15 mm厚滑秸泥抹面并刷大白浆。有壁画部位壁画原状保护。

3.大木构架

对劈裂（干裂）木构件进行裂缝填补，局部铁钯锔加固；对变形、拔榫部位拨正归安，端头铁箍加固，铁钯锔拉结。

对糟朽、虫蛀构件进行局部挖补、墩接，加做防腐防虫处理；残损严重构件进行更换，补配缺失。

对倾斜、歪闪构件根据实际情况进行扶正、复位；对挠曲变形部位打牮拨正，加铁钯锔固定。

更换破损柱顶石。

清洗梁架表面鸟粪及其他污渍，并做防腐处理。

4.屋顶、瓦面

对第一进院落东侧过厅、第二进院落秦子祠进行揭顶维修。对其余屋面、屋檐挠曲变形和下陷严重的局部揭顶维修。

添配、归安残损瓦件、兽饰；正脊裂缝处用灰浆勾抹严实，并除草清垄。

5.小木作

更换后期加改的门窗、槅扇、棂子，按原样式复原。

局部开裂、糟朽的部位用环氧树脂腻子勾抹严实，并做防腐处理；挠曲变形窗框、棂条归安方正。

6.材料说明

本工程所用石材采用青石，与遗存石构件色泽一致，补配墙体青砖、铺地方砖及条砖，脊饰瓦件依据各建筑遗存构件规制订制。

原有木构件尽可能保留，凡利用化学、物理方法处理后不影响结构稳定性的木构件，均作保留。

更换的旧构件，可经调整后其他部位使用的，尽量利用。在条件允许情况下，补配的木构件，材质尽可能与原构件材质相同。如无原构件材质对照或条件不允许的情况下，梁架选用优质落叶松，装修采用一等红松，木雕构件选用硬杂木，木材含水率要求小于15%。

7.本次修缮未涵盖项目

油饰彩绘、给排水、电气安装、暖气安装、防雷设施、消防设施、闭路监控等项目，需相关专业设计单位进行专项设计，故本次修缮不涉及。

3.7.4 施工做法通例说明

（1）地坪做法：素土夯实—150 mm厚3∶7灰土垫层—25 mm厚掺灰泥坐底—地面铺设青砖—白灰勾缝。

（2）土坯墙体：对细微墙体裂缝（5 mm以下），维持原状并定期观测裂缝发展情况；裂缝较宽处（5 mm以上）且不影响结构稳定性的，采用土坯砖挖补，内外重做15 mm厚滑桔泥抹面，外刷大白灰；对经结构可靠性评估后存在影响结构稳定的墙体，予以拆除重砌。

（3）原青砖墙体：墙体细微开裂（5 mm以下）维持原样，沿墙缝用白灰砂浆勾缝；缝宽大于5 mm以上且不影响结构稳定性的，每隔300 mm剔除一层砖块，内加扁铁（400 mm × 100 mm × 8 mm）拉结；墙体开裂、脱缝（30 mm以上）采用灌浆进行加固，灌浆材料为混合砂浆，从下往上逐层灌注，以达到浆液饱满；对经结构可靠性评估后存在影响结构稳定的墙体，必须拆除重砌。

轻度酥碱的墙砖，继续使用；对酥碱深度大于2 cm的墙砖，用小铲或凿子将酥碱部分剔除干净，用砍磨加工后的砖块按原位、原形制镶嵌，用水泥浆粘贴牢固，白灰勾缝。

（4）柱：施工中对木柱做进一步探查，参照古建筑维护加固技术规范要求，依据病害、糟朽程度对其进行更换、墩接或镶补处理。施工做法参见《古建筑木结构维护与加固技术规范》（GB50165–92）。

（5）梁枋：施工中对梁枋做进一步探查，参照《古建筑维护与加固技术规范》要求，依据糟朽程度对其进行更换、墩接或镶补处理。施工做法参见《古建筑木结构维护与加固技术规范》（GB50165–92）“梁枋柱的化学加固”一章。

（6）飞椽：表面糟朽及水浸的椽采用砷硌合剂浸泡风干后继续使用；局部糟朽深达直径的2/5的更换。

（7）屋面：更换糟朽望板。补配断裂、佚失瓦件。佚失脊饰予以补配。按下列工作顺序进行：

①现状记录。除文字记录外，另附图纸、照片。记录内容为现存瓦顶的式样和工程做法，筒板瓦、脊饰的数量、式样及残毁情况。

②脊饰编号。拆除瓦顶前，对脊筒、正吻等艺术构件进行编号。

③拆除脊饰。先从檐头开始，卸下勾头、滴水，然后揭除坡面瓦件，最后揭除灰背。

④整理脊饰。对拆下的脊饰进行整理，完整可用的瓦件分类放置，新补瓦件按原式样进行补配。

⑤瓦件。依据拆除记录、图纸及设计图纸等资料，按原式样进行宼瓦。滴水依据后檐残存之重唇滴水样式予以恢复。

（8）装修：参照遗存装修对木装修予以补配，对原装修已全部佚失的，结合相关历史资料，走访调查，参照本建筑族群中序列等级相近建筑遗存装修予以复原。

（9）以上说明中未尽事宜参照《古建筑木结构维护与加固技术规范》（GB50165–92）做法。

3.7.5 修缮施工要求

（1）施工前，根据现场实际情况做好文物保护措施，确保修缮范围内所有文物的安全。

（2）对建筑木构件及瓦件拆除时，做好登记、编号、拍照记录，搭建构件保护棚，集中堆放管理。对有彩画木构件采取特殊保护手段进行保护，防止刮擦等对彩画造成伤害。修缮时按原位置复位。

（3）在施工各阶段，均做详细记录，包括文字、图纸、照片，留取完整的工程技术档案资料。如果发现新情况或与设计不符的情况，除做好记录以外，及时通知设计单位，调整或变更设计。

（4）设计中选用的建筑材料，除核检出厂合格证和检验报告外，还须符合国家或主管部门颁发的产品标准，地方传统建材须满足优良等级的质量标准。

（6）严格遵循施工规程，按施工工艺要求进行施工，遵守国家现行施工验收规范。

第四章

太昊宫建筑群在尺度空间下的修缮

4.1 修缮形制和空间尺度的传承

五泉山建筑群地处西北，且横跨年代久远，建筑发展的历程在建筑本身被记载，其价值和意义均在建筑本身被体现。建筑在不同时期的修缮，都是要遵循规则，在规则上发展保护。对于历史，恩格斯在《自然辩证法》中这样写道：“一个民族想要站在科学的最高峰，就一刻也不能没有理论思维。”而理论思维从本质上讲，则正是历史的科学。理论思维作为一种天赋的才能，在后天的发展中只有向历史上已经存在的辩证思维形态学习。

人类的历史发展在各个时代均有不同的思想观念和历史时期特征的融入，建筑亦如此，在遵循修缮规则的同时，也会相应地产生新的技术和发展，其风格会融入当时社会思想和政治环境的主导因素。同时呈现了人类思想史的发展和建筑生活的发展认识，“人类认识历史的更高阶段，目的是揭示史学发展的进程及其演变规律，不但可以加深对人类历史发展的认识，而且可以给以历史问题为研究对象的史学工作提供理论指导”。[①]基于前人研究的建筑修缮历史，梳理和遵循之前修缮的科学和传统的修缮方式应用，建立鉴往知来的修缮技艺，才能在前人研究的基础上提高和创新出更完整和可实现的修缮方法，从而推动文物建筑修缮方法和保护研究的发展。

① 罗炳良：《研究历史应当兼顾史学史》，《光明日报》2002年12月17日。

我国的建筑史学研究从19世纪初以来，以朱启钤、梁思成、刘敦桢等为代表的学者开创了以现代科学方法研究我国传统古建筑的方式方法，总结归纳了自我国传统建筑建造工艺、中国营造学社、宋《营造法式》、清《工程做法则例》的修缮规则和传统尺度，且融通中西，给予了中国建筑史学以创新，对此后的研究发展有着基石般的借鉴意义。傅熹年对建筑史修缮发展有如下总结：

从七十余年来研究中国建筑史的经验看，基本规律是从掌握史实（通过对实物和文献的调章研究）到形成史论（通过编写建筑通史和专史）的阶段性渐进过程，到现在已经经历了三个阶段，现在正处于下一个阶段中的进行深入的专项或专门史研究，掌握新的史实，以进一步发现新的问题，酝酿和发展新的理论认识的时期。如能对这第三个阶段的工作进行回顾和总结，探讨其成就和不足，针对其薄弱处进行重点研究，必将对古代建筑的发展进程、所取得的成就和历史发展的规律性有更为具体和深入的认识。[①]

我国古建筑发展到晚清已相对成熟，对工艺和传统做法都是集中了发展历程而总结的传统工匠技术，但对于晚清官式建筑的研究历史和传统技艺，还是相对缺乏更为专业和系统的总结。在追溯古建筑修缮的规范化的理论依据上，依然缺少系统的归纳和注释。相关工程报告内容记载多对施工做法、设计内容和修缮内容进行了整体的罗列和陈述，鲜有对施工过程中依据的理论进行表述，对后期的再次修缮也没有史学上的借鉴。晚清时期的建筑特点和建筑规制具有独特的史学研究价值，且在中国建筑史上也是值得总结式研究的内容体系。

太昊宫作为清末官式建筑的体系存在，是中国古代建筑领域的一部分，也是具有特殊性和独立性的一部分。清代雍正十二年（1734年）颁布的《工程做法则例》被梁思成先生称为“文法课本”之一，是解读中国古代建筑的重要籍本。从“文法课本”入手去探寻规制，用传统工艺将尺度和形制给予理论建设，对文物建筑保护具有承上启下的传承意义。

自从1918年《营造法式》被发现，朱启钤等人即开始了对其校勘整理。其再版发行引起了国内外学术界极大关注，并成为营造学会及营造学社的成立缘由。《营造法式》所记录的内容上可与唐宋关联，下对清代建筑产生影响，对其的解读自然是工作重心。但要研究宋《营造法式》，却不能不从具有大量实物、工匠抄本、原始设计图、

① 傅熹年：《对建筑历史研究工作的认识》，载《中国建筑设计研究院成立五十周年纪念丛书·论文篇》，清华大学出版社，2002，第320-352页。

档案文献且距今时间最近的清代官式建筑入手，依循从清代到宋代、从清工部《工程做法则例》到宋《营造法式》的技术路线，《营造法式》补图和《营造词汇》编定即是其具体体现。因此，对于清代官式建筑研究历史的梳理，必然是史学史研究系列课题中的重要组成部分，从中也可显现出中国建筑史学的发展历程及其方法、成就和局限性，对未来的史学发展具有借鉴意义。

4.1.1 修缮形制和建造依据

在我国古建筑发展史上，清代古建筑已逐渐走向成熟体系，但在早期的古建筑研究中，对于清代官式建筑尚未给出定义。1931年，朱启钤先生发表《营造算例印行缘起》，才初步对于清代建筑给予了建设依据。如朱启钤先生所说："清代工部及内廷，均有工程做法则例之颁布，向来匠家，奉为程式"①，也就是说，清代古建筑一直都遵循《工程做法则例》建造形制。直到梁思成先生在《清式营造则例》一文的序中，才首次提出"清代官式建筑"一词。

"清代官式建筑"这一名词虽沿用至后续研究中，但一直未见有确切的定义。1980年油印出版的王璞子《清工部〈工程做法〉注释补图》②在其"序说"中概括了《工程做法则例》的主编机构以及适用范围，也间接将清代官式建筑定义的要素进行了总结：

由工部会同内务府主编，自雍正九年（1731年）开始"详拟做法工料，访察物价"，历时三年编成。这部书在当时作为宫廷和地方"外工"一切房屋营造工程定式"条例"而颁布的，应用范围主要是针对官工"营建坛庙、宫殿、仓库、城垣、寺庙、王府一切房屋油画裱糊"等工程而设。

1981年出版的祁英涛《怎样鉴定古建筑》一书中曾对于"官式手法"进行了定义，并将"官式手法"与"地方手法"进行对比：

历代朝廷制定的一些建筑法规性质的文件，如宋代的《营造法式》与清代的《工部工程做法则例》，其内容主要是当时政治中心地区建筑经验的总结。因为是官府颁布执行的技术规定，习惯称为"官式手法"。另外一种情况是各个地方的匠师们，根据自己的实践所总结出来的一套建筑经验。这些经验往往是师徒相传，口授身教，著录成书的，有《鲁班经》等。这些经验总结，也是技术规定，但不是以法令强制执

① 朱启钤：《营造算例印行缘起》，《中国营造学社汇刊》第二卷第一期，1931（4），第1-4页。

② 王璞子：《清宫部〈工程做法〉注释补图》（序说），故宫博物院古建筑管理部，1983年编印。

行，而是匠师们自愿遵守的，习惯称之为“地方手法”[①]。

然而，太昊宫建筑群于1919年增建，刘尔炘先生在修建过程中的尺度度量应该是依据了《工程做法则例》的做法要求。

4.1.2 基于《工程做法则例》

《工程做法则例》是清代工官制度的产物。康熙朝以降，政治稳定，营造活动增多，相关法律也相继出台，雍正十二年（1734年）《工程做法则例》颁布。“在此先后出现的《内廷工程做法》《城垣做法册》《工部简明做法》《物料价值则例》等各种官刊，或重在宫殿‘内工’使用工料限额，或属单项工程做法以及建材名目产地供应方面。”

除此之外，还有伴随着建筑活动产生的大量“做法”或“则例”，分布在相关档案文献中。

“则”是法则、准则或规则的意思，“例”是先例、成例或定例的意思。“则例者，聚已成之事，删定编次之也”，则例具体分类可以按照刊行本、抄本，官方、私辑，以及做法、工料、价值（含重量）这三条主要线索划分。“归入古籍者以官方刊本、抄本为主，刊本多涉外工，抄本多言内工；纳入样式房、算房专项收藏者则以私辑抄本为主，内外工程均有涉及”。

《工程做法则例》：雍正十二年（1734年）刊行，共七十四卷，《清会典》著录列入史部政书类。全编大体分为二十七种建筑做法条例与应用料例工限两部分，自土木瓦石、搭材起重、油饰彩画、铜铁活安装、裱糊工程等，各有专业条款规定与应用工料名例额限，大木作部分附屋架侧样简图。该书是我国古代建筑历史长河中，官方颁布刊行的两部建筑法规之一，与宋代《营造法式》齐名。

4.2 太昊宫建筑群尺度

中国古建筑的常用尺制，按建筑时代所划分的汉、宋、清等不同年代制式各不相同，清式建筑基本按照《工程做法则例》规定，建造形制也是具有造型稳重大方，屋脊屋檐中规中矩，正脊平直，翼角稍翘，装饰豪华而不繁缛等特点。太昊宫的修缮时

---

① 祁英涛：《怎样鉴定古建筑》，文物出版社，1981，第50页。

间和修缮者都是基于《工程做法则例》，因此，本次按照清《工程做法则例》尺度恢复其已损构件。

清式建筑的度量尺制依据《工程做法则例》采用“营造尺”和“斗口制”两种①。清营造尺是用于丈量房屋长、宽、高等大尺度，以及小式建筑的大木做法等基础尺制。根据我国著名学者梁思成教授对曲阜孔庙的勘测资料，可以得出平均1营造尺=31.95934 cm。另通过对故宫博物院中所珍藏的门光尺进行鉴定，一般都将清营造尺定为：1营造尺=32 cm。

斗口制是作为控制建筑规模等级和丈量木构件规格的一种模数制度，太昊宫建筑群内建筑没有斗栱，斗口制则不在本文中介绍。

4.2.1 面阔与进深

中国古建筑平面开间的横向宽度称作“面阔”，而建筑的纵向的长度称作“进深”，一个建筑的面阔和进深的规定，表现了建筑的起势规模的大小，而面阔和进深在古建筑中也有着明确的空间大小规定。

在《工程做法则例》中，专门对23种大式建筑、4种小式建筑的面阔和进深都做了具体规定，针对不同形制建筑均有不同形制要求（见表4–1）。

表4–1　面阔进深表

<table>
<tr><th colspan="2">建筑项目</th><th colspan="4">面阔</th><th colspan="3">进深</th></tr>
<tr><th>建筑名称</th><th>卷位</th><th>明间</th><th>次间</th><th>梢间</th><th>廊子</th><th>两山明间</th><th>两山次间</th><th>廊子</th></tr>
<tr><td>九檩庑殿大木</td><td>卷一</td><td>19.25尺</td><td>16.5尺</td><td>16.5尺</td><td>5.5尺</td><td>11尺</td><td>11尺</td><td>5.5尺</td></tr>
<tr><td>九檩歇山转角大木</td><td>卷二</td><td>16.5尺</td><td>13.2尺</td><td>13.2尺</td><td></td><td>29.7尺</td><td></td><td>6.6尺</td></tr>
<tr><td>七檩歇山转角大木</td><td>卷三</td><td>19.25尺</td><td>16.5</td><td>16.5尺</td><td>5.5尺</td><td>24.75尺</td><td></td><td>5.5尺</td></tr>
<tr><td>九檩楼房大木</td><td>卷四</td><td>13尺</td><td>酌定</td><td>酌定</td><td></td><td colspan="2">下檐24尺上檐16尺</td><td>4尺</td></tr>
<tr><td>七檩转角大木</td><td>卷五</td><td colspan="4">两边房11尺，外转角分间做法各10.5尺</td><td colspan="3">随两边房21尺</td></tr>
<tr><td>六檩前出廊转角大木</td><td>卷六</td><td colspan="4">外转角18尺，分间做法各9尺</td><td colspan="3">随两边房18尺，廊3.6尺</td></tr>
</table>

① 田永复：《中国古建筑知识手册》，中国建筑工业出版社，2019，第18–19页。

续表4-1

建筑项目		面阔				进深		
建筑名称	卷位	明间	次间	梢间	廊子	两山明间	两山次间	廊子
九檩前后廊大木	卷七	13尺	酎定	酎定		21尺		4尺
八檩卷棚前后廊大木	卷八	12尺	酎定	酎定		20尺		4.5尺
七檩前后廊大木	卷九	12尺	酎定	酎定		12尺		3尺
六檩前后廊大木	卷十	11尺	酎定	酎定		12.8尺		3.2尺
五檩大木	卷十一	10尺	酎定	酎定		通进深12尺		
四檩卷棚大木	卷十二	10尺	酎定	酎定		通进深12尺		
五檩川樘大木	卷十三	10尺				随前后明间面阔14尺		
七檩三滴水歇山正楼大木	卷十四	24尺	14.4尺	14.4尺	8尺	16尺	8尺	8尺
七檩重檐水歇山角楼大木	卷十五	14.4尺		12尺		通进深24尺		
七檩歇山剑楼大木	卷十六	14.4尺		12尺		通进深24尺		
五檩歇山转角闸楼大木	卷十七	17尺		11.9尺		通进深17尺		
五檩硬山闸楼大木	卷十八	17尺		11.9尺		通进深17尺		
十一檩挑山仓房大木	卷十九	13尺				通进深45尺		
七檩硬山库房大木	卷二十	14尺	酎定	酎定		通进深34尺，内廊7尺		
三檩垂花门大木	卷二十一	10尺	酎定			6尺		
方亭大木	卷二十二	10尺				10尺		
圆亭大木	卷二十三	每面面阔0.5 进深5尺				2×每面面阔10尺		
七檩小式大木	卷二十四	10.5尺	酎定	酎定		12尺		3尺
六檩小式大木	卷二十五	10尺	酎定	酎定		12尺		3尺
五檩小式大木	卷二十六	10尺	酎定	酎定		12尺		0.7尺
四檩小式大木	卷二十七	10尺	酎定	酎定		12尺		3尺

对应太昊宫建筑群，秦子祠、石作子祠、壤驷子祠均为七檩歇山顶小式大木建筑；伏羲殿则为“一殿一卷”式勾连搭屋顶，即硬山建筑连搭卷棚建筑。其中秦子祠、壤驷子祠、石作子祠明间面阔以及次间面阔与进深符合《工程做法则例》要求，伏羲殿面阔与进深均符合五檩硬山及卷棚要求数值，其建筑体量符合《工程做法则例》。

4.2.2 檐高

中国古建筑的结构特点可归纳为：大屋顶、木构架、檐装饰、石台基。整个建筑的高低由木构架进行控制，木构架中的檐柱是决定建筑檐高的主要构件，因此，要控制整个建筑的屋檐高低，就要恰当处理檐柱高和檐柱径的尺寸，它影响着整栋房屋均衡比例和美观感受。在《工程做法则例》中也对23种大式建筑做出了具体规定，如表4-2清檐柱高与柱径表。

表4-2　清檐柱与柱径表

建筑项目		檐柱		建筑项目		檐柱	
建筑名称	卷位	柱高	柱径	建筑名称	卷位	柱高	柱径
九檩庑殿大木	卷一	14.2尺	1.5尺	七檩重檐水歇山角楼大木	卷十五	26.88尺	1.6尺
九檩歇山转角大木	卷二	17.64尺	1.8尺	七檩歇山剑楼大木	卷十六	26.88尺	1.6尺
七檩歇山转角大木	卷三	14.7尺	1.5尺	五檩歇山转角闸楼大木	卷十七	7尺	0.83尺
九檩楼房大木	卷四	10.4尺	0.91尺	五檩硬山闸楼大木	卷十八	7尺	0.83尺
七檩转角大木	卷五	8.8尺	0.77尺	十一檩挑山仓房大木	卷十九	12.5尺	1尺
六檩前出廊转角大木	卷六	7.2尺	0.63尺	七檩硬山库房大木	卷二十	11.2尺	1.12尺
九檩前后廊大木	卷七	10.4尺	0.91尺	三檩垂花门大木	卷二十一	14尺	1尺
八檩卷棚前后廊大木	卷八	9.6尺	0.84尺	方亭大木	卷二十二	8尺	0.7尺
七檩前后廊大木	卷九	9.6尺	0.84尺	圆亭大木	卷二十三	8尺	0.7尺
六檩前后廊大木	卷十	8.8尺	0.77尺	七檩小式大木	卷二十四	8.4尺	0.73尺
五檩大木	卷十一	8尺	0.7尺	六檩小式大木	卷二十五	7.5尺	0.6尺
四檩卷棚大木	卷十二	8尺	0.7尺	五檩小式大木	卷二十六	7尺	0.5尺
五檩川樘大木	卷十三	10尺	0.7尺	四檩小式大木	卷二十七	7尺	0.5尺
七檩三滴水歇山正楼大木	卷十四	14尺	1.6尺				

太昊宫建筑群檐柱高3.2 m，柱径为0.21 m，用表中数值换算得知，太昊宫基本符合《工程做法则例》规定。

4.2.3 举架法

举架是指举高与步架之比值，即：举架=举高/步架。清代将两檩之间的水平距离称为“步架”“步距”；两檩之间的垂直距离称为“举高”。

清制步架，依不同位置有不同名称，靠檐（廊）的称为“檐（廊）步”，靠脊檩的称为“脊步”，在这两者之间的称为“金步”，金步步数较多时，分别称为下、中、上金步。步架的大小，《工程做法则例》也分为大小式建筑不同，有不同的定尺标准，对带斗栱建筑中各步规定有不同的斗口数，且庑殿、歇山等类型不同也有区别。在后期，梁思成先生在《营造算例》中提出，大式做法：统一按廊步为檐柱高的0.4倍定深，其余各步均按廊步的0.8倍计算（或按进深均分之）。如檐柱高为60斗口，则廊步深为24斗口，其他各步为19.2斗口（或按进深均分之）。小式做法：廊步按5倍檐柱径计算，其余按廊步0.8倍计算（或按进深均分之）。如檐柱径为0.7尺，则廊步深为3.5尺，其他为2.8尺（或按进深均分之）。而对于举架的计算，《工程做法则例》中依据檐步、金步、脊步都给出了明确的规定。应用至太昊宫建筑群中，可按檩的数量和形制，将比值集中归纳如下：

七檩大（小式）：檐步五举（0.5），金步七举或六五举（0.7或0.65），脊步九举或八举（0.9或0.8）；

因此按上述比例，举架值=举高/步架，因此可得举分高=步架 × 举架值。如图4–1为举架图，图4–2为太昊宫七檩举架尺寸图。

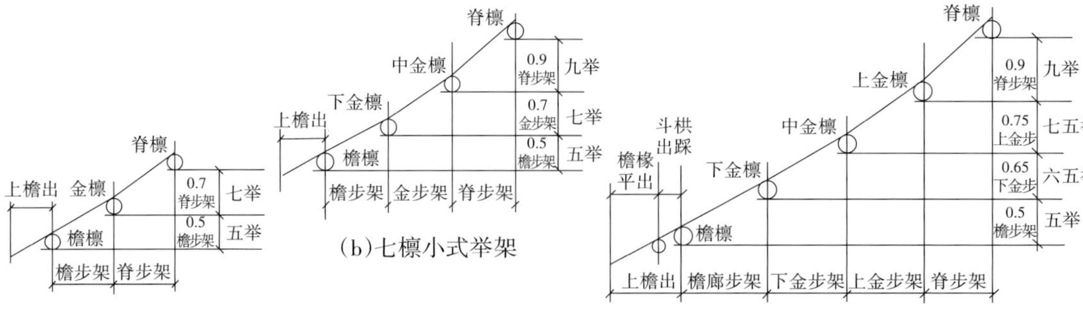

(a)五檩小式举架　(b)七檩小式举架　(c)九檩大式举架

图4–1　举架图（图片引自《中国古建筑知识手册》）

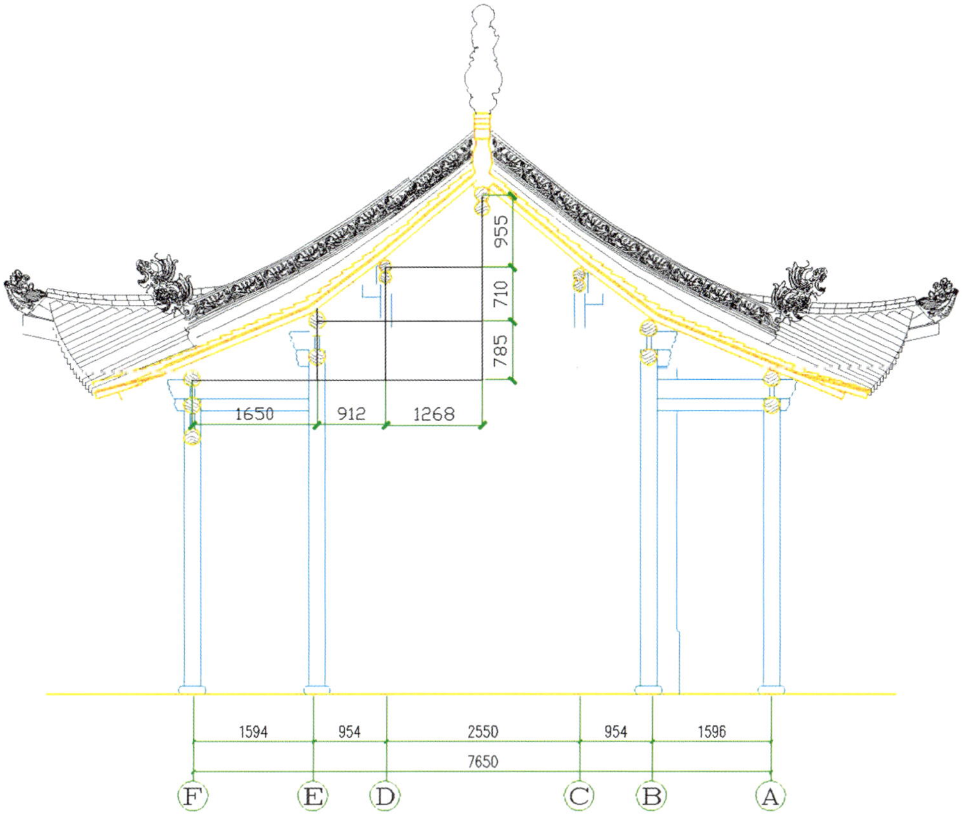

图4-2　太昊宫七檩举架尺寸图

如图尺寸标注，太昊宫举架与《工程做法则例》要求一致，比例吻合。举架的一致让屋脊曲线符合了建筑形制要求，在建筑美学和建筑的断代上都有着极其重要的意义。

4.2.4　屋顶及檐口

古建筑的屋顶和檐口基本都有出檐尺寸的要求，出檐的尺度也是鉴别建筑形制和年代的重要信息。《工程做法则例》对于出檐要求分为有斗栱建筑和无斗栱建筑两种，其中太昊宫建筑群均为无斗栱建筑形制，因此在出檐口（《工程做法则例》中称“出檐”为“上檐出”）按照无斗栱的建筑上檐出等于0.3倍檐柱高，即檐椽出为0.2檐柱高，飞椽出为0.1檐柱高。经施工过程中测量和计算，太昊宫工程做法与《工程做法则例》完全一致。如图4-3、4-4所示。

图4-3 石作子祠出檐

图4-4 壤驷子祠出檐

4.3 台基与地面

用砖石结构围砌而成，用以承托整个房屋木构架和墙体荷载的承台基座，宋制称为“阶基”，清制称为“台明”。而台明之上用于衬托柱体的石材构件称为“柱顶石”，柱顶石之下则为“磉墩”（北方湿陷性黄土做法，主要为原土和灰土进行分层夯实；南方由于地质原因，多数为“领夯叠石”做法）。换言之，磉墩为建筑主要基础。承托墙体的部分为“栏土”。台明四周面层用阶条石压顶边框，条石内采用青砖铺装。

4.3.1 台明尺寸

台明的长宽尺寸标准，绝大部分依据建筑的最小需要而定，在太昊宫建筑群中，建筑四周均没有出现室外栏杆的情况，因此太昊宫建筑台明按下檐出而定，其计算公式为：

台明长 = 通面阔+2×下檐出

台明宽 = 通进深+2×下檐出

下檐出 = 70% 上檐出至 80% 上檐出

台明中，高度为建筑台明与自然地面铺装的高差，台明高度在《营造算例》中建议为地面向上高度：砖作按15%檐柱高，石作按20%檐柱高。太昊宫建筑群中，石作子祠、壤驷子祠、伏羲殿与《营造算例》中要求比例均一致，仅秦子祠的台明与要求不符，秦子祠台明高度为1.65 m，这种台明高度是五泉山建筑群中唯一高度。经查阅资料分析，秦子祠修建后用于供奉秦子等陇上名士，对台明高度有意加高，一来为了适应五泉山自然山体的高差变化；二来则是刘尔炘先生在修建秦子祠时对秦子在陇上贡献较为肯定和认可，加高台明以突显建筑的视觉稳重，也突显在第二进院落中乃至太昊宫建筑群中用于供奉名人祠堂的建筑之地位，表现出秦子祠在整体太昊宫建筑群的中心地位以及重要性。

4.3.2 柱顶石

柱顶石是建筑木柱支撑的基脚，太昊宫建筑群在建造时使用柱顶石均为砂岩材质，其材质极易风化剥落，对建筑本体造成柱础的沉降和柱体闪斜。《工程做法则例》卷四十二石作大式中述，“凡柱顶石，以柱径加倍尺寸，如柱径七寸，得柱顶石见方一尺四寸。以见方尺寸折半定厚，得厚七寸。上面落鼓镜按本身见方尺寸内，每尺做高一寸五分”。卷四十五石作小式中述，“凡柱径七寸以下，柱顶石照柱径加倍之法，各收二寸定见方，如柱径七寸，得见方尺二寸。以见方尺寸三分之一定厚，如见方一尺二寸，得厚四寸”。即清制大式建筑柱顶石大小，按柱径的倍数计算，例如柱径7寸，得柱顶石见方尺寸为1.4尺，即2倍柱径。石厚按0.5倍石径，即厚7寸。如果上面要做成鼓镜形，其鼓镜部分高按0.15石径。小式建筑按2倍柱径减2寸，即如柱径0.7尺，倍之为1.4尺，收2寸得见方1.2尺。厚按1/3方径，即1.2/3得0.4尺。

而太昊宫建筑群柱直径为21 cm，原柱顶石直径为35 cm，21 cm柱径为小式建筑尺寸，因此柱顶石按2倍柱径减2寸可得：

$$(21\times 2)-(3.2\times 2)=35.6\ \text{cm}$$

由计算可得，太昊宫建筑群柱径和柱顶石是完全按照《工程做法则例》尺寸要求来进行度量的。五泉山建筑群柱顶石选用材质几乎全部是砂岩材质，而太昊宫整体建筑群墙体之外的柱顶石几乎全部风化、剥落。所残有的柱顶石直径均小于柱径，因此在本次修缮工程中，将建筑群墙体之外的柱顶石全部更换。

4.3.3 阶条石

文物保护工程并非全落架维修，此次太昊宫建筑群全部建筑均为揭顶维修，故对磉墩和栏土两处并没有打开研究。其尺寸依据之前的柱顶石与柱径的尺寸落图，其做法与《工程做法则例》规定尺寸一致。

在台明四周铺装采用一圈条石进行框栏和加固，用于保护台明的整体。其石材一般使用花岗岩或青石人工凿斧而成。依据《工程做法则例》规定，对于等级较高的建筑，阶条石要求按“三间五安、五间七安、七间九安”进行配制，所谓“三间五安”，即指若为三间房布置者，其长以安放五块阶条石进行设置，五间房按七块阶条石设置等。这样长的条石，对制作安装都比较困难，所以只能用于较高级的建筑。而对一般建筑可不必拘泥于此，可按台明长现场配置。阶条石的宽度，大式按下檐出尺寸减半柱顶石，小式按柱顶石方径减2寸。阶条石的厚度，大式建筑按0.4本身宽取定，小式建筑按0.3本身宽取定。由于太昊宫建筑群在后期的保护疏漏，整体阶条石均是现代混凝土道牙石，对整体建筑风貌影响较大，因此，在此次工程修缮中，将全部阶条石均更换为青石阶条石。尺寸遵循了《工程做法则例》对阶条石的尺寸要求。

4.3.4 踏步

房屋台明的高差，必然会产生房屋内与外的连接部分，这部分形成了踏步。然而这次修缮过程中，对于踏步的修缮是有地理位置和地方功能的融入。石作子祠、壤驷子祠和伏羲殿的踏步依据了传统做法；秦子祠的处理则受到了环境影响，突破了传统做法。

依据《工程做法则例》卷四十二石作大式中述，“凡踏跺石以面阔除垂带石一份之宽定长短，如面阔一丈，垂带石宽一尺二寸二分，得踏跺石长八尺七寸八分。宽以一尺至一尺五寸。厚以三寸至四寸。须临期按台基之高分级数酌定”。即大式踏跺长按面阔长减去垂带石而定，踏跺石宽按1尺至1.5尺，厚按3寸至4寸，具体按踏步级数酌情处理。卷四十五石作小式中述，“凡踏跺石以面阔折半定长，如面阔一丈，得五尺，内除垂带石一份宽一尺，得踏跺石长四尺。其宽自八寸五分至一尺为定。厚以四寸至五寸为定”。即小式踏跺长按面阔长减去垂带石后的一半而定，踏跺石宽按0.85尺至1尺，厚按4寸至5寸。在太昊宫建筑群中，除秦子祠外的三个建筑，均采用了《工程做法则例》的尺寸规定，而秦子祠由于与第一进院落牌坊的距离限制，以及之前改造加建的花池（已拆除）影响，只是按照人体舒适度恢复了踏步功能，其尺寸和高度均与传统做法有所不同，但材质上与阶条石进行了统一，在整体建筑群风貌上保持了一致。

4.3.5 地面铺装

五泉山建筑群整体建筑采用青砖灰瓦格调，而太昊宫建筑群建筑和院落地面铺装均为水泥六棱砖，因此，依据五泉山建筑群整体格调对建筑地面铺装进行恢复。其尺寸依据《工程做法则例》要求，院落大面积使用尺二方砖，建筑内使用四丁砖。建筑内使用细墁方式，院落铺装则采用粗墁。

4.4 木构架

中国古建筑主要是以砖石和木构架组成，木构架是建筑结构的核心，也是建筑的基本骨架。不同的木构架可以代表不同的建筑风格、建筑类型和建筑年代。依据建筑外观形式，木构架可以分为：硬山建筑木构架、悬山建筑木构架、院殿建筑木构架、歇山建筑木构架、攒尖建筑木构架、廊道建筑木构架等。这些木构架组合成为我国独具特色的建筑类型，其余亭台水榭也均由这几类木构架组合变化而来。

太昊宫主要建筑类型为硬山建筑木构架、歇山建筑木构架、廊道建筑木构架。如图4–5、图4–6、图4–7、图4–8所示。

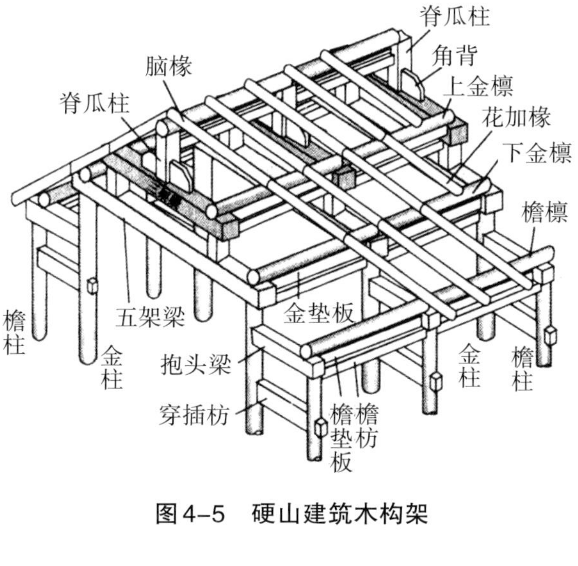

图4–5　硬山建筑木构架

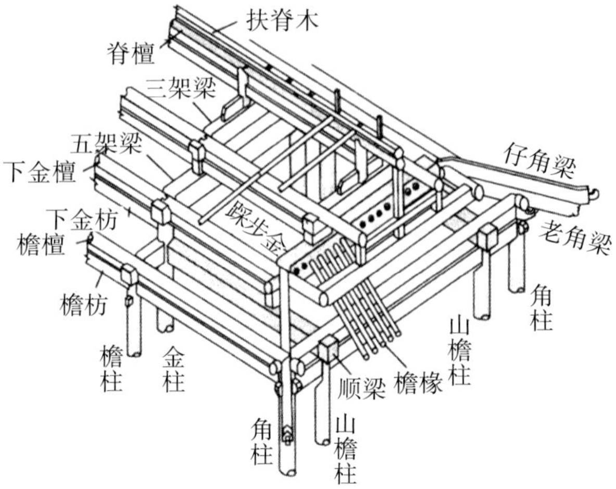

图 4–6 歇山建筑木构架（一）

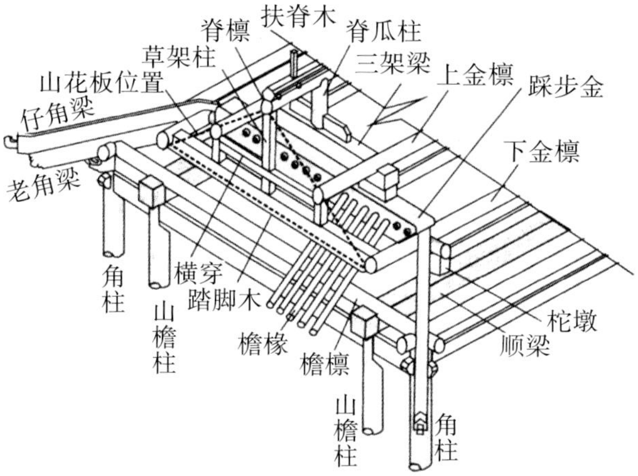

图 4–7 歇山建筑木构架（二）

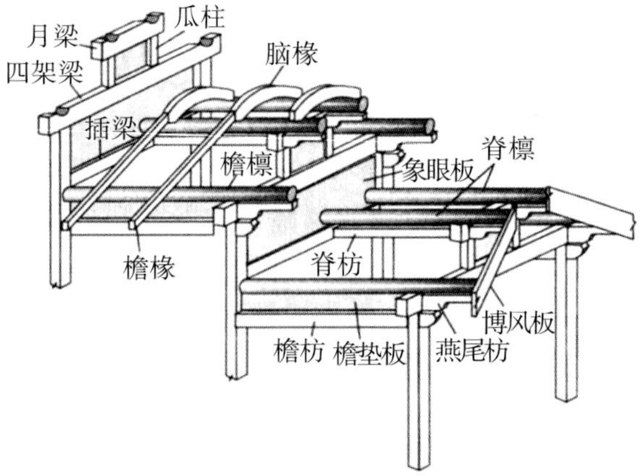

图 4–8 廊道建筑木构架

4.4.1 硬山木构架

硬山古建筑形式是一种前后两坡的建筑形式，木构架样式呈现“人”字形，在建筑等级中属于较低的普通建筑类型。《工程做法则例》中屋顶荷载由椽木分配到檩木（脊檩、上中下金檩、檐檩）承接，再分别传递到横梁（三架梁、五架梁、七架梁和抱头梁）上，上下横梁之间用瓜柱（脊瓜柱、上金瓜柱、下金瓜柱）作支撑，再由七架梁和抱头梁集中传递到檐柱和金柱上。檐柱和金柱由穿插枋相互支撑联系。而建筑构架的间架和间架之间均用枋木分别将脊金瓜柱和檐金柱连接成整体木构架。太昊宫伏羲殿硬山排架参见伏羲殿图纸部分。伏羲殿北侧殿身连搭了卷棚建筑，共同形成了“一殿一卷”式勾连搭屋顶。

4.4.2 硬山木排架

房屋木排架是指木构架搭建后继续搭接的骨架，其方向是一种剖面的视图形式，而硬山木构架按屋顶形式分为尖山顶和卷棚顶两种，按进深可分为带廊式和无廊式。卷棚顶是指在建筑顶部排架以屋脊为中心，由两边椽子与两根脊檩交汇而成弧形屋顶。如图4–9伏羲殿北侧卷棚屋顶排架，如图4–10伏羲殿卷棚厢房，如图4–11第一进院落卷棚硬山建筑厢房，如图4–12第一进院落厢房屋顶。

太昊宫建筑群硬山卷棚建筑只有两处，一处为第一进院落东侧厢房，另一侧为伏羲殿南侧部分。第一进院落厢房屋面残损较为严重，在进行揭顶维修时发现，其卷棚后檐望板上利用大量土方找出了卷棚弧度（如图4–11），而在立面上保证了硬山风格，在木构架上减少了木构件。厢房屋面残损严重，植被茂盛且整体前倾均与土方重压有

图4–9 伏羲殿卷棚屋顶排架

图4–10 伏羲殿卷棚厢房屋顶

关，大量的土方将整体建筑荷载改变，对建筑产生不稳定因素，此次修缮已将土方清运，依据《工程做法则例》替补了缺失椽望。

图4-11　一进院硬山厢房

图4-12　一进院厢房屋顶

4.4.3　歇山木构架

歇山建筑是一种四坡形屋面建筑，在屋脊左右做垂脊，通过一个山面垂带后延伸斜坡面，因此得名“歇山建筑”。通常歇山建筑有四个坡面，九条屋脊（一条正脊，四条垂脊，四条戗脊）组成，也被叫作“九脊殿”，四面的建筑木构架也较为复杂，分为正身和山面两大部分。

清制“歇山收山”：清制歇山为了解决收山问题，特别设立了一个特殊构件“踩步金”，用它来代替五架梁所不能完成的任务。为此，它在房屋两端尽（梢）间山檐柱上，顺面阔方向安置顺梁或趴梁，用以承托轮墩或瓜柱，再以此承接踩步金，用踩步金的两端来安置下金檩，再以下金檩的伸出端来搭置踏脚木，然后在踏脚木上支立草架柱，以此作为其他金檩和脊檩的支撑，这样就形成了歇山立面垂直骨架，在骨架外侧钉立山花板，山花板位置由檐檩向里收进1檩径，踩步金山面凿有若干椽窝，由踩步金椽窝和檐檩支撑山面椽檐，形成山面坡屋面。

4.4.4　歇山木排架

太昊宫秦子祠、壤驷子祠、石作子祠三处建筑均为带廊排架（带廊排架指在建筑大梁之外，增添抱头梁或双步梁而成）。太昊宫三处歇山建筑形制相同，均带前后廊，其前后廊的步距也相等，三处祠堂为对称式的建筑。

4.4.5 游廊木构架

太昊宫第一进院落游廊连接牌坊建筑与东侧厢房，在太昊宫建筑群东侧，用游廊步道分割出建筑与后院的界限，又将第一进院落和第二进院落的高差关系巧妙处理，采用构架形式为坡地跌落廊木构架。跌落廊木构架是将坡地做成若干级跌差，按跌落高差设立排架，然后将排架做成高低联跨衔接。与平地长廊不同的是，在每个跨段排架的檐檩朝外一端要做成有伸出的悬臂，悬臂下设置燕尾枋，以加强高位排架悬挑檩木的承接力。并要在与低跨脊檩枋相接的位置处增加一根插梁，用来承接低跨的脊檩枋。

4.5 木构件

太昊宫修缮项目均为揭顶维修，对于部分隐蔽木构件的尺寸，只能依据构件推测和计算，而对木构件的认识和形制判断是作为本次工程修缮乃至后期修缮的重要依据。

4.5.1 檐柱

檐柱是指建筑屋檐部位的柱子，依据《工程做法则例》卷一述："凡檐柱以面阔十分之八定高低，十分之七定寸径。"即规定檐柱高大式按70斗口，小式按0.7至0.8明间面阔；檐柱径大式6斗口，小式0.07明间面阔。此次工程内对于檐柱均为替补，秦子祠明间面阔为3.2 m，依据《工程做法则例》：

檐柱：$3.2\ \text{m} \times 0.7 = 2.14\ \text{m}$

柱径：$3.2\ \text{m} \times 0.07 = 0.21\ \text{m}$

完全符合《工程做法则例》要求。

4.5.2 金柱

建筑结构主体承重柱，依据《工程做法则例》分为单檐金柱、重檐金柱。太昊宫建筑群均为单檐金柱，依据《工程做法则例》金柱高为：单檐金柱高=檐柱高+檐金步举高；金柱柱径：小式建筑按檐柱径加1寸。

太昊宫建筑群中金柱与檐柱柱径一致，这与当时刘尔炘先生建造之时筹备资金有关，此次修缮对于建筑柱体无更换，保留了原有柱体。

4.5.3 檩

建筑屋面起到承托屋面望板的木构件则是檩，檩将屋面荷载传递至梁柱构件，从而起到支撑和分散传递荷载的作用，太昊宫建筑在20世纪80年代的修缮过程中对伏羲殿的梁、檩，包括檐柱进行过整体更换（未油饰），此次修缮对柱体建筑檩构件未进行更换，在打牮拨正后仅作嵌补处理。在《工程做法则例》中小式建筑“凡檩木（包括金檩、檐檩、脊檩）以面阔定长”。檩木长度按面阔计算，小式建筑为1柱径，挑檐檩为4斗口减2寸。

4.5.4 椽子

建筑中椽子是在檩木上用于承托望板的条木，一般多为圆椽与半圆椽。椽子在建筑中位置不同，名称也不相同，在檐（廊）步距上的称为“檐椽”；在脊步距上的，宋称为“脊椽”，清称为“脑椽”；在其他步距上的称为“花架椽”或“直椽”。《工程做法则例》卷一述，“凡檐椽以出廊并出檐加举定长。……以桁条径每尺用三寸五分定径。……每椽空档随椽径一份。每间椽数俱应成双，档之宽窄，随数均匀”。即檐椽长按廊步距加出檐计算长度。椽径按0.35桁径，椽档按1椽径。每开间按双数布置，椽档的宽窄按布置根数均匀调整。接述，“凡上花架椽以步加举定长。……径与檐椽同”。太昊宫整体圆椽保存较为完整，整体圆椽均编号归位（如图4–13、4–14所示）。

图4–13　圆椽保存较为完好

图4–14　椽子整体保存完好

其中依据《工程做法则例》描述：

$$直椽长=\sqrt{(步距)^2+(举高)^2} \qquad 檐椽长=\sqrt{1.25(步距+檐椽出)^2}$$

4.5.5 飞椽

建筑前檐、后檐屋檐的冲出、起翘均由飞椽来增加。飞椽为增加屋檐冲出和起翘，在檐椽之上加钉的檐口椽子，宋称为“飞子”，清称为“飞椽”。它与檐椽成双配对，多为方形截面，也有圆形截面的。按《工程做法则例》描述，“凡飞檐椽以出檐定长。如出檐七尺五寸，按一一五加举，得长八尺六寸二分，三份分之，出头一份，得长二尺八寸七分。后尾二份半，得长七尺一寸七分，加之，得飞檐椽通长一丈四分”。即：

$$飞檐斜长=出檐长\times 1.15$$

$$飞椽头长=飞檐斜长\div 3$$

$$飞椽尾长=飞椽头长\times 2.5$$

飞椽直径与檐椽直径相同，其中：

$$第一根飞翘椽长=飞椽长\times 1.4142$$

太昊宫建筑群飞椽整体糟朽较为严重，更换率达到60%。在整体施工过程中，工匠依据原有飞椽位置编号、依据原有尺寸制作（尺寸符合《工程做法则例》），如图4–15、4–16、4–17、4–18所示。

图4–15　制作好的新飞椽

图4–16　按编号重新安装

图 4–17　飞椽更换率 60% 以上

图 4–18　与原飞椽对比

4.5.6　罗锅椽

罗锅椽是清制卷棚屋顶所用的弧形脊椽，它支撑在双脊檩之上，罗锅椽截面尺寸与脑椽相同，为了便于与脑椽连接，在罗锅椽与脊檩之间，钉有机枋条，该条截面宽同檩金盘宽，厚为1/3宽。如图 4–19、4–20 所示。

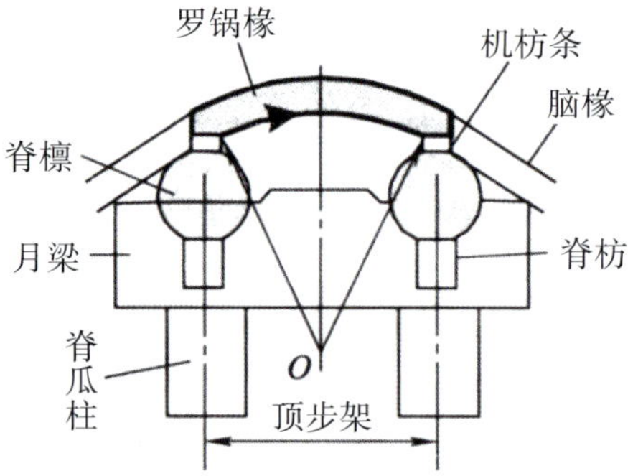

图 4–19　罗锅椽立面图

图 4–20　工人嵌补伏羲殿罗锅椽

4.5.7　大小连檐、闸挡板及瓦口木

大连檐是用来连接固定屋面飞椽端头的木条，为直角梯形截面。小连檐是固定屋面檐椽端头的木条，扁直角梯形截面。太昊宫建筑无斗栱构件，因此大连檐高按 1 椽径，宽按 1.2 椽径。小连檐高按 1.25 或 1.5 望板厚，宽按 1 椽径计算。如图 4–21、4–22 所示。

图 4-21　伏羲殿小连檐

图 4-22　工人固定大连檐

在古建筑中，屋面木基层在檐椽上钉有一层望板，然后将飞椽钉在檐椽的望板上。而在飞椽之上还钉有一层“压飞尾望板”，而在两层望板的空隙中，很容易使鸟雀筑巢，从而对建筑屋檐造成生物性的侵蚀，因此使用闸挡板进行堵塞，阻止生物的进入。通俗讲，闸挡板就是起到阻碍屋面檐口飞椽空隙的挡板，从而保护建筑的构件。如图4–23、4–24所示。

图 4–23　闸挡板的制作

图 4–24　固定好的闸挡板

瓦口木又称“瓦口板”，是用来承托檐口瓦的木件，按屋面瓦的弧形做成波浪形木板条（如图4–25）。瓦口木一般钉在大连檐上，瓦口板的高度按椽径的1/2计算，厚度依据椽径的1/4计算，用钉进行固定（如图4–26、4–27）。

4.5.8　博风板

博风板是硬悬山和歇山山面遮蔽各檩木外伸端头的遮护板，用以保护檩头免受风吹雨打并起装饰作用。其规格如下：清《工程做法则例》卷二规定，“凡博风板随各

图4-25　波浪形的瓦口木（一）

图4-26　波浪形的瓦口木（二）

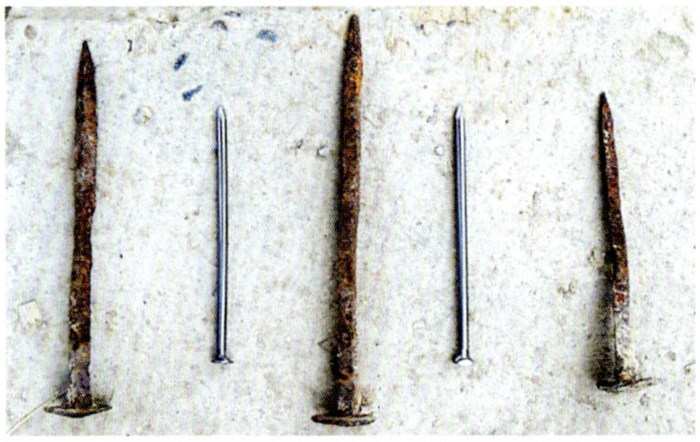
图4-27　原有钉与此次钉对比

椽之长得长，以椽径六份定宽，厚与山花板之厚同”。即博风板长按所在位置椽木长度，板宽为6椽径，板厚与山花板同（即0.25桁径）。安装博风板时，应在板后背面挖檩碗槽，嵌入檩头，使博风板紧贴山花板。太昊宫主体建筑为硬山建筑和歇山建筑，主体建筑均为博风砖封火墙的形式处理，仅对门厅处博风板进行了修补处理（如图4-28、4-29）。太昊宫建筑群的梅花钉装饰构件在这百年的岁月中，已脱落不见，因此在此次修缮中没有涉及梅花钉纹样的恢复。

图4-28　门厅博风板的修补

图4-29　东门博风板的修补

4.6 屋面

屋面是区分中国古建筑类型的重要因素，在太昊宫建筑群内建筑形制为歇山式建筑、硬山式建筑以及硬山卷棚式建筑风格。

歇山式建筑屋顶由前后檐斜坡和左右山面半坡组成，其屋脊有九条，即一条正脊、四条垂脊、四条戗脊。歇山式建筑在封建等级制度中仅次于庑殿屋顶等级，由于歇山建筑不像庑殿顶的庄严肃穆，具有一定的灵动和活泼的建筑流线，如同凝固的音乐般，表达出了一种优美的姿态，从而被广泛应用。歇山多用于园林中的亭廊坊榭，是园林建筑中应用最多、最普遍的建筑形式。太昊宫建筑群三处建筑采用单檐歇山屋顶。

硬山建筑屋顶是一种普通“人”字形的二坡面屋顶，在封建等级社会里，它是属于最次等的普通建筑，多用于普通民舍、大式建筑的偏房，以及一切不太显眼和不重要的房屋等。硬山建筑屋顶形式分为尖山顶式和卷棚顶式两种，一般只做成单檐屋顶形式，没有重檐结构。硬山屋顶只有前后两个坡瓦屋面、一个正脊、两个垂脊。在北方地区，一般在山墙尖顶与屋端连接处，常采用博风砖封顶。

4.6.1 屋面苫背

清制苫背是指在屋面木基层的望板上，用灰泥分别铺抹屋面的隔离层、防水层、保温层等的操作过程。

隔离层在屋面望板上第一层，使用麻刀灰（白灰浆：麻刀=50：1），均匀铺抹厚10～20 mm，从而隔绝汽水潮湿的蒸发，保护望板的隔离层，也称为“护板灰”。如图4-30、图4-31所示。

图4-30　铺设麻刀灰

图4-31　望板涂抹防腐材料

此次修缮过程中，在护板灰下增设环保防腐材料保护望板。

泥背做法是直接在护板灰上抹灰，即用麻刀泥（掺灰泥：麻刀=50：3）或滑秸泥（掺灰泥：滑秸=5：1）分为三层进行抹灰，每层抹厚不超过50 mm，抹平压实。在每层抹泥中，要分上、中、下若干排进行粘麻。粘麻方法是先在抹泥中粘上麻辫，每间隔一段距离粘一束，待抹下排泥时，将麻辫尾上翻抹于泥灰中，使泥灰相互网结。

保温层又称为“抹灰背”。它是指用大麻刀灰（即白灰浆：麻刀=100：3至5）铺抹在防水层上，分成三至四层铺抹，每层厚不超过30 mm，用以作为对防水层起保护和保温垫囊的作用。在抹灰的同时，为防止灰层干裂，在每层之间应铺一层夏麻布（如图4–32），铺匀抹实后待自然晾干。这是为加强抹灰背与铺瓦泥的整体连接，防止瓦面下滑。在完成后进行铺瓦泥背的铺设（如图4–33）。

图4–32　防水层

图 4–33　泥背层的晾晒

扎肩晾背是指当保温层抹灰背完成后，先在屋脊部位进行扎肩工艺，即根据脊瓦件规格，拴挂脊线、铺灰抹平，挂线铺灰应控制在300～500 mm，为筑脊打好基础。扎肩完毕后即可晾背，将抹灰面加以适当遮挡养护，等其自然干燥。通常北方晾晒需20天以上，保证完全干透为止。如图4–34、4–35所示。

4.6.2　屋面挂瓦

建筑屋面铺设瓦件。五泉山建筑群整体风貌为青砖灰瓦，依据《工程做法则例》：一般房屋规格按椽径大小，按照表4–3布瓦规格表选取相近数值尺寸：

图 4-34　扎肩晾背

图 4-35　泥背层的晾晒

表 4-3　布瓦规格表

瓦名		长度		宽度		瓦名		长度		宽度	
		营造尺	cm	营造尺	cm			营造尺	cm	营造尺	cm
筒瓦	头号	1.10	35.20	0.45	14.40	板瓦	头号	0.90	28.80	0.80	25.60
	二号	0.95	30.40	0.38	12.16		二号	0.80	25.60	0.70	22.40
	三号	0.75	24.00	0.32	10.24		三号	0.70	22.40	0.60	19.20
	十号	0.45	14.40	0.25	8.00		十号	0.43	13.76	0.38	12.16

太昊宫椽径均为10cm，因此选用瓦当规格应参考10.24 cm规格筒瓦，对应表格则选取3号筒瓦，对应表格板瓦选择也应为3号板瓦，选取数值与太昊宫建筑瓦当尺寸对比一致。

采用瓦件铺设方式为捉节夹垄及针对布筒瓦垄屋面的修饰工艺，捉节是指将前后筒瓦相互搭接的缝口，用麻刀灰勾抹严实。夹垄是指将筒瓦两边侧脚与底瓦连接的缝隙用麻刀灰进行抹平。如图4-36、4-37所示。

修缮中，绝大部分瓦件还是使用了原有瓦件，仅对破损较为严重、断裂、缺失的瓦件进行了原规格更换。而使用捉节夹垄工艺方式也在与旧瓦捉节的同时要求新补瓦件与旧瓦规格一致。

图4-36　捉节夹垄挂瓦

图4-37　泥背挂瓦

4.6.3　屋顶筑脊

太昊宫建筑群为布筒瓦硬山和歇山，其正脊两端是与山花墙或为山面上垂脊连接，长条脊身与脊吻构件完成正脊，正脊端头均在山尖“坐中勾头上”的位置。而伏羲殿前檐则是卷棚式建筑形制，因此正脊为卷棚式正脊，也称为“过垄脊”，脊身则为罗锅瓦铺设挂瓦。而垂脊则是由素勾头瓦做分水垄，用素滴水瓦作为流水槽（如图4-38、4-39）。其中歇山戗脊做法与垂脊做法相同。

图4-38　建筑正脊

图4-39　建筑戗脊

4.6.4　兽件

兽件作为屋脊上的装饰构件，同时具有夹垄和等级象征的作用。太昊宫主体建筑正脊正中均为安置宝顶（如图4-40），宝顶砖雕工艺精美，做工细致，正脊两侧为开口兽吻。在石作子祠、壤驷子祠、秦子祠分别安置开口兽、垂兽以及戗兽。

歇山建筑角梁采用了套兽装饰。先将套兽装灰套入仔角梁的套兽榫上，并用钉子钉牢，然后在其上的后面立放遮朽瓦，使遮朽瓦背面紧挨大连檐木，并装灰堵塞严实，以保护连檐木。再在遮朽瓦上铺灰安放两块割角滴水瓦，压住遮朽瓦左右，然后在割角滴水瓦上安放一块遮心瓦，用以遮挡勾头灰，再在其上安放螳螂勾头。此勾头则是垂脊前端构件的基础，同时也安装了翼角的兽件（如图4-41）。

图4-40　建筑正脊宝顶

图4-41　建筑翼角兽

4.7　砖墙砌体

中国古建筑在木结构的支撑下需要砖墙墙体起到围护和保暖的作用，墙体由土坯墙体发展到砖墙墙体，直到清末，对墙体的类型和形制才有了较为细致的分类和要求。依据《工程做法则例》按墙体功能和建筑位置来划分，墙体可分为：檐面墙、山面墙、槛墙、廊心墙（太昊宫建筑群内无廊心墙）、隔断墙、扇面墙、院墙、照壁墙等。

1. 按功能和建筑位置分

（1）檐面墙

指在房屋建筑檐檩下，前檐围护砖墙或后檐围护砖墙，除个别独立型庙宇采用前檐围护砖墙外，一般建筑多只在后檐采用围护砖墙。

（2）山面墙

指房屋建筑两端山面的围护砖墙，简称为“山墙”。

（3）槛墙

指槛窗（即木窗）下的矮墙，它多采用木门窗围护结构的前檐或前后檐建筑。

（4）廊心墙

指带有廊道建筑的廊道中，在廊道两端的端头墙或间隔墙。间隔墙一般开有门洞，多称为“廊门桶子”。

（5）隔断墙

指在房屋建筑室内，沿进深方向，隔断室内空间所砌筑的砖墙。

（6）扇面墙

指在已有檐面围护结构下，再沿金柱轴线，平行檐面砌筑的砖墙，即廊道的内侧墙。

（7）院墙

指对为划分建筑群或宅院的区域所砌筑的围墙。

（8）影壁墙

指位于房屋大门之外或院门之内，用于遮挡视线，增添院内遮景装饰墙体。

2.按砌筑方式分

（1）干摆墙

指用经过精细加工的干摆砖（又称为“五扒皮砖”），通过磨砖对缝，不用灰浆，一层一层干摆砌筑而成墙体，是砌筑精度要求最高的一种墙体。

（2）丝缝墙

指将砖的外露面经过加工成一定要求（即称为“膀子面”），用很小灰口缝所砌的砖墙，是稍次于干摆墙的一个等级砖墙。

（3）淌白墙

指将砖一个面进行磨平加工（即为“淌白砖”），用稍大的灰口缝所砌的砖墙，是稍次于丝缝墙一个等级的砖墙。

（4）糙砖墙

指采用不需做任何加工的砖所砌的一种最普通、最粗糙的砖墙，灰缝口也可加大到5～10 mm，是次于淌白墙等级的低级砖墙。

（5）碎砖墙

指采用不需加工的各种杂砖（称为“碎砖”），用掺灰泥砌筑的墙，其灰缝可大到25 mm，是等级最低的一种砖墙。

（6）虎皮石墙

指将大片毛石，用水泥混合砂浆砌筑成墙体后，再用水泥砂浆勾缝而成“浆砌毛石墙”，太昊宫院落挡墙则采用这种形制。

（7）干山背石墙

指先将大片毛石摆砌，小片石垫稳筑成墙体后，再用水泥砂浆灌缝而成的“干砌毛石墙。”

在太昊宫建筑修缮过程中，针对伏羲殿后期破坏建筑风格的砌墙进行了拆除，并恢复了原有木门槅扇。其余建筑墙面仅对下碱部分破损砖体进行了剔换，保留了原有墙体历史风貌和墙砖信息。

4.7.1 太昊宫建筑围护

建筑在木建构的基础上，共计四个围护面，即为：前檐围护结构、后檐围护结构、两山围护结构。前檐围护作为整个建筑的观赏面，太昊宫主体建筑山金柱围护面为槅扇与木门组合，游廊西侧厢房则为槛窗组合。厢房结合使用了木门、槛窗组合，显得朴素清雅（如图4–42），厢房东侧依然采用槅扇大门组合前檐（如图4–43）。主体建筑采用的木门、槅扇组合显得庄严肃穆，大气高雅。如图4–44、4–45、4–46、4–47所示，壤驷子祠与石作子祠槅扇完全一致，此次工程仅对缺失的窗扇进行了修补。

图4–42 厢房西侧窗槛

图4–43 厢房东侧窗扇

图 4-44　厢房东侧槅扇门

图 4-45　秦子祠槅扇

图 4-46　壤驷子祠槅扇

图 4-47　伏羲殿槅扇

4.7.2　太昊宫封护围护

太昊宫主体建筑采用露檐出后檐墙的后檐形式，后檐砖墙均采用砌体至屋面檐口下皮，使得建筑灵巧，有活力。如图 4-48、4-49、4-50、4-51 所示。其中，秦子祠、壤驷子祠、石作子祠建筑后檐墙在二十世纪六七十年代开窗，做抹灰墙心，此次工程修缮保留了抹灰墙心风格，将二十世纪六七十年代建筑产生的历史信息进行记载和保留。

在伏羲殿后檐墙，可以清晰看到施工过程中，为了打牮拨正，对后檐柱位置的砖墙进行剥离；打牮拨正后，又按原有编号进行后檐墙体的恢复。

4.7.3　太昊宫两山围护

太昊宫建筑群山墙为砖砌露檐出围护形式，其中秦子祠、壤驷子祠、石作子祠建筑山墙在二十世纪六七十年代开窗，做抹灰墙心，此次修缮也均已保留。如图4-52、4-53、4-54、4-55所示。

图4-48　秦子祠后檐墙

图4-49　壤驷子祠后檐墙

图4-50　石作子祠后檐墙

图4-51　伏羲殿后檐墙

图4-52　秦子祠东侧山墙

图4-53　壤驷子祠西侧山墙

图4-54　石作子祠东侧山墙

图4-55　伏羲殿西侧山墙

4.7.4　硬山建筑山墙

太昊宫建筑群中伏羲殿为硬山建筑，此次修缮工程将伏羲殿结构恢复为带前廊硬山建筑，其中山墙与歇山建筑相比多了一个墀头结构，也是硬山建筑的特点之一。墀头的结构同山墙一样分为裙肩、上身、盘头三部分。其中裙肩和上身做法与山墙相同，并应统一连接为一个整体，上身与裙肩仍与山墙取得一致。迎面宽根据需要，可按山墙外包金加2寸，或者按上述摆砖方式进行选择。选择方法是上身选择前一种，则裙肩选择相邻的后一种，如上身选用马对联，则裙肩应选用勾尺咬；若上身选用勾尺咬，则裙肩选用三破中。

4.7.5　太昊宫院墙及门洞

建筑群落的位置划分由院墙进行分割，也是建筑院落的安全阻隔，在园林中院墙的设置还具有藏景、隔景、框景的作用，给予人视线上的分割和指引。建筑中墙体分为裙肩、上身及墙帽三部分。院墙上身高 = 院墙总高 - 裙肩高 - 墙帽高，墙厚按裙肩厚减去退花碱，退花碱尺寸可按6 cm至15 cm掌握。墙身采用云墙形式（如图4-56、4-57）。

云墙开窗使用了“鱼鳞形”板瓦搭建的漏窗窗芯子，与云墙连接的墙门采用门楼形式，门楼与墙门与两旁墙垣不搭接（如图4-58）。

太昊宫建筑群第一进院落墙体有一砖券，采用了圆光券形制，也叫“圆门洞”（如图4-59）。其正门墙面开窗使用了木质冰裂乱纹（如图4-60）。门洞采用了槅扇门（如图4-61）。

图4-56　院落修缮前

图4-57　院落修缮后

图4-58　东侧墙门

图4-59　圆门洞

图4-60　冰裂窗扇

图4-61　槅扇门

4.7.6 墙面抹灰

清制墙体内侧抹灰种类较多，此次修缮工程采用泥底灰面层抹面，用麻刀灰再进行抹面淌白，在抹灰前需要做一些基层处理工作，如对抹灰基面用清水浇湿墙面，洒匀浇透，使砖表面充分湿透，以利于灰浆与墙面的黏结。需要保留旧抹灰面时，对墙面旧灰缝脱落处，应凿掉旧灰，补上麻刀灰。将局部砖面缺损或酥碱去掉部位，用麻刀灰补平，再进行麻刀灰抹面，如图4-62、图4-63所示。

图4-62　原有墙面

图4-63　泥背墙面

4.8 装饰构件

4.8.1 挂落

挂落又称“楣子”，是明清以后建筑构件外部所常用的一种装饰构配件，多用于清制和宋制建筑中。它是用木根条拼接成各种花纹图案的格网形方框。挂在木构架檐杭之下的两柱之间，一般称为“木挂落”，又称为“木楣子”，也有用于坐凳之下，凳脚间的称为“坐凳楣子”。

木挂落由两个边框、上下大边和中间花屉组成。上下大边的距离为30～60 cm，外框长按柱间距离。是用于枋木之下的装饰构件（如图4-64）。

坐凳楣子是指没有靠背的简易坐凳围栏，由坐凳板、凳脚和凳下挂落等组成，一般置于走廊檐柱之间。其中，凳板厚4 cm，宽40 cm，安置高度50 cm，如图4-65所示。

图4-64　挂落

图4-65　坐凳楣子

太昊宫挂落纹样采用软樘步步锦纹样（如图4-66），楣子心屉纹样采用柱体样式（如图4-67），均符合《工程做法则例》样式。

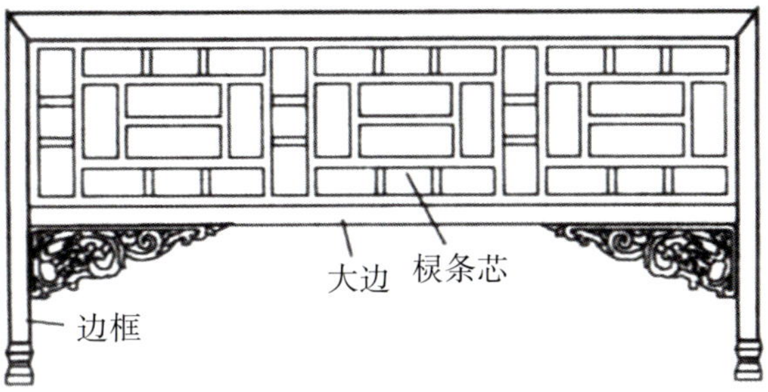

图4-66　软樘步步锦

4.8.2　影壁墙

图4-67　坐凳楣子心屉

影壁即隐避之意，它是让院落大门之内的天井和厅堂等内部空间，不直接暴露于外，称为“隐”；让门外视线受一墙之堵，称为“避”，借此造成一种端庄严肃的环境气氛和装饰效应。影壁墙除在房屋大门之外，或院门之内设置独立的遮挡墙体外，还常在大式建筑的两侧布置成“八”字形墙，以此衬托出整个建筑的威严。影壁形式分为“一”字形影壁、“八”字形影壁、撇山影壁等。太昊宫东侧门两侧则做有“八”字形影壁，用青砖砌筑而成，其构造为基座（下碱墙）、墙身、砖檐、屋顶四部分，此次修缮将下碱墙进行剔补，墙壁芯进行剔补修缮，对屋顶瓦件进行了更换。如图4-68、4-69所示。

图4-68 “八”字形影壁修缮前

图4-69 “八”字形影壁修缮后

4.8.3 雀替

雀替是为加强转角部位连接强度的装饰构件，又称“角替”。用于立柱与梁枋连接的交角处，因其外形轮廓如鸟翼而得名。常用于房屋、亭廊、垂花门、牌楼等建筑的檐口部位。太昊宫建筑檐口均安装二连雀替，此次修缮工程将太昊宫遗失雀替构件与保留雀替原样进行手工复刻（如图4-70、4-71）。

图4-70 手工雕刻雀替

图4-71 木构件制作

传统手工技艺的应用，是修缮文物建筑的基本方式，匠人精湛的技艺也在修复中得以传承、发展和延续。

4.9 小结

太昊宫建筑群在修缮过程中，遵循了最小干预原则，修缮技艺和尺度也是严格依据《工程做法则例》，采用了原制式的构件恢复，达到了文物修缮中要求的完整性和真实性原则。对建筑主体的揭顶维修也是严格依据原有形制进行编号，依据残损程度占比进行更换，尽量保留原有瓦件和构件，仅对残损程度会产生影响结构安全的构件进行更换，保留了原有建筑历史信息，保留了历史风貌。对于遗失和完全损坏的部位和构件则依据原有样式进行补做，保证其尺度与传统工艺做法与原制相符。在整体的尺度和样式，与《工程做法则例》进行比较和对比，为建筑修缮过程中的考察和研究亦给予时代做法意义。通过与《工程做法则例》的对比，可以确定太昊宫建筑群在修建时期，采用的尺度和工艺，这对于研究西北古建筑空间尺度也具有重要借鉴意义。

4.9.1 按最小干预原则修缮

太昊宫建筑群在整体修缮过程中，遵循最小干预原则，对文物建筑保留其历史风貌。

1. 大木构架

对大木构架仅做打牮拨正处理，未进行更换。其中对部分柱体和梁架给予嵌补工艺处理。

2. 柱顶石

由于原有柱顶石材质为砂岩材质，受到风化影响，剥落现象十分严重，风化程度约为原有柱顶石三分之一，出现了柱顶石直径小于其柱径的现象。此次修缮将柱顶石统一更换。原有风化柱顶石，与原任甘肃提督阎桓肃神道碑（修缮过程中挖出）一同放置在太昊宫东侧绿化带中。石碑材质为砂岩，由于深埋在绿化带中，表皮风化剥落接近五分之二，据考证，碑文内容记载原任甘肃提督阎桓肃神道碑铭。将石碑与残损的柱顶石放置于太昊宫院内，承载着历史的沧海桑田，也形成了一道新的景观。如图4-72、4-73所示。

图4-72　太昊宫东侧绿化带

图4-73　原任甘肃提督阎桓肃神道碑

3. 望板

太昊宫建筑群整体建筑屋面糟朽和残损最为严重，受到的生物、气候影响也最直接。此次维修对建筑本体均做揭顶处理，将原有椙条的望板全部更换为柳叶缝松木望板，并做防腐处理。望板部分的更换也是整个太昊宫建筑群修缮中更换最多的部分。

4. 椽

飞椽部分更换较多，圆椽更换率较飞椽略少，更换后的飞椽与圆椽尺寸均与原有椽径、原有椽长保持一致。

5. 瓦件

由于植物和动物的侵扰，导致瓦件破损无法继续使用，更换率接近二分之一，其中可使用的原有瓦件均按编号继续使用。

6. 屋脊构件

对断裂和开裂构件进行传统工艺黏补，对遗失毁坏构件按原有形制进行重制补充。

7. 墙体

针对伏羲殿在20世纪80年代的改建墙体拆除处理，其余建筑墙体仅作局部剔补处理，保留其原有墙体完整性。

8. 木质构件

太昊宫建筑群槅扇在20世纪80年代全部改建为玻璃窗，本次修缮统一采用传统手工工艺制作构件，并依据原有槅扇形制恢复木槅扇。

9. 院落

将原有水泥六棱砖全部拆除，按原有形制铺设方砖，并对院落内排水进行放坡处理，杜绝了原有院落积水现象。将原有（80年代）排水沟内已锈蚀的铸铁管道更换为双壁波纹管（如图4–74、4–75所示）。

4.9.2　对比《工程做法则例》

基于刘尔炘先生的《兰州五泉太昊宫记》一文所述，太昊宫建于1919年，为期三年，建造完毕距今，整整百年时间。而在当时晚清民初年间，西北建筑的建造采用了怎样的形制，是否继续沿用了《工程做法则》要求，还是发生了改变？在此次修缮中，通过对建筑构件以及建筑尺度的对比可以确定，太昊宫建筑群作为当时兰州地区的代表性建筑，其建筑形式大部分延续了《工程做法则例》要求，其中仅有个别前檐

图4-74　更换排水管

图4-75　原有铸铁管

柱与金柱柱径与《工程做法则例》内容有细微出入，但整体建筑群中，大的空间尺度还是严格依据《工程做法则例》进行建造。因此太昊宫建筑群在清末民初时期的建造，依然采用了清代建筑建设形制，细微的变化和出入也是根据西北地区的环境、经济条件进行了局部调整。

此次修缮工艺和技术处理，在后期修缮五泉山同时期建筑群时也可以参考，对后期构件修缮和尺度把控提供依据和样式参考。

对文物建筑的修缮，要比新建筑和民用建筑更为严谨和细致，在对文物建筑价值充分了解和肯定的前提下，才能进行谨慎修缮。每一步的修缮失误都会对文物造成不可逆的破坏，导致不可弥补的文物损失。因此，对于文物建筑的每一处修缮，都应基于最小干预原则，严格依据原有形制和制式及原有工艺进行修缮，保留历史信息的完整性、真实性，这是我们每一位文物保护工作者的职责所在。

第五章

太昊宫建筑群修缮工程总结

5.1 修缮前期

太昊宫建筑群修缮工程作为全国重点文物保护单位项目，在开工前期已依据《中华人民共和国文物保护法》和《文物保护工程管理办法》进行立项和勘察设计，并逐级上报至国家文物局审核，最后获得立项批复。在前期勘察设计过程中，建设单位尽可能地提供保护建筑项目的相关资料，配合设计单位多次勘察，指出在管理使用过程中发现的细节情况和已发现的病害问题，旨在提高整体设计的完整性以及概预算的准确性。

文物建筑建造年代不同、地区不同，其风格以及运用的建造技术也存在明显差异。修缮前，要对古建筑所在地的传统技术以及所具有的时代特征有一个全面、深入的认知，对原先构架的做法、材质、材料、尺寸、风格等进行详细、全面、准确的测绘、勘察和记录。

5.1.1 前期分析

文物修缮工程不同于新建工程，要保证文物建筑的完整性、真实性以及最小干预原则。文物修缮在勘察设计前期，不能对建筑的隐蔽内容进行全面准确的勘察，是文物修缮的一大难点。对于像建筑屋顶的望板、圆椽，墙体中包含的檐柱、金柱以及建筑基础等隐蔽内容，只有在施工过程完全打开时，才能进行准确计数。这对建筑前期概预算调控以及后期施工过程中的变更都会造成一定影响。因此，在修缮前期，建设单位要与设计单位多次沟通，提供可能性病害的分析，尽可能提供详尽资料。在勘察过程中，不能只考虑建筑本体，还要考虑建筑周边环境。对建筑的周边环境的给排水、消防设施、电气现状、游客量、生物侵扰等因素，均应该在勘察时给出评估意见。对或将产生影响的风险内容，应予以整体考虑。对确实无法准确计数和测量的部分，应给出前期预估，来提高文物建筑修缮的合理性和准确性，节约成本的同时达到更科学的工程管理。

5.1.2 管理措施

建设单位应严格遵循《中华人民共和国文物保护法》和《文物保护工程管理办法》的要求进行项目管理。在进入招投标环节后，须严格依据国家文物局给出的评审文件的内容及文物部门审查后的施工图，进行招投标程序。中标单位公示后，依据设计文件编制施工组织设计方案。

文物保护工程必须遵守国家有关施工法律、法规和行业规范，购置工程材料应当符合文物保护工程质量的要求。在施工单位进场前，要对施工人员进行文物保护相关知识培训，确保人员安全、文物安全以及文物风貌安全。在太昊宫建筑群修缮过程中，建设单位与施工单位签订了文物保护安全协议及文物消防安全协议，双重确保了文物安全。

5.2 修缮中期

文物的保护过程是整个修缮工程中最为重要的部分，也是核心内容。文物建筑承载着沧桑历史，它自身拥有的文物价值和文物信息均是留给我们的宝贵财富。文物建筑修缮的过程，相当于重新开启对尘封的历史的探索。在此过程中，设计单位、监理单位、施工单位、建设单位、监管单位按工程规范和要求紧密配合、有序开展工作。工作人员按文物保护工程的要求，本着对建筑的敬畏之心，做好施工记录和施工统计工作，并收集有关文物资料。

5.2.1 拍摄影像资料

在工程开展前期，应对修缮前建筑主体及建筑周边风貌完整登记并拍照保留。影像资料对历史文物建筑的历史记录最直接，但是太昊宫历次修缮的资料及照片留存非常少，尤其太昊宫在20世纪90年代修缮的资料缺失，使我们对太昊宫建筑群的历史价值、科学价值、艺术价值很难准确评估。此次修缮工程的档案留存，是太昊宫百年来资料保存最完整、影像资料最清晰的一次，是真正意义上的保护修缮。这些修缮过程中的影像资料，将为未来太昊宫建筑群的建筑研究以及太昊宫再次修缮保存了弥足珍贵的完整资料。

5.2.2 建筑构件编号

此次修缮方式为揭顶维修。对建筑揭顶部分可用的兽吻、瓦件、圆椽、飞椽以及博风板等构件，按原位进行统一编号，编号后进行统一保护堆放，保证可用构件的完整、安全，避免构件受损。对残损超过要求百分比的构件进行补配，补配均需依据原有形制、尺寸、规格、材质选定。对严重风化、遗失的构件按原有形制、材质进行更换。对工艺遗失和无法找到原有材质（部分材质已禁止开采）的构件，做好记录，报备后进行更换。

5.2.3 施工变更内容

文物建筑群修缮是一项复杂的工程，工程技艺和施工材质的选择，都应该严格遵循文物修缮的要求进行。由于设计方案及施工图在前期有未能进行勘察部分，只能在后期施工过程中进行不断地调整、变更（变更需上报原申报机关备案；如变更已批准的工程项目或方案设计中的重要内容，必须经原申报机关报审批机关），以弥补设计方案中的遗漏和前期无法勘察的隐蔽工程内容。通过前期和施工过程中的管理调整，使隐蔽部位均得以全面修缮，资金使用也做到全面可控。

5.2.4 工程进度质量

文物修缮不同于其他建设工程，传统技艺制作本身就是一项耗人工的工作。一些隐蔽工程无法预估，部分文物构件需用传统工艺手工完成，往往一个木构件或兽吻的补配在传统工艺和质量的双重要求下需要较长时间才能完成，修缮工程的进度也会因此受到影响，造成工期的拖延。文物修缮的时效要求与地方财政绩效要求形成冲突。如何在财政资金绩效的时间内高质量完成修缮工程，成为文物修缮人员的难题。建设单位合理的工程管理调配，此时尤为重要。高效地调配设计单位、施工单位、监理单位，将工序与人员调配达到最优，成为缩短工程工期的关键。文物修缮的管理模式有别于现建建筑维修管理模式，包含了诸多不确定因素，所以在开工前和施工中，要组织多次技术会议、专家会议、协调会议，将现有问题和突发问题随时解决，在保证文物价值和工程质量的前提下，尽可能减少工期的拖延。

5.3 修缮后期

5.3.1 竣工验收

文物修缮工程竣工后，按管理办法，由建设单位会同设计单位、施工单位、监理单位四方进行工程质量验评。四方验评后，提交工程总结报告、竣工报告、竣工图纸、决算书及说明等资料，上报项目申报单位，组织专家进行初步验收。验收后，依据验收意见对修缮内容进行整改。验收过程依据管理办法严格执行。初验合格后，报审批机关组织竣工验收。

5.3.2 档案保存

文物建筑属于是砖木结构建筑，在修缮和加固保护后，保护方式将会以数字化留存。尽管，近几年数字化保护在倾斜摄影测量技术、贴近摄影测量技术、地面三维扫描技术、机载LIDAR三维扫描技术以及模型合并技术等方面有所发展和应用，但在建筑数据上还达不到数字化全档案。目前文物数字化建设仅仅对文物建筑的外部进行一个数字化留档，对于文物的年代、材质、规格以及每一次修缮记录仍然不能够完整记录。作为文物建筑保护的一名工作人员，针对文物建筑数据保存，要有数字化意识，在修缮工程施工中，要全面获取文物建筑的详细信息，以方便后期的读取、研究、再设计及数字化等，为文物更加精准、高效地修缮保护提供科学保障。

5.4 最小干预原则

文物修缮全过程都保证历史文化风貌不被改变。整体的修缮和构件的更换，依据的尺度、材质、样式，都要基于原有建筑进行修补，对原有保存完整、不影响建筑结构和功能的构件编号后再利用，以此保证历史建筑风貌以及历史文化信息。

文物建筑修缮方案的设计和施工过程，要符合各项法律法规。《中华人民共和国文物保护法》规定，“对不可移动文物进行修缮、保养、迁移，必须遵守不改变文物原状的原则”。五泉山建筑群建筑从元代至民初，对文物建筑而言，其本身有两大特征：一是不可代替性；二是不可再生性。因此，在修缮过程中，要保证文物历史价值，保留历史信息，不能一味追求拆除、仿建、复原、恢复、更换构件等现代维修方式，要尽可能多地保留历史信息，才是遵循了最小干预的原则。

5.4.1 基于原状

文物建筑的原状是文物建筑最后呈现出的状态。文物建筑修缮后，要明确其与原状是否相同，需要进行全面且详细的勘测调查工作。对哪些为原有部件，哪些是仿制材料、现代材料进行系统分析。此次修缮中，太昊宫伏羲殿最终状态在几次专家论证后，将后期加建的混凝土墙体拆除，保留了砖木结构的形制形态。

5.4.2 保存现状

我国文物建筑多为砖木形制建筑，历经百年沧桑，原有形态已经产生风化、糟朽、残损、坍塌甚至遗失等病害。这种情况下的现状补配，则需尊重现状进行。在最小干预原则下，针对有修缮价值的文物建筑，将已经被破坏的部分清理掉，然后运用一些仿制的材料对其进行修复，以恢复其原先面貌，呈现其原有气息、韵味与价值。太昊宫修缮过程中补配和更换构件，没有刻意做旧处理，保持了更替痕迹，为的是保证未来开展研究工作和断代工作有迹可循、有根可找。

5.5 小结

中国建筑在我国以独特的木构架成为独具特色的建筑体系，代表着中华民族劳动人民的智慧结晶，反映着中国建筑在技术和艺术上的成就，是中国也是人类建筑宝库中的珍贵财富。

2021年是太昊宫建筑群建成100周年，很荣幸能参与到太昊宫建筑群修缮过程中，见证百年建筑的演变和沧桑，打开了百年建筑的秘密，传承了刘尔炘先生百年前的建造精神。太昊宫建筑群和其他历史文物一样，它的价值就在于它是承载着历史信息遗留下来的。太昊宫建筑群传承了明清建筑风格之后，成为中国西北在清末民初的最后一个木构架建筑风格，在建筑形制上有着承上启下的意义，在建筑价值上有着特殊的历史时代价值。太昊宫建筑群在当时的历史背景下建造，从被建造的那一天起就被赋予了历史使命，建筑身上所承载的是当时的建造技术、社会生产、生活方式、科技水平、艺术风格、风俗背景和宗教信仰等，每一个时代发生的变化都是建筑的时代痕迹。这些文物不可能再复制，这些建筑不可能再建造，一旦被破坏将是不可逆的损失，所以作为文物建筑修缮的工作人员，都将承担保护文物的责任和使命，将我国的建筑宝库保护好，并传承下去。

附录1　太昊宫修缮措施表

太昊宫第一进院修缮措施表

名称	工程做法	残损现状描述	维修工程量	维修措施	工程做法说明
台基	台基条石（370 mm×100 mm×700 mm）砌筑	后期改用预制水泥块修砌	台基面积 32.40 m^2	按原形制重铺	剔除后期预制水泥块，重铺阶条石
室外地面	青砖（550 mm×550 mm×60 mm）铺墁	后期用正六边形水泥砖铺墁（D=400 mm），内接正六边形水泥砖头，与原有建筑风格不符	铺地面积 62.30 m^2	揭除后期水泥砖地面，重新用青砖铺墁	揭除水泥砖地面—150 mm厚3:7灰土垫层—25 mm厚掺灰泥坐底—方砖铺墁—白灰勾缝
廊内地面	青砖（360 mm×360 mm×60 mm）铺墁	后期用正六边形水泥砖铺墁（D=400 mm），内接正六边形水泥砖头，与原建筑风格不符	铺地面积 302.50 m^2.	揭除后期水泥砖，重新用青砖砌筑	
栏杆	木质栏杆	栏杆油饰起甲脱落，栏杆面裂缝数条，局部糟朽，棂条错位、拔榫、佚失	归安、加固松动栏杆，面积 15.00 m^2	对松动，栏杆予以归安、加固	松动栏杆归安；开裂栏杆予以更换
台阶	条石（370 mm×180 mm×700 mm）铺砌	后期改用预制水泥块修砌	酥碱面积 25.00 m^2，断裂处缝长 700 mm、宽 30 mm、深 20 mm	剔除后期加建水泥块，补修残损条石	剔除预制水泥块，铺砌原形制条石块；断裂条石维持原状
院墙	青砖（360 mm×180 mm×60 mm）砌筑	后期用水泥砂浆抹面处理，水泥砂浆抹面脱落严重，院墙局部开裂；东侧院墙3处开裂，缝宽2～4 mm	墙体抹灰 45.00 m^2	拆除后用青砖重砌	拆除按原样重砌

续表

名称	工程做法	残损现状描述	维修工程量	维修措施	工程做法说明
北侧、西侧廊檐墙	青砖(360 mm×180 mm×60 mm)砌筑，滑秸泥找平，白灰抹面	下碱酥碱严重，墙体包柱的位置通体开裂，局部细微开裂	酥碱面积为5.00 m^2，开裂缝长700 mm、宽20 mm、深10 mm	按原形制补配酥碱部位，墙面重新抹灰	墙体开裂小于5 mm的采用白灰浆勾缝抹实；缝宽大于5 mm且竖向但不影响结构稳定性的，沿竖向裂缝左右各拆除500 mm，留马牙槎，重新砌筑；轻度酥碱的墙砖，继续使用；对酥碱深度大于2 cm的墙砖，剔凿挖补
东侧卷棚厢房	主体墙体青砖砌筑，局部土坯墙外包青砖，表面刷黑色老浆灰	墙体局部开裂，下碱局部酥碱	修补裂缝长1000 mm、宽30 mm、深20 mm，酥碱面积3.50 m^2	按原形制修补酥碱部位	剔除酥碱反潮墙面；轻度酥碱的墙砖，继续使用；酥碱深度大于2 cm的墙砖，剔凿挖补
南侧青砖雕花影壁	青砖砌筑，内加3个四抹槅扇	砖墙下碱酥碱脱落严重，勾缝不密实；厢房墙角青砖泛碱	择砌酥碱下碱墙5.00 m^2；择砌泛碱酥碱墙3.50 m^2	按原形制补配酥碱部位青砖	揭除影壁水泥砂浆抹面，按原形制复原影壁砖雕；局部剔凿挖补，勒脚青砖替换、修补
柱	圆形石质柱顶石，规格D=40 mm，柱径275 mm，柱高2900～3200 mm；无地仗	柱础后期全部更换为水泥方墩（260 mm×260 mm×170 mm）；柱顶石全部严重风化；柱头开裂糟朽严重；柱身大部分开裂，开裂程度不一	修补柱顶石54个；铁箍加固、结构胶处理13根，铁箍加固或包镶或墩接4根	更换柱顶石；根据实际开裂、糟朽的残损情况进行修补	裂缝宽度小于10 mm的，用环氧树脂填充，使环氧树脂溢出刮平方可；裂缝10～20 mm的，用环氧树脂填充2～3次，塞入干燥木条，使环氧树脂溢出刮平；裂缝深度大于1/3柱径的更换；柱头开裂处采用木条嵌缝，环氧树脂黏接，并加抱箍1～2道；更换柱顶石

续表

名称	工程做法	残损现状描述	维修工程量	维修措施	工程做法说明
梁	木构榫卯搭接	梁开裂轻微，缝长500～700 mm、宽7～10 mm、深4～6 mm；个别通缝，糟朽、发霉严重	梁3根出现通体开裂，缝长500～700 mm、宽7～10 mm、深4～6 mm；1个梁头糟朽严重，面积0.50 m^2	根据实际开裂、糟朽的情况进行修复或更换	裂缝直径大于1/3的更换；劈裂缝宽小于5 mm的，有油饰的部位随油漆彩画用防水性胶填缝黏接；劈裂缝宽大于5 mm的，长度不超过1/2柱长，深度不超过1/4柱径的，用旧木条填补，用结构胶黏牢，视具体情况确定是否加抱箍；深度超过1/4柱径时，除嵌补外，需加铁箍1～2道；清理梁构架积灰
枋	木构榫卯搭接	枋不同程度开裂、糟朽	枋细微开裂13条，6个开裂通缝，缝宽大于10 mm	根据实际开裂、糟朽的情况进行修复或更换	
檩	木构榫卯搭接	檩局部开裂细缝，1根挠曲变形	檩5根开裂，最大缝宽10 mm；一根挑檐檩挠曲	根据实际开裂、糟朽的情况进行修复或更换	
椽	内外两架椽，圆椽直径100 mm	椽多数局部细微开裂，18根局部糟朽、有水渍，挠曲变形	椽48根局部开裂，24根裂缝长30～500 mm、宽5～20 mm、深2～14 mm，水渍面积0.50 m^2	根据实际开裂、糟朽情况进行修复或更换	劈裂缝宽小于5 mm的维持现状，表面用ACQ-D型木材防腐防虫剂浸泡风干后继续使用；对劈裂缝宽5～20 mm的采用木条嵌缝，环氧树脂黏接；糟朽长度小于10 mm的，砍刮干净，用ACQ-D型木材防腐防虫剂浸泡处理；糟朽严重的剔除糟朽部位，用干燥旧木料拼接黏牢，然后加铁箍（25 mm×3 mm）1～2道，铁箍搭接长度不小于50 mm；局部糟朽深达直径2/5的更换
飞椽	木构架榫卯搭接，截面80 mm×80 mm	大量飞椽开裂、糟朽，椽头糟朽严重	80根缝长30～100 mm、宽5～20 mm、深2～14 mm；60个糟朽残损严重	根据实际开裂、糟朽的情况进行修复或更换	

续表

名称	工程做法	残损现状描述	维修工程量	维修措施	工程做法说明
望板	望板厚 20 mm	望板开裂、糟朽，局部塌陷；东侧过厅望板糟朽严重	屋面糟朽残损 15.00 m^2，望板塌陷 9.00 m^2	更换望板 50 m^2	望板轻微开裂的维持原状，糟朽部位局部用同种旧木料替换，并作防水防虫处理；连檐、闸挡板轻微开裂部位用防水性胶填缝黏接，严重的需要更换同种旧木料；糟朽部位喷涂防腐剂
连檐	连檐 50 mm×30 mm	连檐整体不同程度的开裂、糟朽	连檐糟朽 3.00 m^2	更换连檐 8 m	
闸挡板	闸挡板厚 10 mm	闸挡板整体细微开裂、轻度糟朽	闸挡板细微开裂、糟朽 5.00 m^2	更换闸挡板 8 m	
屋面、脊	卷棚、筒瓦屋面，自上而下依次为灰筒瓦捉节加垄，40 mm 厚滑秸泥，20 mm 厚麻刀护板灰，20 mm 厚木望板，100 mm 厚椽	瓦片、滴水及勾头残损、缺失，瓦件有不同程度的风化开裂；东过厅屋顶下陷严重；正脊局部残损、开裂；琉璃瓦部分缺失	佚失瓦片 45 片，勾头 30 个，滴水 42 个；揭顶维修 80.00 m^2；正脊残损 0.50 m	补配佚失瓦片、勾头、滴水，局部揭顶维修	除草清垄；补配佚失瓦件、琉璃瓦；脊损坏轻微的用灰抹严实，缺失、散落的添配归安；具有文物价值的进行黏补
门、窗	东过厅东侧槅扇门（1560 mm×590 mm）；西侧槅扇窗（1580 mm×1540 mm）	门窗均为后世改建，形制与原貌不符	8 扇门；4 扇窗	补配佚失门扇	门框归安方正，重新补配佚失门扇
脊兽	捏塑脊吻	脊吻破损、缺失	脊吻残损 3 个，缺失 1 个	修复、黏接补配脊吻	按原制式复原、补齐
雀替	木雕雀替	雀替整体油饰脱落、损坏	6 个雀替脱落	修复、黏接补配雀替	按原制式复原、补齐

太昊宫第二进院秦子祠修缮措施表

名称	工程做法	残损现状描述	维修工程量	维修措施	工程做法说明
台基	石质阶条石（370 mm×100 mm×700 mm）	后世改为水泥地面；后世砌筑花坛	补修阶条石 14.00 m^2，拆除花坛 8.00 m^2	按原形制重铺；拆除花坛	剔除后期预制水泥块，重铺条石台基；拆除花坛
台明	青砖（360 mm×360 mm×60 mm）铺墁	后期加水泥正六边形砖铺墁，与原有建筑风格不符	重做青砖铺墁 80.00 m^2	揭除后期加的水泥砖地面，重新用青砖铺墁	揭除水泥砖地面—150 mm 厚 3∶7 灰土垫层—25 mm 厚掺灰泥坐底—方砖铺墁—白灰勾缝
室内铺地	青砖（360 mm×360 mm×60 mm）铺墁	后期加水泥地面，与原有建筑风格不符	重做青砖铺墁 60.00 m^2	揭除后期加的水泥砖地面，重新用青砖铺墁	
院前台阶	条石（370 mm×180 mm×700 mm）铺砌	后期改建水泥台阶，面层严重脱落	拆除水泥台阶 24.00 m^2；重砌条石台阶 24.00 m^2	重砌条石台阶，白灰勾缝	重新砌筑条石台阶
栏板、护坡墙	青砖砌筑栏板	后檐台阶青砖栏板风化严重，大面积松动，石雕风化破碎；护坡墙后期水泥抹面	松动栏杆面积 15.00 m^2；风化石雕 12 个；剔除护坡墙水泥抹面面积 140.90 m^2	栏板加固；石雕做防风化处理	用有机硅防水剂为石雕做防水处理
院后台阶	秦子祠后面大台阶条石铺砌，青砖栏板，砂石雕刻望柱	台明后期用水泥砂浆抹面，全部开裂；条石磨损严重，部分断裂；青砖栏板风化、松动，局部青砖掉落；石望柱风化严重，部分已失去形式，个别石望柱掉落、佚失	补配条石 20.00 m^2、青砖栏板 8.00 m^2；剔除水泥抹面面积 20.00 m^2；补配石望柱 4 个	拆除水泥台阶，重做条石台阶；加固青砖栏板	台阶剔除重砌；断裂条石维持原状；按原制补配缺失石望柱

续表

名称	工程做法	残损现状描述	维修工程量	维修措施	工程做法说明
前檐墙	木质槅扇门（1560 mm×590 mm）	棂子后世被改为玻璃，形制与原貌不符	12扇	复原12扇五抹槅扇门	按原形制复原棂子
后檐墙	墙青砖砌筑，局部土坯墙外包青砖，表面刷黑色老浆灰；650 mm高砖砌，墙厚450 mm	墙体开裂严重	面积52.0C m^2	拆除重砌	用软磨加工后的砖块按原形制重新砌筑，用砂浆黏接牢固，白灰勾缝
东山墙	墙青砖砌筑，局部土坯墙外包青砖，表面刷黑色老浆灰；650 mm高砖砌，墙厚450 mm	山墙开裂严重，出现八字斜裂缝	面积32.00 m^2	拆除重砌	用软磨加工后的砖块按原形制重新砌筑，用砂浆黏接牢固，白灰勾缝
西山墙	墙青砖砌筑，局部土坯墙外包青砖，表面刷黑色老浆灰；650 mm高砖砌，墙厚450 mm	山墙开裂严重，下碱酥碱严重	面积32.00 m^2	拆除重砌	用软磨加工后的砖块，按原形制重新砌筑，用砂浆黏接牢固，白灰勾缝
室内隔墙	无	室内隔墙为后期加建	面积25.00 m^2	拆除墙体	拆除墙体
柱	檐柱、金柱柱径275 mm，柱高2900 mm	柱身大部分开裂，局部开裂严重；柱顶石损坏严重，后期加用水泥砂浆修补，与原建筑风貌不符；柱子个别糟朽严重	4根柱子缝宽10～20 mm，3个柱脚，11个柱顶石	墩接柱脚；剔除水泥砂浆，更换严重损坏的柱顶石	柱子缝宽小于10 mm的，采用木条嵌缝，木胶黏接，使木胶溢出刮平即可；采用墩接法替换糟朽、开裂严重的柱脚；剔除后期加抹水泥砂浆；替换残损严重的柱顶石
梁	木构榫卯搭接	梁全部有细微开裂，个别通缝，糟朽发霉严重	梁裂缝最大宽10 mm，更换2根开裂严重的梁	梁细微开裂处用木条加木胶嵌缝，更换开裂、糟朽严重的梁	梁裂缝小于10 mm的用木条嵌缝，木胶黏接、加固，使木胶溢出刮平即可；更换开裂严重的梁

续表

名称	工程做法	残损现状描述	维修工程量	维修措施	工程做法说明
枋	木构榫卯搭接	枋不同程度开裂、糟朽	枋细微开裂4根，更换开裂严重的枋4根	细微开裂处用木条加木胶嵌缝，更换开裂严重的枋	裂缝宽度小于10 mm的，采用木条嵌缝，木胶黏接，使木胶溢出刮平即可；裂缝宽度大于10 mm的枋更换
檩	木构榫卯搭接	个别檩开裂、挠曲	开裂5根，挠曲变形1根	枋细微开裂处用木条加木胶嵌缝；挠曲挑檐檩用反面加压	檩裂缝宽度小于10 mm处，采用木条嵌缝，木胶黏接，使木胶溢出刮平即可；挠曲挑檐檩在两端榫卯搭部位加铁箍箍紧
椽	内外两架椽，直径100 mm	椽开裂，局部糟朽、挠曲变形	更换椽子糟朽、开裂83根	轻微开裂、糟朽的椽子用防腐防虫剂浸泡后补修，严重的更换	轻微开裂、糟朽的椽子用防腐防虫剂浸泡后补修，严重的更换
飞椽	截面尺寸80 mm×80 mm	大量飞椽开裂、糟朽	飞椽糟朽60根，更换33根	轻微开裂、糟朽的飞椽用防腐防虫剂浸泡后补修，严重的更换	

续表

名称	工程做法	残损现状描述	维修工程量	维修措施	工程做法说明
望板	望板厚 20 mm	望板开裂、糟朽，局部塌陷	修补望板 50.00 m^2	屋面揭顶维修，修补开裂、糟朽的望板	望板、连檐部位维持原状；更换糟朽闸挡板，表面用防腐防虫剂浸泡；揭顶维修塌陷部位；更换糟朽望板
连檐	连檐尺寸 50 mm×30 mm	连檐整体不同程度的开裂、糟朽	修补连檐 3000 mm	屋面揭顶维修，修补开裂、糟朽的连檐	
闸挡板	闸挡板厚 10 mm	闸挡板整体开裂、糟朽	修补闸挡板 4900 mm	屋面揭顶维修，修补开裂、糟朽的闸挡板	
屋面	歇山筒瓦屋顶	屋面东侧山花整体向外倾斜，排山局部塌陷，屋面上瓦片、滴水及勾头残损、缺失，瓦件不同程度风化、开裂	揭顶维修屋面 189.00 m^2；补配灰筒瓦 50 个，勾头 22 个，滴水 25 个	按原制补配损坏、佚失的瓦件	添配残损瓦件并捉节夹垄；脊毁坏轻微的用白浆灰勾抹严实，缺失、散落的添配归安；具有文物价值的黏补使用
雀替	木雕	雀替整体油饰脱落、损坏	补修雀替 3 个	按原制补修损坏雀替	按原制修补损坏雀替
脊兽	捏塑脊吻	脊兽破损	补修脊兽 2 个	按原制补修损坏脊兽	按原制修补损坏脊兽

太昊宫第三进院壤驷子祠修缮措施表

名称	工程做法	残损现状描述	维修工程量	维修措施	工程做法说明
台基	石质阶条石（370 mm×100 mm×700 mm）	后世改为水泥地面	重砌阶条石38.00 m^2	按原形制重铺	剔除后期预制水泥块，重铺条石台基
台明	青砖（360 mm×360 mm×60 mm）铺墁	后期加建水泥六边形砖铺墁，与原有建筑风格不符	重做青砖铺墁80.00 m^2	揭除后期加建水泥砖地面，重新用青砖铺墁	揭除水泥砖地面—150 mm厚3∶7灰土垫层—25 mm厚掺灰泥坐底—方砖铺墁—白灰勾缝
室内地面	青砖（360 mm×360 mm×60 mm）铺墁	后期加建水泥铺地，与原有建筑风格不符	重做青砖铺墁55.00 m^2	揭除后期加的水泥地面，重新用青砖铺墁	
院前台阶	条石（370 mm×180 mm×700 mm）台阶	后期加水泥砂浆抹面，面层严重脱落	剔除水泥砂浆抹面面积24.00 m^2，厚20 mm；重砌条石24.00 m^2	拆除水泥台阶，条石重砌	剔除后期加的水泥台阶，按原制条石重砌
前檐墙	木质槅扇门（1560 mm×590 mm）	棂子后世被改为玻璃，形制与原貌不符	12扇	复原五抹槅扇门12扇	按原形制复原棂子
后檐墙	青砖砌筑，局部土坯墙外包青砖，表面刷黑色老浆灰；650 mm高砖砌，墙厚450 mm	墙面酥碱，局部剥落，抹面残缺，青砖风化	修补酥碱青砖4.00 m^2，风化青砖3.00 m^2	脱落处重做抹灰层	轻度酥碱的墙砖，继续使用；对酥碱深度大于2 cm的墙砖，剔凿挖补；脱落处用黑色老浆灰按原制重做抹灰层
东山墙	青砖砌筑，局部土坯墙外包青砖，表面刷黑色老浆灰；650 mm高砖砌，墙厚450 mm	墙面酥碱，局部剥落，抹面残缺，青砖风化	修补酥碱青砖4.00 m^2，风化青砖3.00 m^2	脱落处重做抹灰层	轻度酥碱的墙砖，继续使用；对酥碱深度大于2 cm的墙砖，剔凿挖补；脱落处用黑色老浆灰按原制重做抹灰层

续表

名称	工程做法	残损现状描述	维修工程量	维修措施	工程做法说明
西山墙	青砖砌筑，局部土坯墙外包青砖，表面刷黑色老浆灰；650 mm高砖砌，墙厚450 mm	墙面酥碱，局部剥落，青砖风化，墙面开裂	修补酥碱青砖5.00 m^2，修补墙面裂缝2处	脱落处重做抹灰层；补修青砖	轻度酥碱的墙砖，继续使用；对酥碱深度大于2 cm的墙砖，剔凿挖补；墙体开裂部位用草拌泥做抹灰层，滑秸泥找平，白灰抹面
柱	檐柱、金柱柱径275 mm，柱高2900 mm	柱身大部分开裂，局部开裂严重；柱顶石被水泥包裹	4根柱子缝宽10～15 mm；3根下部糟朽，剔除11个被水泥包裹的柱顶石	开裂柱子用木条加环氧树脂嵌缝，下部糟朽严重的墩接	柱子裂缝宽度小于10 mm处，采用木条嵌缝，环氧树脂黏接，使环氧树脂溢出刮平即可；缝宽大于10 mm的用巴掌隼墩接；剔除后期加抹水泥砂浆，替换残损严重的柱顶石
梁	木构榫卯搭接	梁全部有细微开裂，个别通缝	梁缝最大缝宽10 mm，更换2根开裂严重的梁	梁细微开裂处用木胶嵌缝修补；更换开裂、糟朽严重的梁	梁裂缝小于10 mm处用木条嵌缝，木胶黏接、加固，使木胶溢出刮平即可；开裂严重的梁更换
枋	木构榫卯搭接	枋不同程度开裂	枋1根细微开裂，2根开裂严重	枋细微开裂处用木胶嵌缝，更换开裂严重的枋	裂缝宽度小于10 mm的，采用木条嵌缝，木胶黏接，使木胶溢出刮平即可；更换裂缝宽度大于10 mm的枋

续表

名称	工程做法	残损现状描述	维修工程量	维修措施	工程做法说明
檩	木构榫卯搭接	个别檩开裂、挠曲	木条加木胶嵌缝的檩2根；3根挑檐檩挠曲变形	枋细微开裂处用木胶嵌缝；挠曲挑檐檩反向加压校正	檩裂缝宽度小于10 mm处，采用木条嵌缝，木胶黏接，使木胶溢出刮平即可；挠曲挑檐檩校正
椽	内外两架椽，直径100 mm	椽开裂，局部糟朽	补修椽子9根	轻微开裂、糟朽的椽子用防腐防虫剂浸泡后补修；严重的更换	轻微开裂、糟朽的椽子用防腐防虫剂浸泡后补修，严重的更换
飞椽	截面尺寸80 mm×80 mm	局部飞椽开裂、糟朽	补修飞椽6根	轻微开裂、糟朽的飞椽用防腐防虫剂浸泡后补修；严重的更换	
望板	望板厚20 mm	望板开裂、糟朽，局部塌陷	修补望板0.90 m^2	补修开裂、糟朽的望板	望板、连檐、闸挡板糟朽的全部更换
连檐	连檐尺寸50 mm×30 mm	连檐局部开裂、糟朽	修补连檐3000 mm	补修开裂、糟朽的连檐	
闸挡板	闸挡板厚10 mm	闸挡板局部开裂、糟朽	修补闸挡板3000 mm	补修开裂、糟朽的闸挡板	

续表

名称	工程做法	残损现状描述	维修工程量	维修措施	工程做法说明
屋面	歇山筒瓦屋顶	屋面上瓦片、滴水及勾头残损、缺失，瓦件有不同程度的风化开裂	补配瓦片12个，勾头15个，滴水10个	按原制补配损坏、佚失瓦件	更换、补配板瓦、筒瓦、勾头、滴水；具有文物价值进行黏补，毁坏严重的进行局部挑修
脊	捏塑正脊	正脊局部残损、开裂	补修正脊残损12 m	补修正脊残损部位，归安	
雀替	木雕雀替	雀替整体油饰脱落、局部糟朽	补修雀替3个	按原制补修损坏雀替	补配雀替

太昊宫第三进院石作子祠修缮措施表

名称	工程做法	残损现状描述	维修工程量	维修措施	工程做法说明
台基	石质阶条石（370 mm×100 mm×700 mm）	青砖台明局部风化，阶条石后世改为水泥	重砌阶条石 36.00 m^2	按原形制重铺	剔除后期预制水泥块，重铺条石台基
台明	青砖（360 mm×360 mm×60 mm）铺墁	后期加水泥正六边形砖铺墁，与原有建筑风格不符	重做青砖铺墁 80.00 m^2	揭除后期加水泥砖地面，重新用青砖铺墁	揭除水泥砖地面—150 mm厚3∶7灰土垫层—25 mm厚掺灰泥坐底—方砖铺墁—白灰勾缝
室内铺地	青砖（360 mm×360 mm×60 mm）铺墁	后期加建水泥砂浆抹面，与原有建筑风格不符	青砖铺墁 55.00 m^2	揭除后期加建水泥砂浆抹面，重新用青砖铺墁	揭除水泥砖地面—150 mm厚3∶7灰土垫层—25 mm厚掺灰泥坐底—方砖铺墁—白灰勾缝
院前台阶	条石（370 mm×180 mm×700 mm）台阶	后加建水泥台阶	拆除水泥台阶面积24.00 m^2，厚20 mm；重砌条石24.00 m^2	剔除水泥台阶，重砌条石	拆除后期加建水泥台阶，按原形制重砌条石
前檐墙	木质槅扇门（1560 mm×590 mm）	棂子后世被改为玻璃，形制与原貌不符	12扇	复原12扇五抹槅扇门	按原形制复原棂子
后檐墙	青砖砌筑，局部土坯墙外包青砖，表面刷黑色老浆灰；650 mm高砖砌，墙厚450 mm	墙面酥碱，局部剥落，青砖风化	修补酥碱青砖 4.00 m^2	脱落处重做抹灰层	脱落处用黑色老浆灰按原制重做抹灰层；轻度酥碱的墙砖，继续使用；对酥碱深度大于20 mm的墙砖，剔凿挖补

续表

名称	工程做法	残损现状描述	维修工程量	维修措施	工程做法说明
东山墙	青砖砌筑，局部土坯墙外包青砖，表面刷黑色老浆灰；650 mm高砖砌，墙厚450 mm	墙面酥碱，局部剥落，青砖风化；墙体局部细微开裂	修补酥碱青砖 5.00 m^2	脱落处重做抹灰层	轻度酥碱的墙砖，继续使用；对酥碱深度大于20 mm的墙砖，剔凿挖补；墙体开裂部位用草拌泥补抹，滑秸泥找平，白灰抹面
西山墙	青砖砌筑，局部土坯墙外包青砖，表面刷黑色老浆灰；650 mm高砖砌，墙厚450 mm	墙面酥碱，局部剥落，青砖风化	修补酥碱青砖5.00 m^2	脱落处重做抹灰层	酥碱墙面，轻度酥碱的砖刷抹灰保护层后继续使用；对酥碱深度大于20 mm的墙砖，剔凿挖补
柱	檐柱、金柱柱径275 mm，柱高2900 mm	柱身大部分开裂，局部开裂严重；柱顶石被水泥包裹	3根柱子缝宽10～15 mm；6根柱根部糟朽；15个柱顶石被水泥包裹	开裂柱子用木条加环氧树脂嵌缝；墩接开裂严重、糟朽柱脚6根	柱子裂缝宽度小于10 mm的，采用木条嵌缝，环氧树脂黏接，使环氧树脂溢出刮平即可；糟朽严重的柱根部用巴掌隼墩接；剔除后期加抹水泥砂浆，替换残损严重的柱顶石
梁	木构榫卯搭接	梁全部有细微开裂，个别通缝	梁嵌缝最大缝宽15 mm，更换1根开裂严重的梁	梁细微开裂处用木条加木胶嵌缝；更换开裂、糟朽严重的梁	梁裂缝小于10 mm处用木条嵌缝，木胶黏接、加固，使环氧树脂溢出刮平即可；开裂严重的梁更换

续表

名称	工程做法	残损现状描述	维修工程量	维修措施	工程做法说明
枋	木构榫卯搭接	枋不同程度开裂	枋细微开裂处木条加木胶嵌缝4根，更换开裂严重的枋2根	枋细微开裂处用木条加木胶嵌缝，更换开裂严重的枋	裂缝宽度小于10 mm处，采用木条嵌缝，木胶黏接，使环氧树脂溢出刮平即可;.更换裂缝宽度大于10 mm的枋
檩	木构榫卯搭接	个别檩开裂、挠曲	木条加木胶修补开裂的檩4根;2根挠曲挑檐檩校正	枋细微开裂处用木条加木胶嵌缝;挠曲挑檐檩反方向加压校正	檩裂缝宽度小于10 mm处，采用木条嵌缝，木胶黏接，使木胶脂溢出刮平即可;挠曲挑檐檩校正
椽	内外两架椽，直径100 mm	椽开裂，局部糟朽	补修椽子5根	轻微开裂、糟朽的椽子用防腐防虫剂浸泡后补修，严重的更换	轻微开裂、糟朽的椽子用防腐防虫剂浸泡后补修，严重的更换
飞椽	截面尺寸80 mm×80 mm	局部飞椽开裂、糟朽	飞椽用防腐防虫剂浸泡后补修5根	轻微开裂、糟朽的飞椽用防腐防虫剂浸泡后补修，严重的更换	
望板	望板厚20 mm	望板局部糟朽	局部揭顶维修，更换望板0.80 m^2	更换开裂、糟朽的望板	望板、连檐部位维持原状，更换糟朽闸挡板，并表面防腐防虫剂浸泡处理

续表

名称	工程做法	残损现状描述	维修工程量	维修措施	工程做法说明
连檐	连檐尺寸50 mm×30 mm	连檐整体不同程度开裂、糟朽	局部揭顶维修，更换连檐3 m	更换开裂、糟朽的连檐	望板、连檐部位维持原状，更换糟朽闸挡板，并表面防腐防虫剂浸泡处理
闸挡板	闸挡板厚10 mm	闸挡板整体开裂、糟朽	局部揭顶维修，更换闸挡板3 m	更换开裂、糟朽的闸挡板	
屋面	歇山筒瓦屋顶	屋面上瓦片、滴水及勾头残损、缺失；瓦件有不同程度的风化开裂；歇山东面屋顶下陷严重	补配瓦片15个，勾头12个，滴水12个	按原制补配损坏、佚失瓦件	补配残损瓦件；具有文物价值的进行黏补
脊	捏塑正脊	正脊局部残损、开裂	补修残损正脊12 m	补修正脊残损部位，归安	
雀替	木雕雀替	雀替整体油饰脱落、局部糟朽	补修糟朽雀替3个	按原制补修损坏雀替	按原样补配雀替

太昊宫第四进院伏羲殿修缮措施表

名称	工程做法	残损现状描述	维修工程量	维修措施	工程做法说明
台基	台明青砖（360 mm×360 mm×60 mm）阶条石（370 mm×100 mm×700 mm）	地面被后世改为水泥地面，与原貌不符	重铺台明青砖地面88.00 m^2；重铺阶条石40.00 m^2	重铺台明	剔除后期加建水泥地面，整平后按原制重新铺墁，白灰勾缝
室外地面	青砖（550 mm×550 mm×60 mm）铺墁	后世全部改为小青砖铺墁，与原貌不符	重铺方砖地面380.00 m^2	揭除青砖，按原形制重新铺墁	揭除水泥砖地面—150 mm厚3∶7灰土垫层—25 mm厚掺灰泥坐底—方砖铺墁—白灰勾缝
室内地面	青砖（360 mm×360 mm×60 mm）铺墁	地面局部凹凸不平	重铺地面86.00 m^2	地面凹凸不平处揭除青砖，整平重铺	揭除水泥砖地面—150 mm厚3∶7灰土垫层—25 mm厚掺灰泥坐底—方砖铺墁—白灰勾缝
台阶	条石（370 mm×180 mm×700 mm）铺砌	局部踏面、象眼、垂带开裂，石望柱酥碱	石望柱酥碱面积1.00 m^2；台阶6.00 m^2	剔除酥碱部位，按原制补修	更换石望柱；重铺条石，白灰勾缝

续表

名称	工程做法	残损现状描述	维修工程量	维修措施	工程做法说明
东、西山墙	主体墙体青砖砌筑，局部土坯墙外包青砖，表面刷黑色老浆灰；650 mm高砖砌，墙厚450 mm	墙体局部开裂、酥碱；下碱处为后期加建水泥抹面，且严重起鼓、剥落	修补裂缝宽大于10 mm的，酥碱面积2.65 m^2，泛碱面积12.40 m^2；剔除后期加建水泥抹面12.00 m^2	剔除酥碱部位，按原制补修；剔除水泥抹面；修补墙体裂缝	墙体细微开裂（5 mm以下）采用白灰浆勾缝抹实；裂缝较宽处（5 mm以上）但不影响结构稳定性的，采用土坯砖挖补，内外重做15 mm厚滑秸泥抹面，外刷大白灰；对影响结构稳定的墙体，予以拆除重砌；剔除后期加建水泥抹面，用草拌泥补抹，滑秸泥找平，白灰抹面；用将酥碱部分剔除，用软磨加工后的砖块按原位、原形制镶嵌，用水泥浆黏接牢固，白灰勾缝
前檐墙	木质槅扇门（1560 mm×590 mm）	后期修缮加建青砖墙体，形制与原貌不符	拆除前檐后期改建的青砖墙体及门窗20扇	拆除原青砖墙体，复原五抹槅扇门20扇	
后檐墙	青砖砌筑，局部土坯墙外包青砖，表面刷黑色老浆灰；650 mm高砖砌，墙厚450 mm	局部墙体开裂、酥碱、风化，少许砖片残损	修补墙体裂缝最宽40 mm，酥碱风化墙面面积6.00 m^2	填补墙体开裂、酥碱部位；补配残损砖片	
柱	檐柱、金柱柱径275 mm，柱高2900 mm	柱身大部分细微开裂，局部开裂严重	8根柱子嵌缝宽10～20 mm；修补2根柱头、柱脚开裂檐柱；墩接3处柱脚	开裂柱子用木条加木胶嵌缝；墩接柱脚	柱子裂缝宽度小于10 mm的，采用木条嵌缝，木胶黏接，使木胶溢出刮平即可；墩接糟朽的柱脚；剔除后期加抹水泥砂浆，替换残损严重的柱顶石

续表

名称	工程做法	残损现状描述	维修工程量	维修措施	工程做法说明
梁	木构榫卯搭接	梁全部有细微开裂，个别通缝，糟朽	嵌缝最大宽 10 mm；修补1个糟朽严重梁头	梁细微开裂处用木条加木胶嵌缝，更换开糟朽严重的梁头	梁裂缝小于 10 mm 处用木条嵌缝，木胶黏接、加固，使木胶溢出刮平即可；更换开裂严重的梁，上做油饰；更换糟朽严重的梁头
枋	木构榫卯搭接	枋不同程度开裂、糟朽	用木胶嵌缝 8 个，更换枋 6 个	枋细微开裂处用木条加木胶嵌缝，更换开裂严重的枋	裂缝宽度小于 10 mm 处，采用木条嵌缝，木胶黏接，使木胶溢出刮平即可；更换裂缝宽度大于 10 mm 的枋
檩	木构榫卯搭接	个别檩开裂、挠曲	修补3根开裂檩，1根挠曲挑檐檩校正	枋细微开裂处用木条加木胶嵌缝；校正挠曲挑檐檩方向加压	檩裂缝宽度小于 10 mm 处，采用木条嵌缝，木胶黏接，使木胶溢出刮平即可；校正挠曲挑檐檩
椽	内外两架椽，直径 100 mm	椽开裂，局部糟朽	修补 6 根开裂、糟朽椽	轻微开裂、糟朽的椽用防腐防虫剂浸泡后补修；严重的更换	劈裂缝宽小于 5 mm 的维持现状，表面用防腐防虫剂浸泡风干后继续使用；对劈裂缝宽 5～20 mm 的，采用木条嵌缝，木胶黏接；糟朽长度小于 10 mm 的，砍刮干净，表面用防腐防虫剂浸泡；糟朽严重的，剔除糟朽部位，用干燥旧木料拼接粘牢，后加铁箍（25 mm×3 mm）1～2 道，铁箍搭接长度不小于 50 mm；局部糟朽达直径 2/5 的更换
飞椽	截面 80 mm×80 mm	大量飞椽开裂、糟朽	修补开裂飞椽 5 根	轻微开裂、糟朽的飞椽用防腐防虫剂浸泡后补修；严重的更换	

续表

名称	工程做法	残损现状描述	维修工程量	维修措施	工程做法说明
望板	望板厚 20 mm	望板开裂、糟朽，局部塌陷	补修开裂、糟朽望板 1.00 m^2	更换开裂、糟朽的望板	望板、连檐部位维持原状，更换糟朽闸挡板，并表面用防腐防虫剂浸泡处理
连檐	连檐尺寸 50 mm×30 mm	连檐整体不同程度开裂、糟朽	补修糟朽连檐 2.00 m^2	更换开裂、糟朽的连檐	
闸挡板	闸挡板厚 10 mm	闸挡板糟朽	补修糟朽闸挡板 3.00 m^2	更换开裂、糟朽的闸挡板	
屋面	厅堂贴五架梁，带卷棚顶前檐廊	屋面局部瓦片、滴水及勾头残损、缺失，瓦件有不同程度风化、开裂；屋面局部存在杂草	补配灰筒瓦 20 片、勾头 15 个、滴水 5 个	按原制补配损坏、佚失瓦件	添配残损瓦件，捉节夹垄
脊	捏塑戗脊	戗脊局部开裂破损	戗脊残损 2 处	补修正脊残损部位，归安	脊毁坏轻微的用灰勾抹严实，缺失、散落的添配归安
附属建筑	无	西侧附属建筑为后期加建	拆除 24.00 m^2 加建建筑物	恢复原貌	拆除加建建筑

附录2　太昊宫残损图

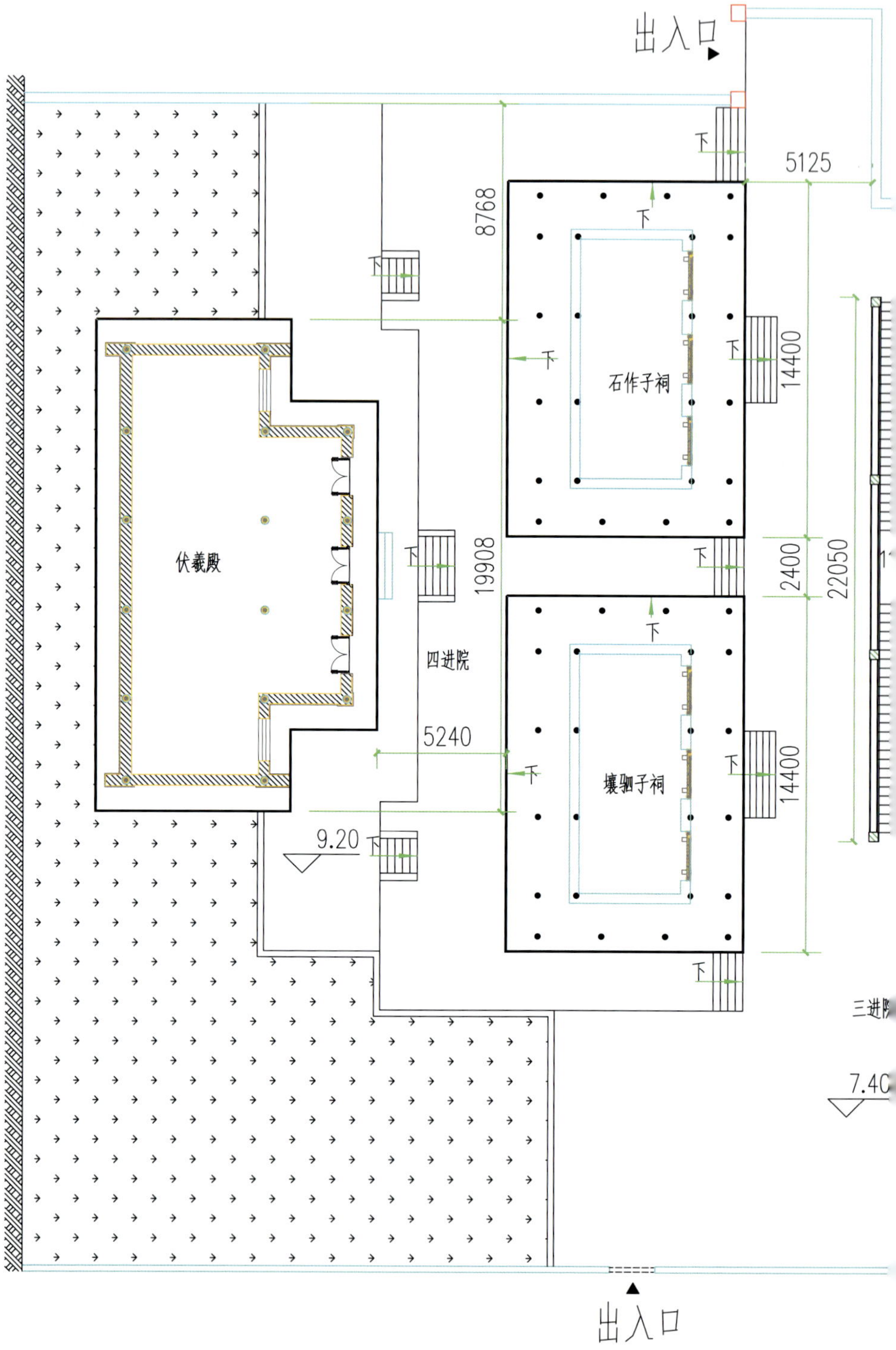
出入口
5125
8768
石作子祠
14400
伏羲殿
19908
2400
22050
四进院
5240
壤驷子祠
14400
9.20
三进院
7.40
出入口

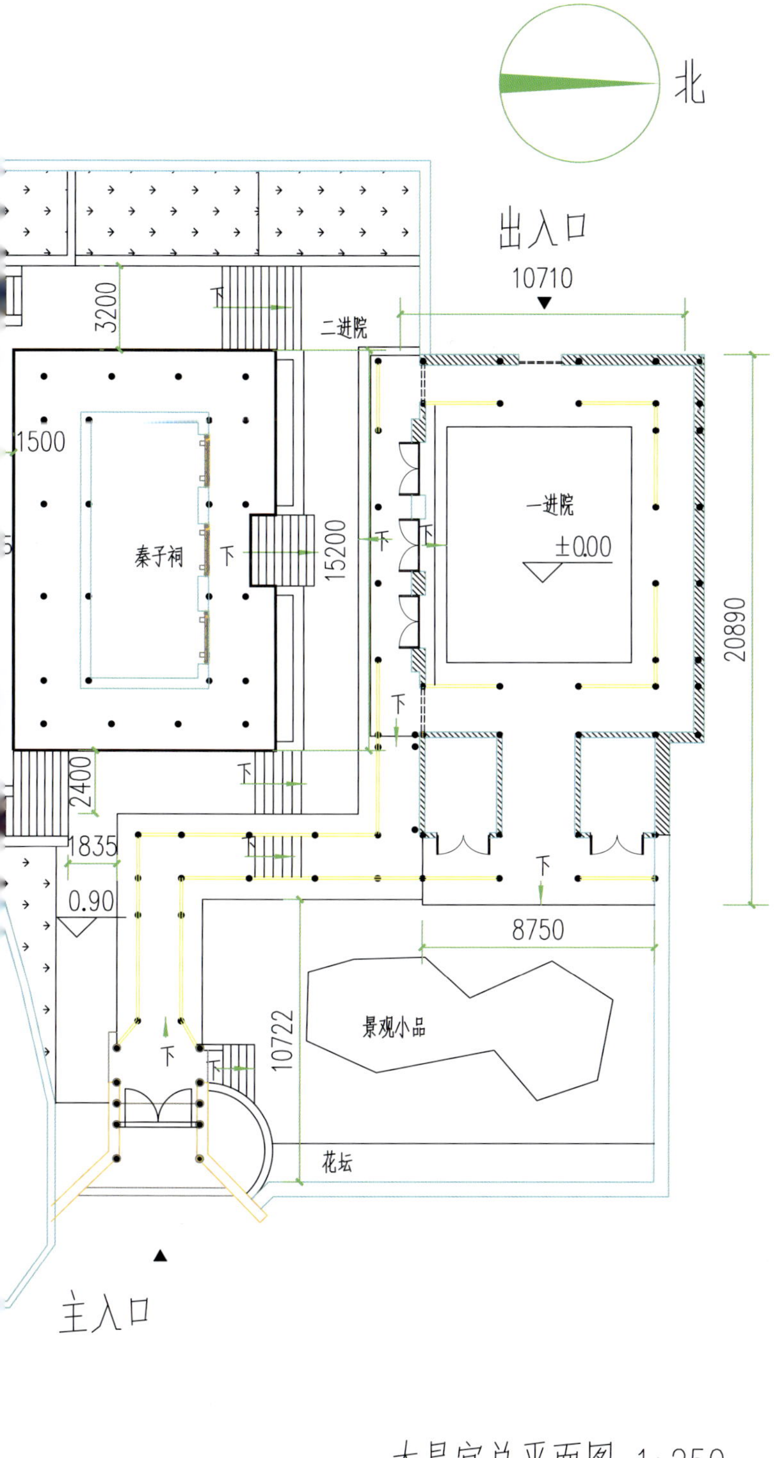

太昊宫总平面图 1:250

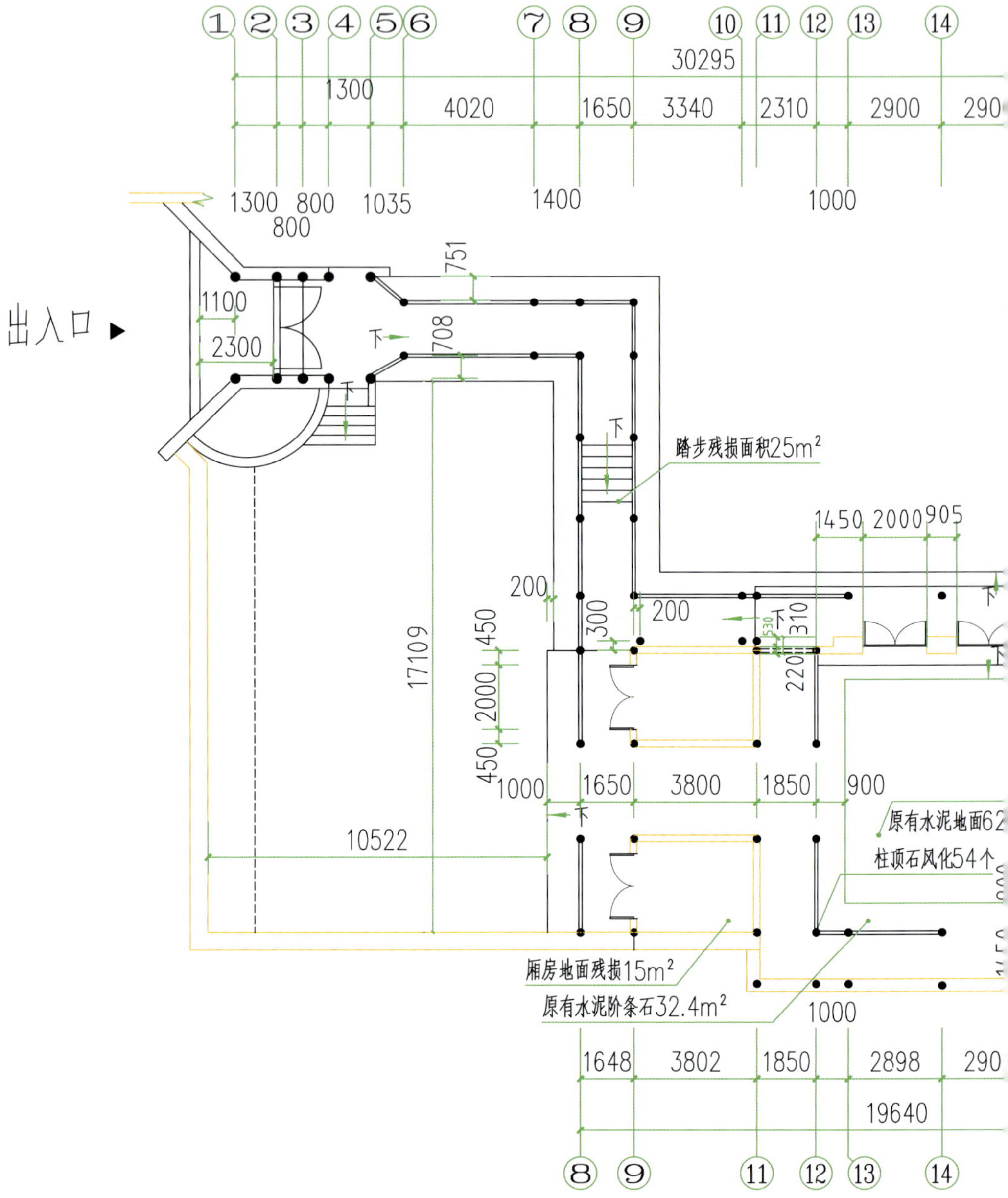
出入口
踏步残损面积25m²
原有水泥地面62
柱顶石风化54个
厢房地面残损15m²
原有水泥阶条石32.4m²
30295
19640
17109
10522

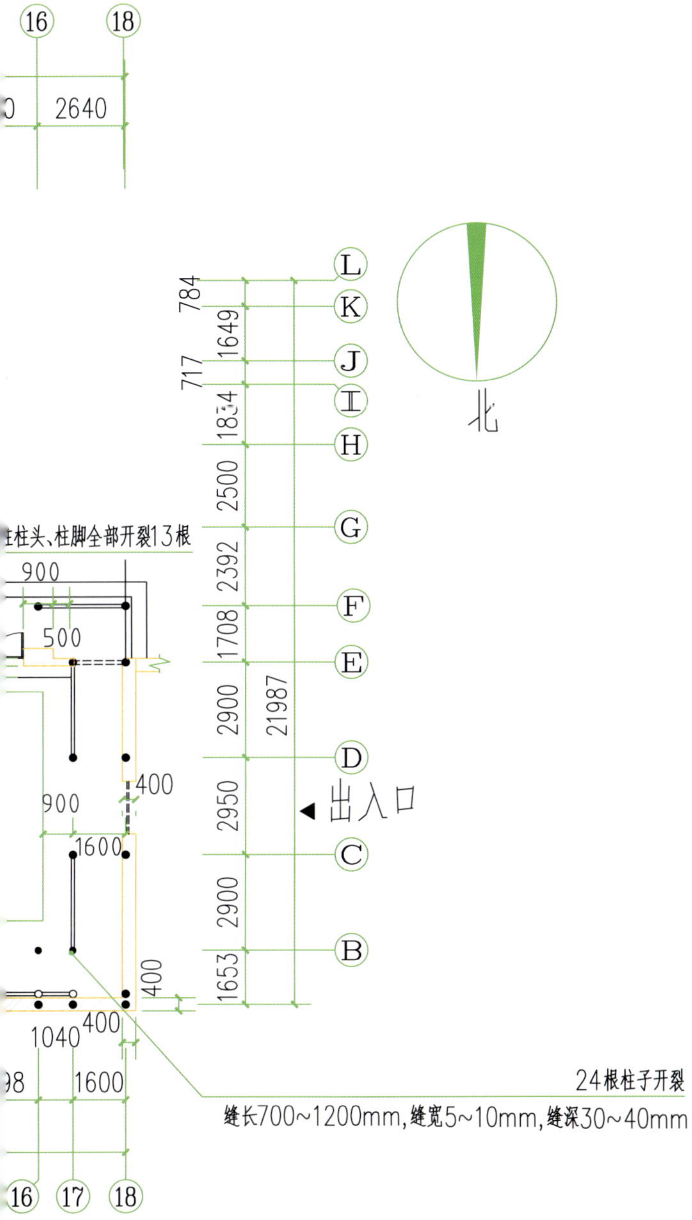

一进院前院游廊平面图 1:200

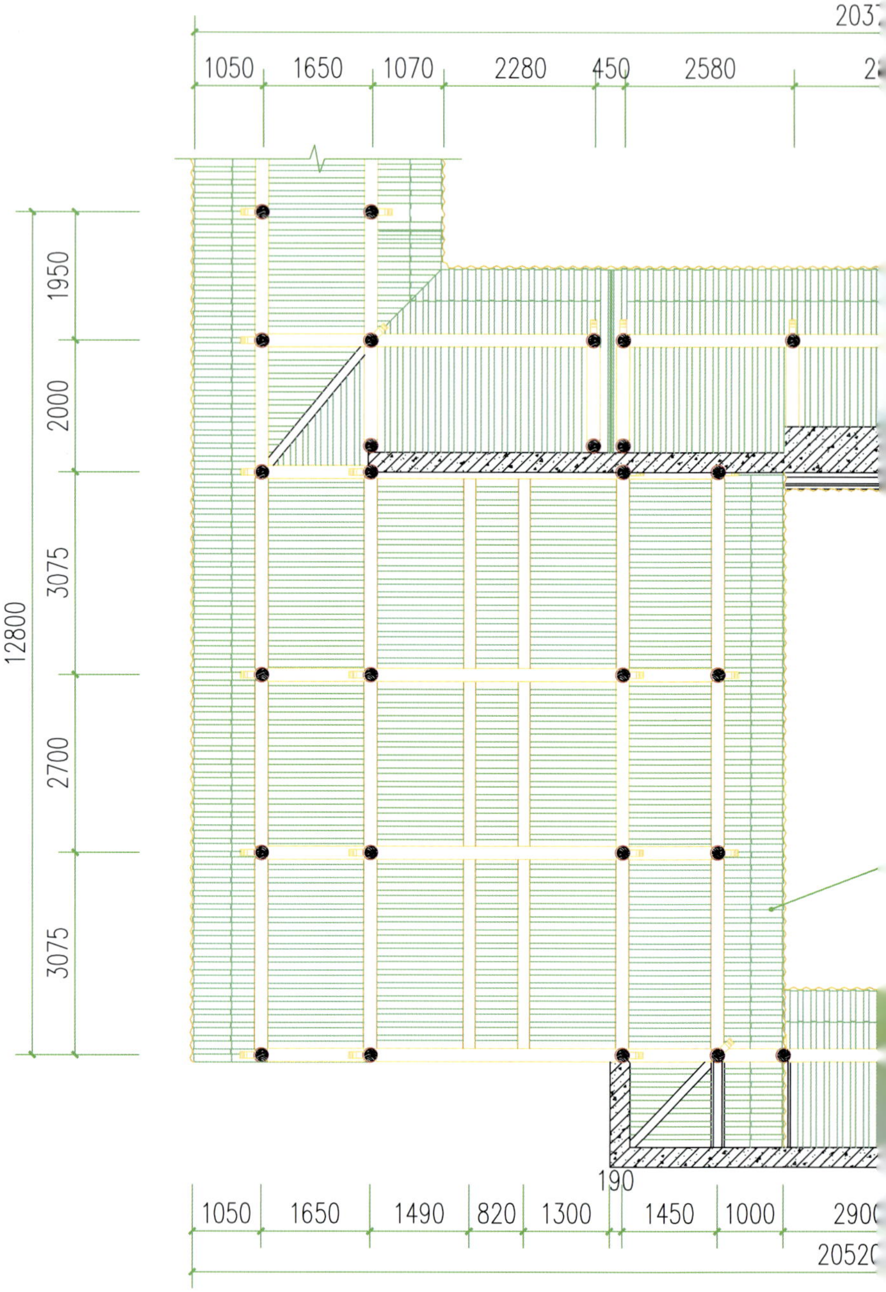
203
1050
1650
1070
2280
450
2580
2
1950
2000
3075
12800
2700
3075
190
1050
1650
1490
820
1300
1450
1000
290
2052

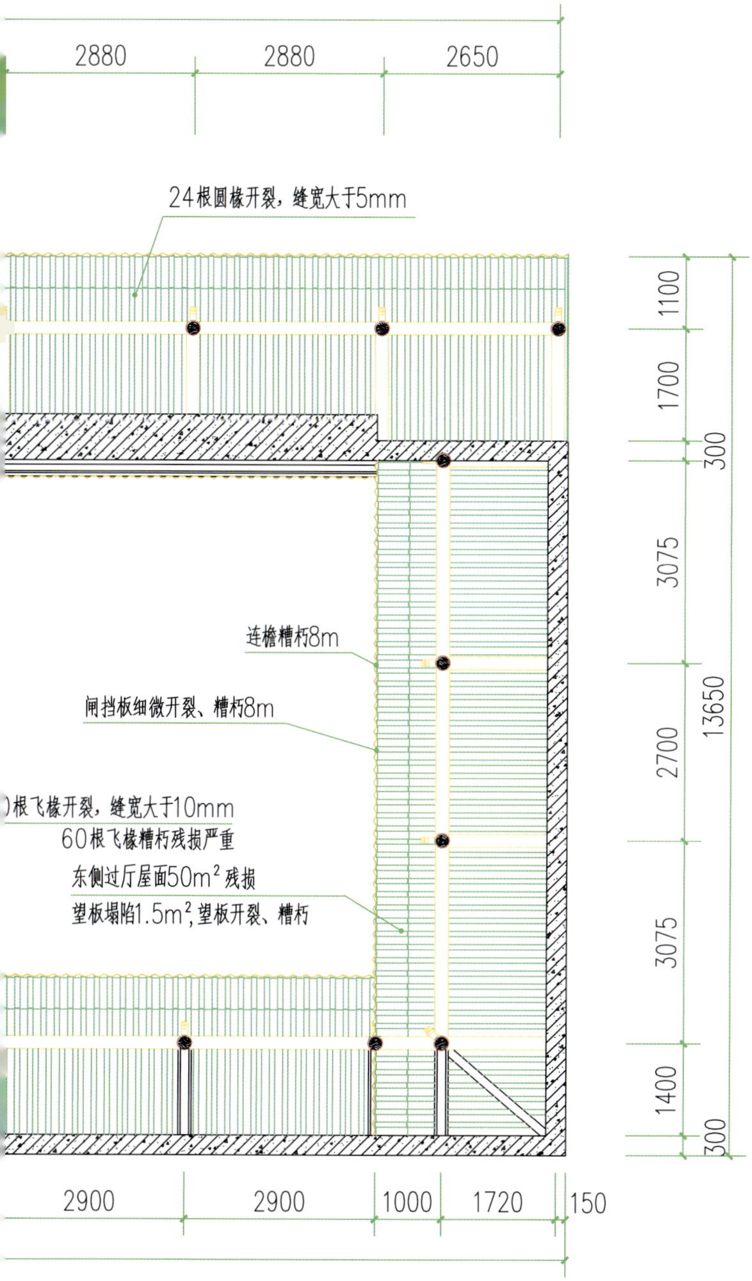

一进院梁架仰视图 1:100

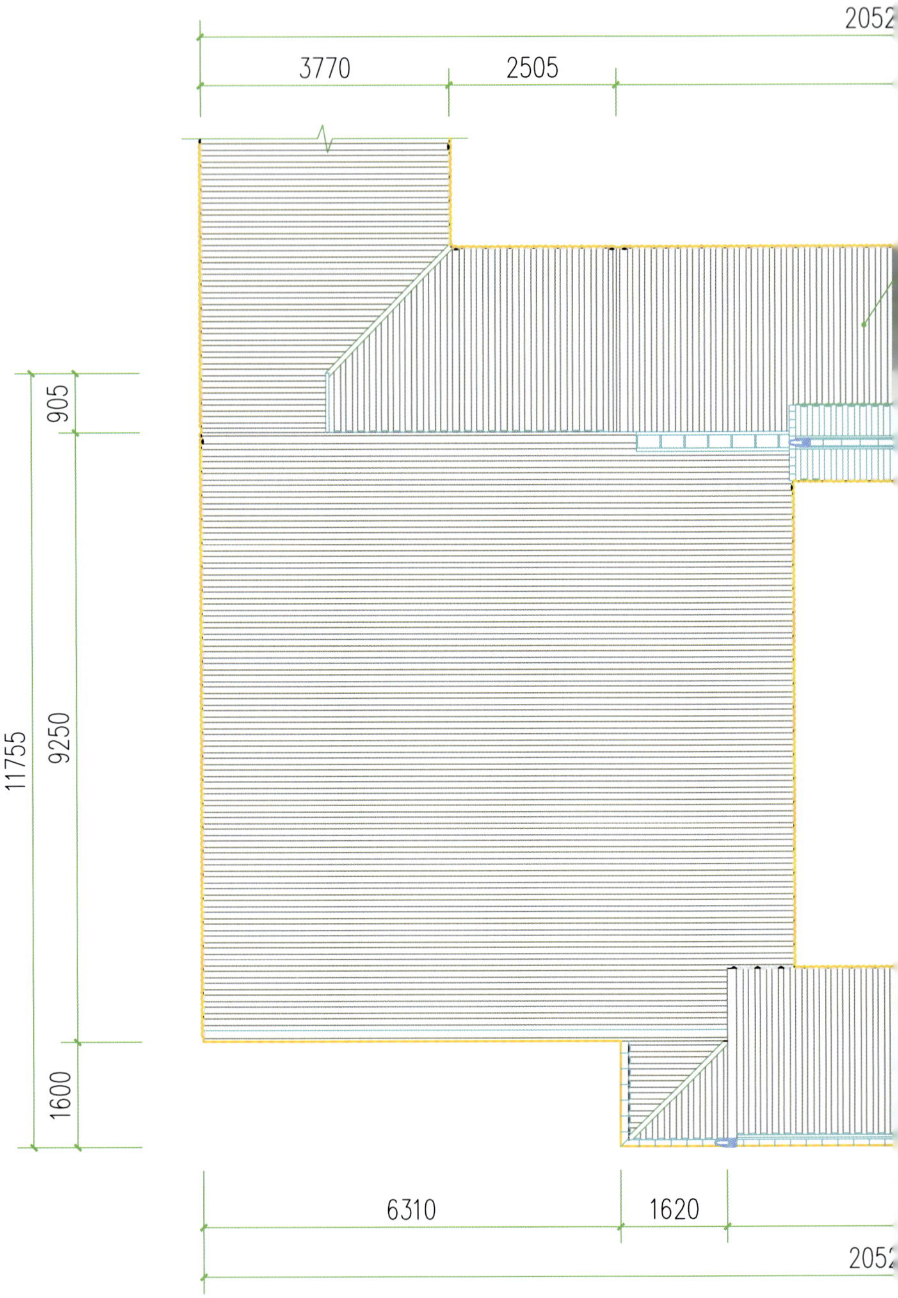
2052
3770
2505
905
11755
9250
1600
6310
1620
2052

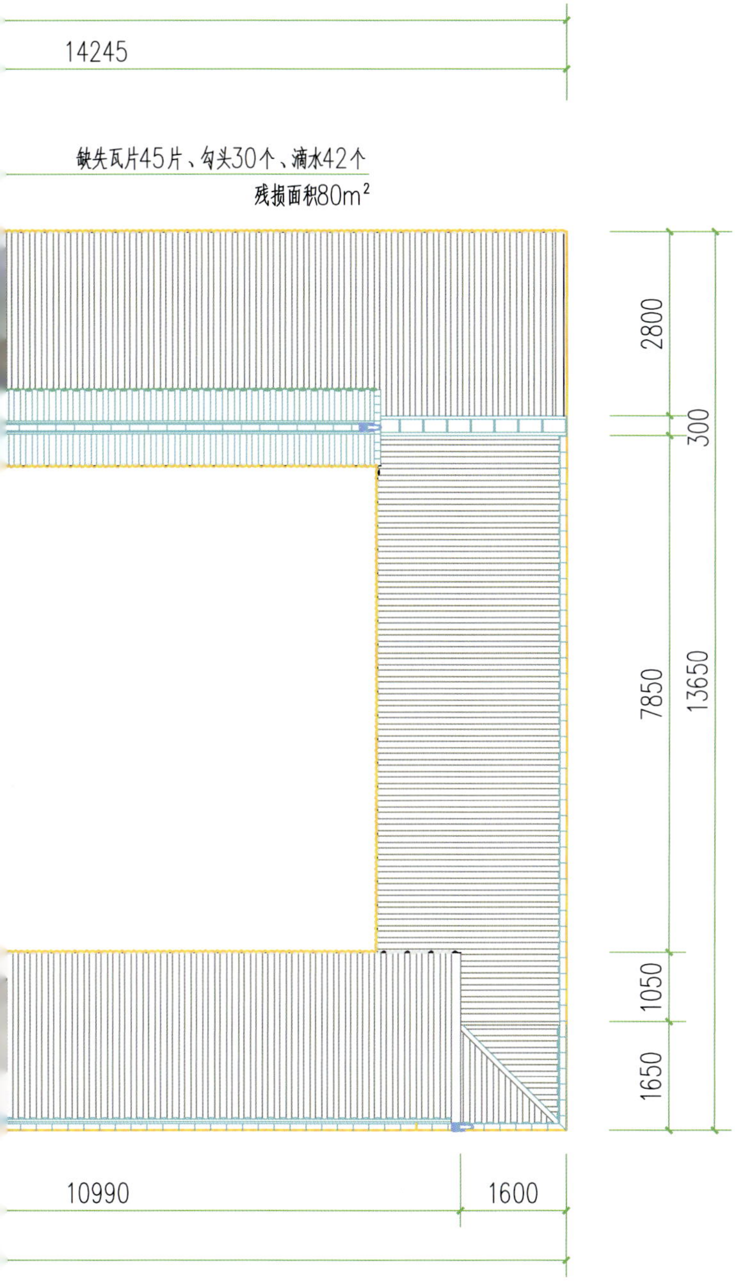

一进院屋顶平面图 1:100

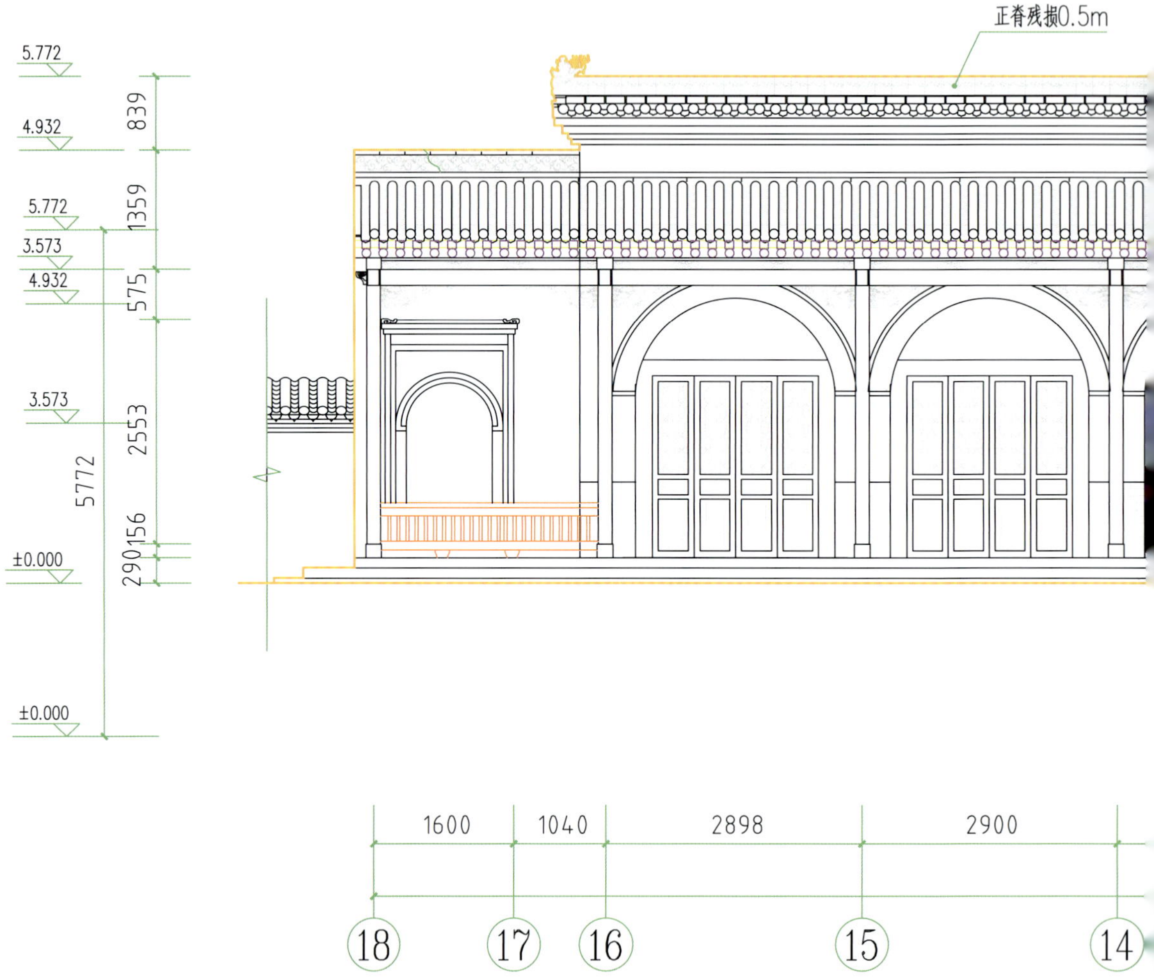

正脊残损0.5m
5.772
4.932
5.772
3.573
4.932
3.573
±0.000
±0.000
839
1359
575
2553
156
290
5772
1600
1040
2898
2900
18
17
16
15
14

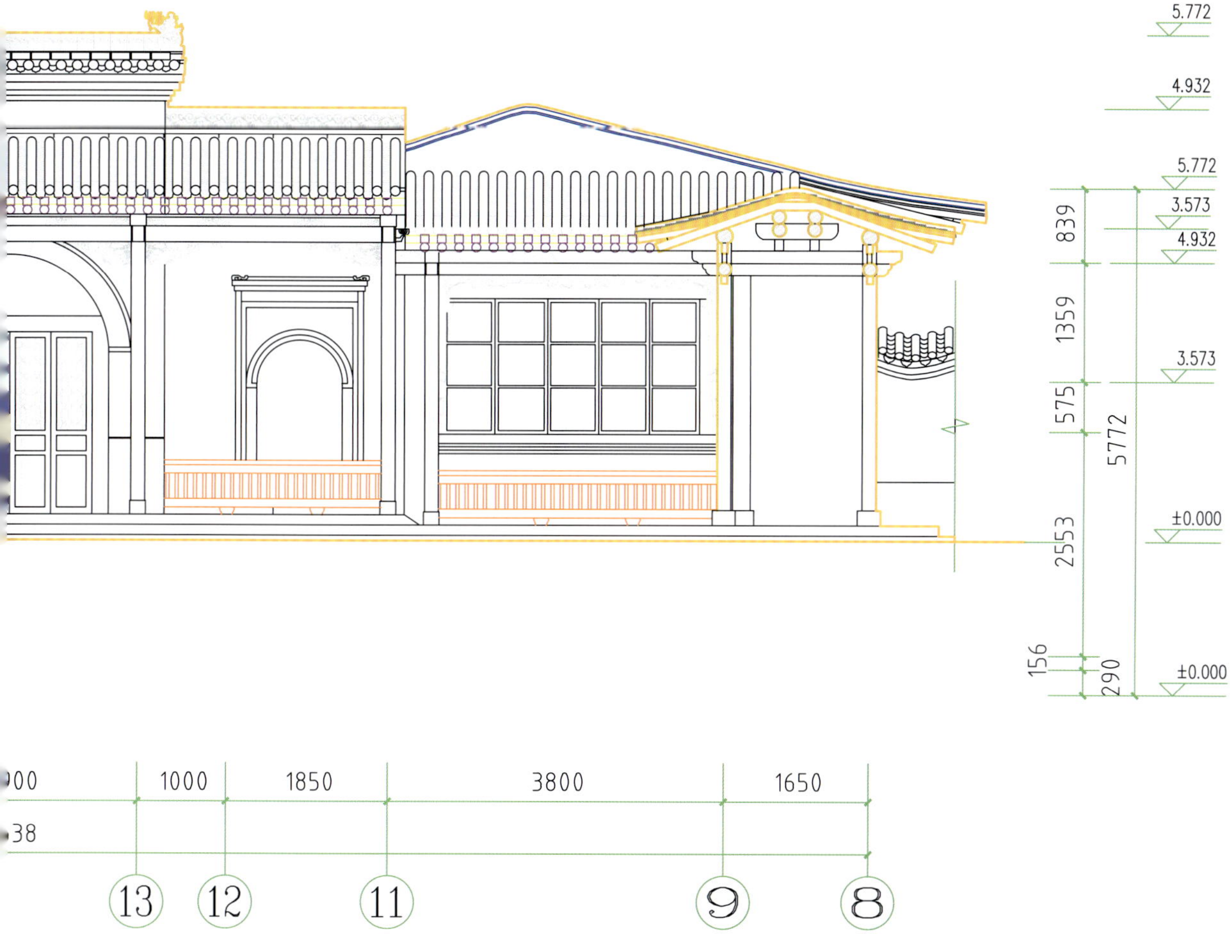

一进院内东侧立面图 1:75

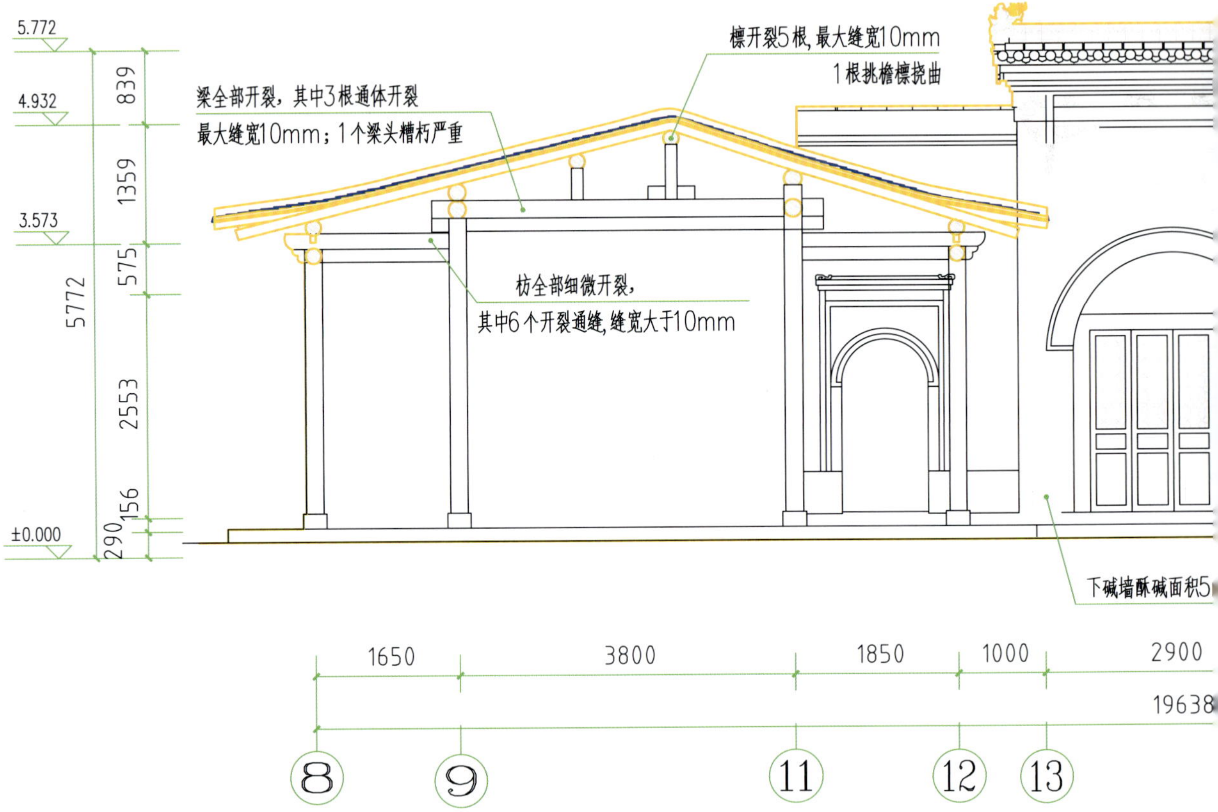
5.772
4.932
3.573
±0.000
839
1359
575
5772
2553
156
290
梁全部开裂，其中3根通体开裂
最大缝宽10mm；1个梁头糟朽严重
檩开裂5根，最大缝宽10mm
1根挑檐檩挠曲
枋全部细微开裂，
其中6个开裂通缝，缝宽大于10mm
下碱墙酥碱面积5
1650
3800
1850
1000
2900
19638
8
9
11
12
13

一进院影壁北侧立面图 1:75

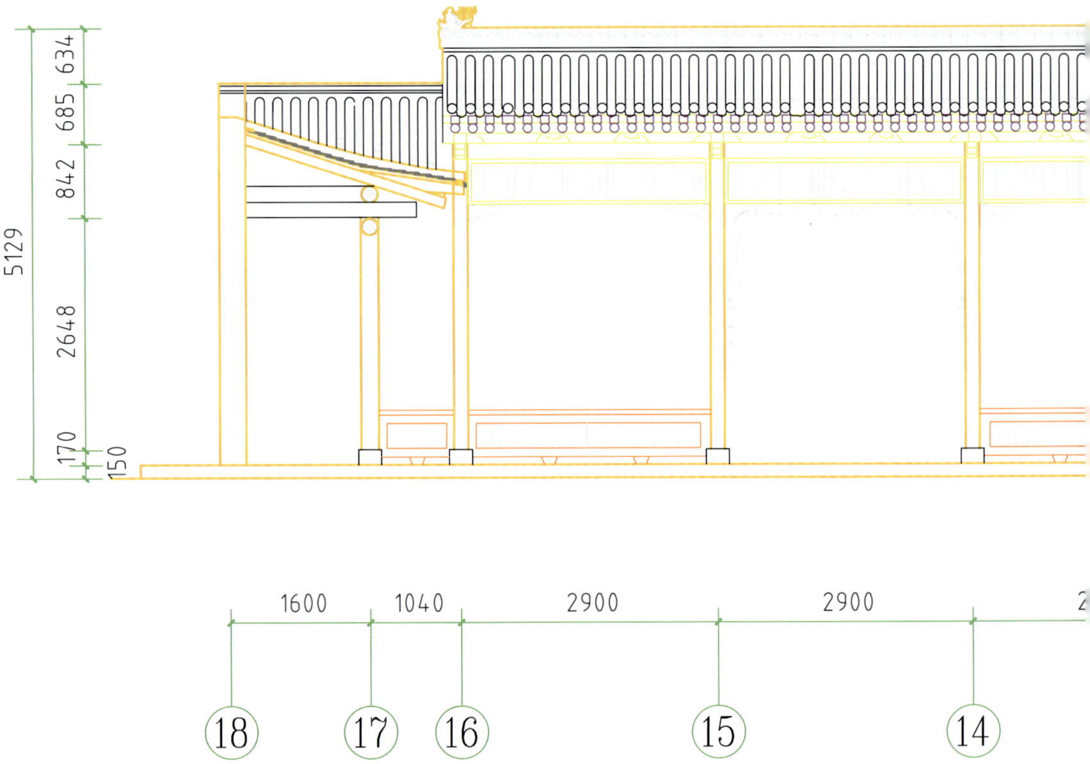
634
685
842
5129
2648
170
150
1600
1040
2900
2900
18
17
16
15
14

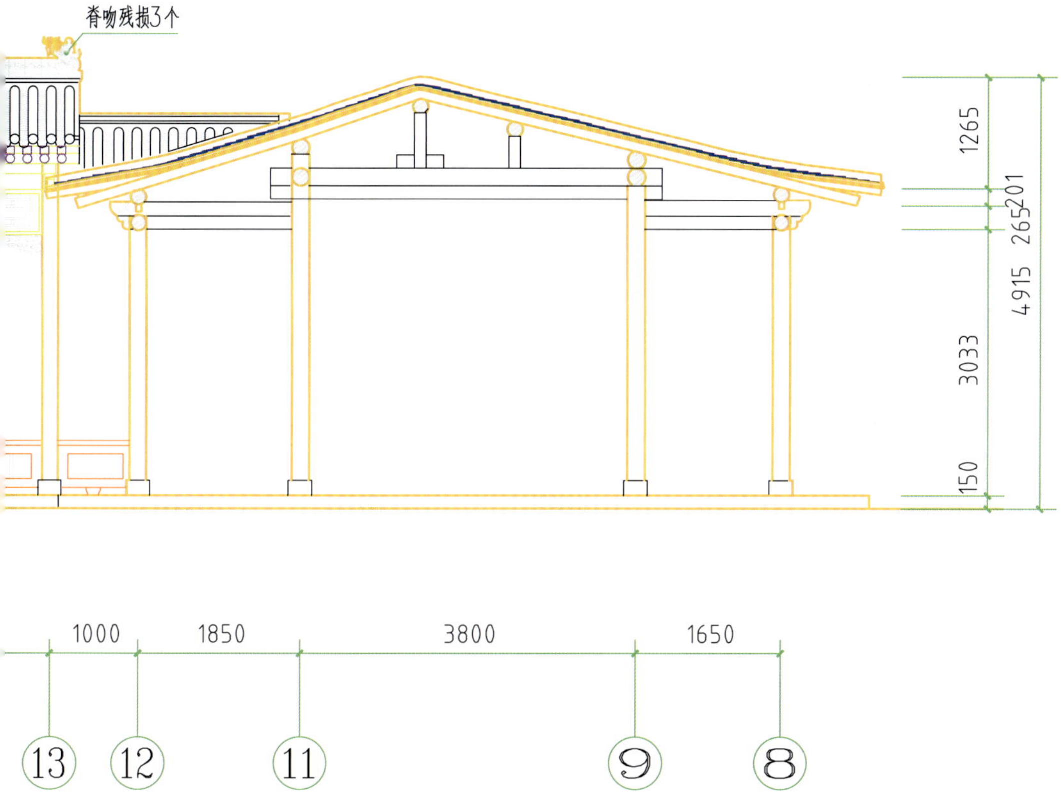

一进院内东剖面图 1:75

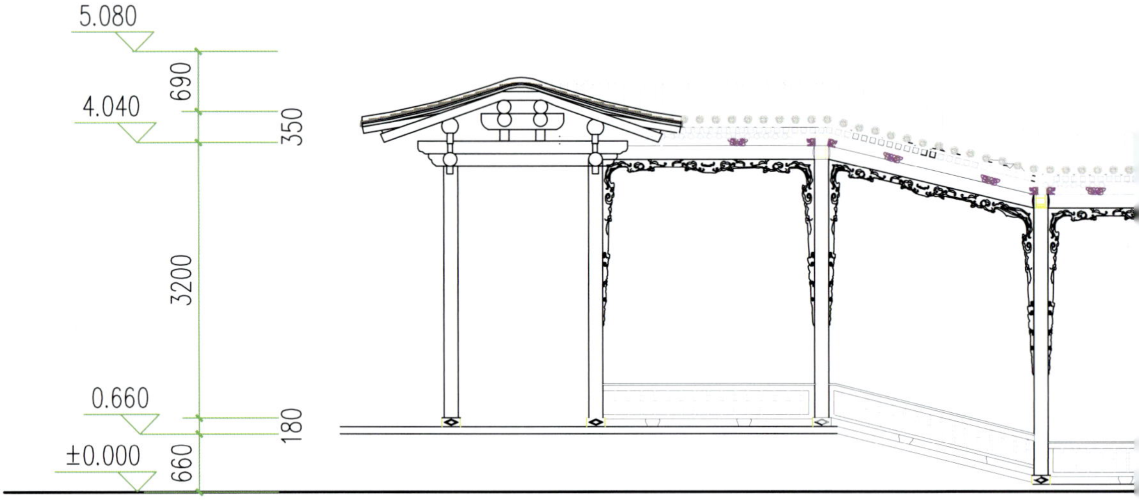
5.080
690
4.040
350
3200
0.660
180
±0.000
660

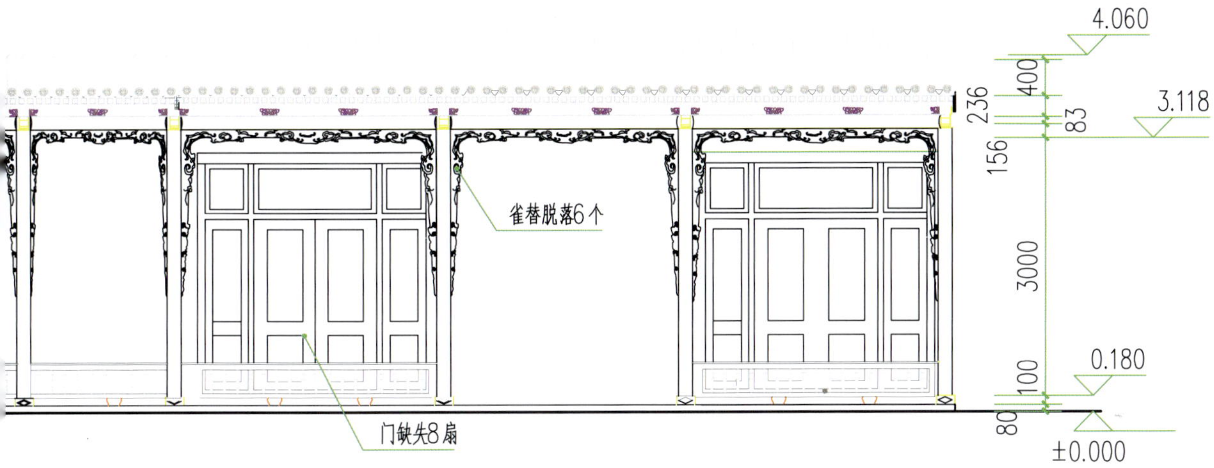

一进院西立面图 1:75

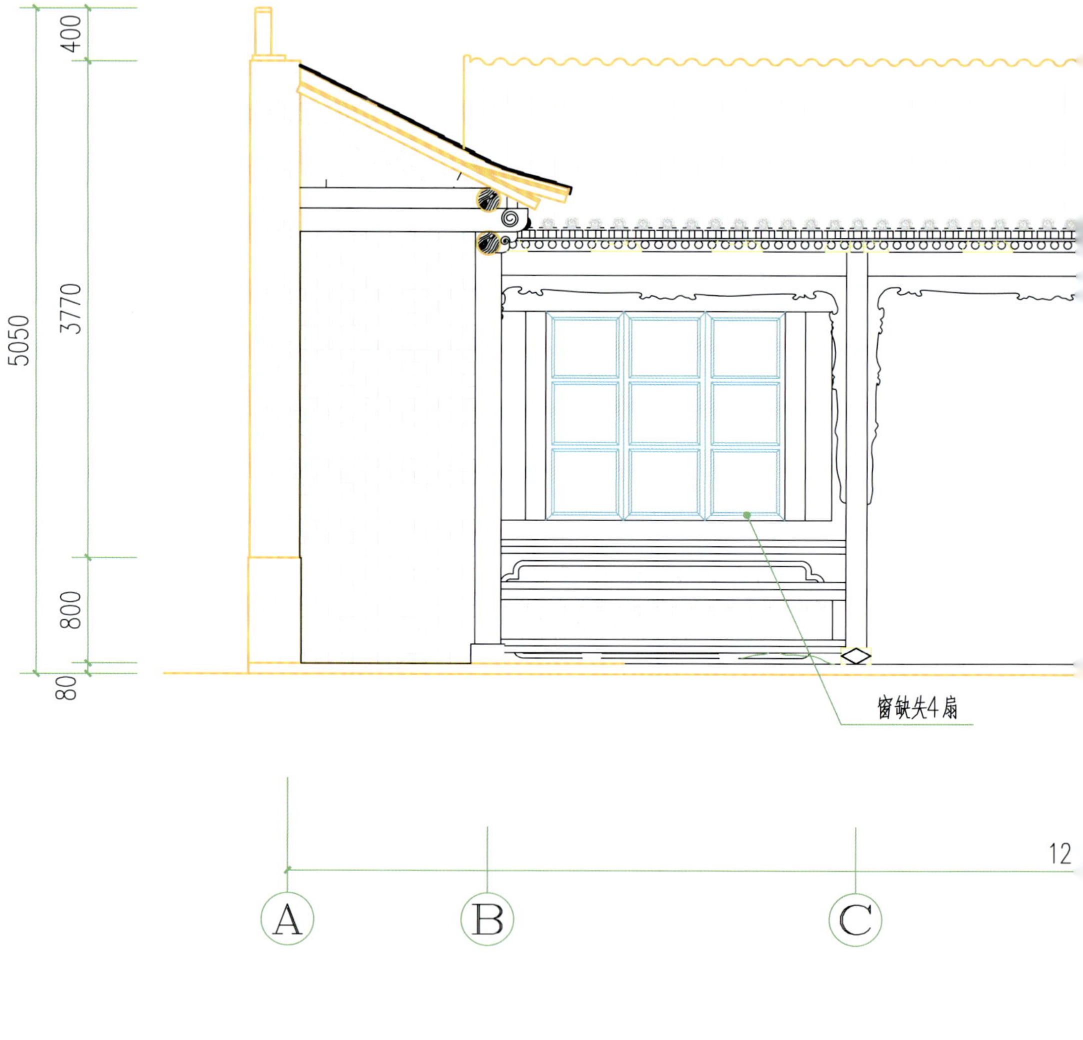
400
3770
5050
800
80
窗缺失4扇
12
A
B
C

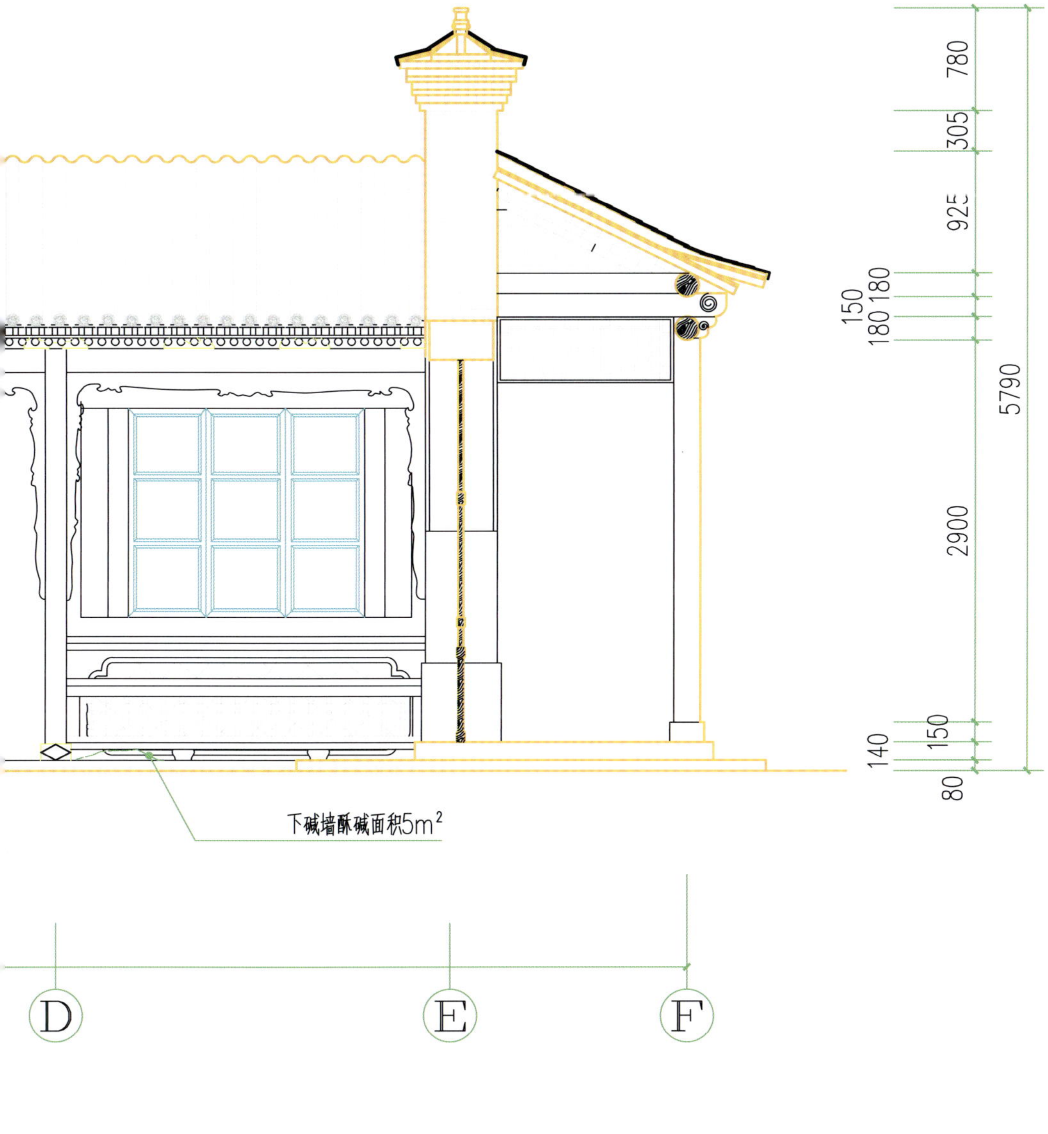

一进院内东立面图 1:50

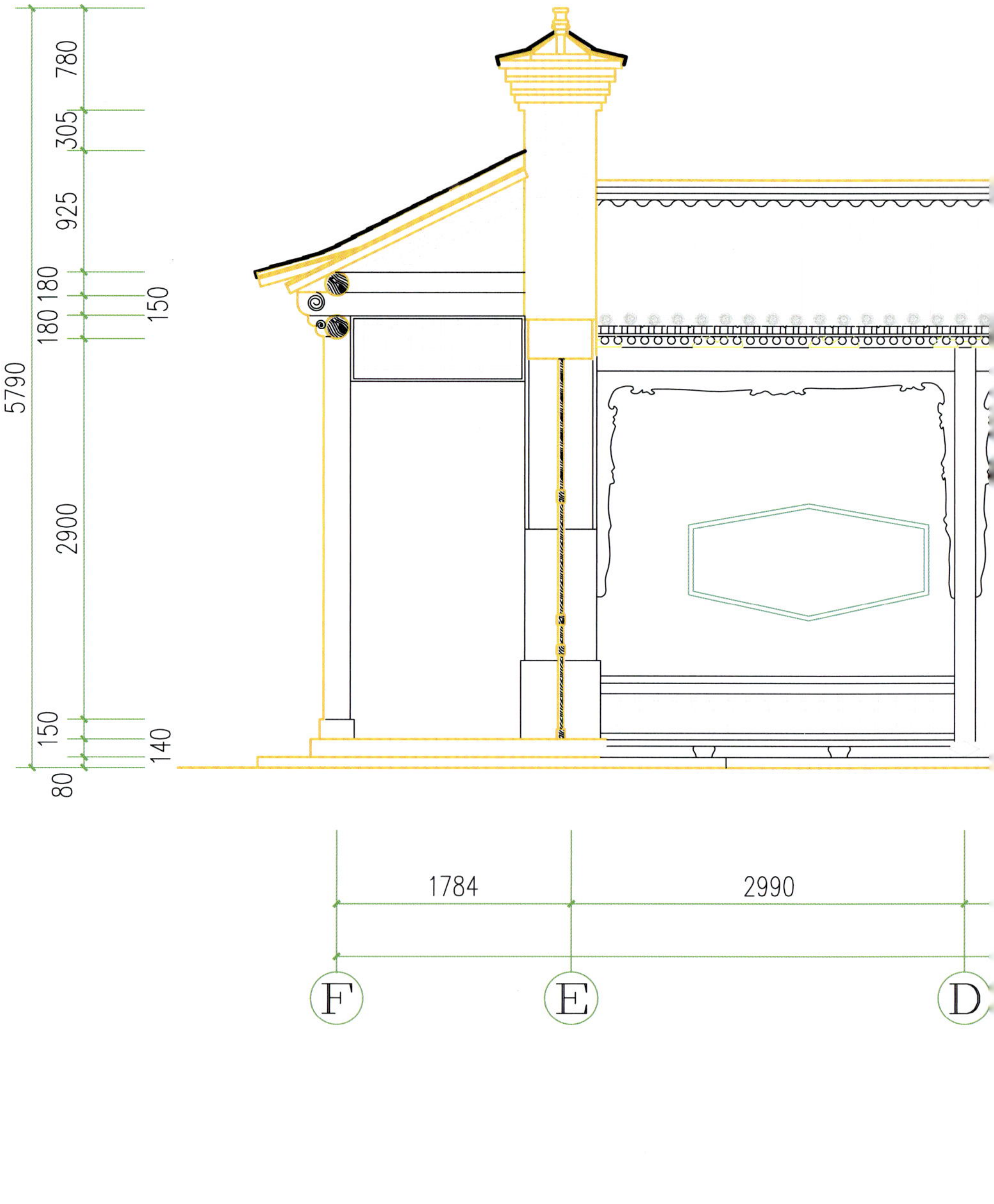

780
305
925
180
180
180
150
5790
2900
150
140
80
1784
2990
F
E
D

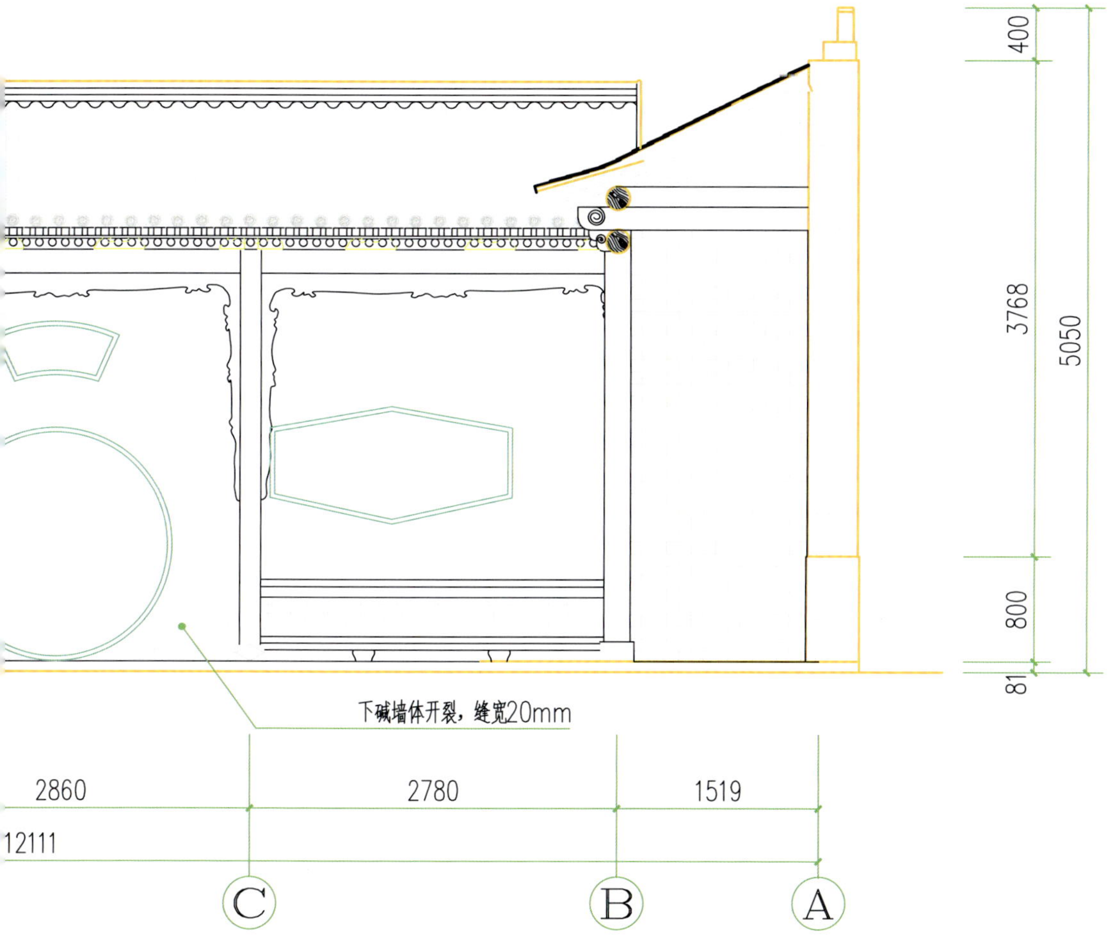

一进院内西立面图 1:50

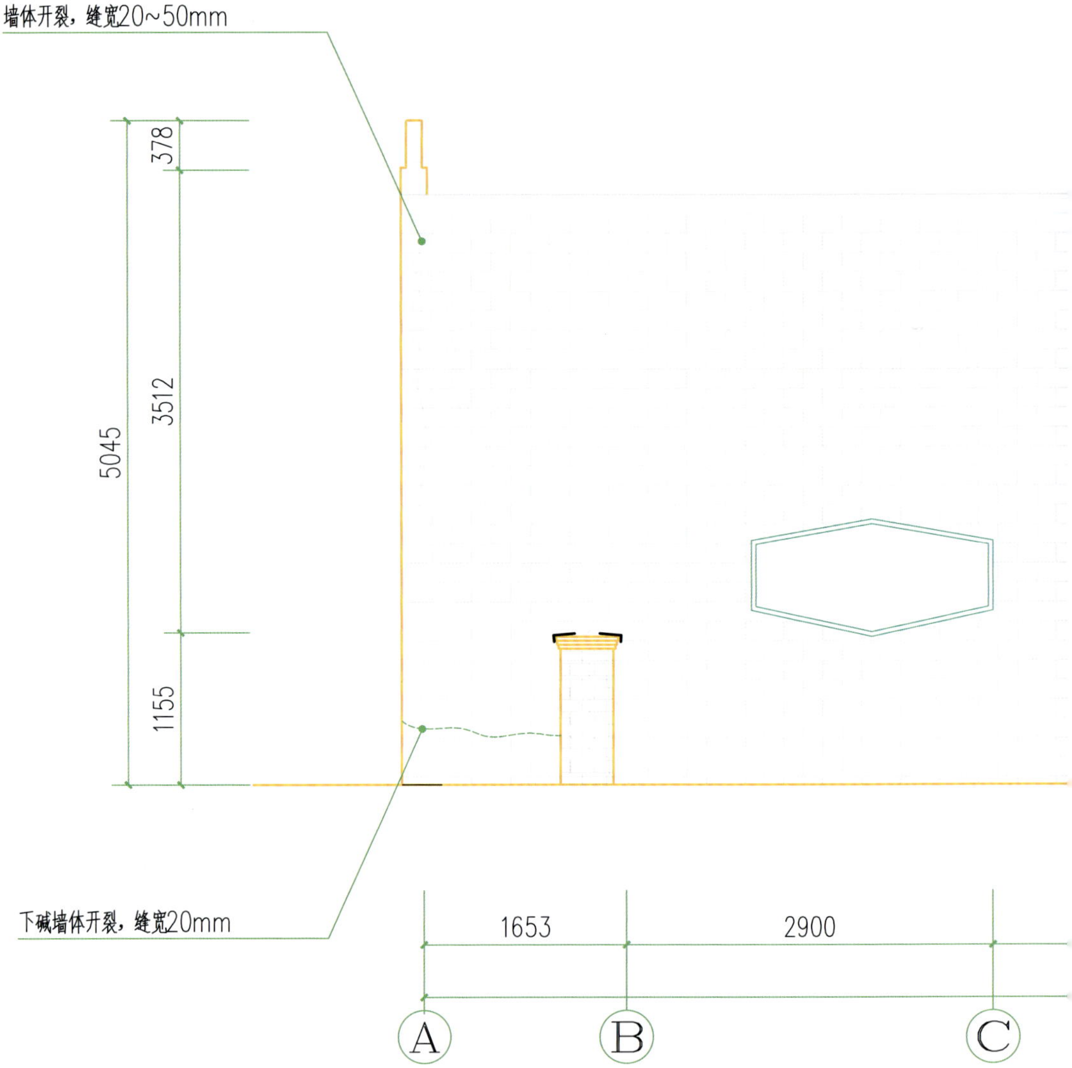
墙体开裂，缝宽20~50mm
378
3512
5045
1155
下碱墙体开裂，缝宽20mm
1653
2900
A
B
C

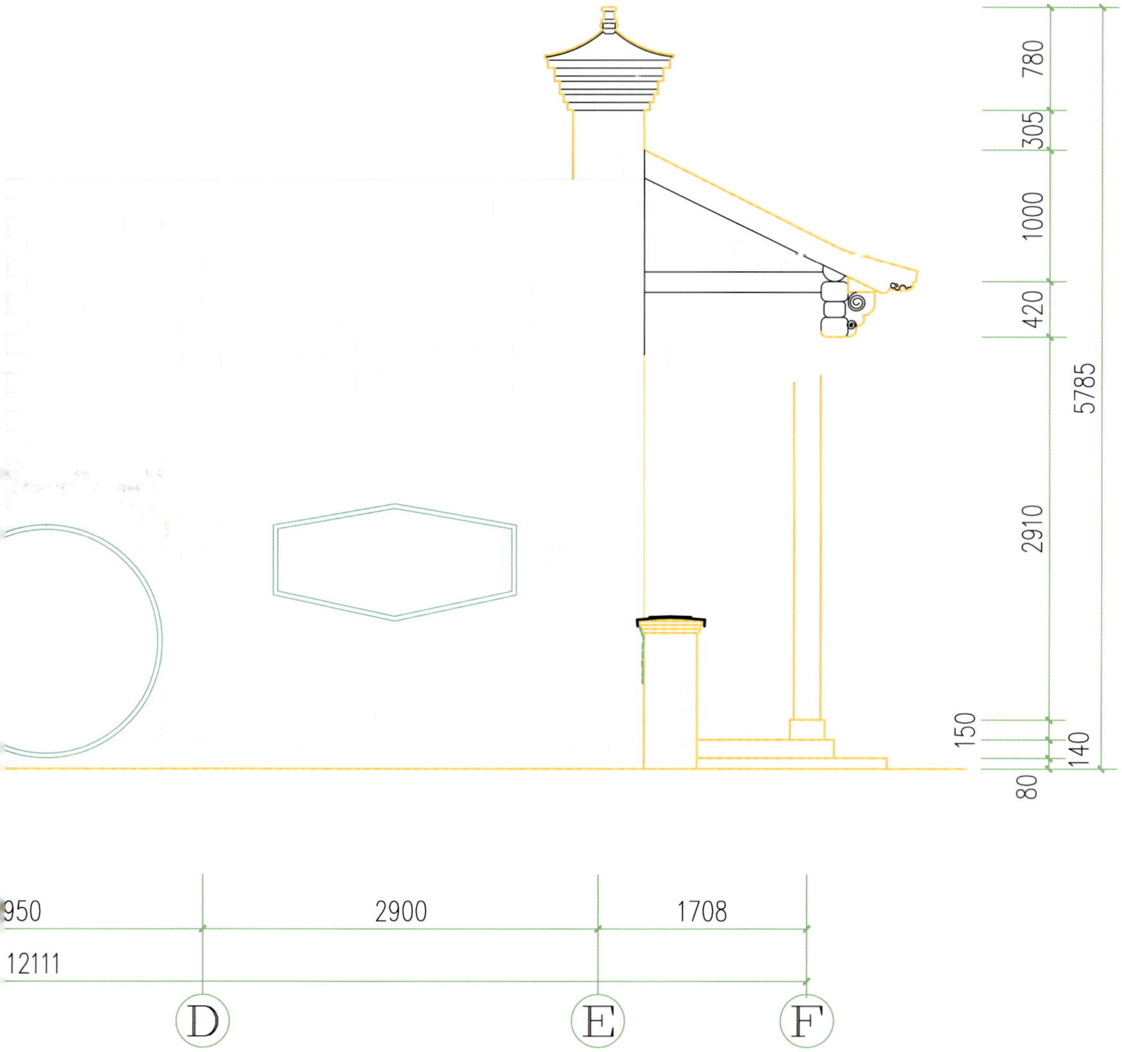

一进院外西立面图 1:50

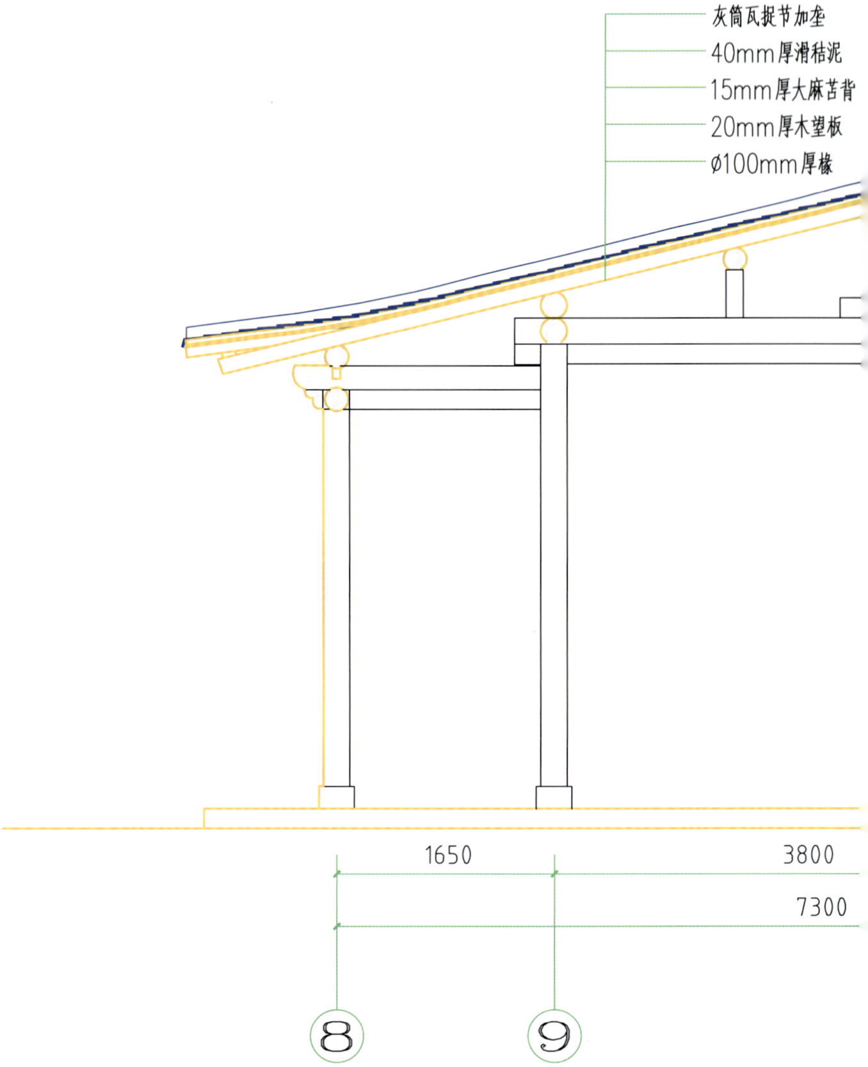
灰筒瓦捉节加垄
40mm厚滑秸泥
15mm厚大麻苫背
20mm厚木望板
ø100mm厚椽
1650
3800
7300
8
9

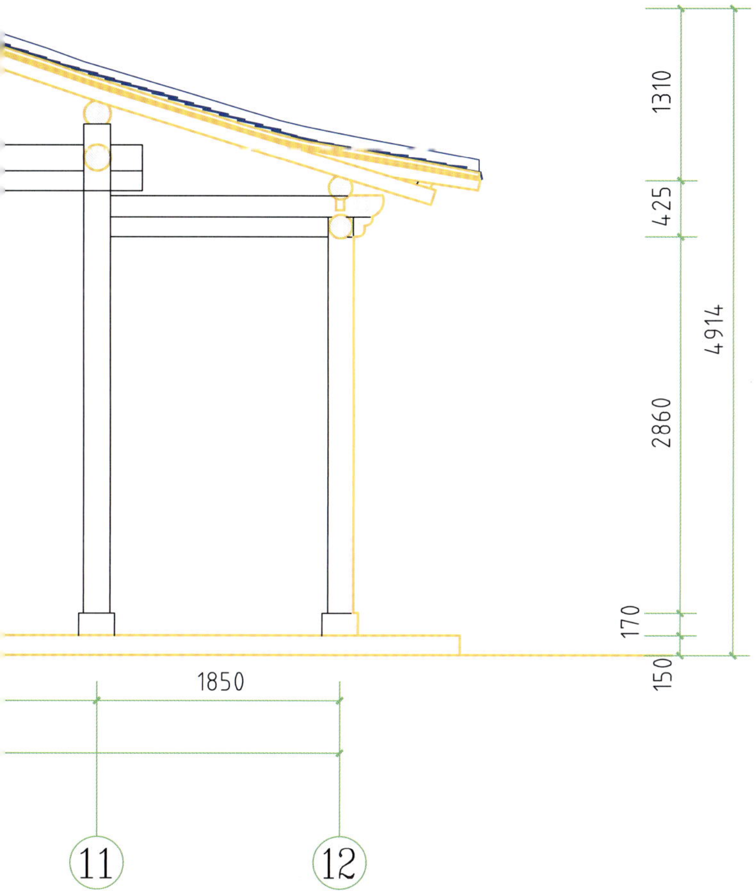

一进院东厢房8－12剖面图 1:50

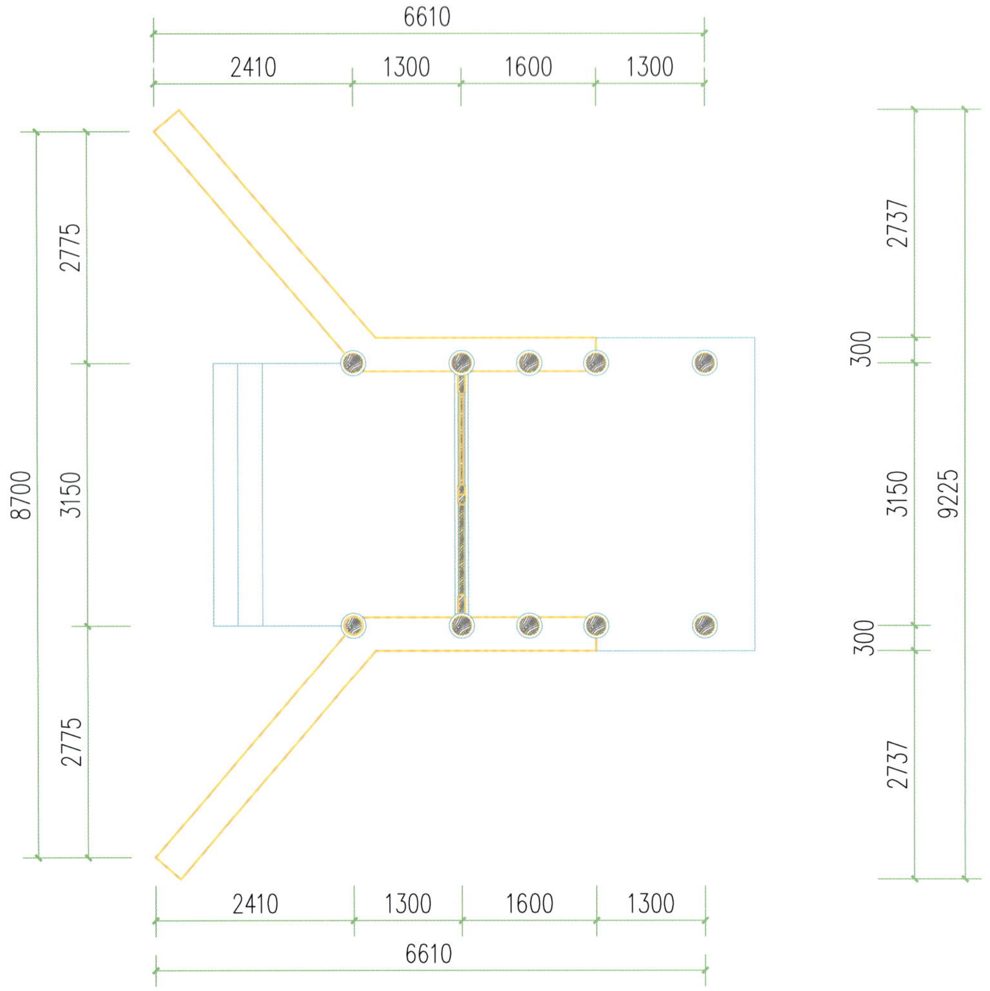

大门平面图 1:75

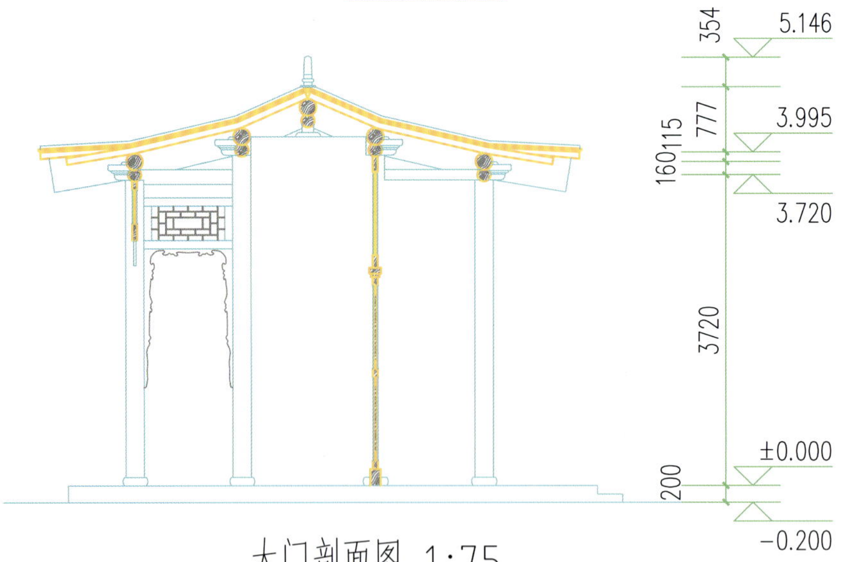

大门剖面图 1:75

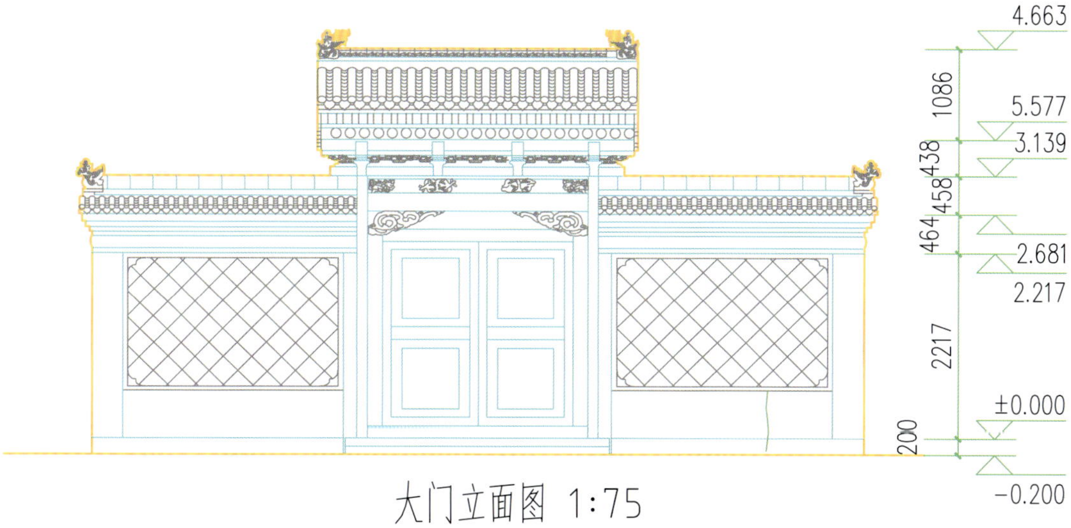

大门立面图 1:75

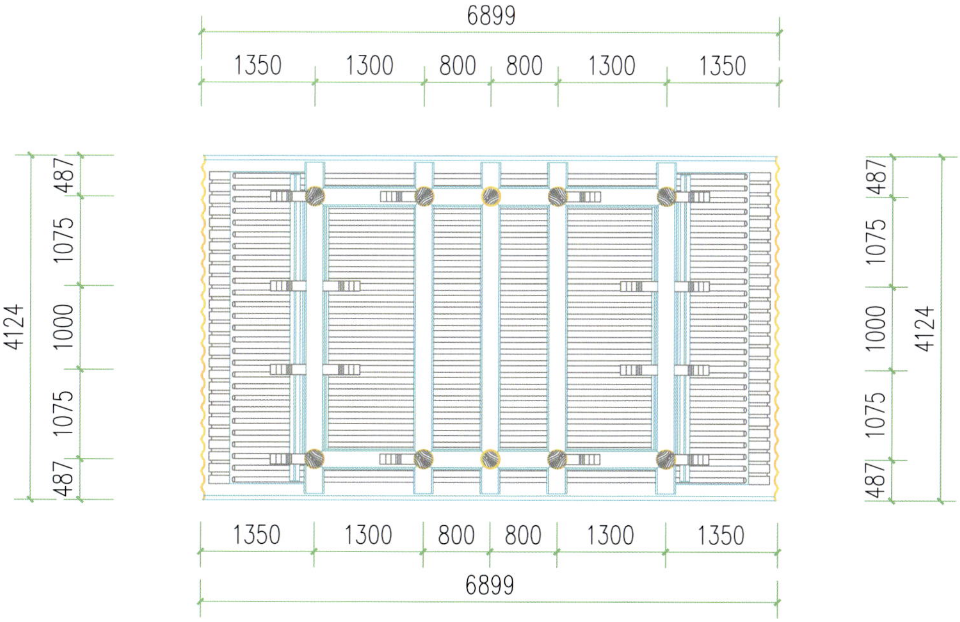

大门梁架仰视图 1:75

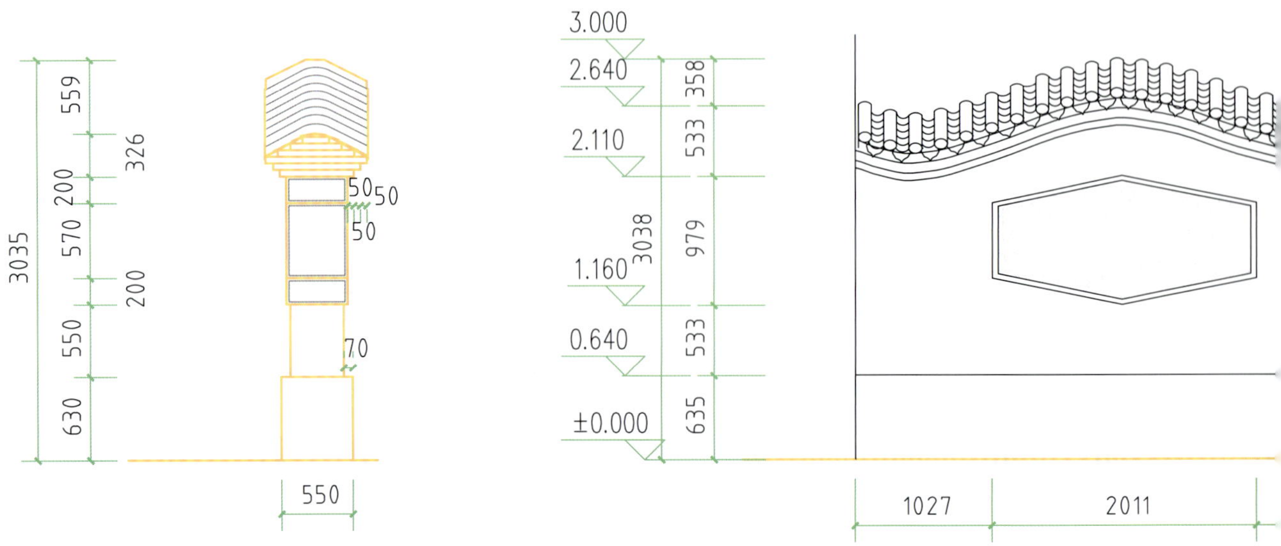

一进院院墙剖面图 1:50

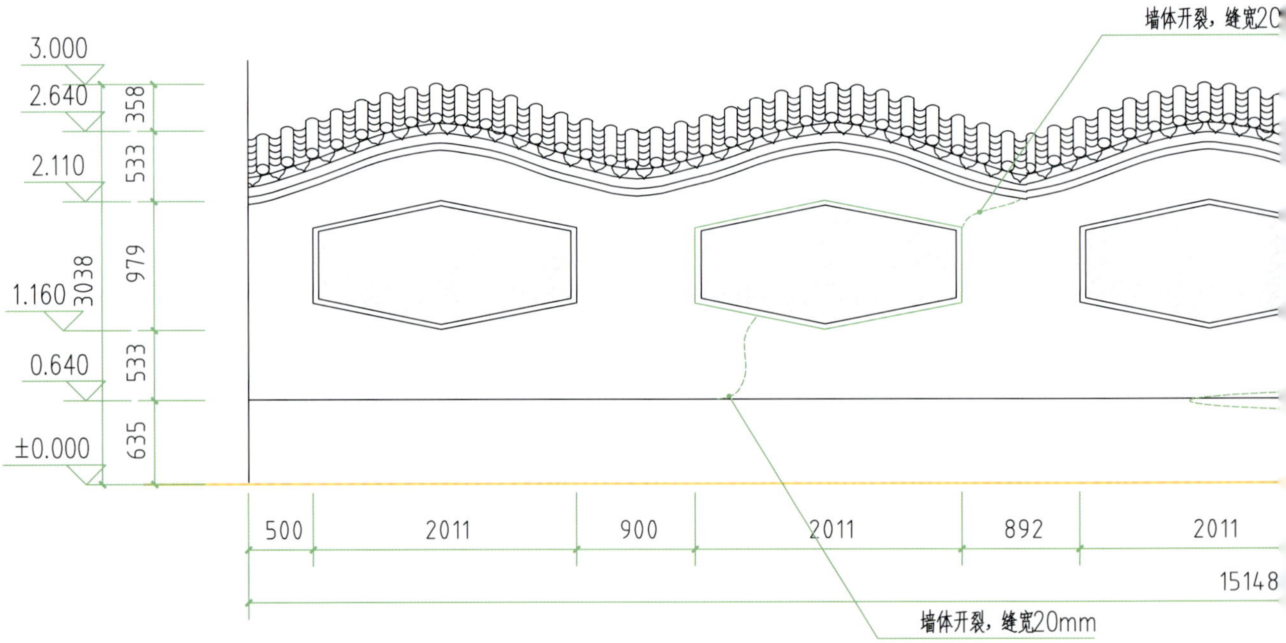

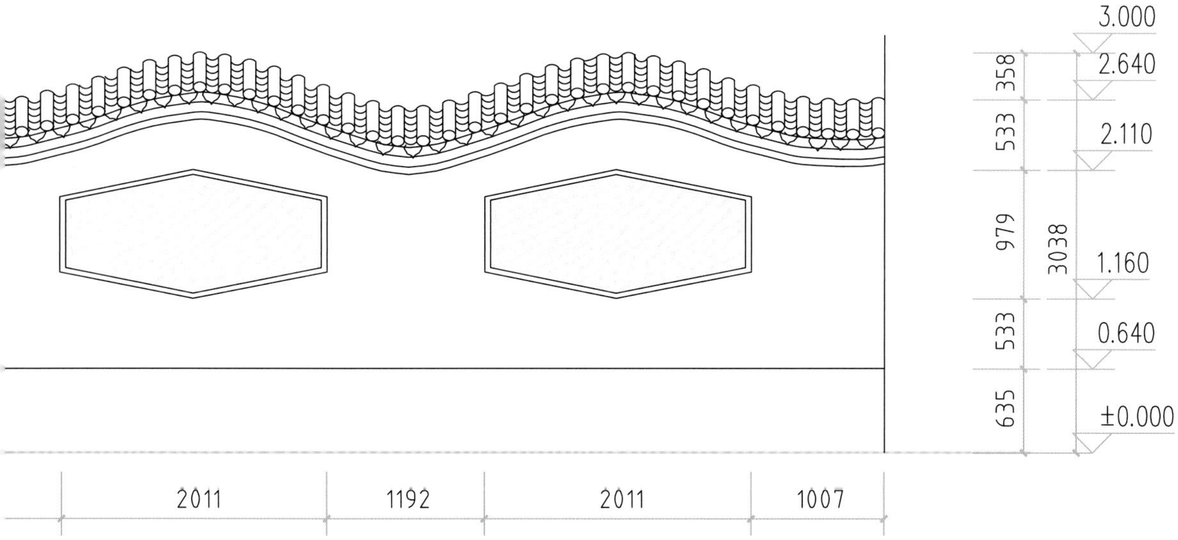

一进院北院墙立面图 1:50

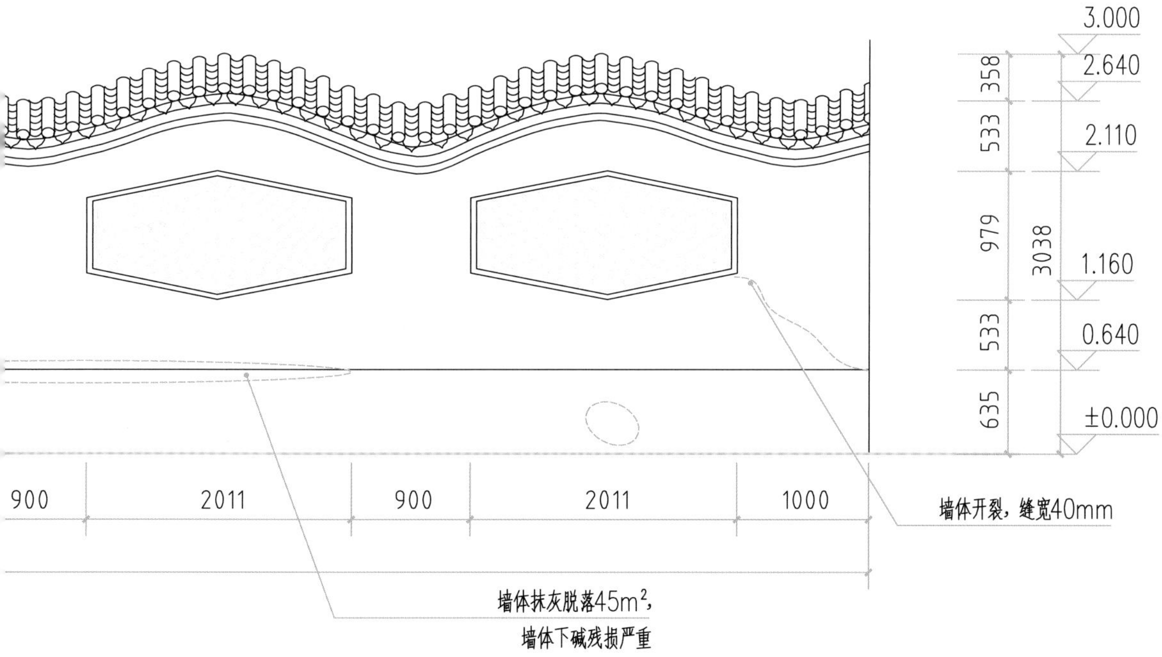

一进院东院墙立面图 1:50

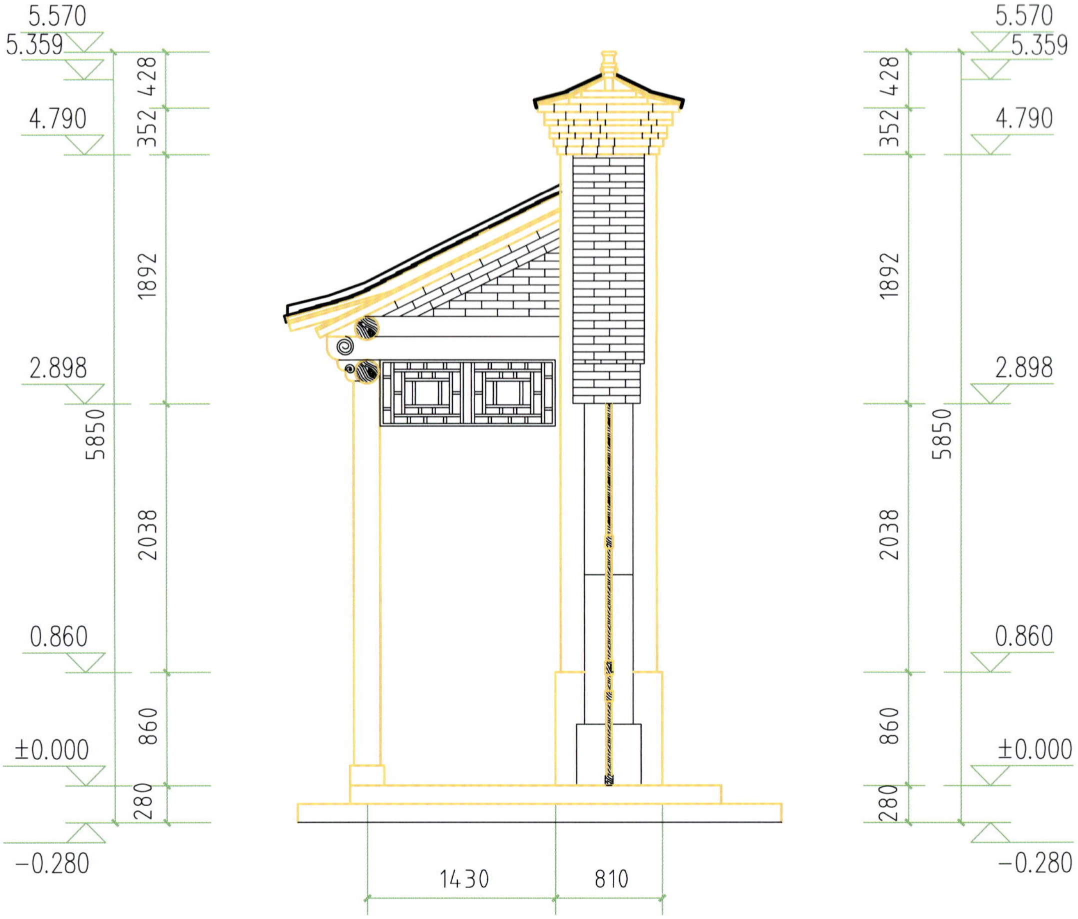

一进院照壁剖面图 1:50

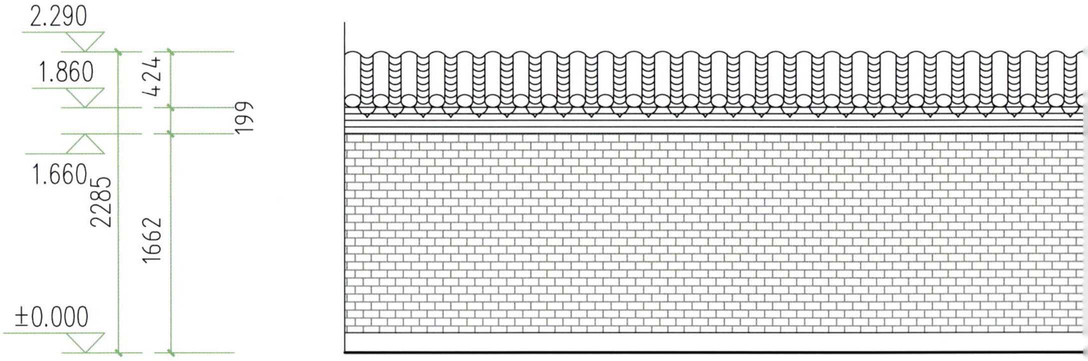

前院西侧院墙立面图 1:50

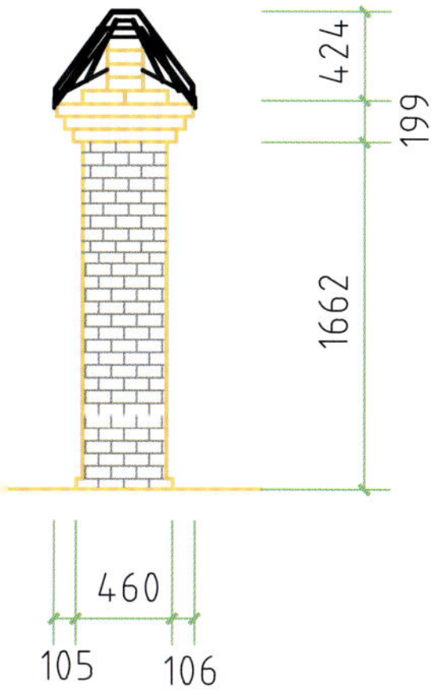

院西侧院墙剖面图 1:50

前院大门立面图 1:50

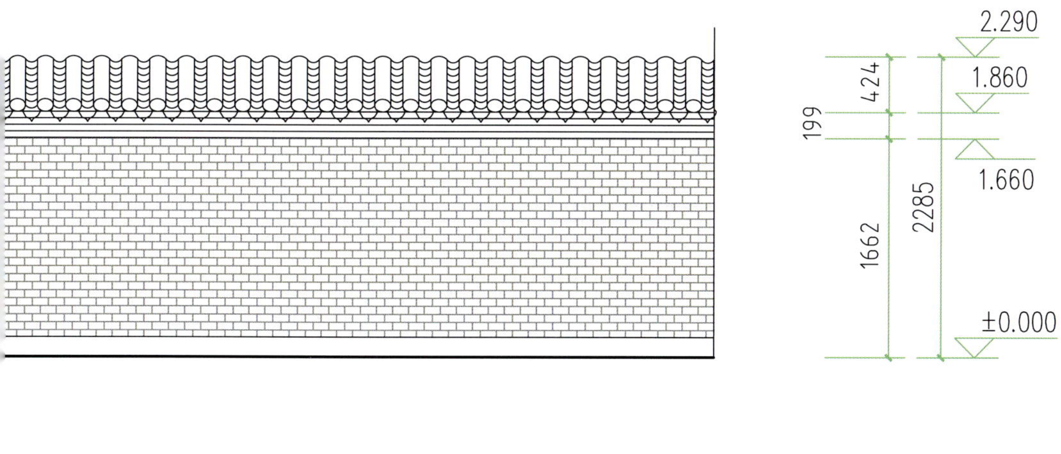

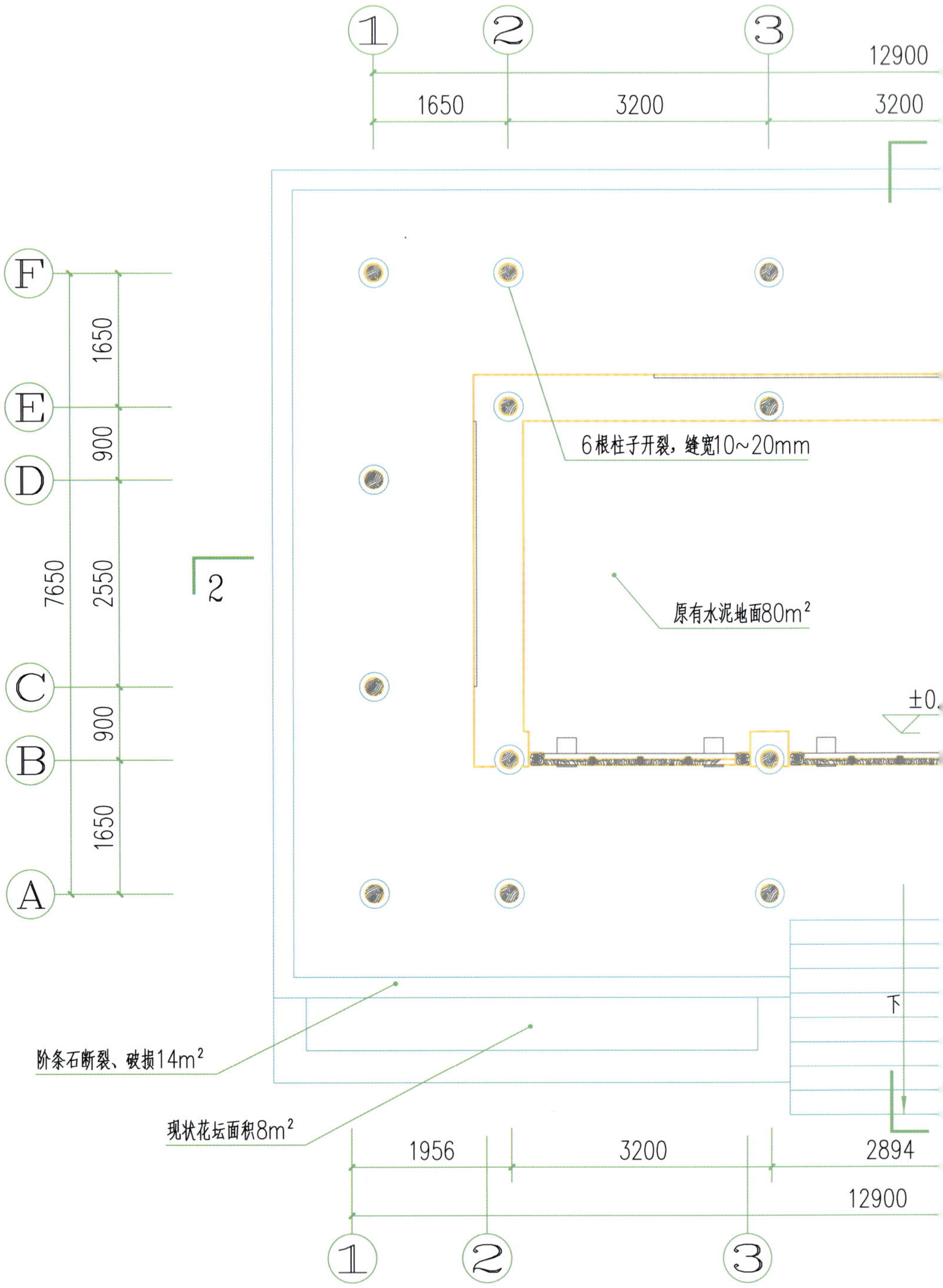

12900
1650
3200
3200
1650
900
900
2550
7650
1650
2
6根柱子开裂，缝宽10~20mm
原有水泥地面80m²
阶条石断裂、破损14m²
现状花坛面积8m²
下
1956
3200
2894
12900

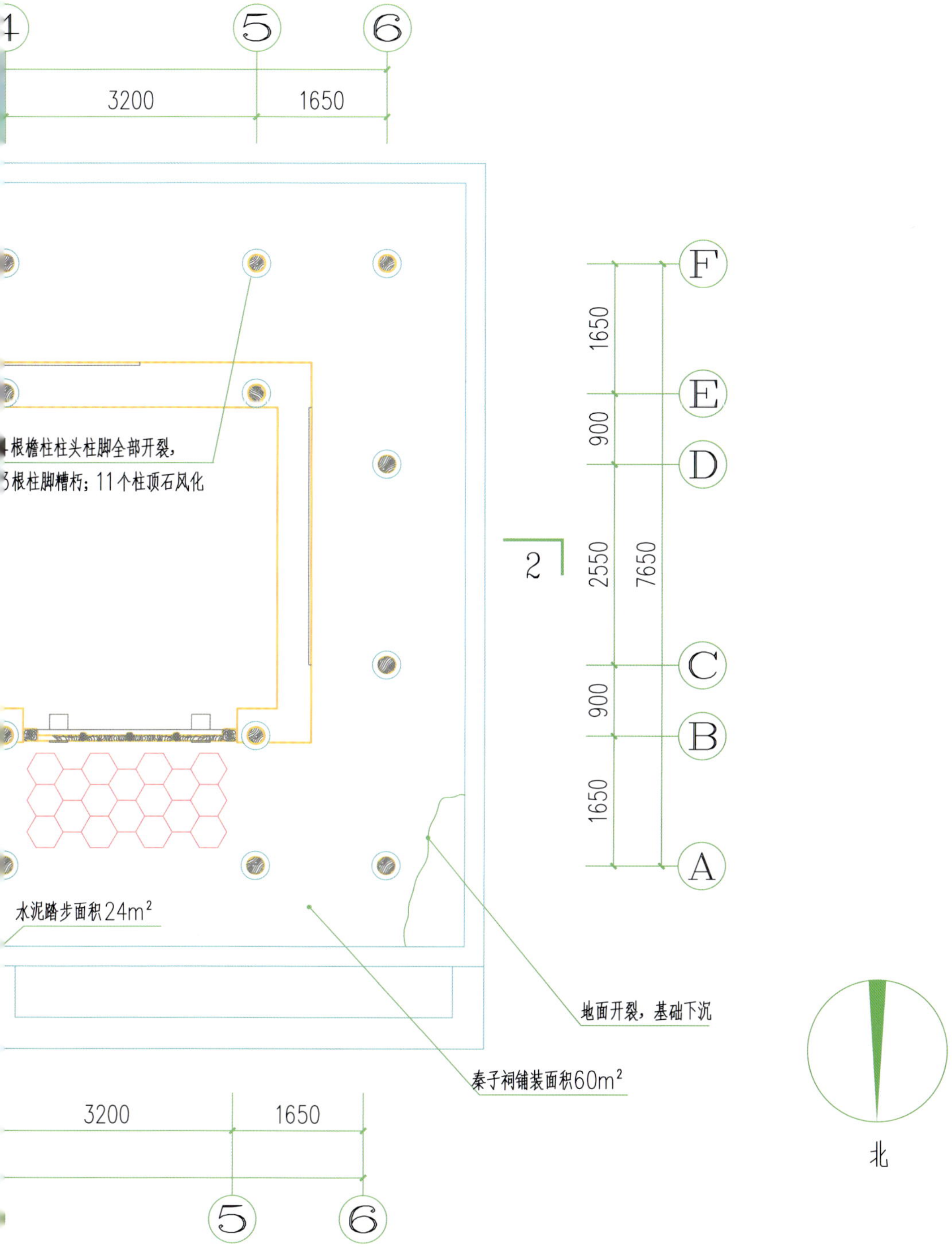
4
5
6
3200
1650
F
E
D
C
B
A
1650
900
2550
7650
900
1650
2
根檐柱柱头柱脚全部开裂,
3根柱脚糟朽;11个柱顶石风化
水泥踏步面积24m²
地面开裂，基础下沉
秦子祠铺装面积60m²
3200
1650
5
6
北

秦子祠平面图 1:75

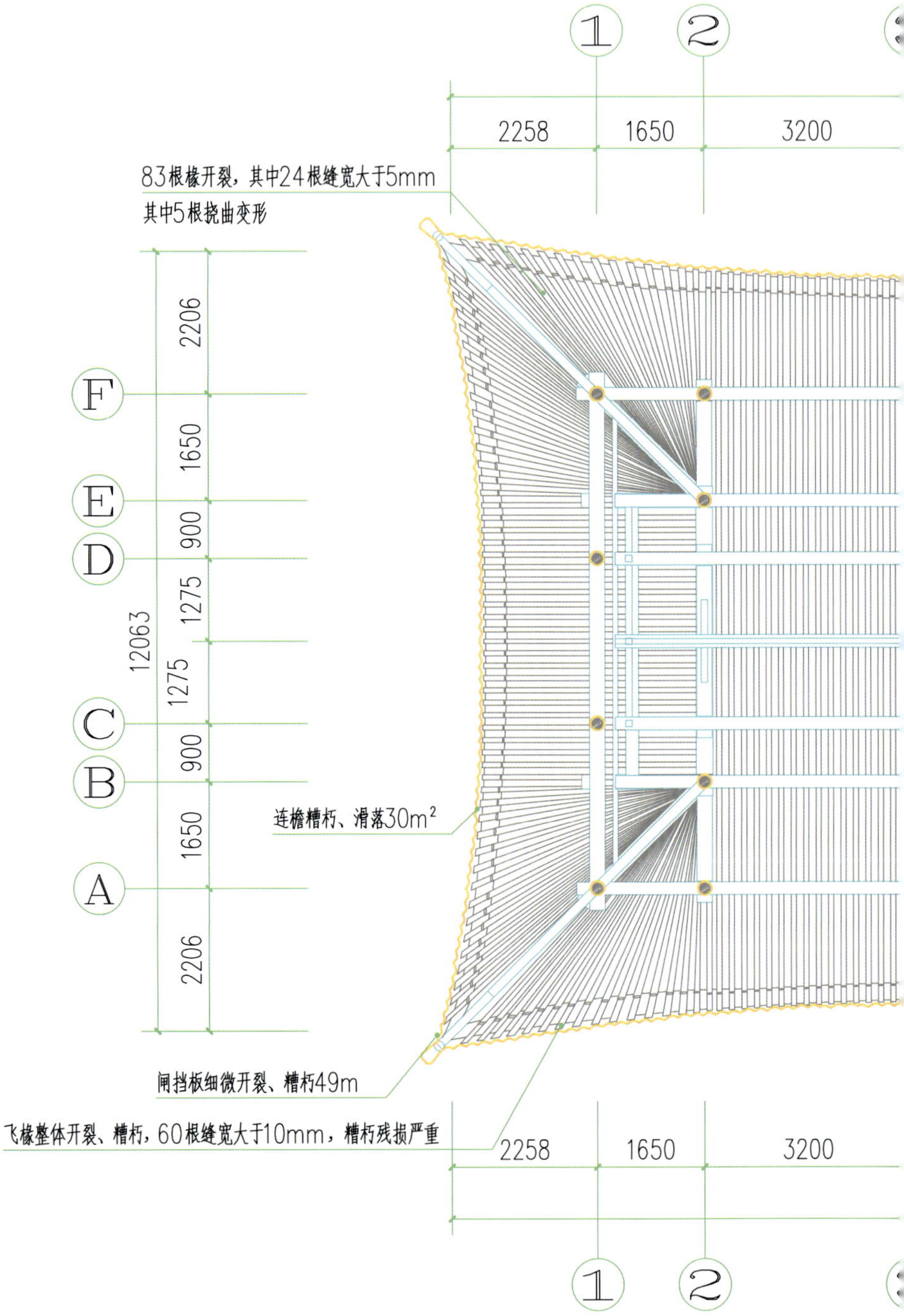

1
2
2258
1650
3200
83根椽开裂，其中24根缝宽大于5mm
其中5根挠曲变形
2206
F
1650
E
900
D
1275
12063
1275
C
900
B
1650
连檐糟朽、滑落30m²
A
2206
闸挡板细微开裂、糟朽49m
飞椽整体开裂、糟朽，60根缝宽大于10mm，糟朽残损严重
2258
1650
3200
1
2

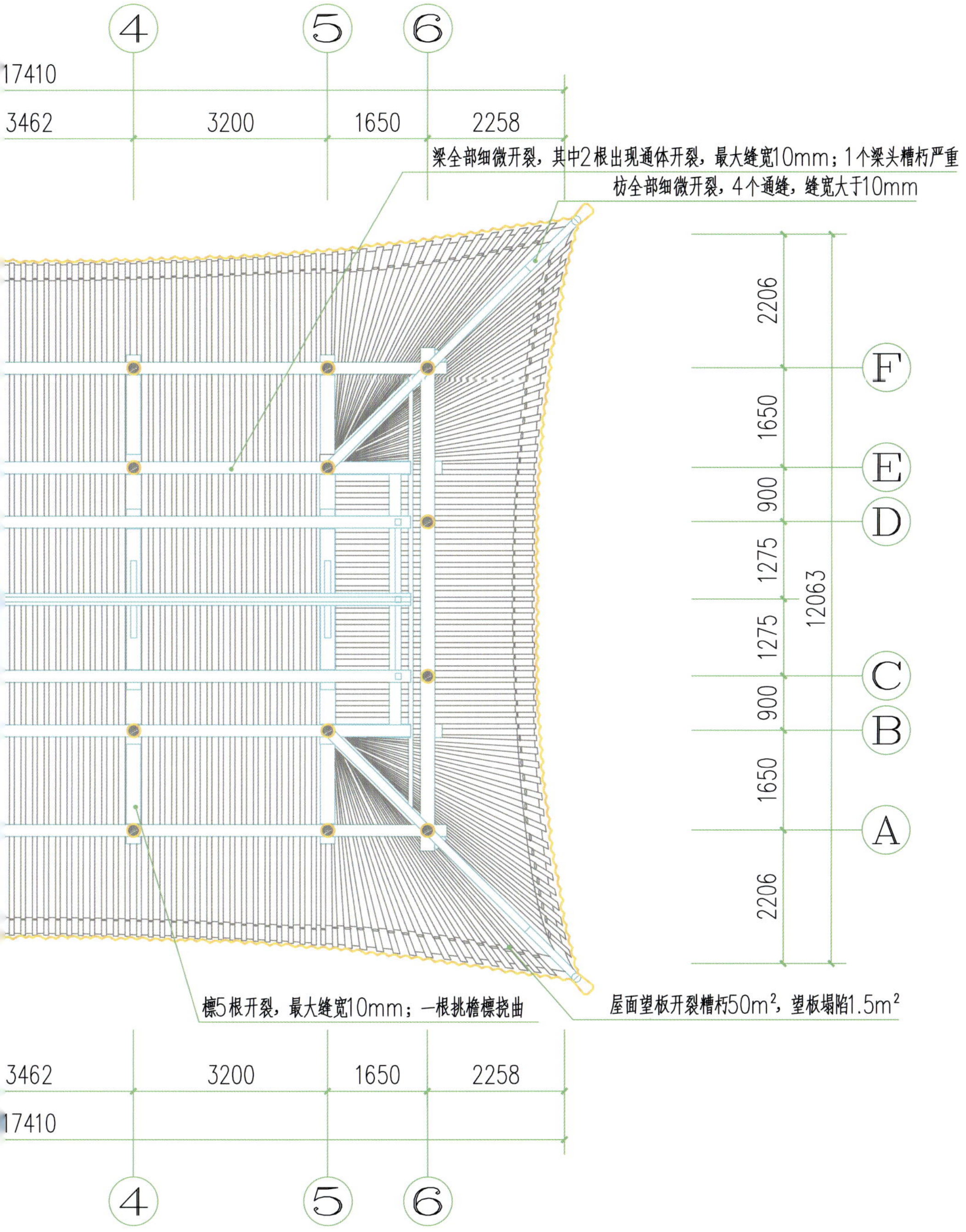

秦子祠梁架仰视图 1:100

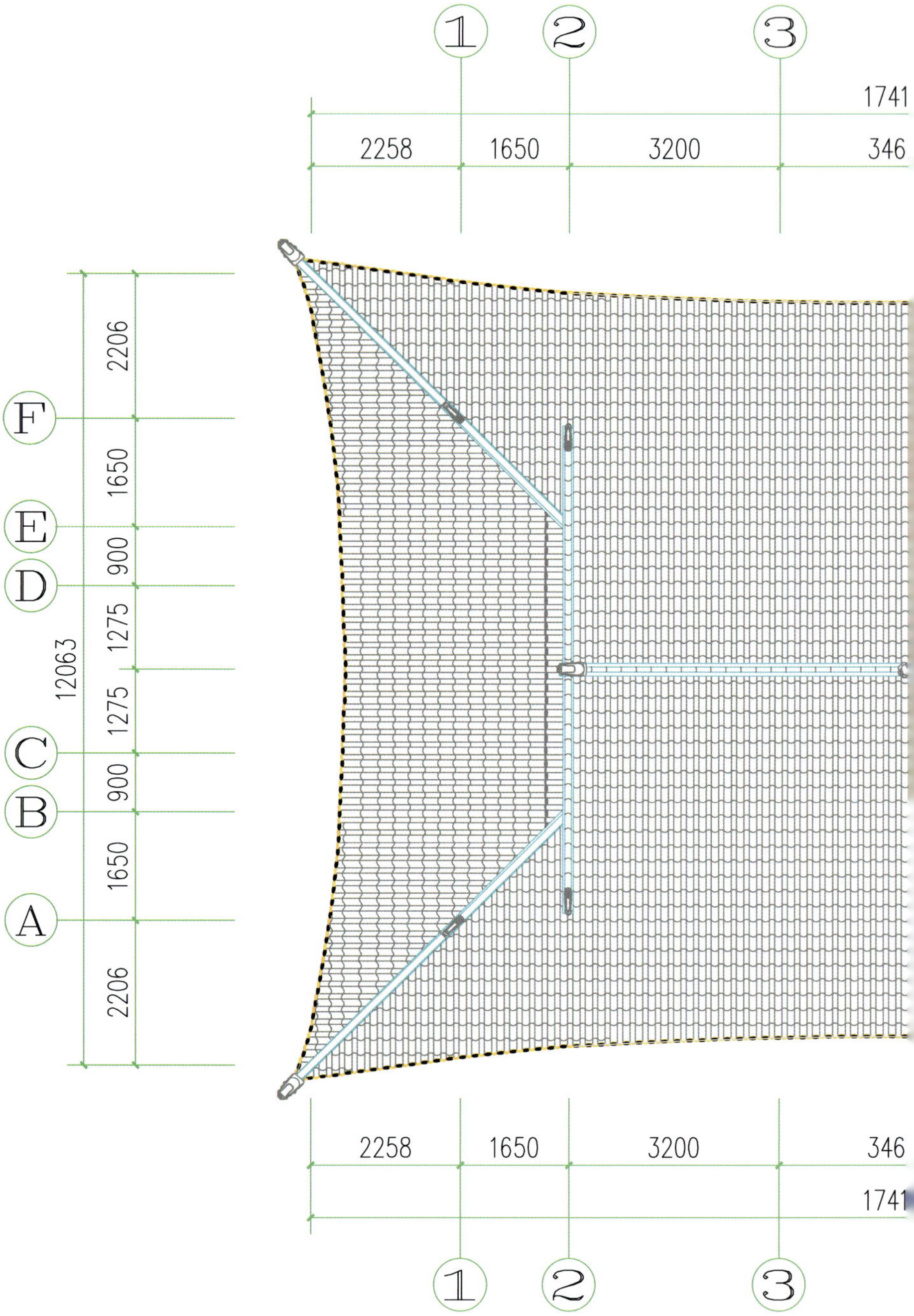
1
2
3
1741
2258
1650
3200
346
F
E
D
C
B
A
2206
1650
900
1275
1275
900
1650
2206
12063

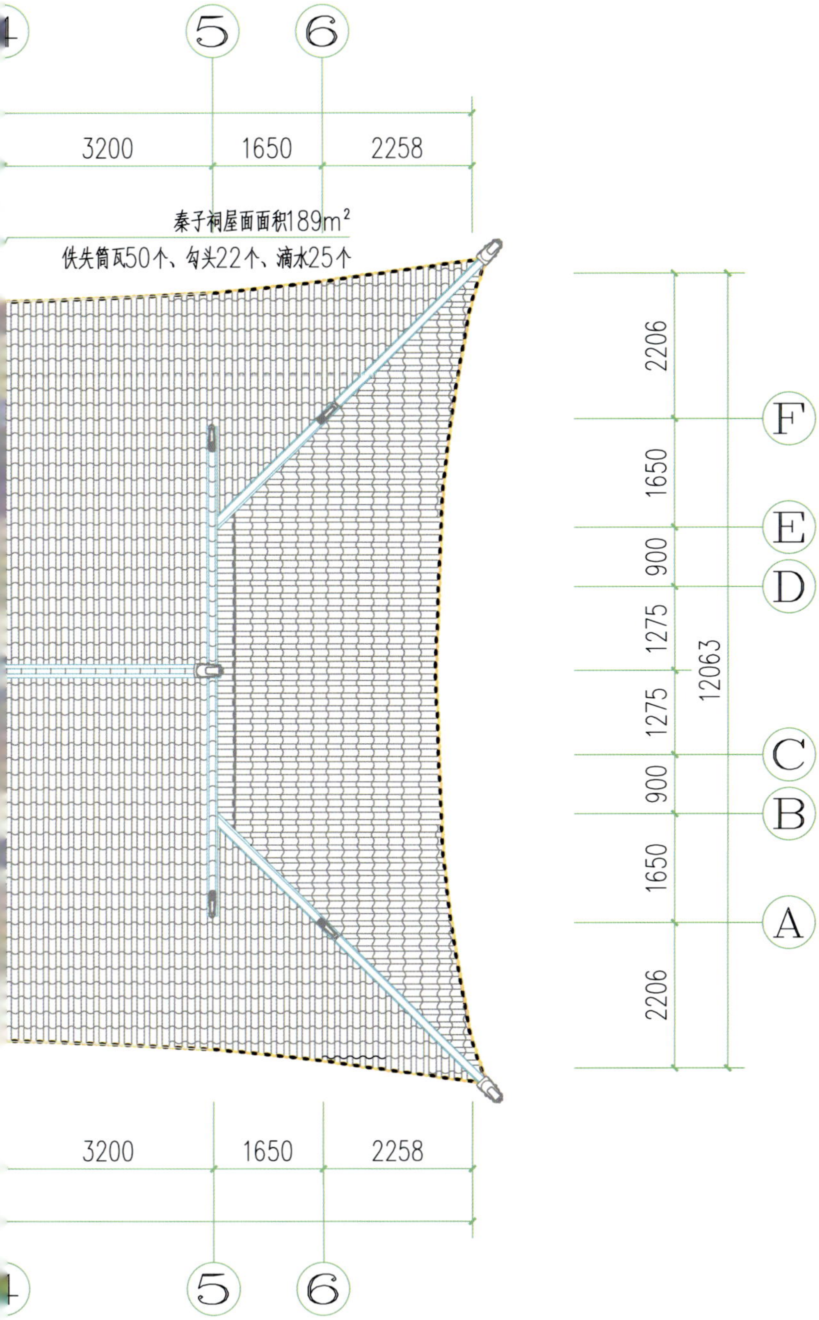

秦子祠屋顶平面图 1:100

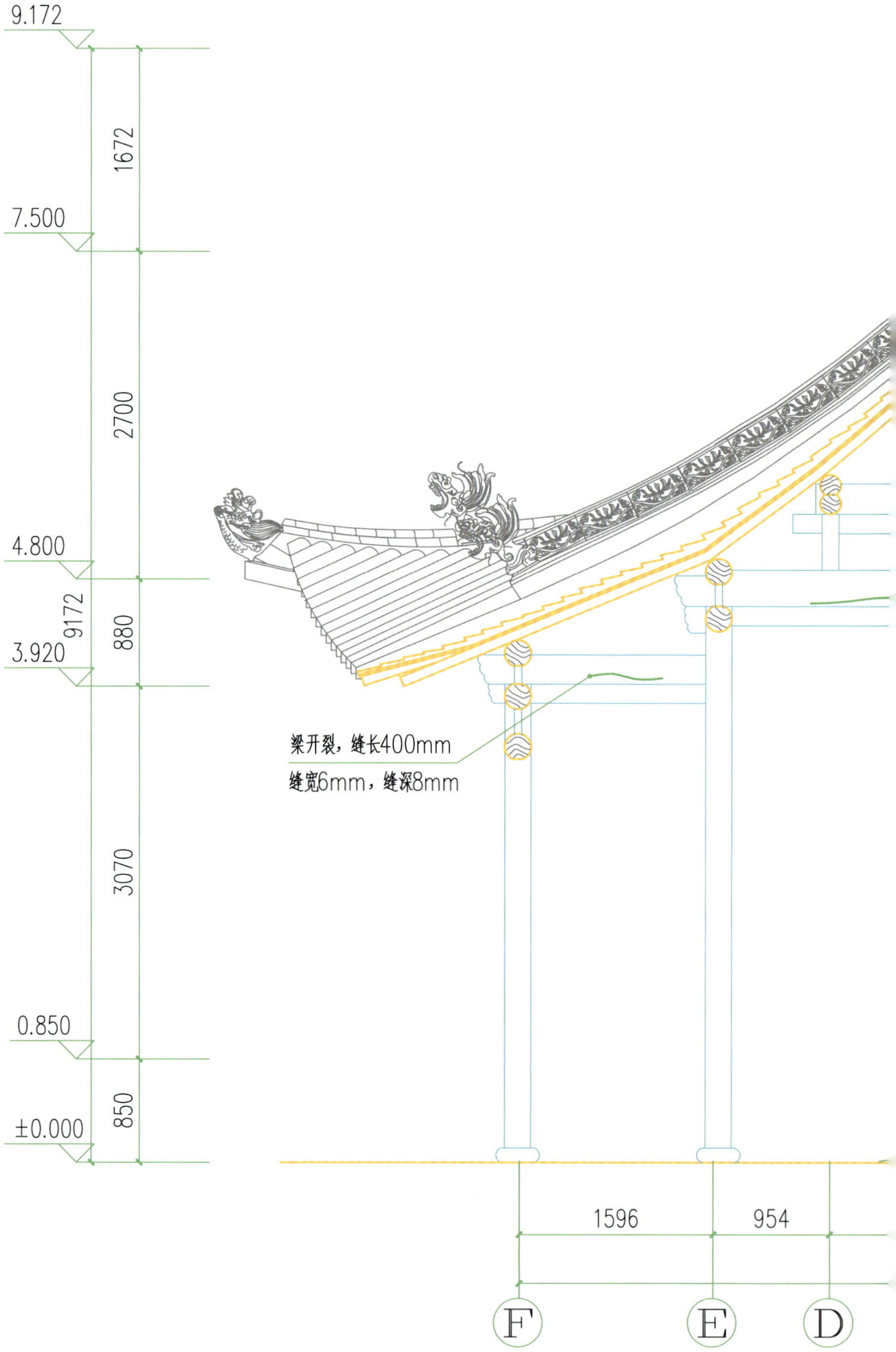
9.172
1672
7.500
2700
4.800
9172
880
3.920
梁开裂，缝长400mm
缝宽6mm，缝深8mm
3070
0.850
850
±0.000
1596
954
F
E
D

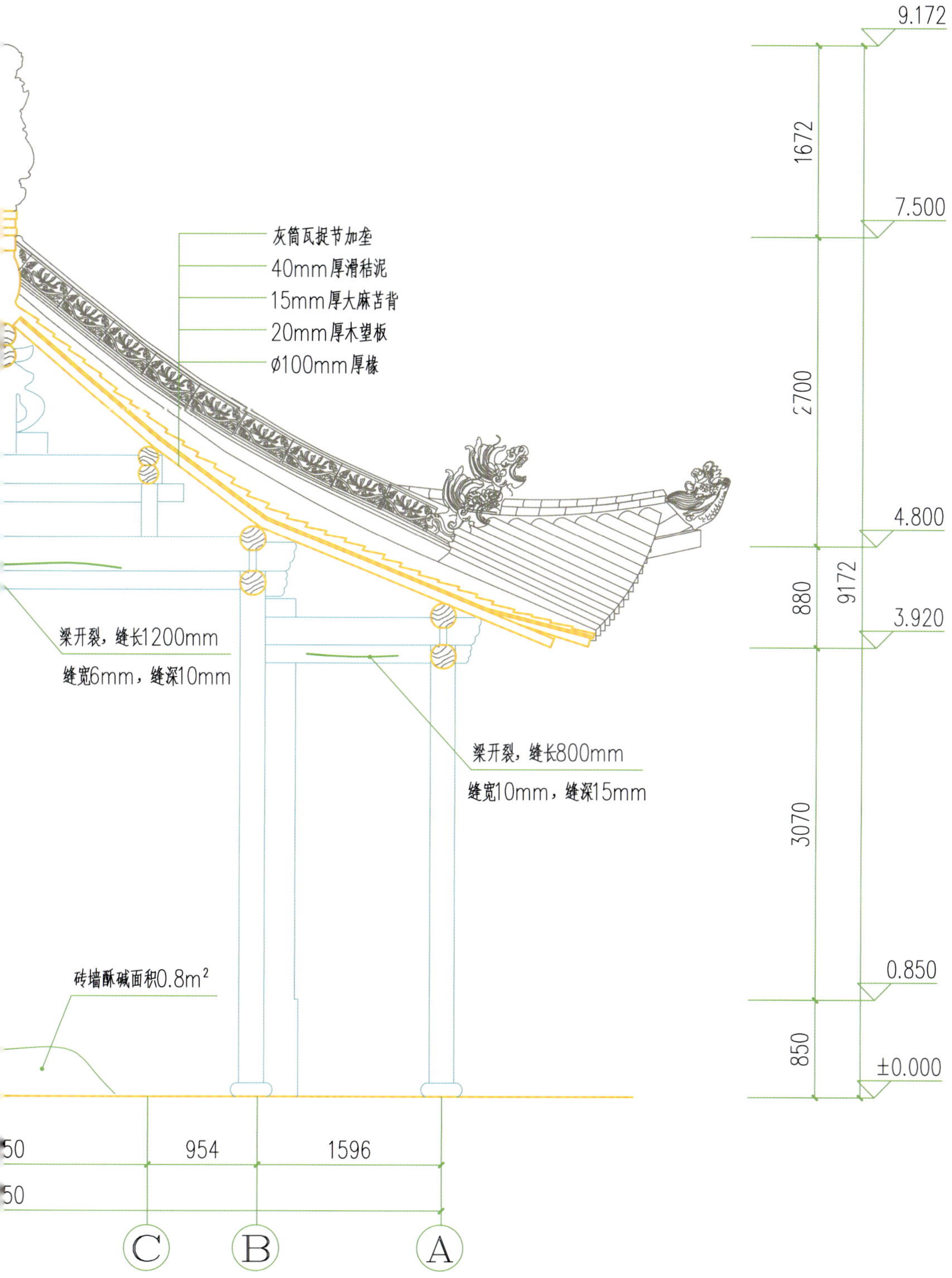

秦子祠1－1剖面图 1:50

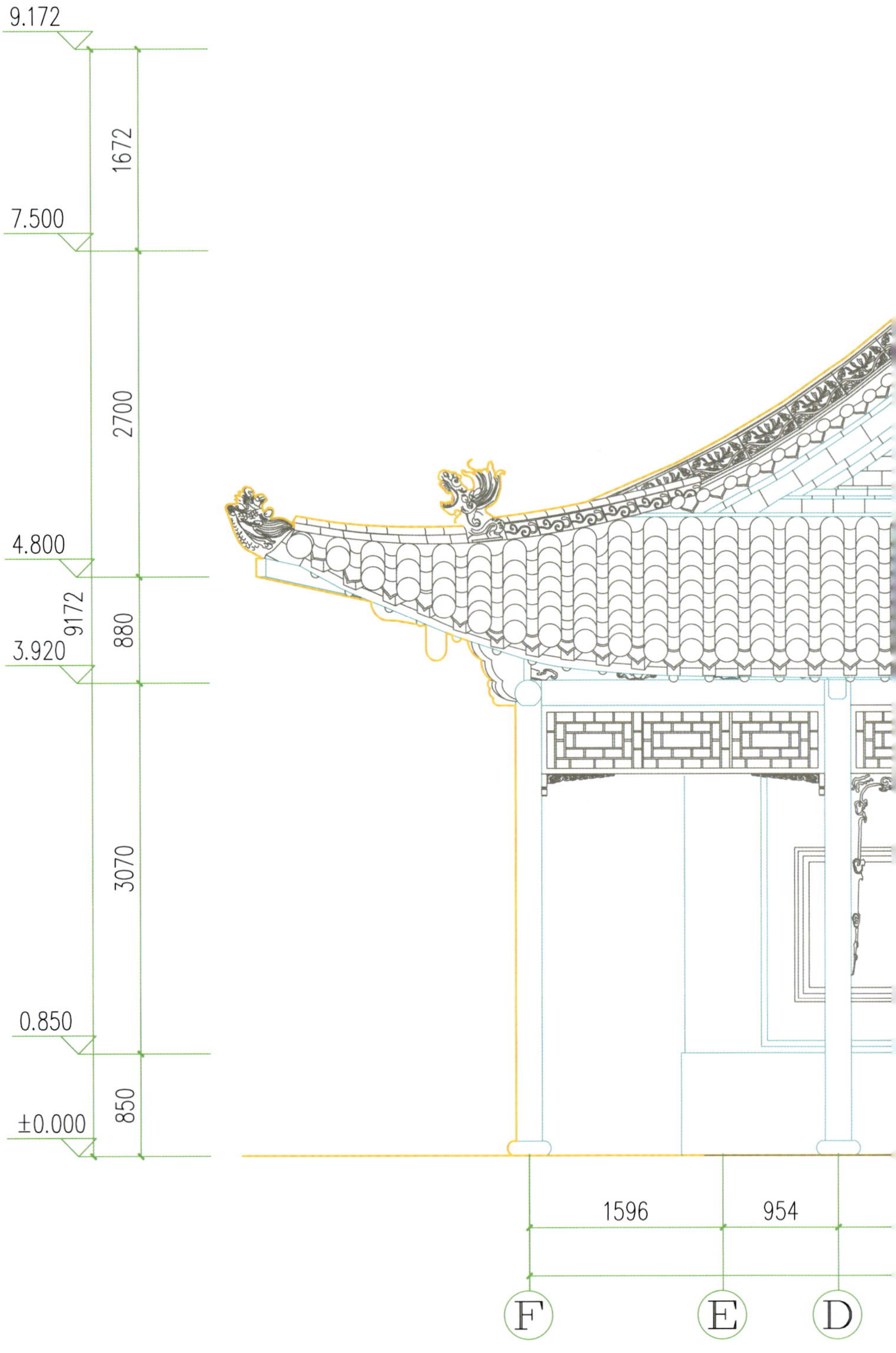
9.172
1672
7.500
2700
4.800
9172
880
3.920
3070
0.850
850
±0.000
1596
954
F
E
D

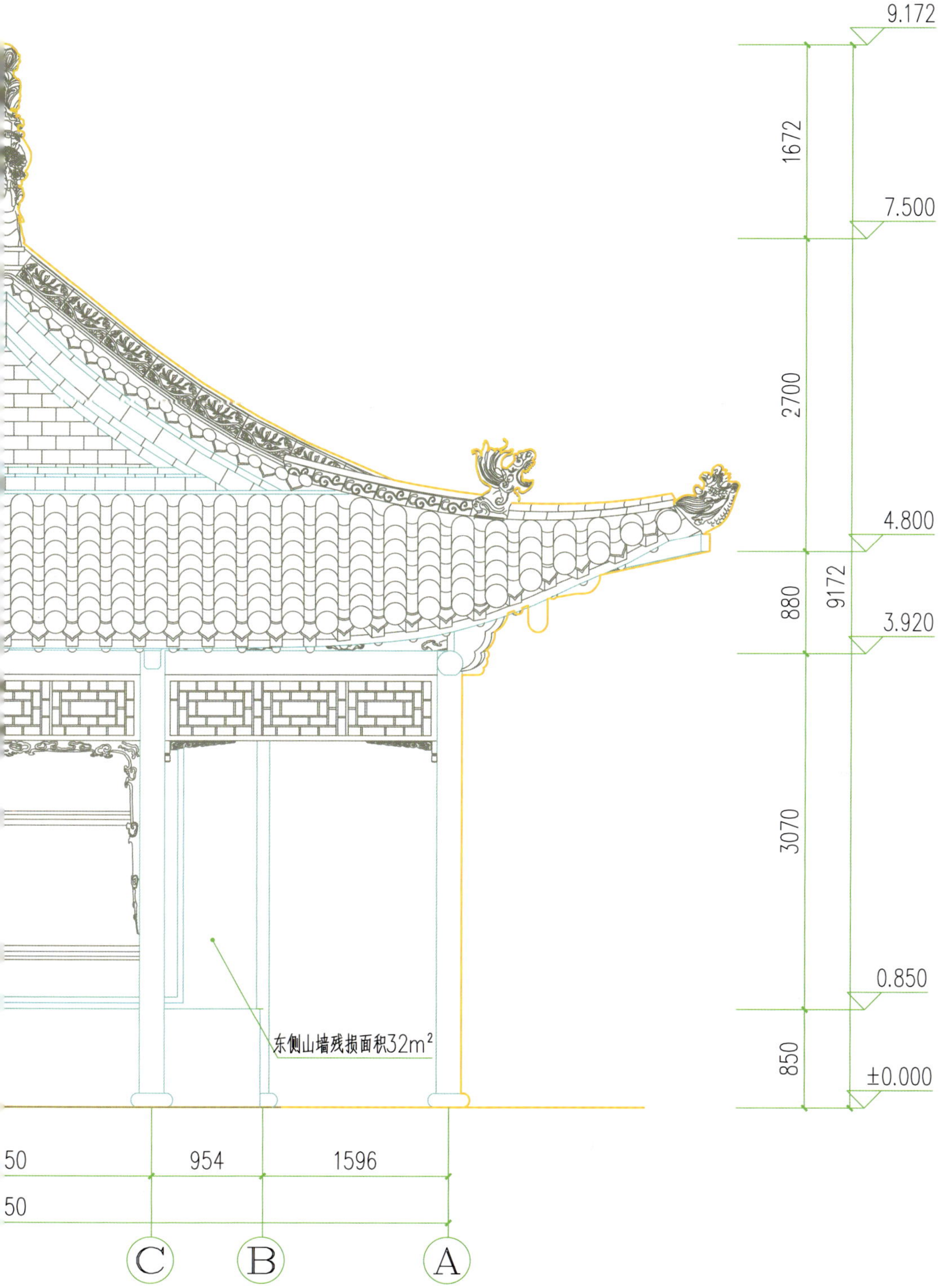
9.172
1672
7.500
2700
4.800
880
9172
3.920
3070
0.850
850
±0.000
东侧山墙残损面积32m²
50
954
1596
50
C
B
A

秦子祠东立面图 1:50

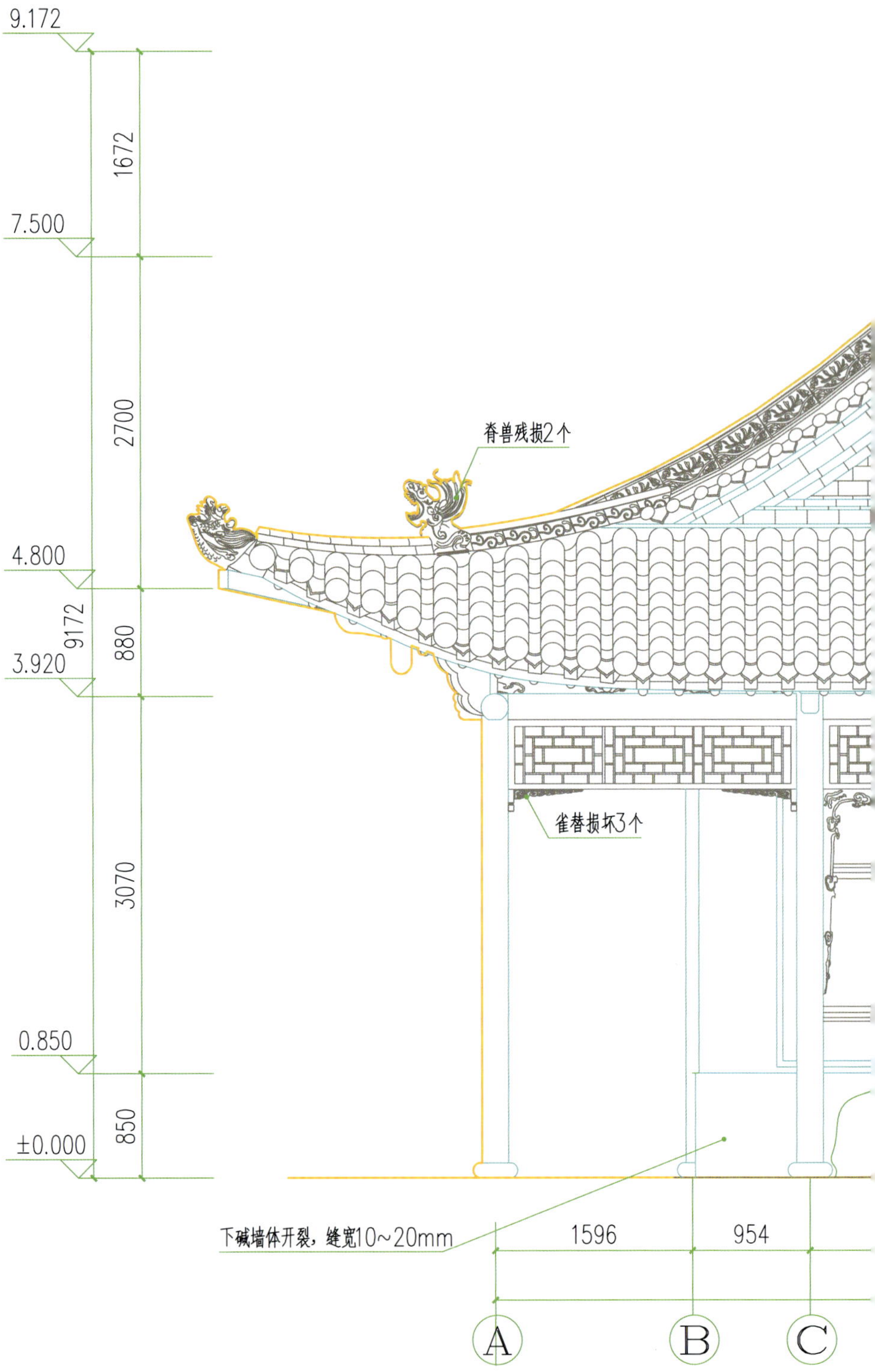
9.172
7.500
4.800
3.920
0.850
±0.000
1672
2700
880
9172
3070
850
脊兽残损2个
雀替损坏3个
下碱墙体开裂，缝宽10~20mm
1596
954
A
B
C

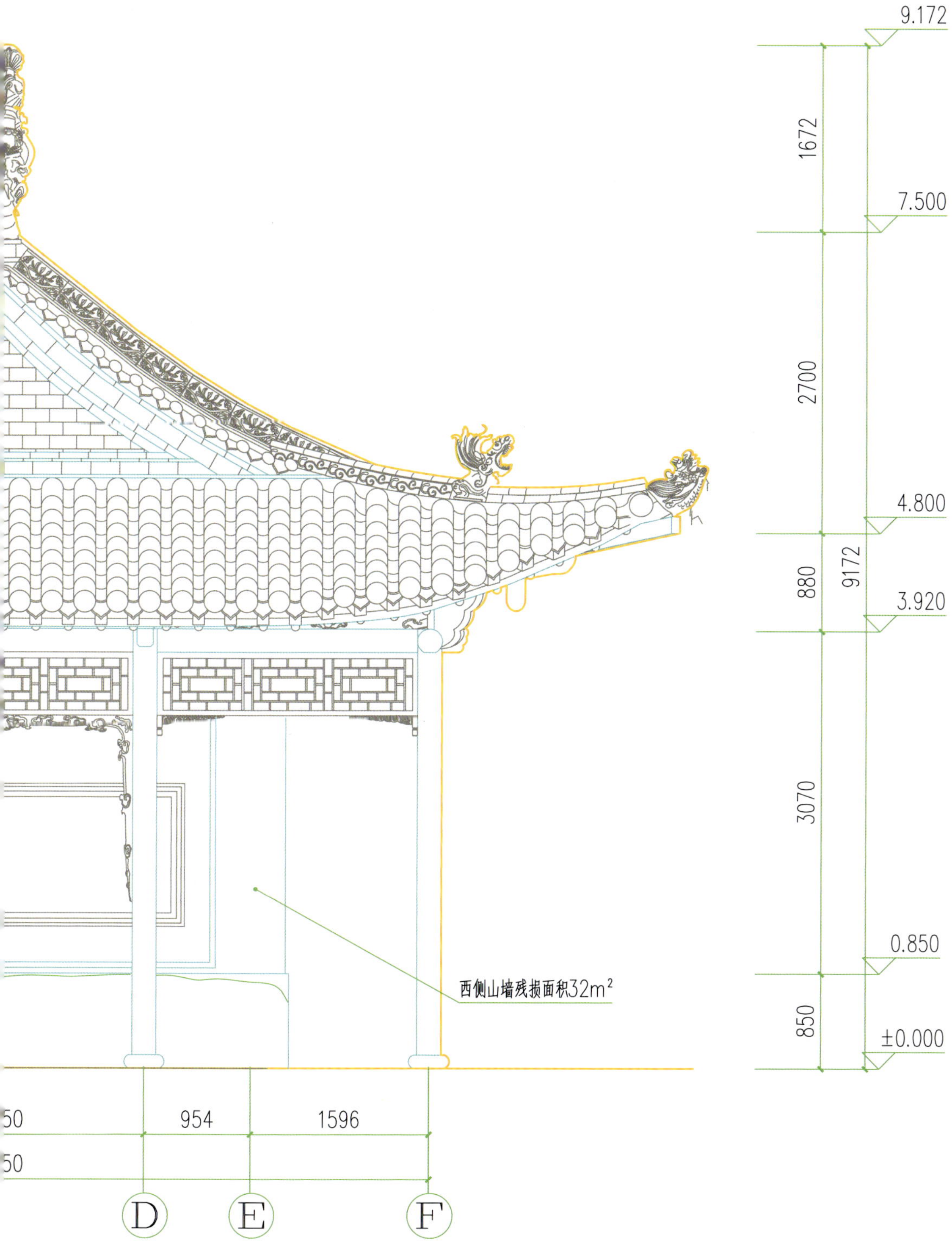

9.172
7.500
4.800
3.920
0.850
±0.000
1672
2700
880
9172
3070
850
西侧山墙残损面积32m²
50
954
1596
50
D
E
F

秦子祠西立面图 1:50

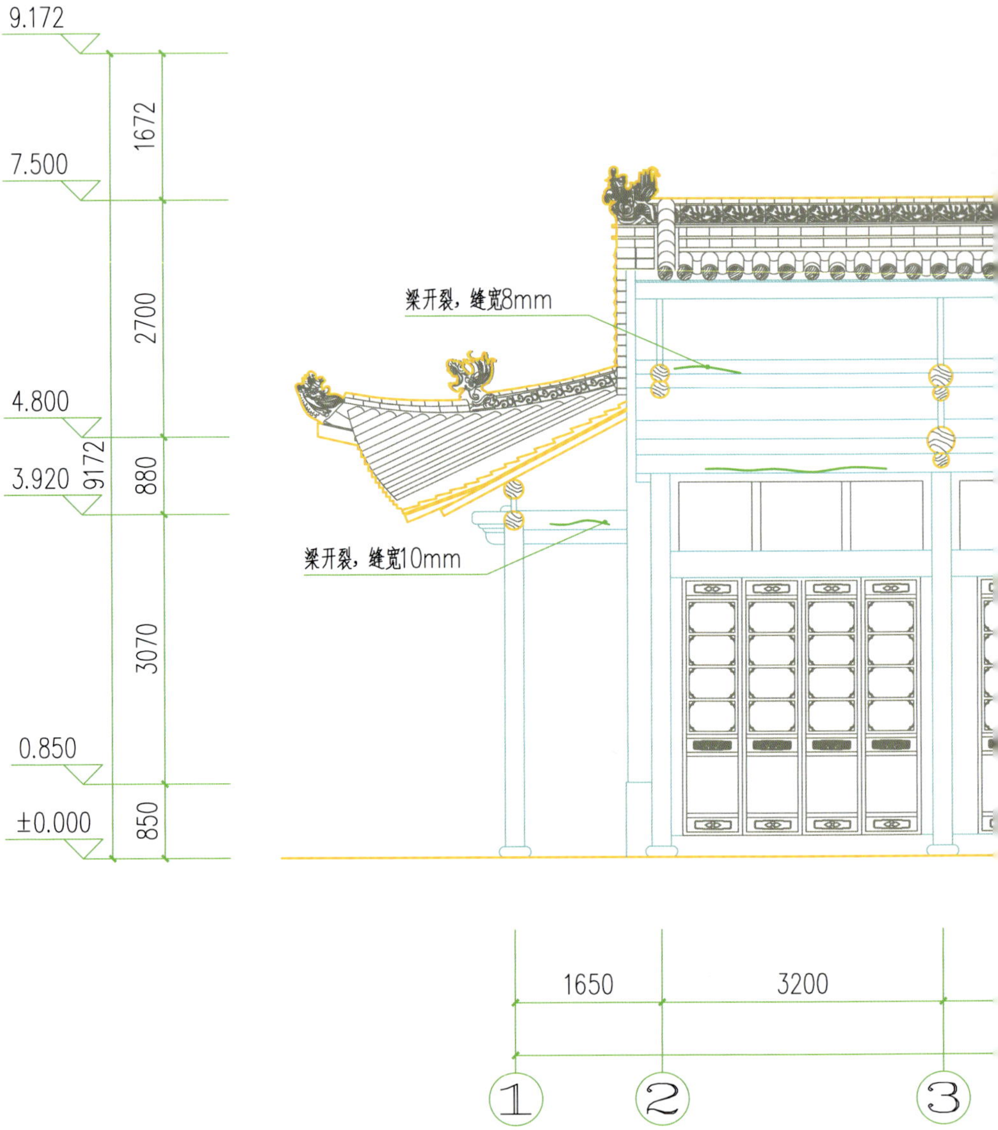
9.172
1672
7.500
2700
梁开裂，缝宽8mm
4.800
9172
880
3.920
梁开裂，缝宽10mm
3070
0.850
±0.000
850
1650
3200
1
2
3

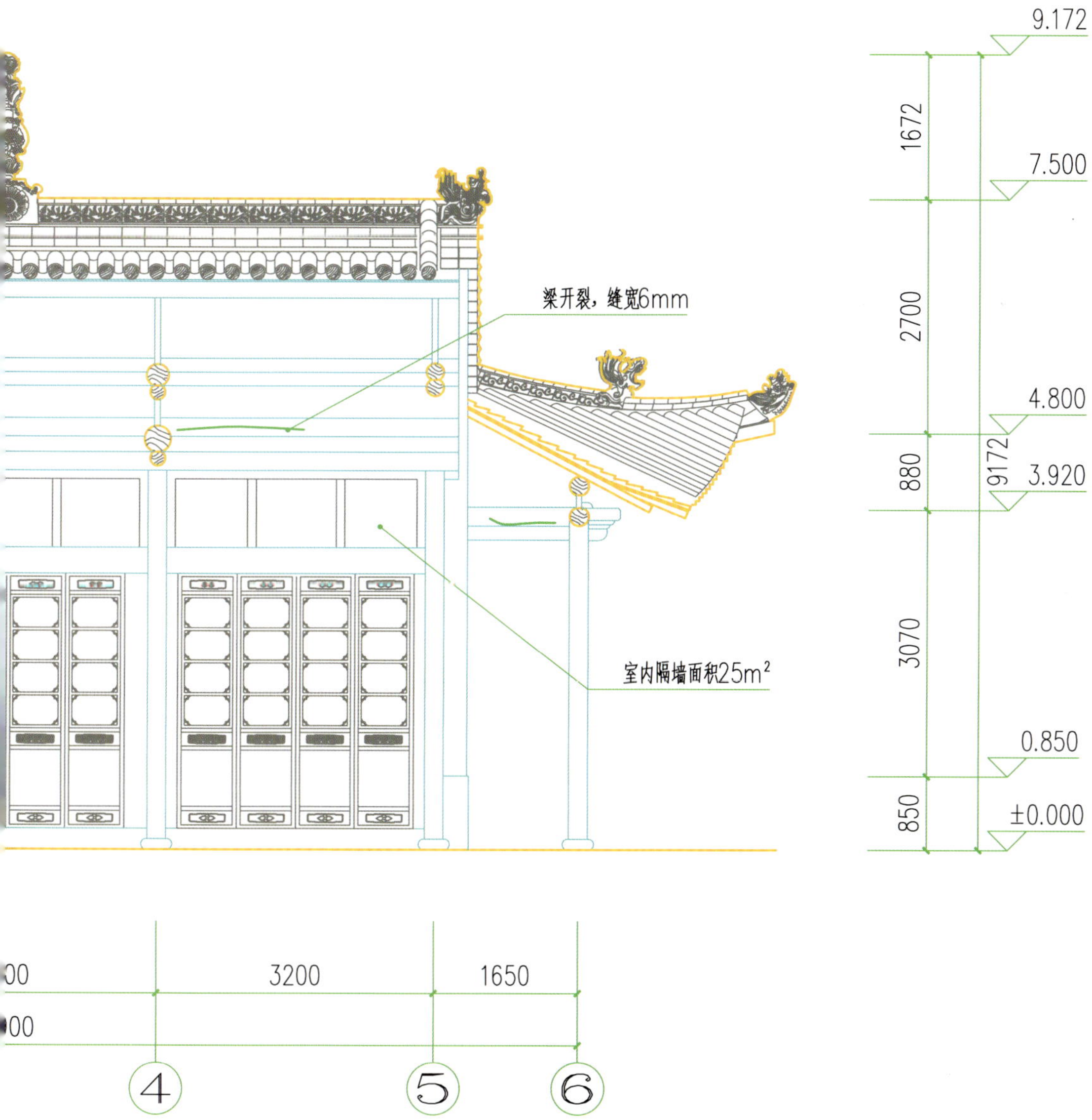

秦子祠2－2剖面图 1:75

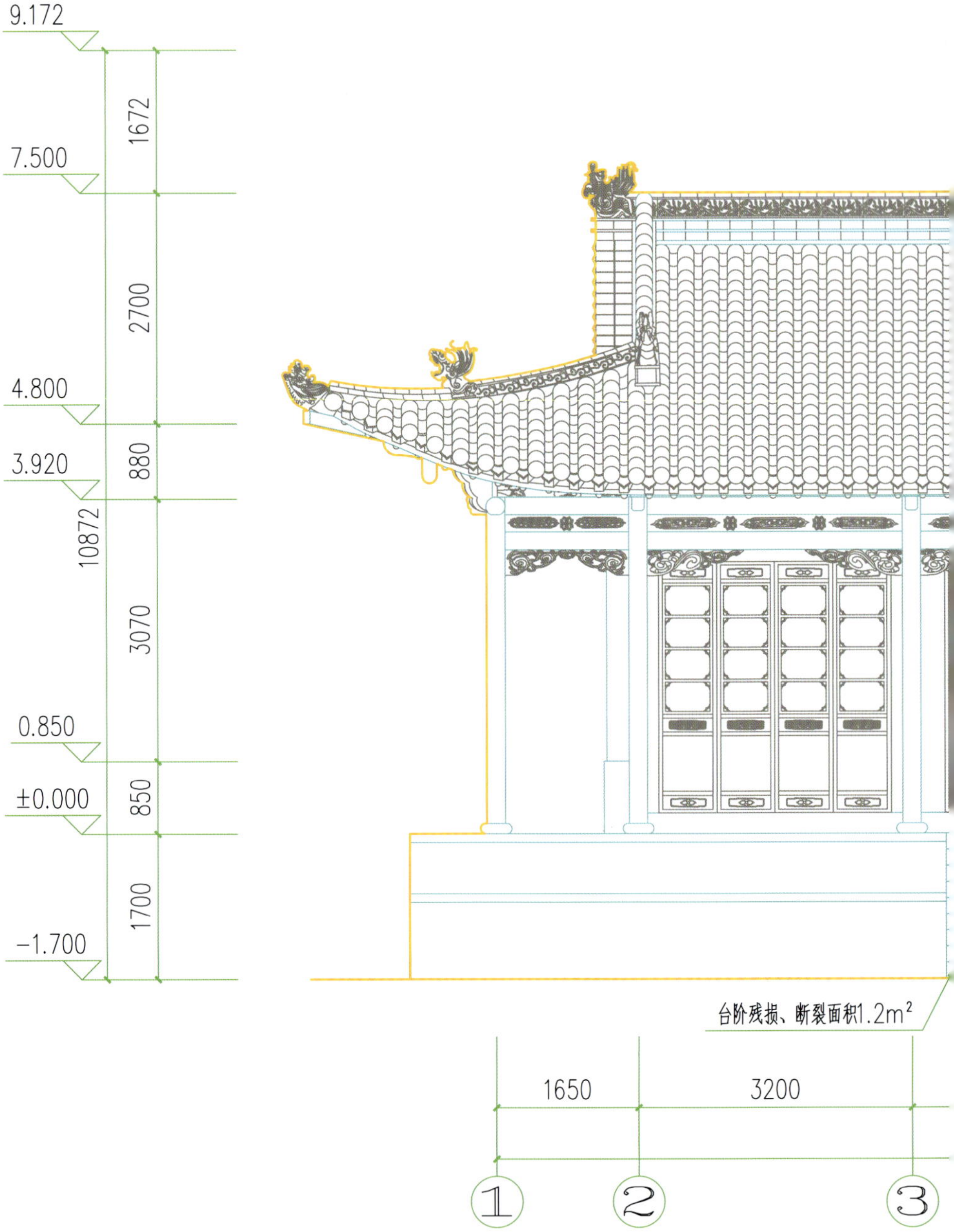
9.172
7.500
4.800
3.920
0.850
±0.000
−1.700
1672
2700
880
10872
3070
850
1700
台阶残损、断裂面积1.2m²
1650
3200
1
2
3

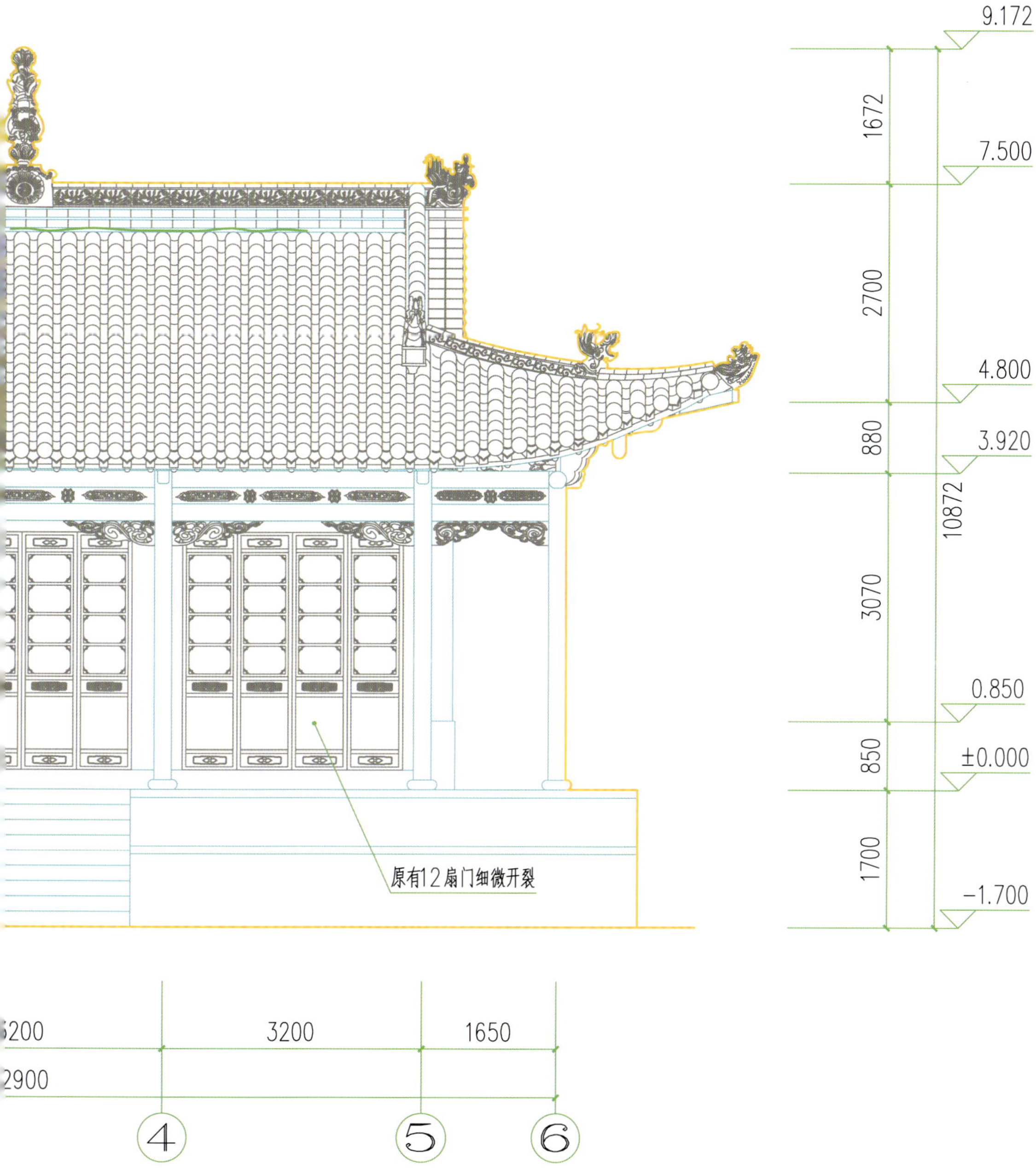
9.172
1672
7.500
2700
4.800
880
3.920
10872
3070
0.850
850
±0.000
1700
−1.700
原有12扇门细微开裂
3200
3200
1650
2900
4
5
6

秦子祠北立面图 1:75

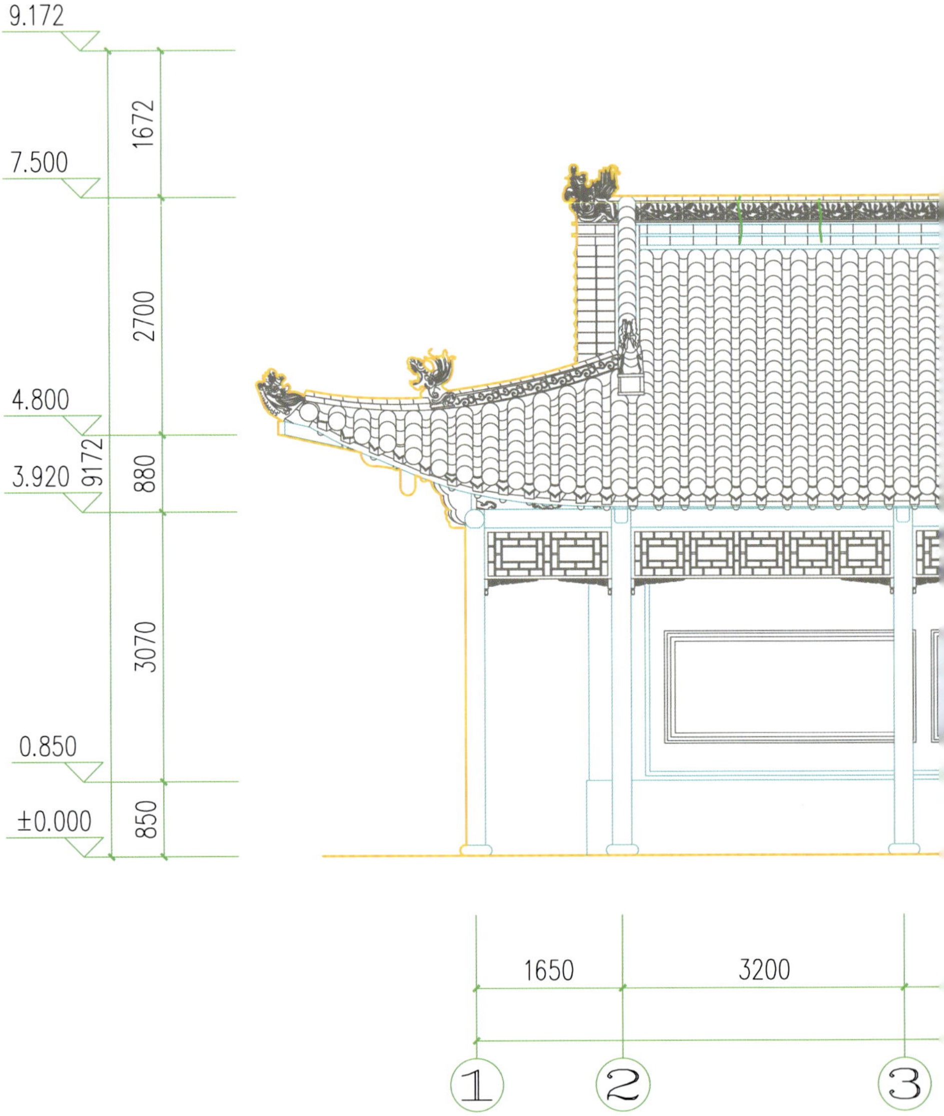
9.172
7.500
4.800
3.920
0.850
±0.000
1672
2700
880
9172
3070
850
1650
3200
1
2
3

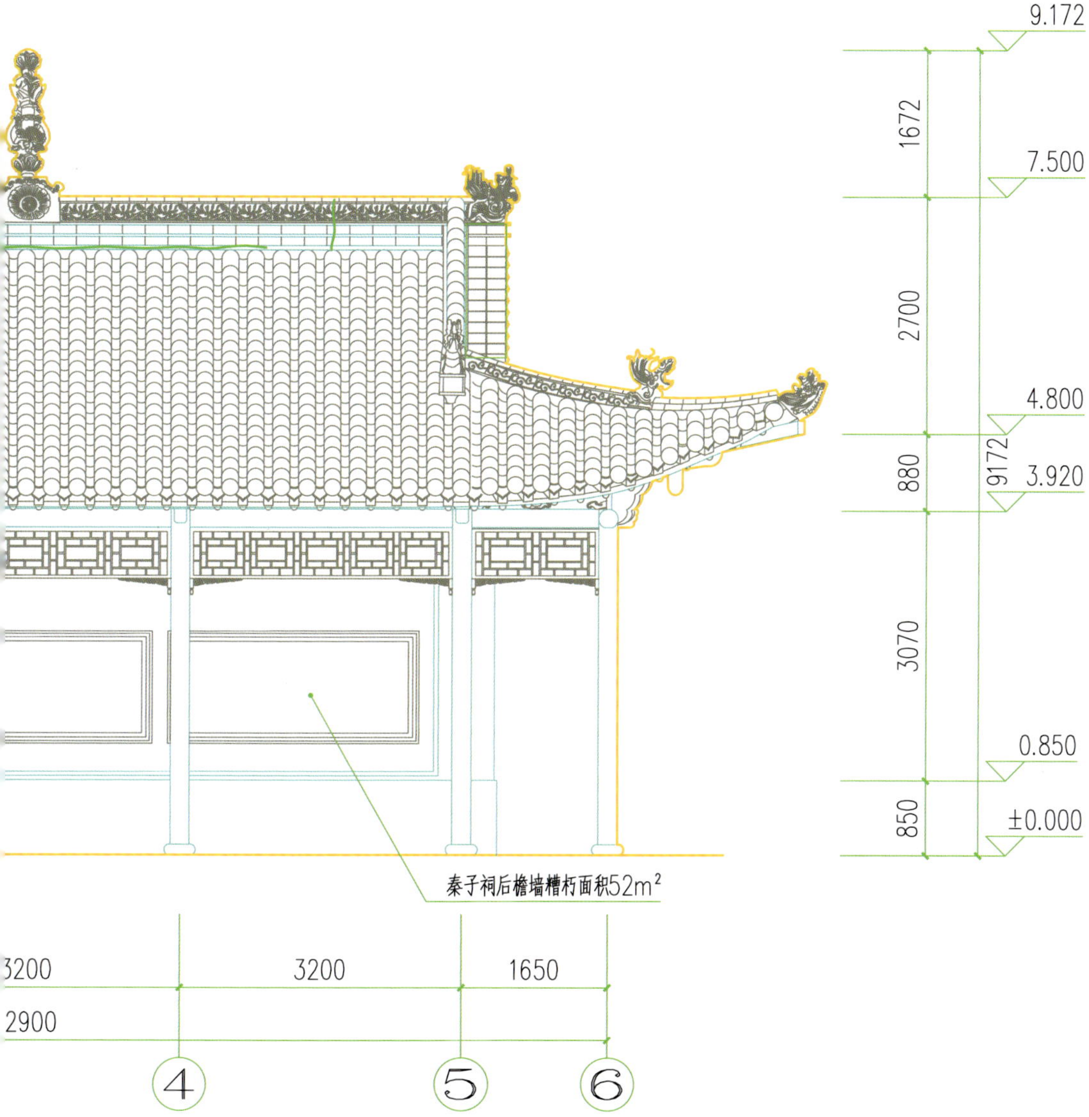
9.172
7.500
4.800
3.920
0.850
±0.000
1672
2700
880
9172
3070
850
秦子祠后檐墙糟朽面积52m²
3200
3200
1650
2900
4
5
6

秦子祠南立面图 1:75

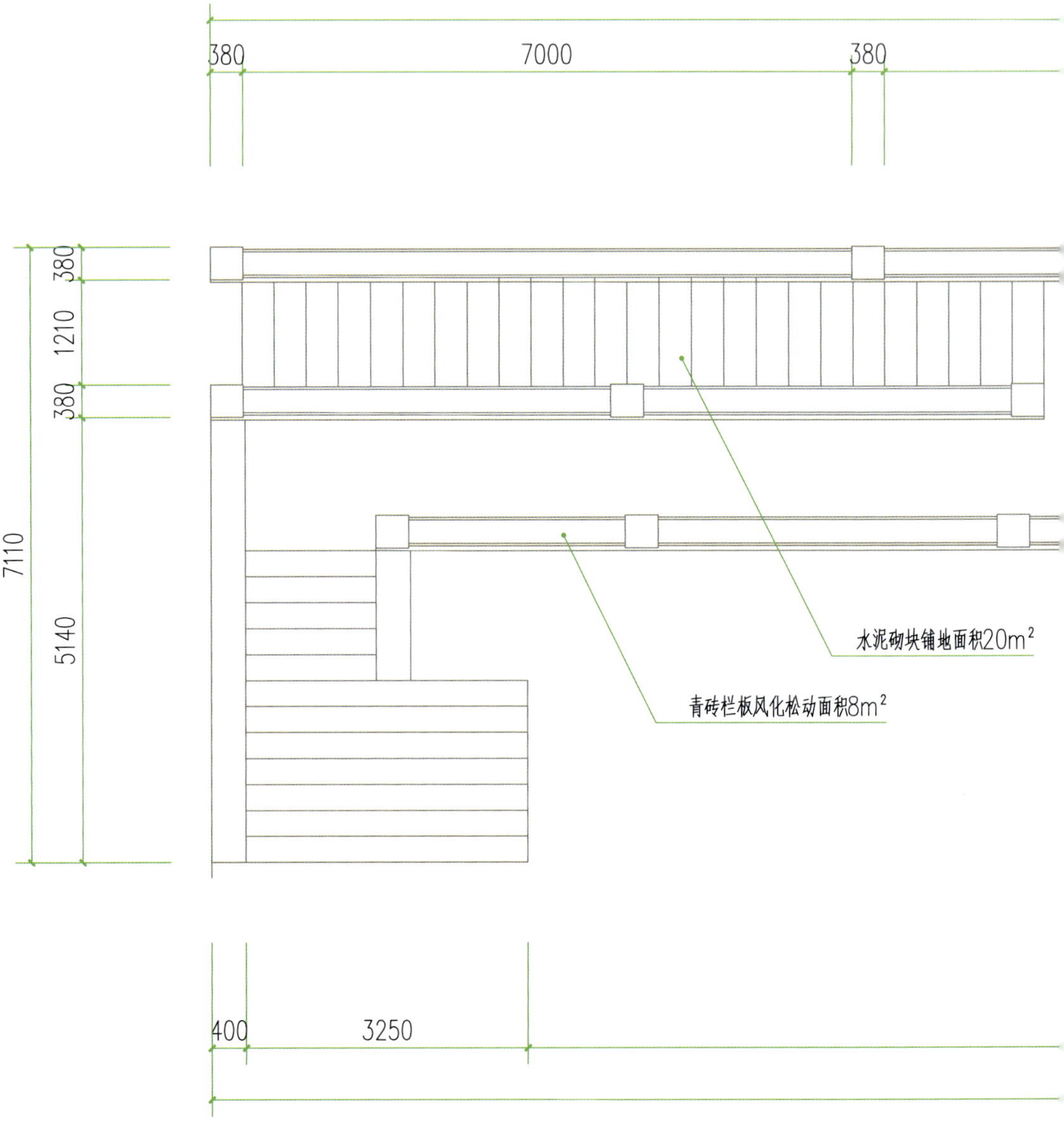
380
7000
380
380
1210
380
7110
5140
水泥砌块铺地面积20m²
青砖栏板风化松动面积8m²
400
3250

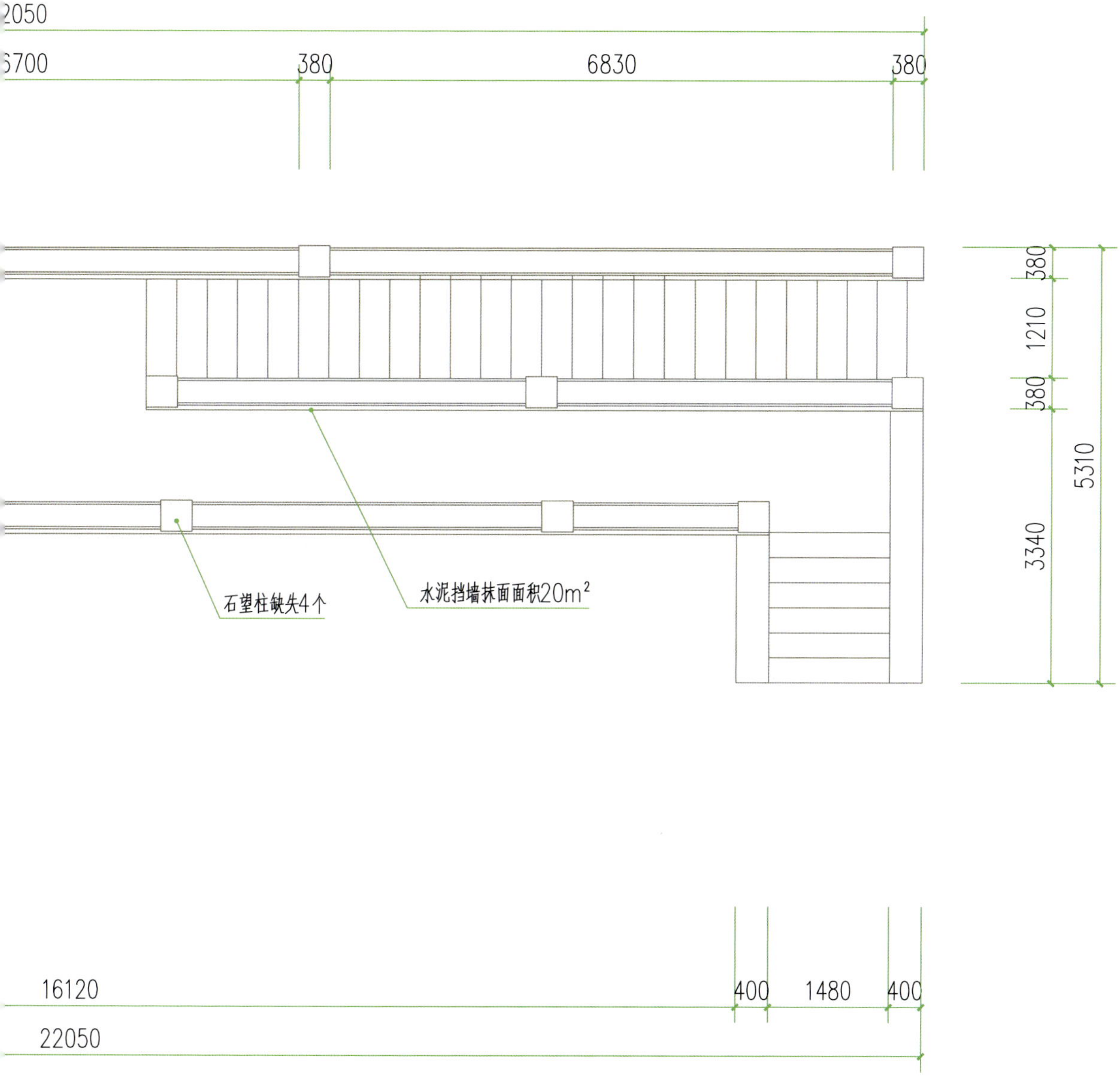

秦子祠后侧台阶平面图 1:75

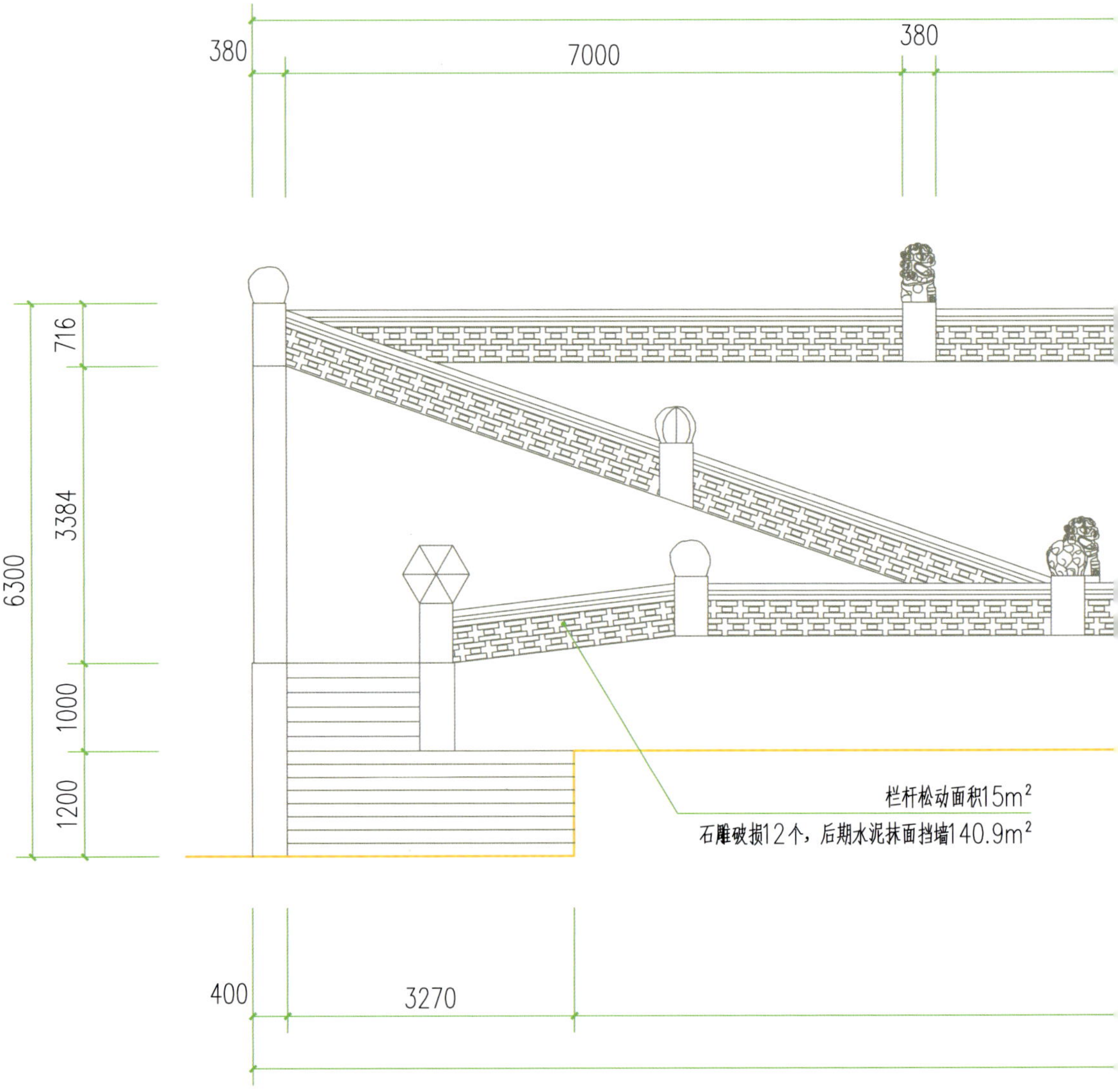

380
7000
380
716
3384
6300
1000
1200
栏杆松动面积15m²
石雕破损12个，后期水泥抹面挡墙140.9m²
400
3270

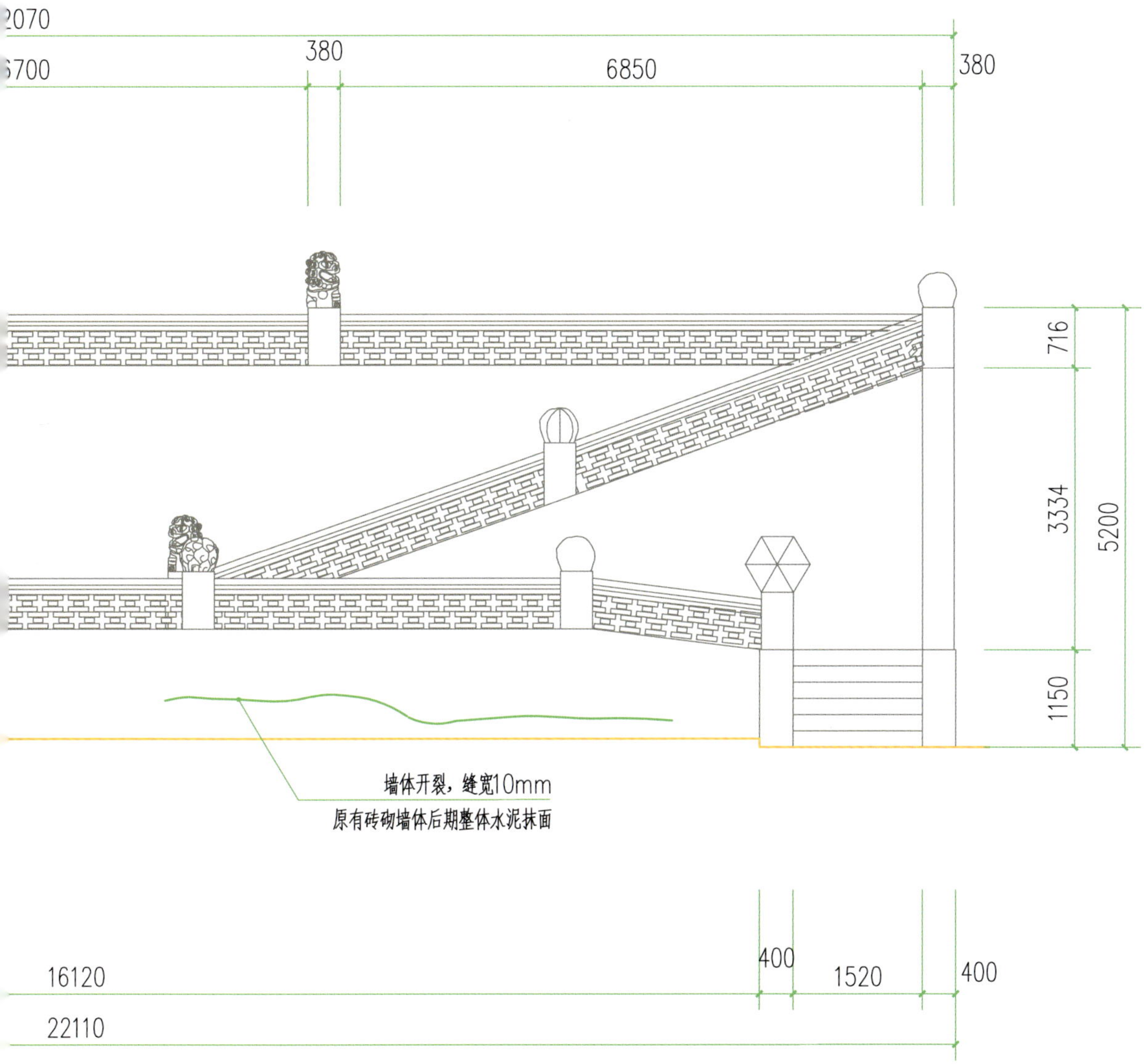

秦子祠后侧台阶立面图 1:75

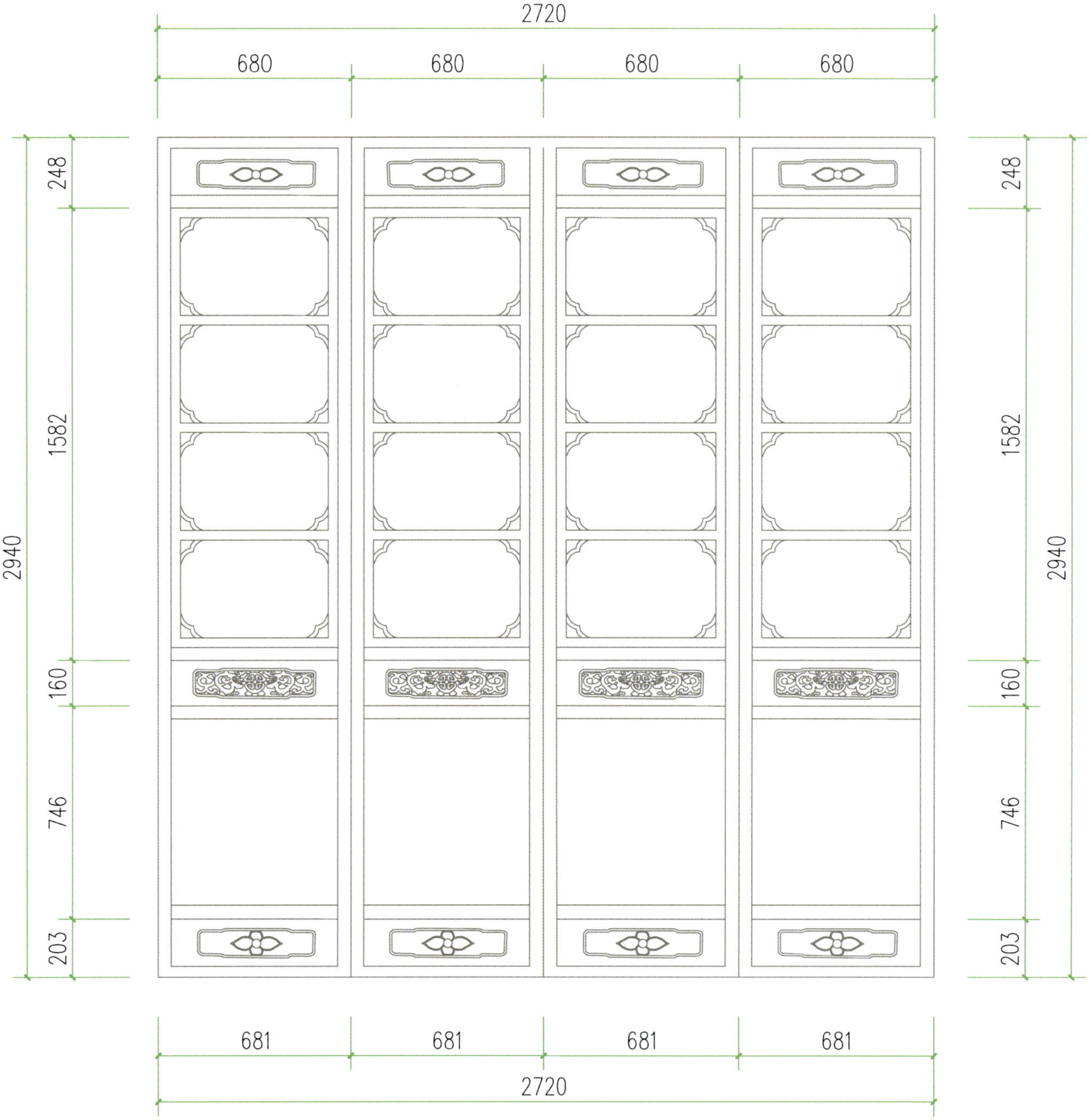

秦子祠大门立面大样图 1:20

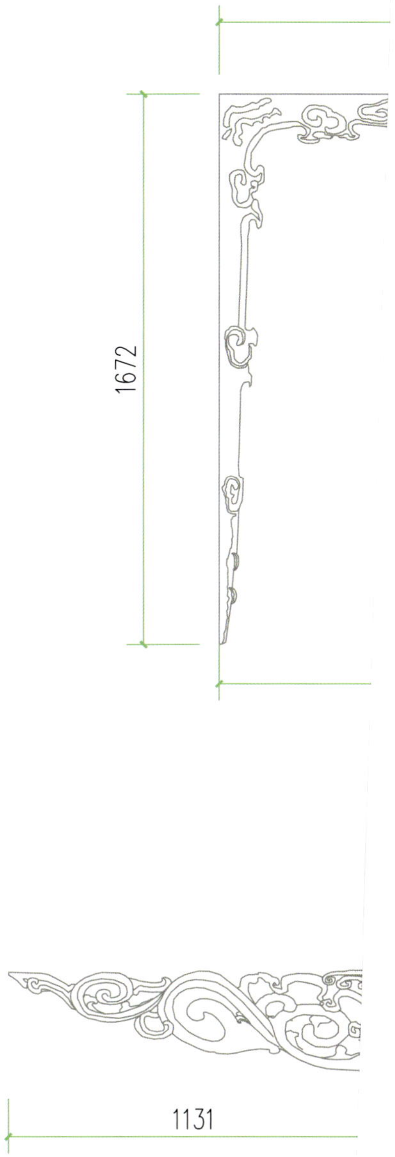

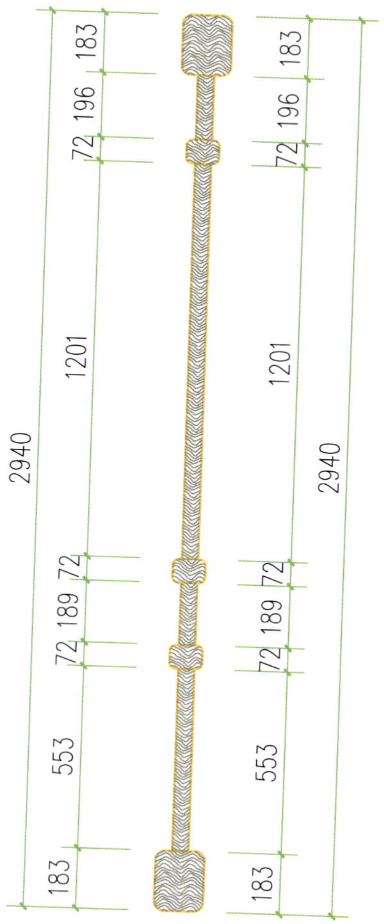

秦子祠大门剖面大样图 1:20

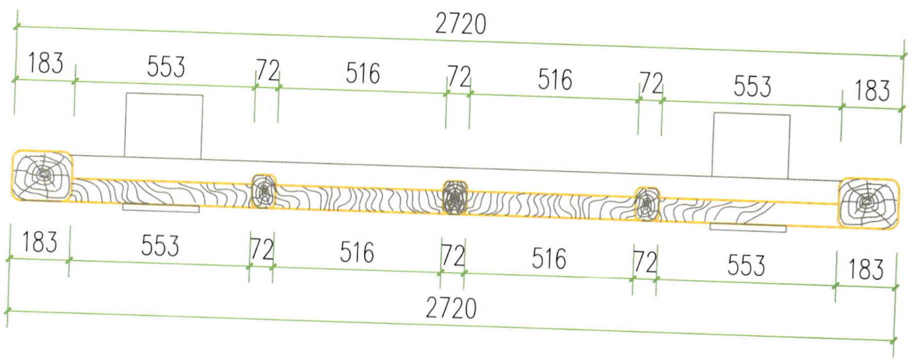

秦子祠大门平面大样图 1:20

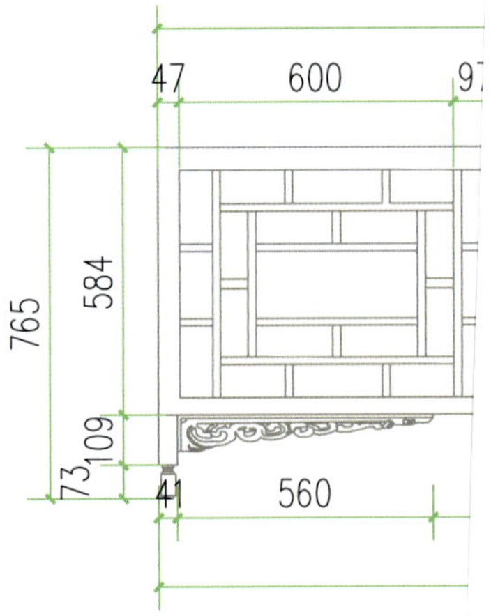
47
600
97
765
584
109
73
41
560

1970
145
745

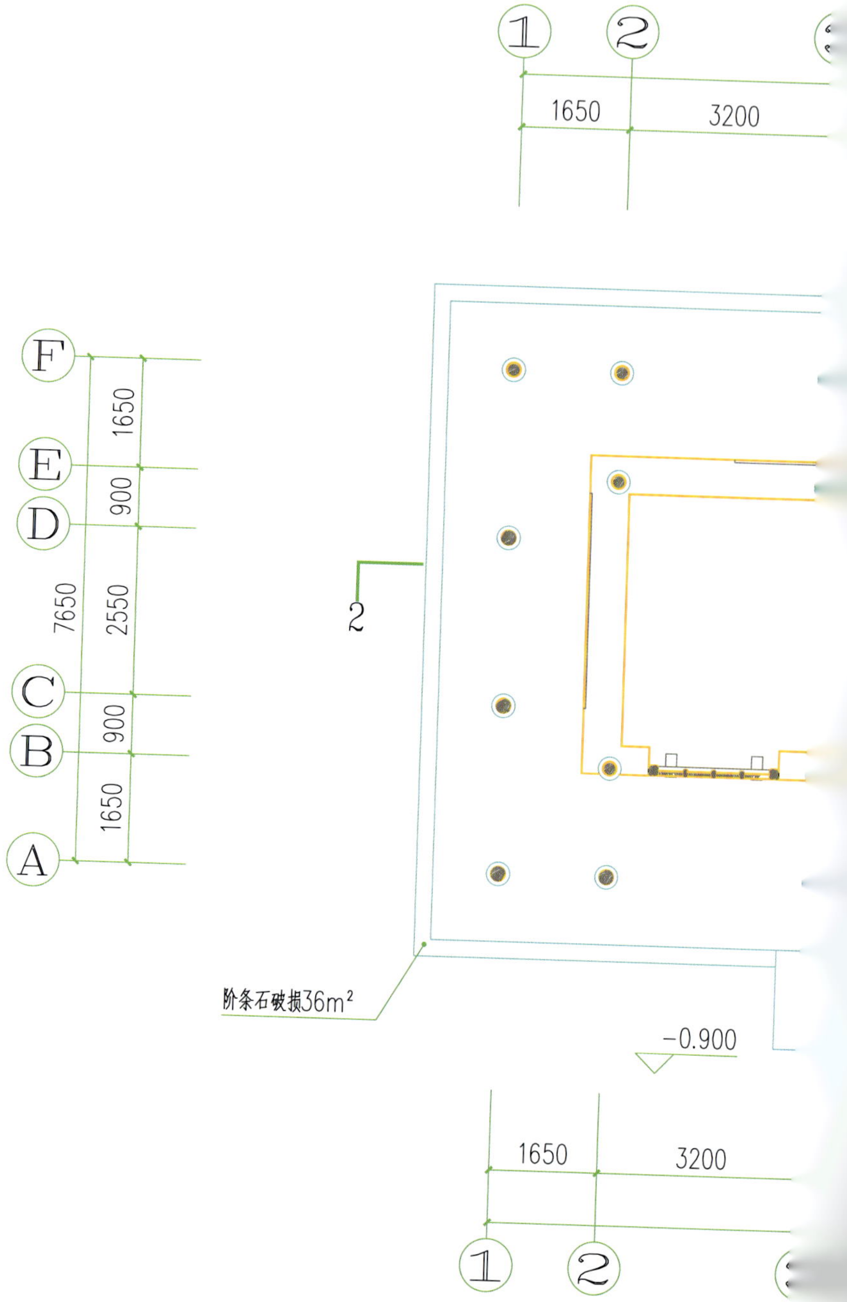
1
2
1650
3200
F
E
D
C
B
A
1650
900
7650
2550
900
1650
2
阶条石破损36m²
-0.900
1650
3200
1
2

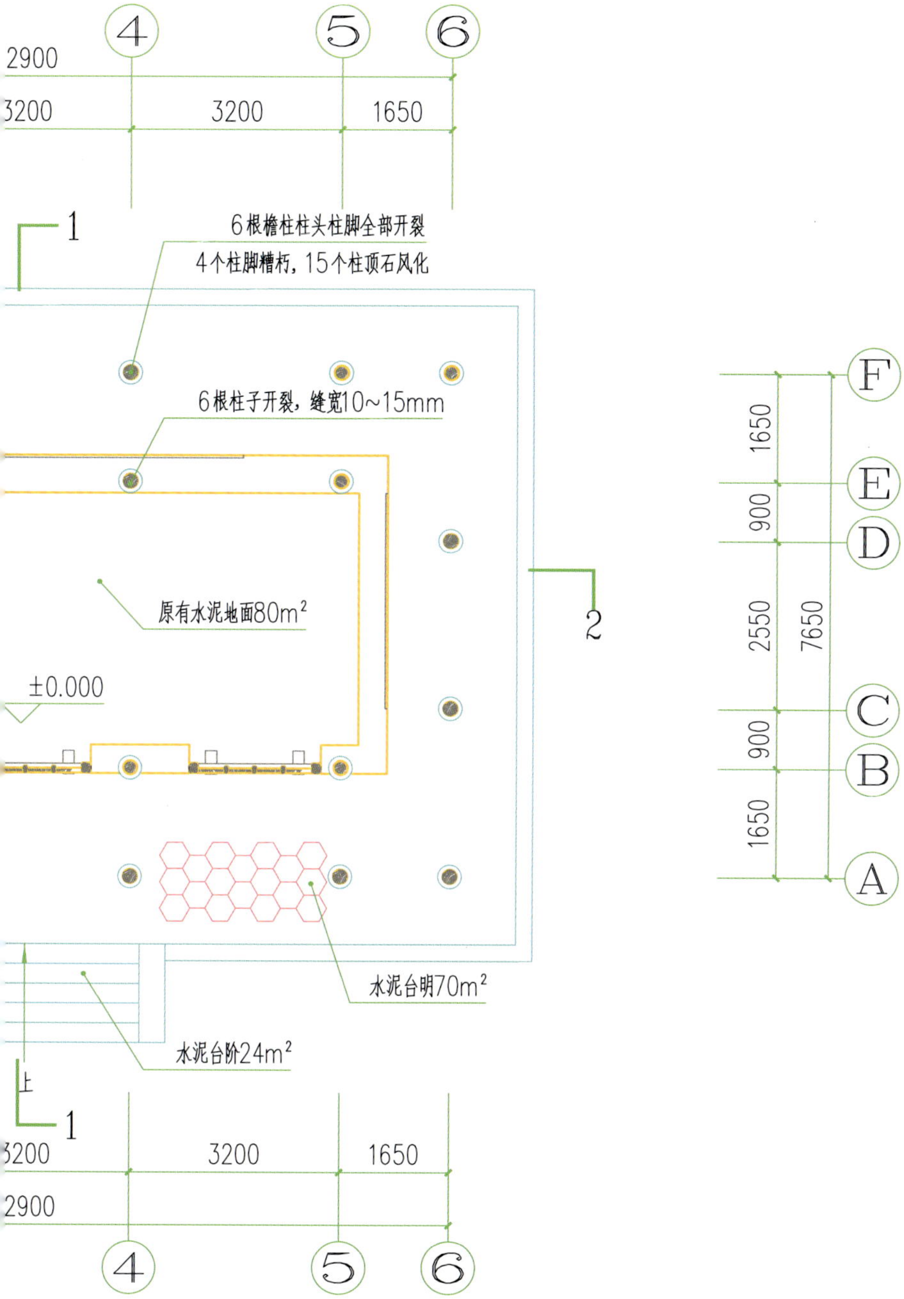

壤驷子祠平面图 1:100

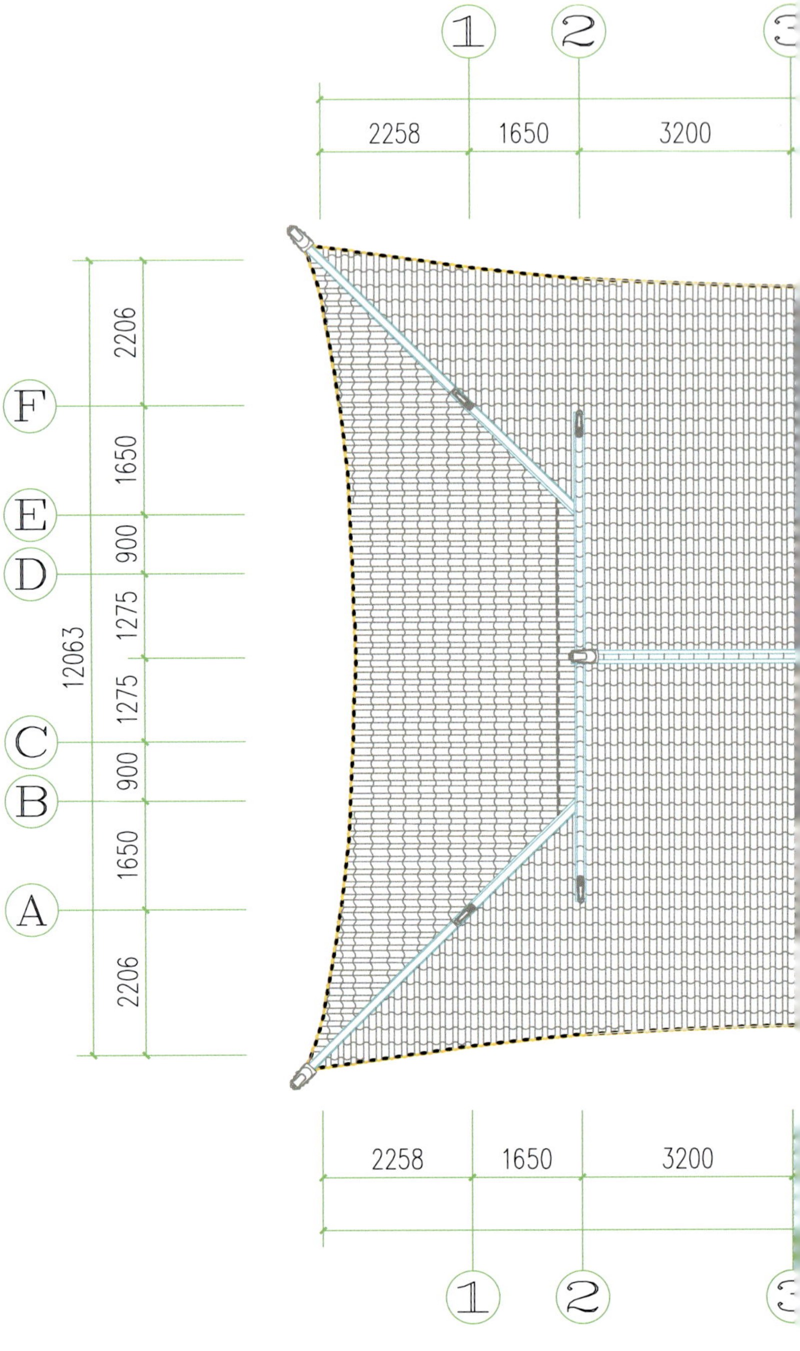
1
2
3
2258
1650
3200
2206
F
1650
E
900
D
1275
12063
1275
C
900
B
1650
A
2206
2258
1650
3200
1
2
3

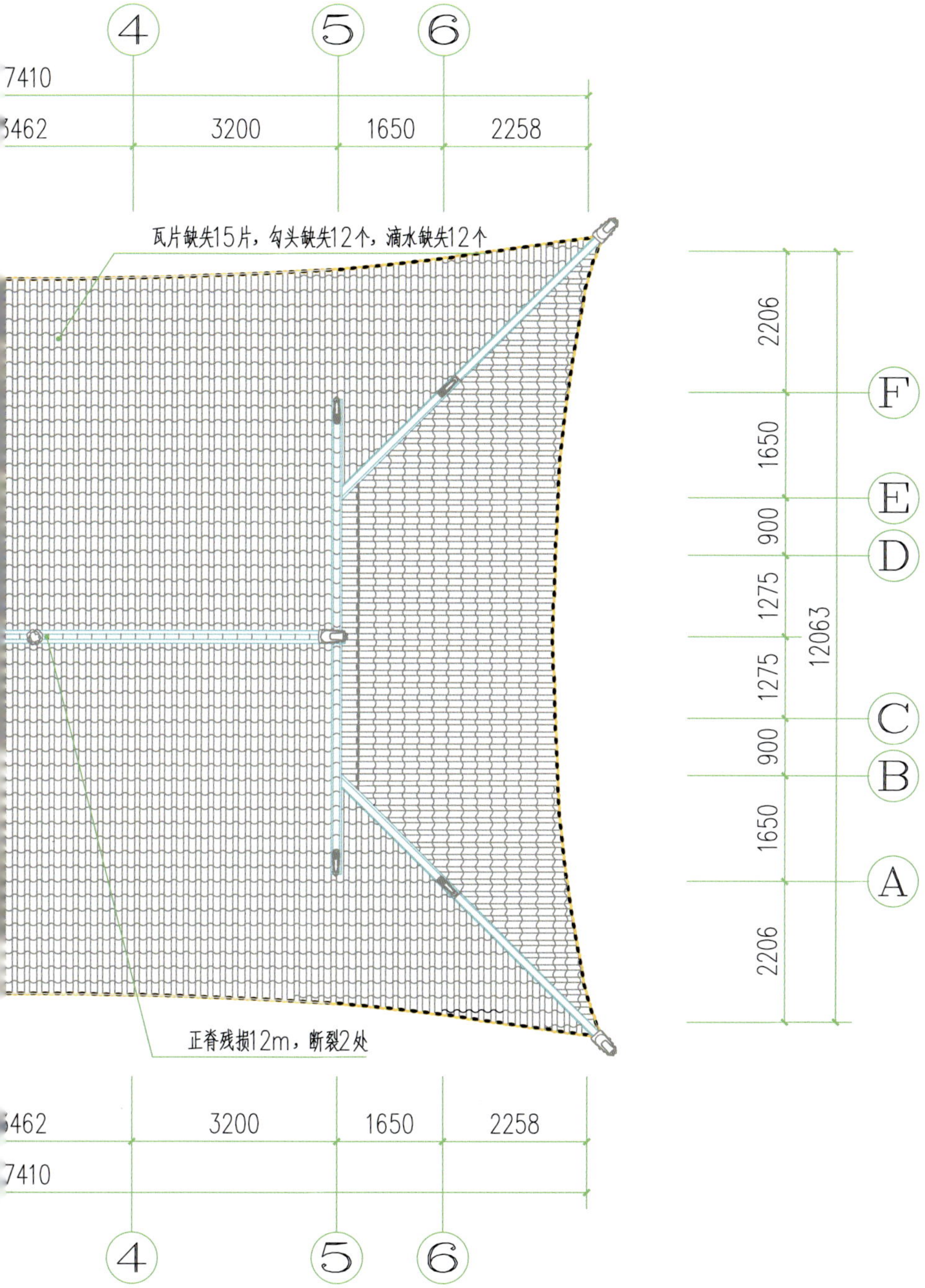

壤驷子祠屋顶平面图 1:100

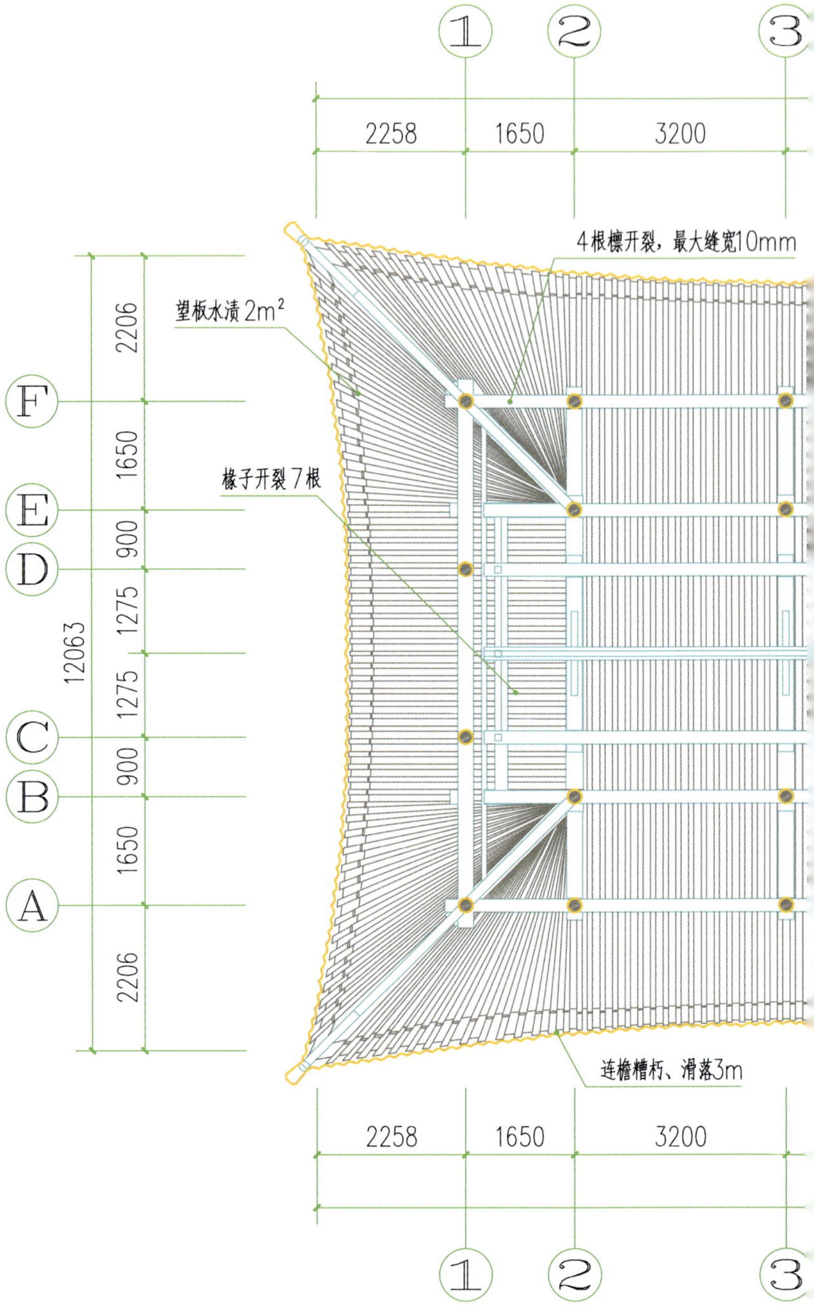

1
2
3
2258
1650
3200
4根檩开裂，最大缝宽10mm
望板水渍 2m²
椽子开裂 7根
连檐糟朽、滑落3m
F
E
D
C
B
A
2206
1650
900
1275
1275
900
1650
2206
12063

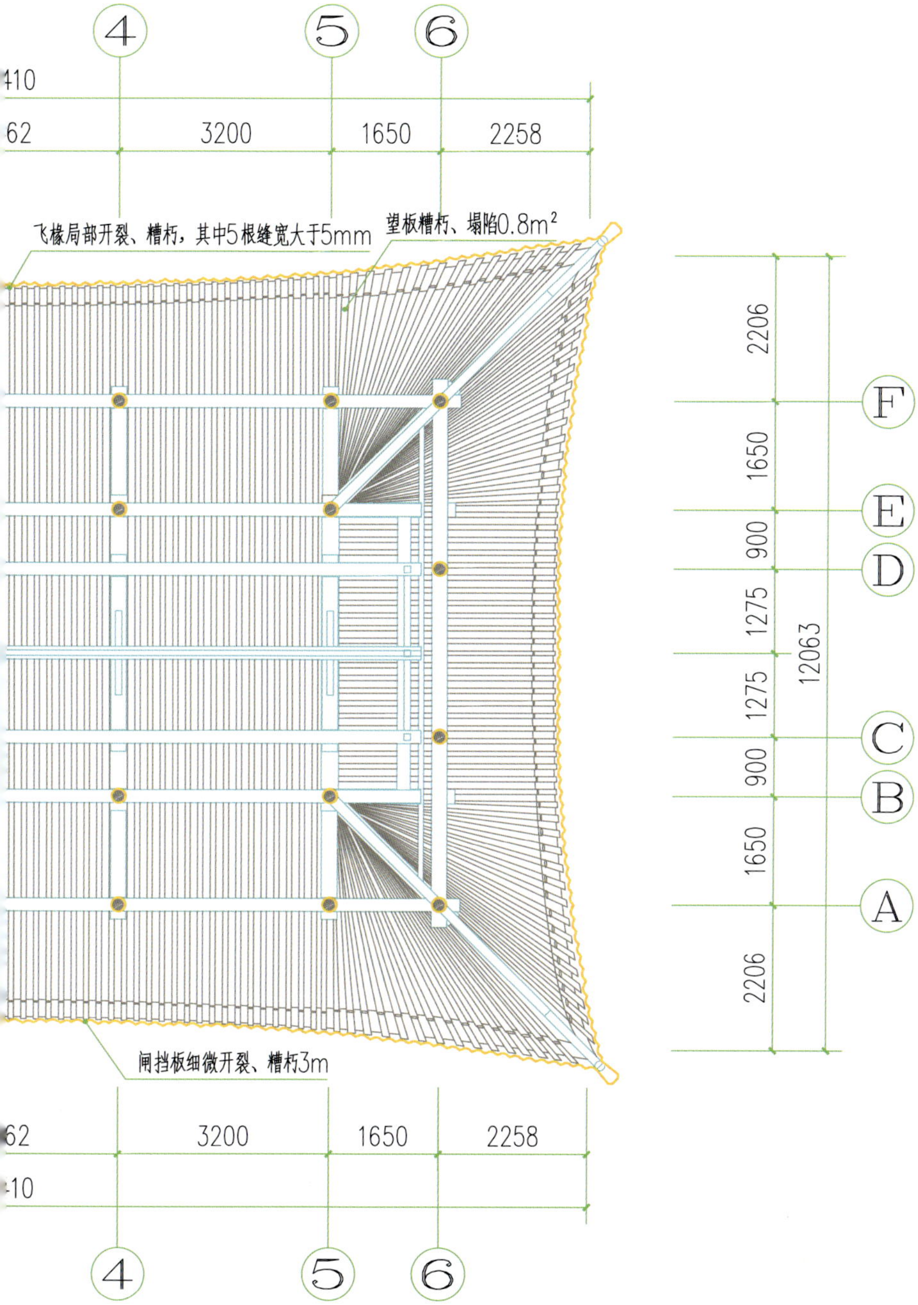

壤驷子祠梁架仰视图 1:100

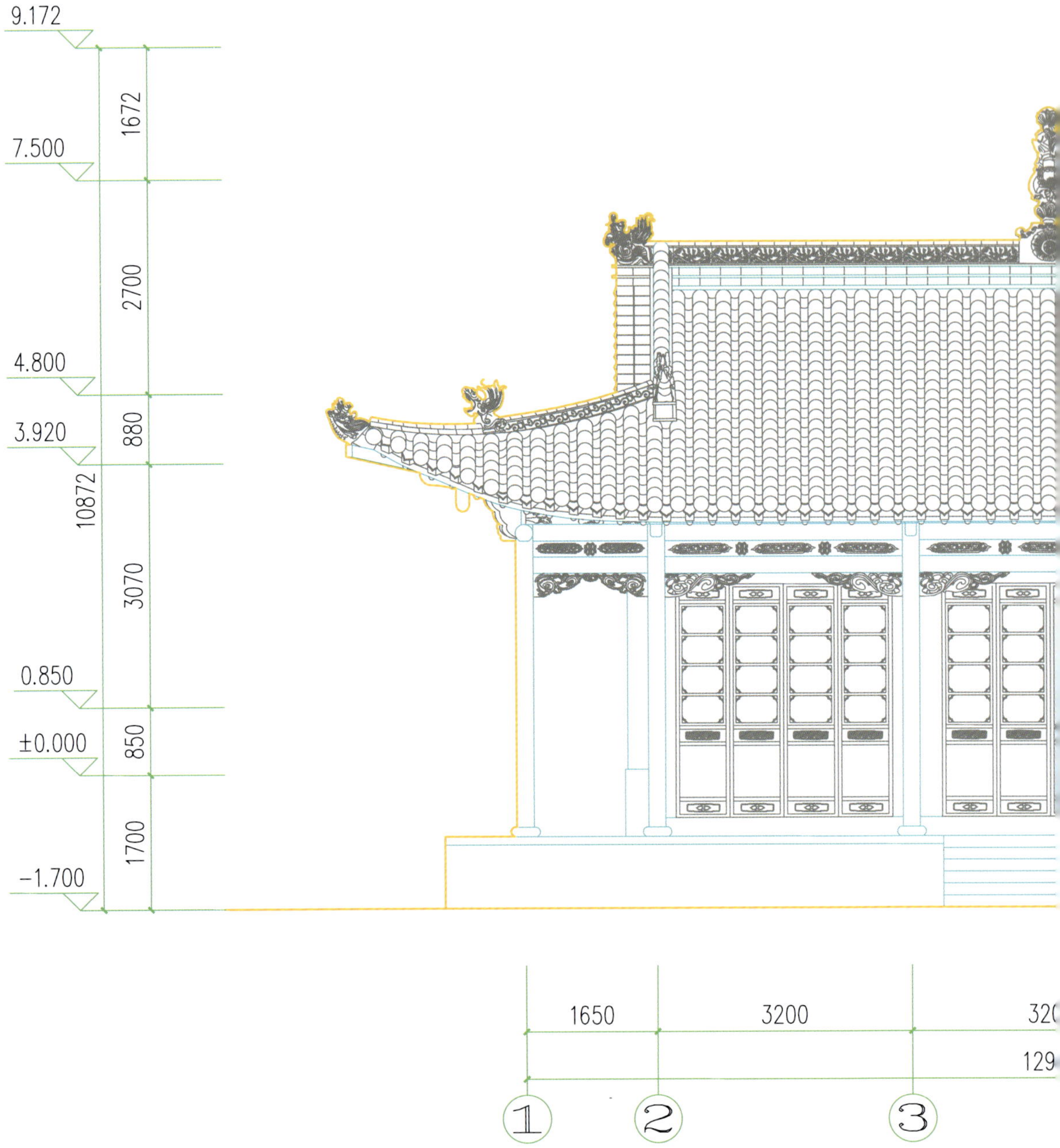
9.172
1672
7.500
2700
4.800
880
3.920
10872
3070
0.850
850
±0.000
1700
-1.700
1650
3200
1
2
3

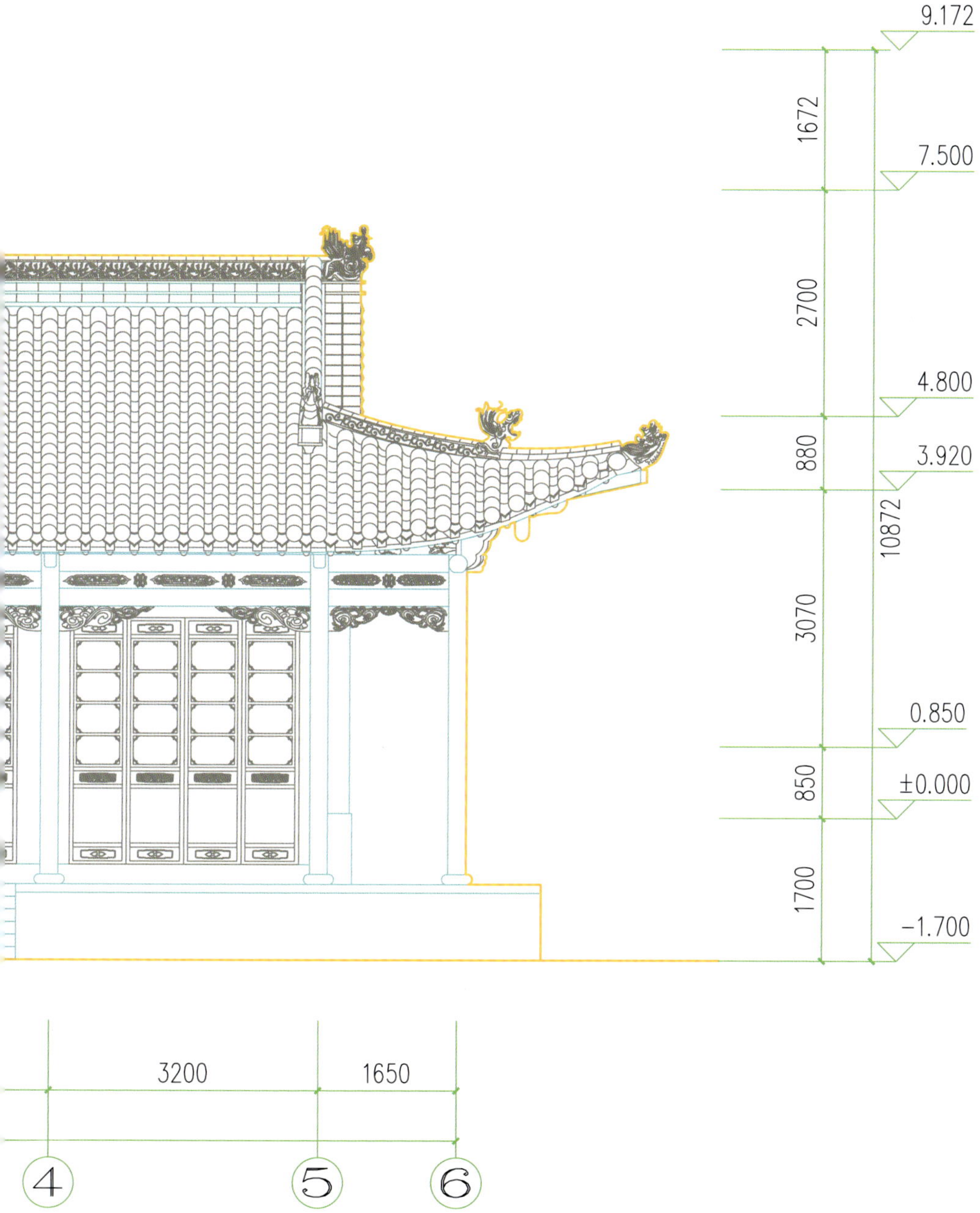

壤驷子祠北立面图 1:75

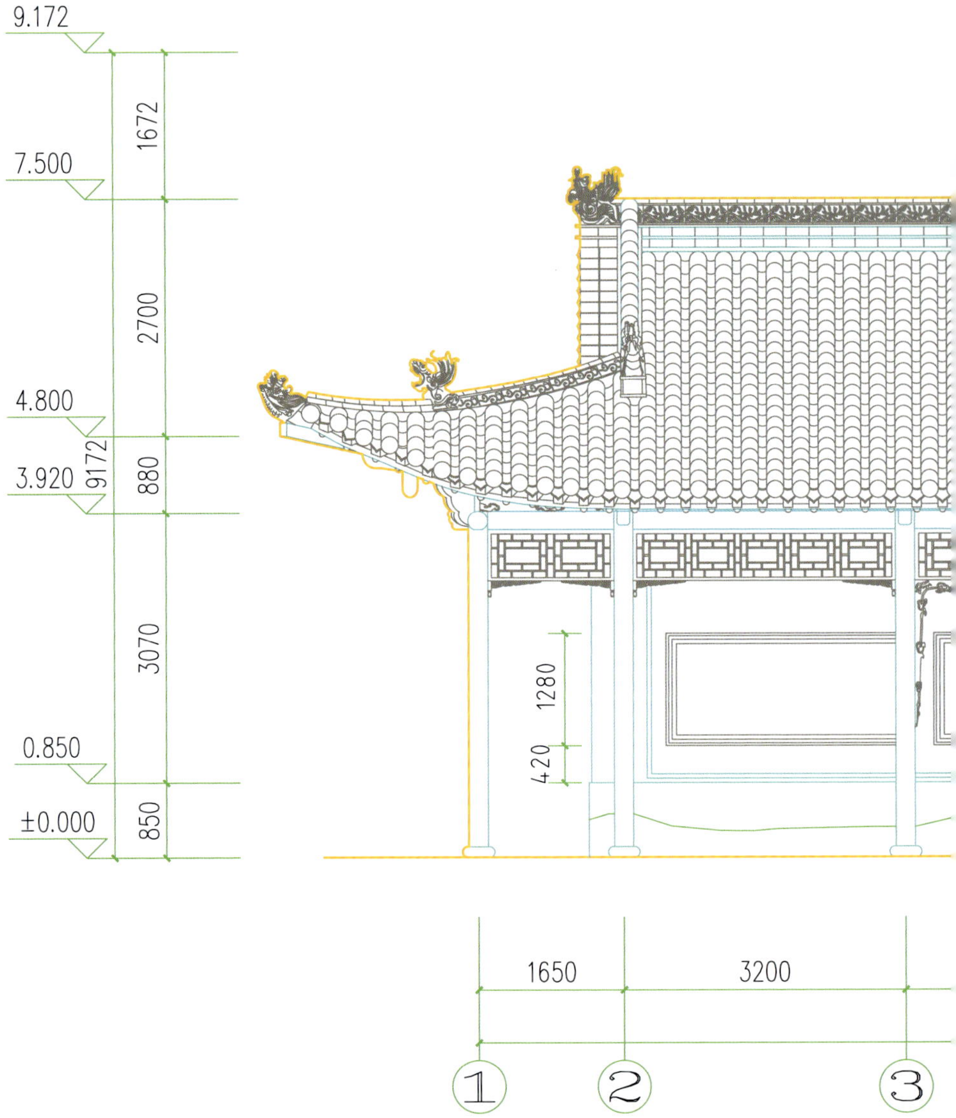
9.172
7.500
4.800
3.920
0.850
±0.000
1672
2700
880
9172
3070
850
1280
420
1650
3200
1
2
3

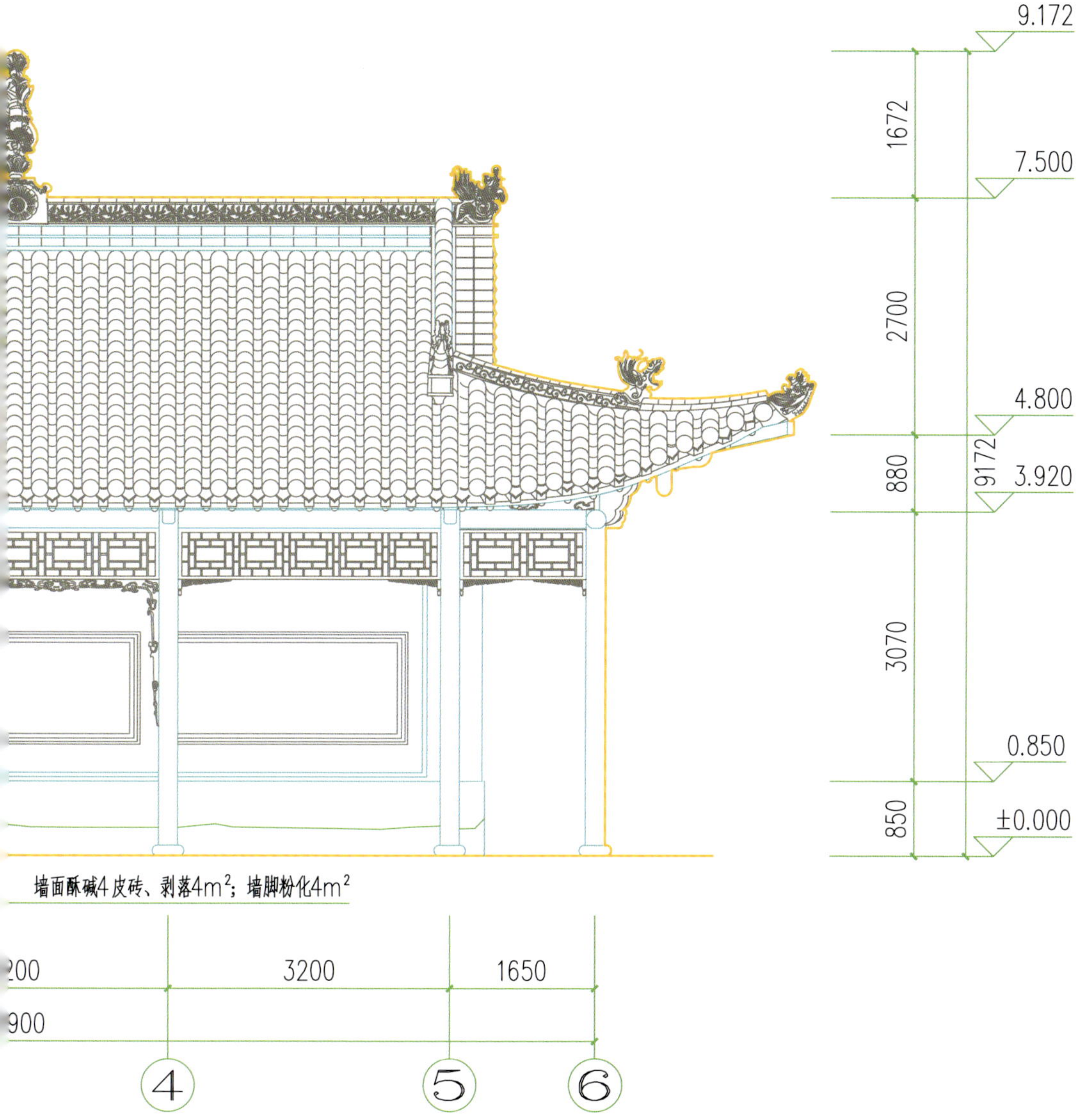

壤驷子祠南立面图 1:75

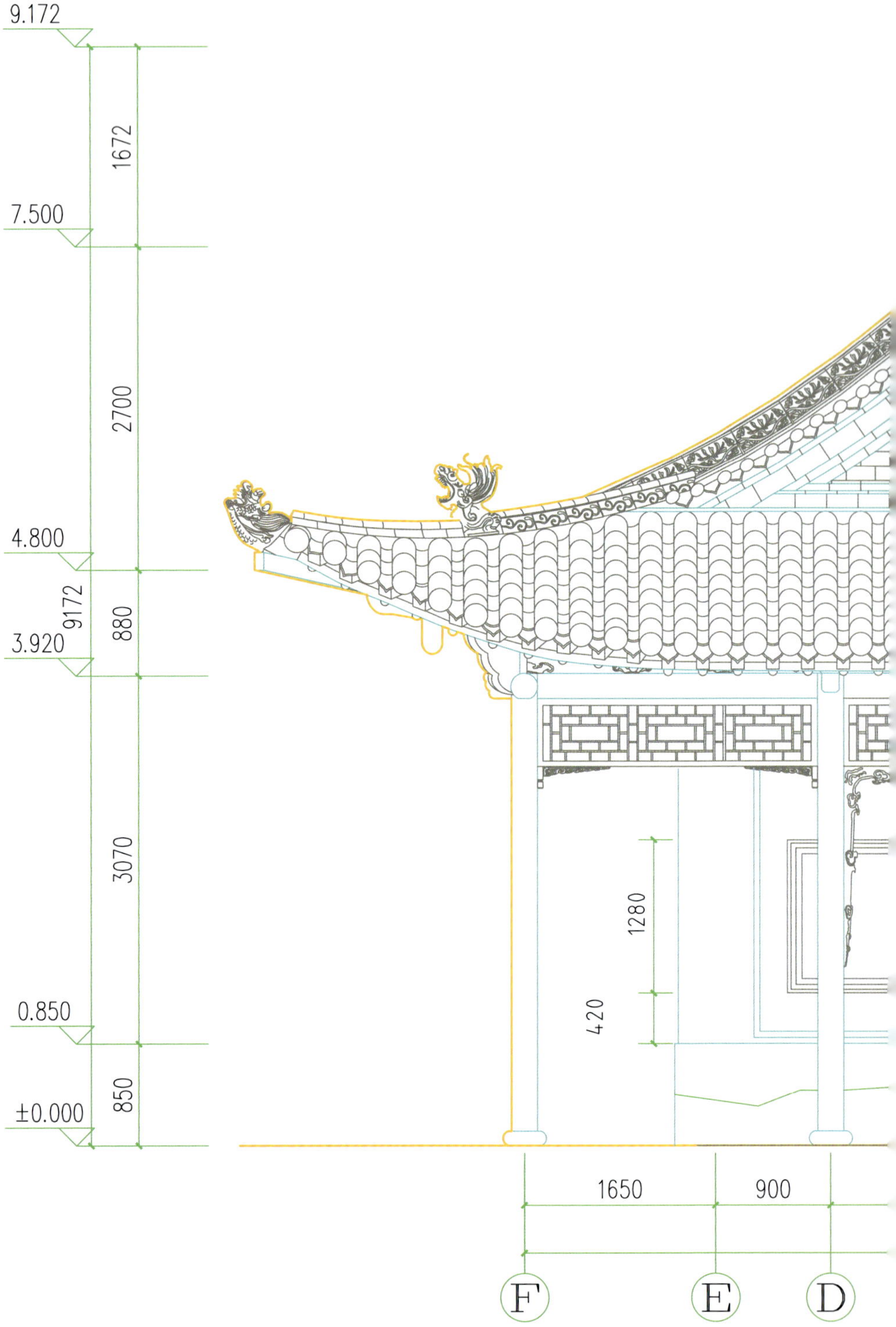
9.172
7.500
4.800
3.920
0.850
±0.000
1672
2700
880
9172
3070
850
1280
420
1650
900
F
E
D

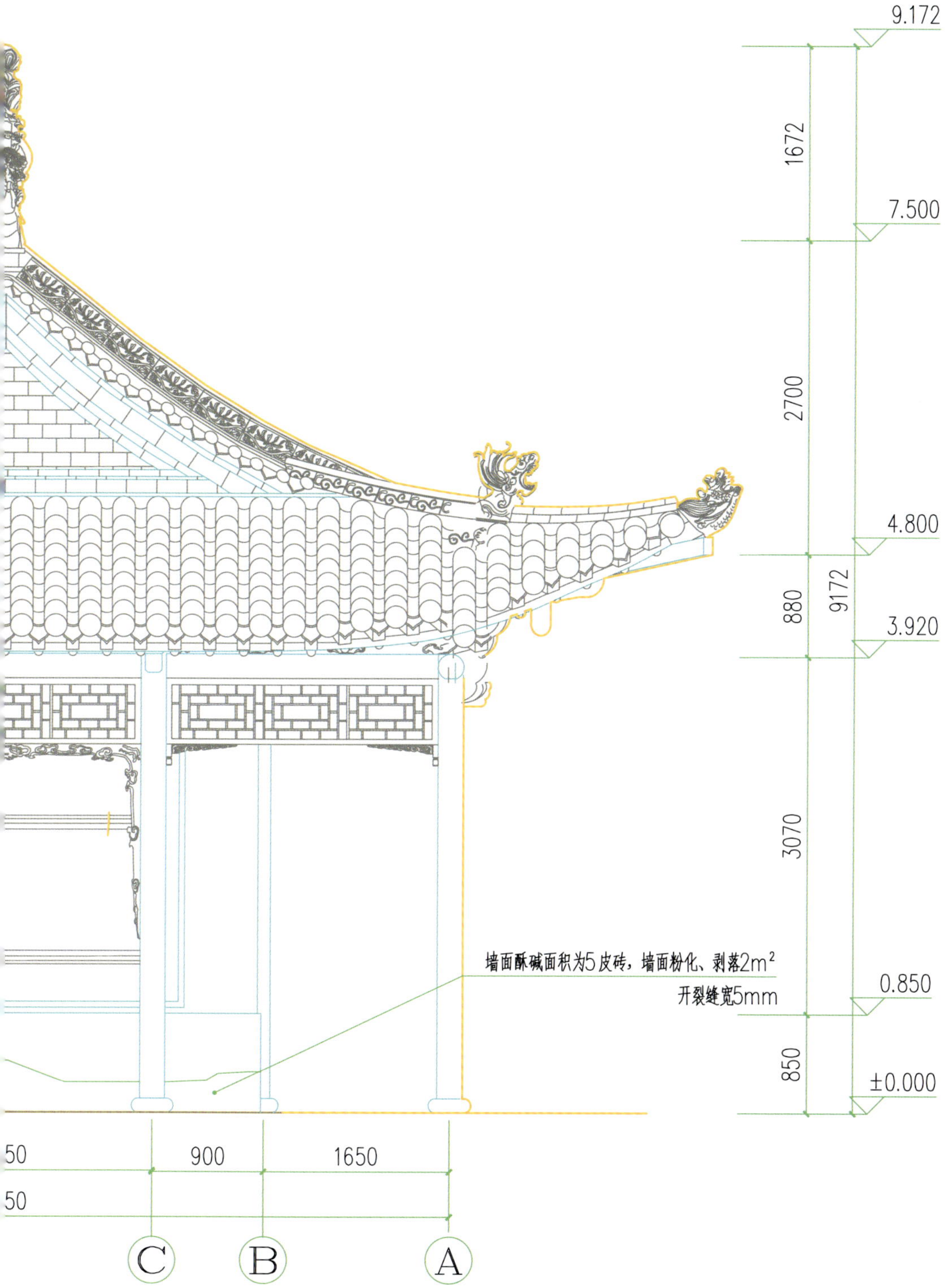

壤驷子祠东立面图 1:50

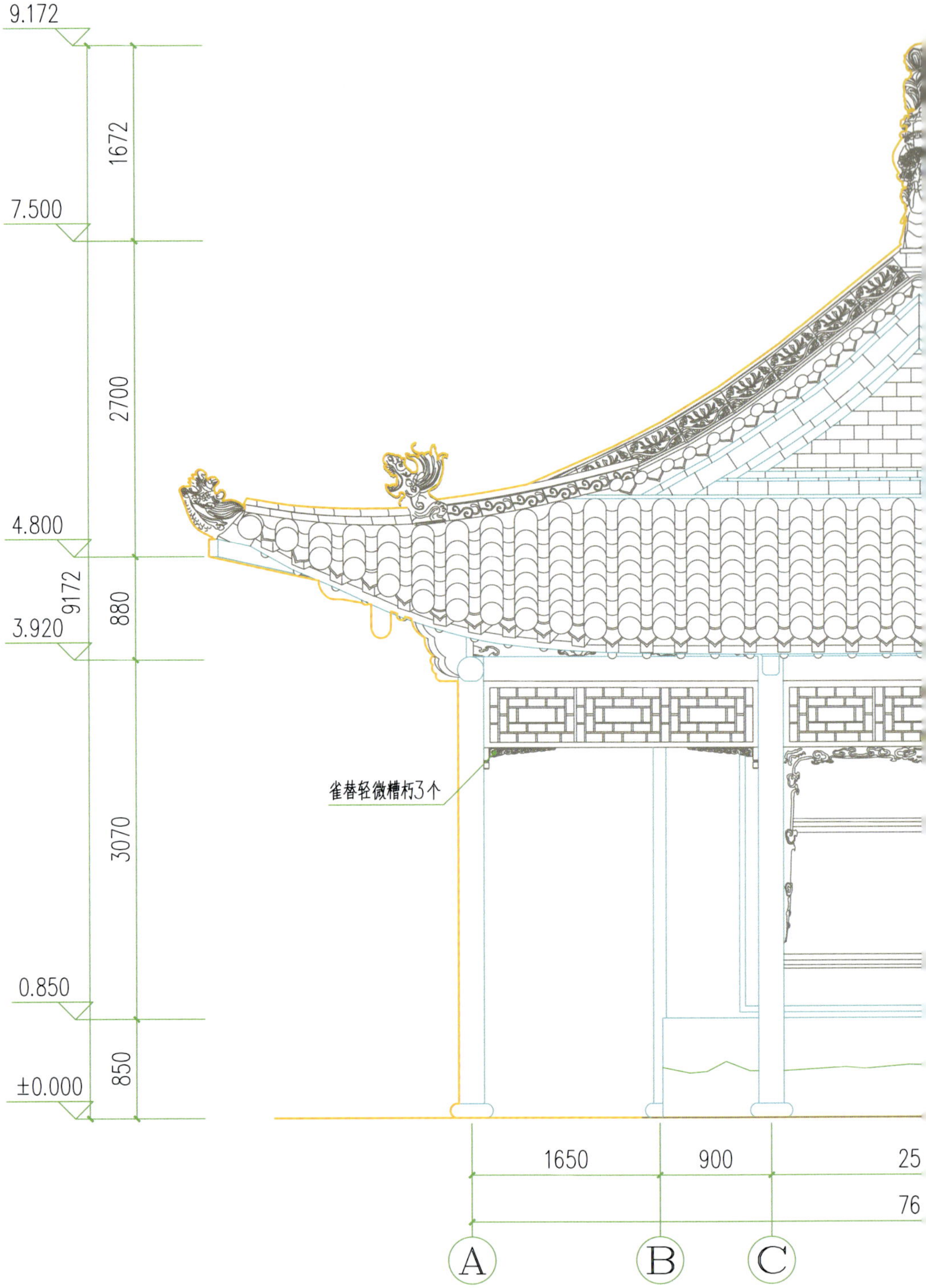
9.172
7.500
4.800
3.920
0.850
±0.000
1672
2700
9172
880
3070
850
雀替轻微糟朽3个
1650
900
25
76
A
B
C

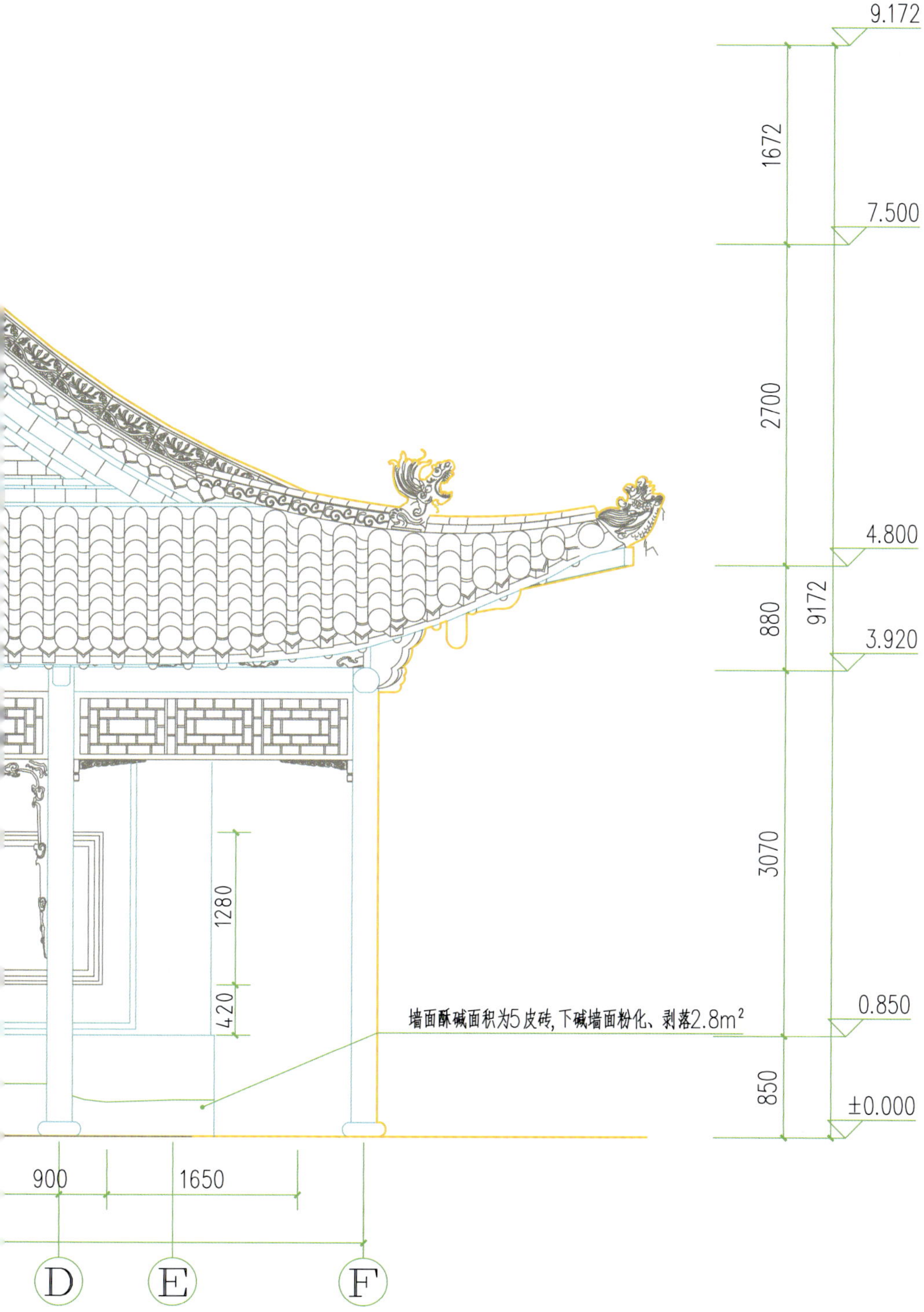

壤驷子祠西立面图 1:50

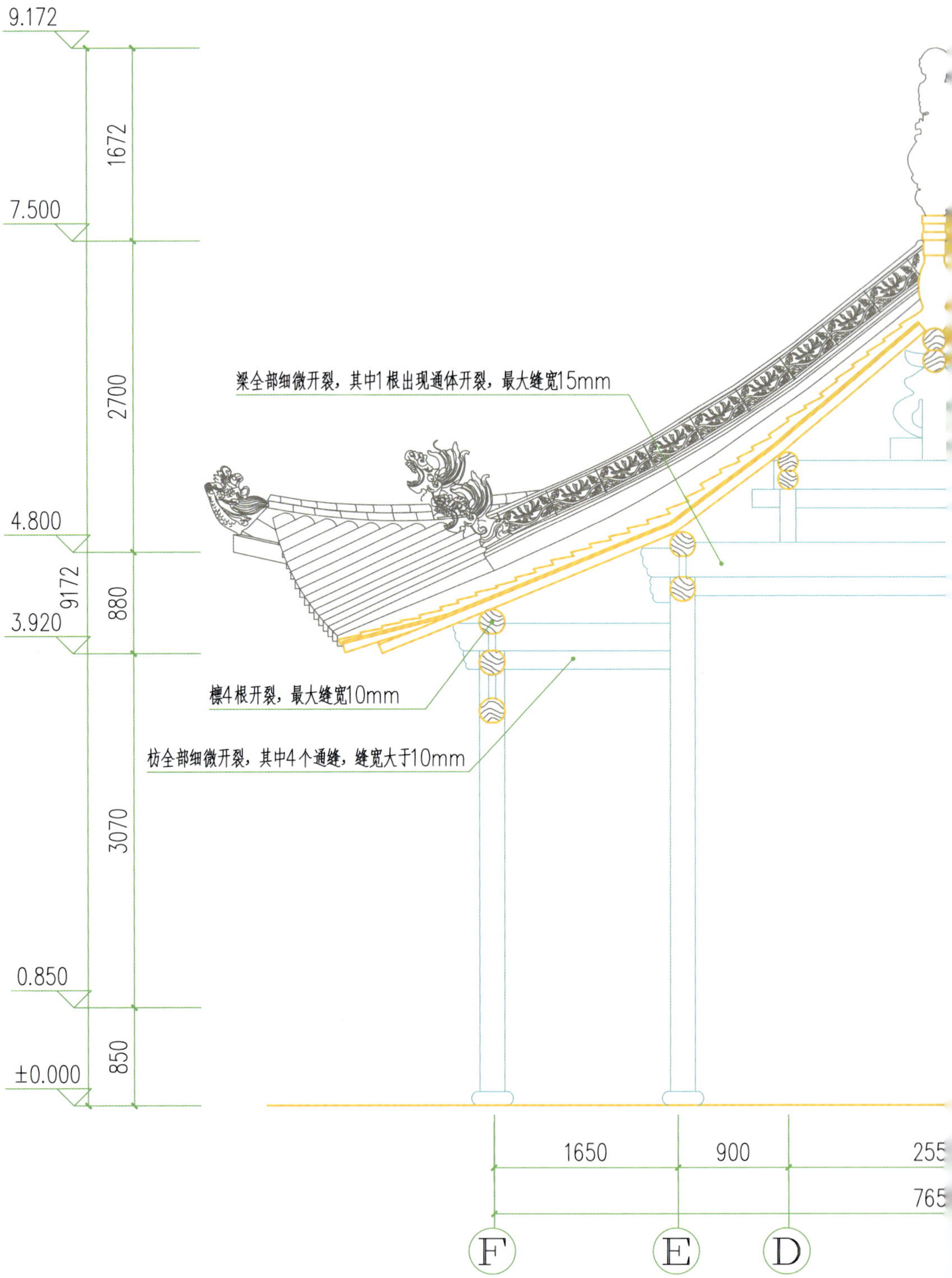
9.172
1672
7.500
2700
梁全部细微开裂，其中1根出现通体开裂，最大缝宽15mm
4.800
9172
880
3.920
檩4根开裂，最大缝宽10mm
枋全部细微开裂，其中4个通缝，缝宽大于10mm
3070
0.850
850
±0.000
1650
900
F
E
D

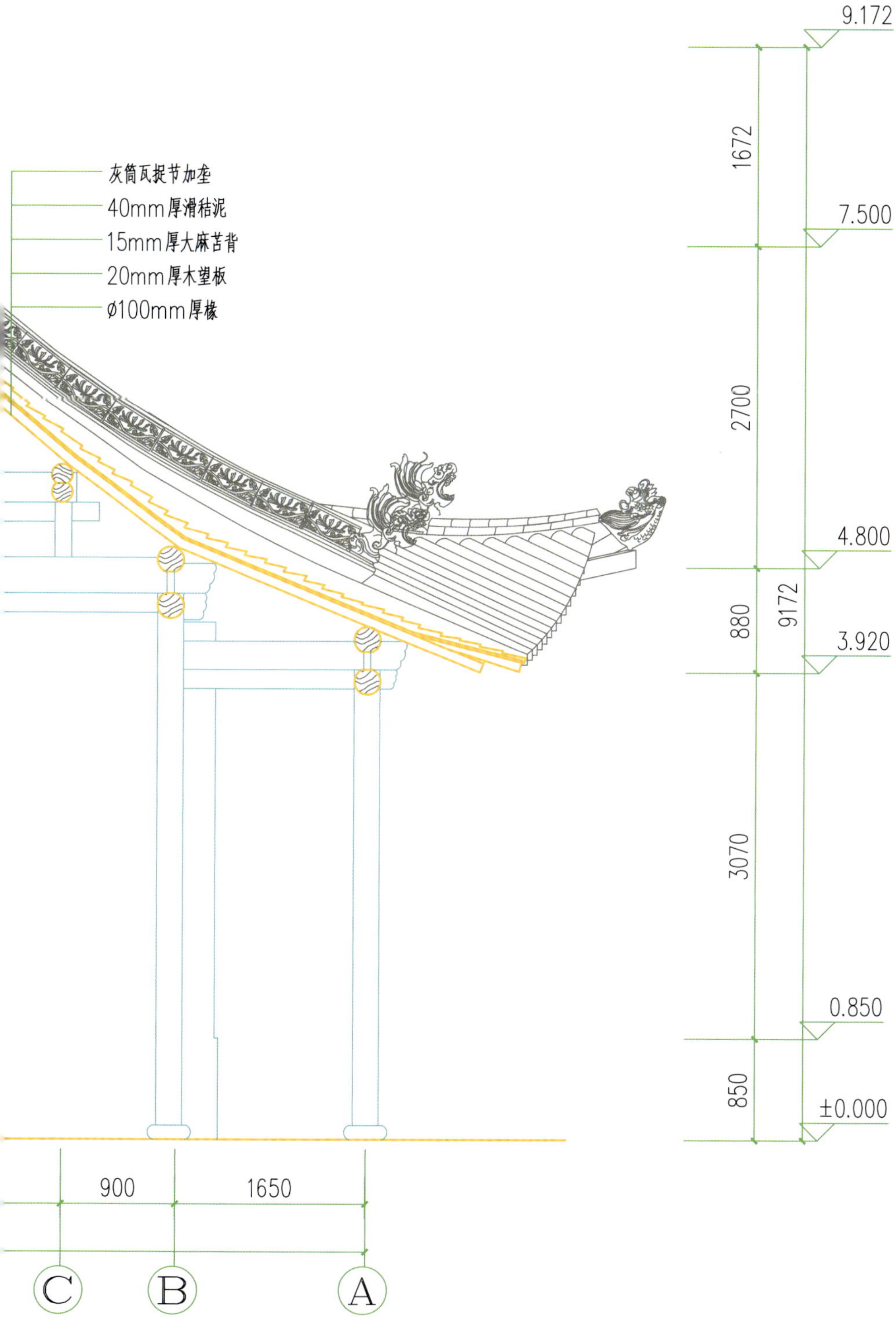

壤驷子祠1—1剖面图 1:50

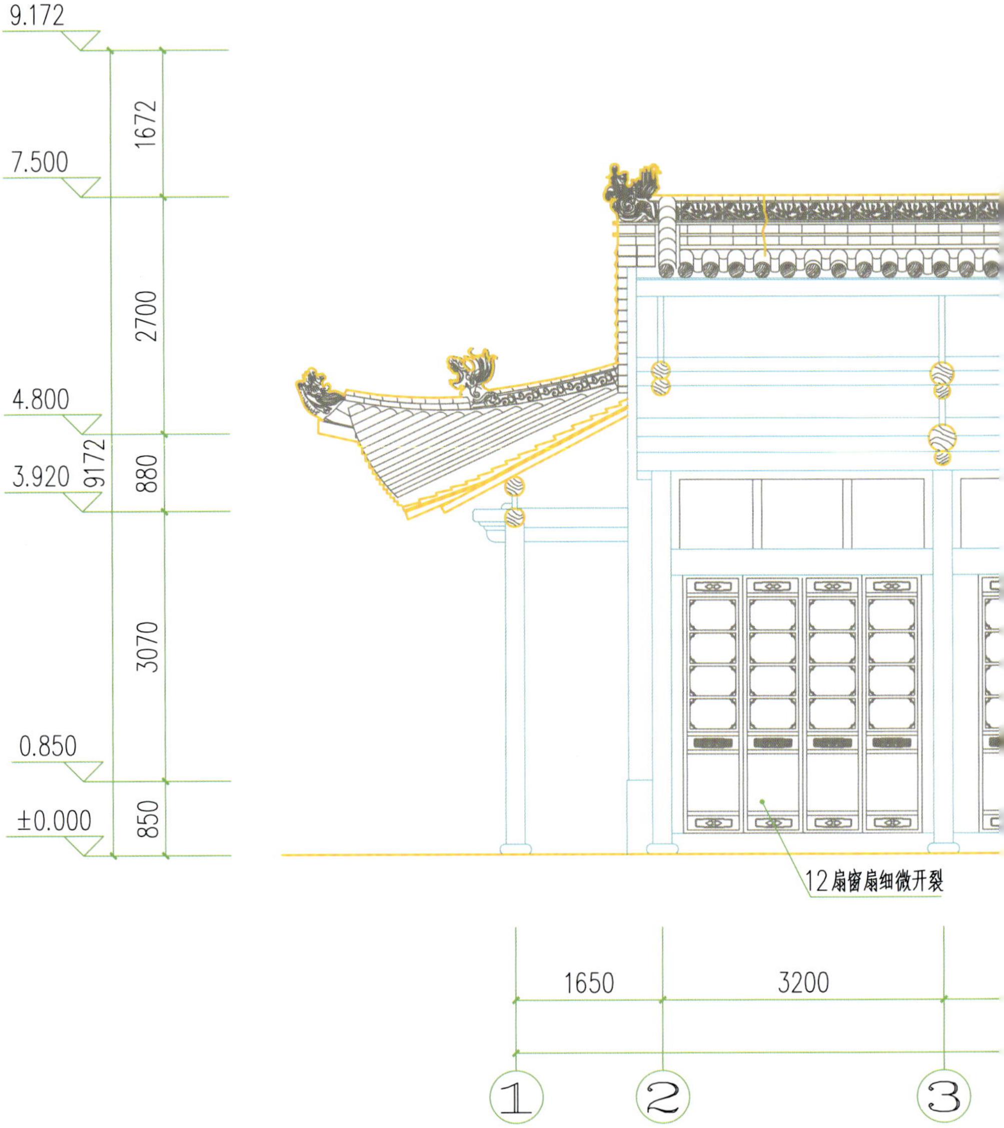
9.172
1672
7.500
2700
4.800
9172
880
3.920
3070
0.850
±0.000
850
12扇窗扇细微开裂
1650
3200
1
2
3

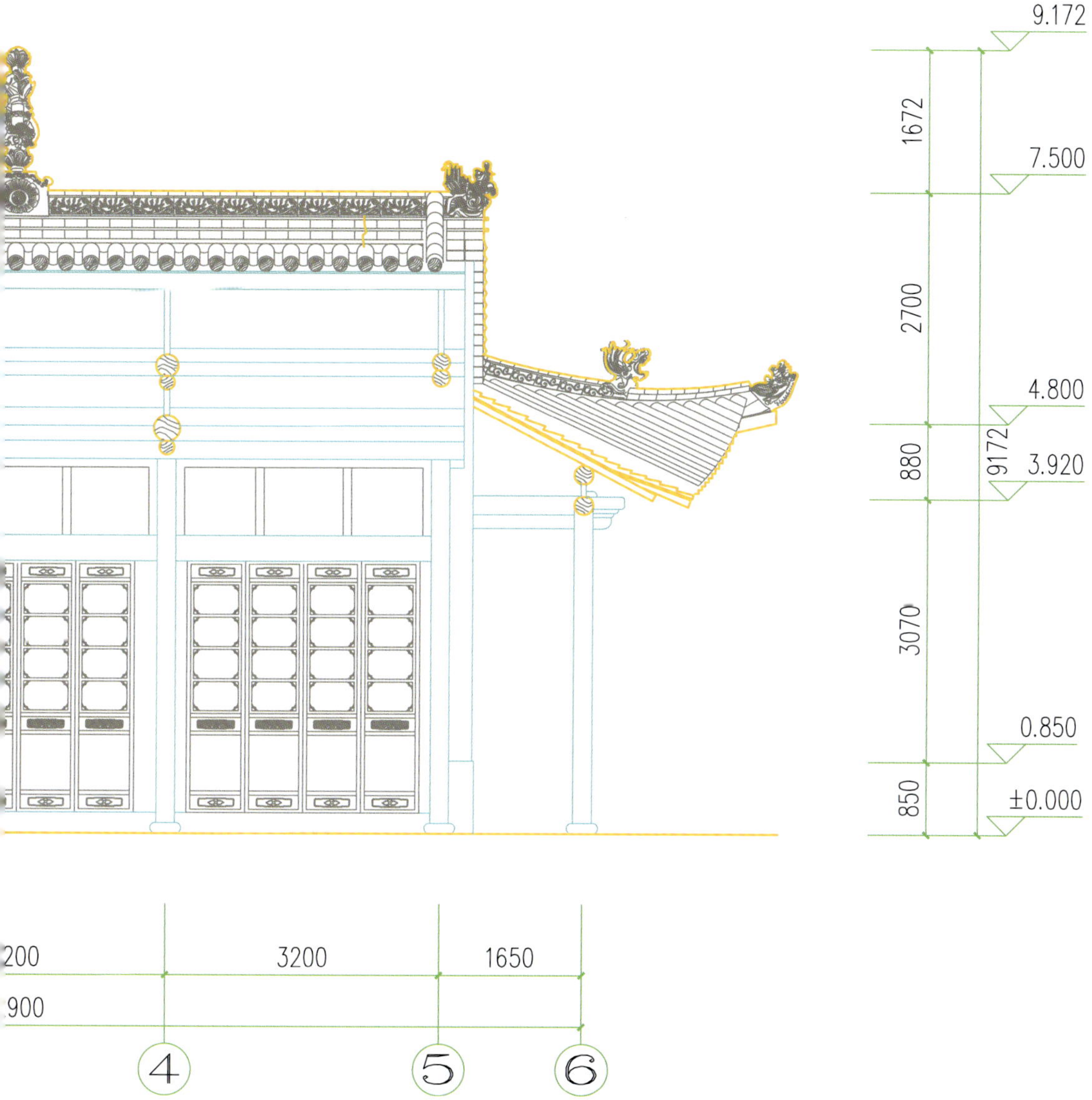

壤驷子祠 2—2 剖面图 1:75

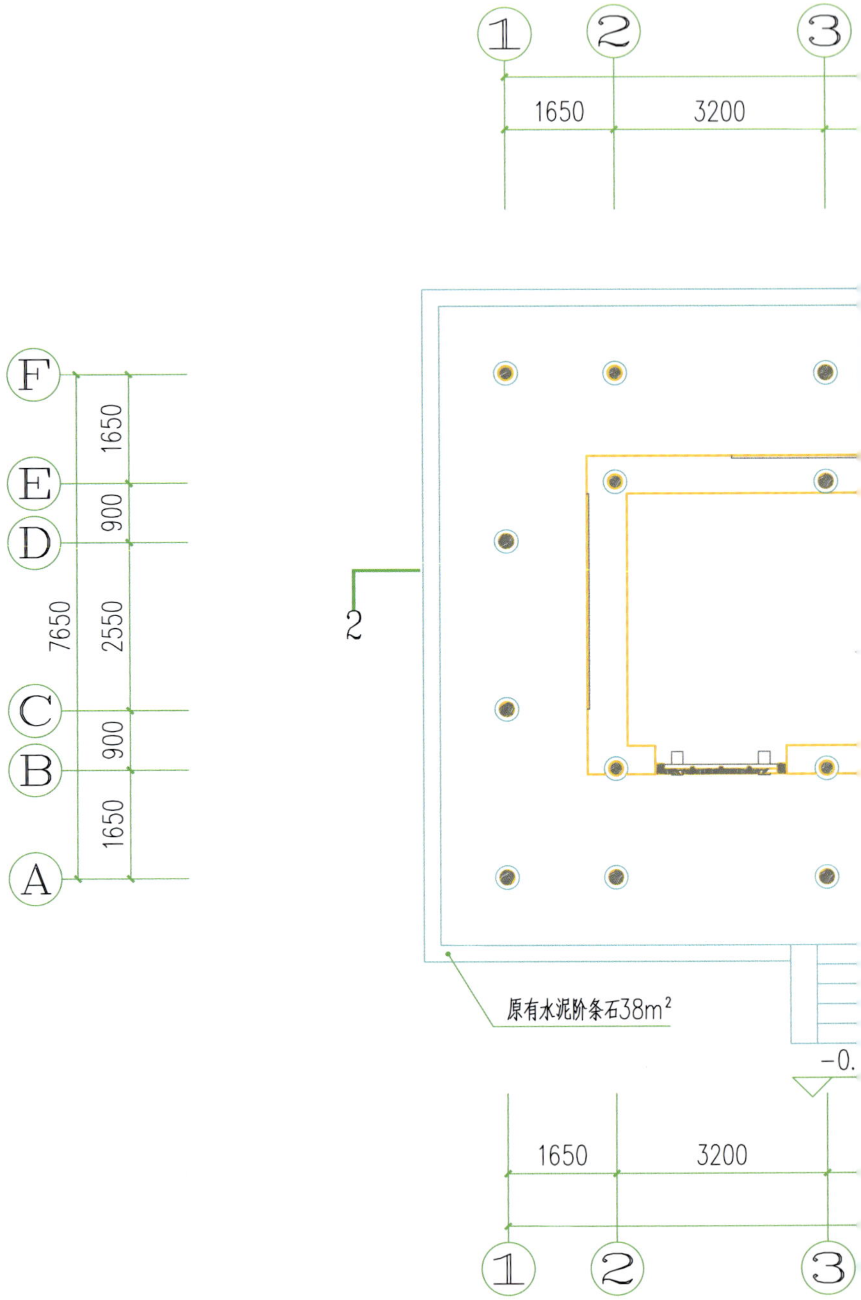

1
2
3
1650
3200
F
E
D
C
B
A
1650
900
2550
900
1650
7650
2
原有水泥阶条石38m²
-0.

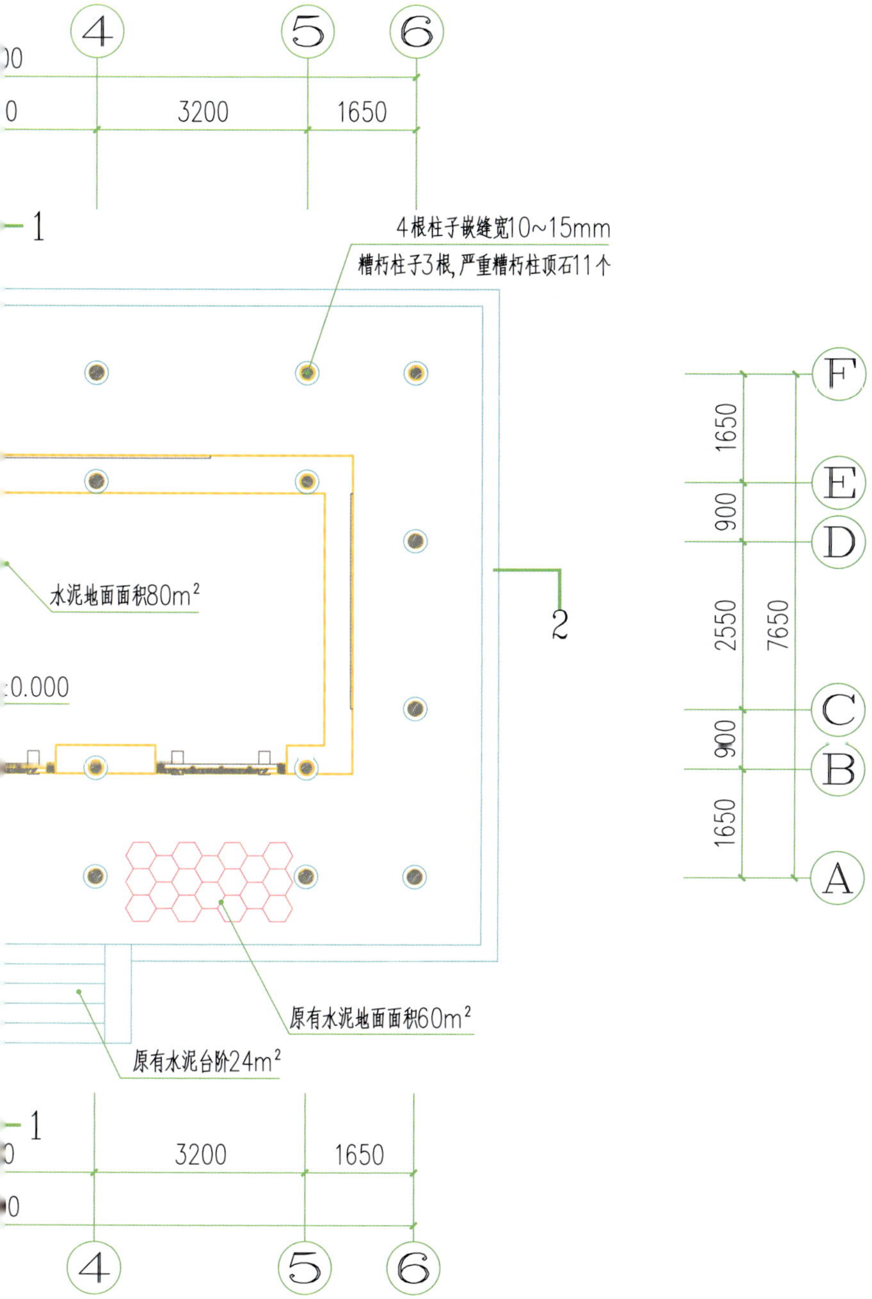

石作子祠平面图 1:100

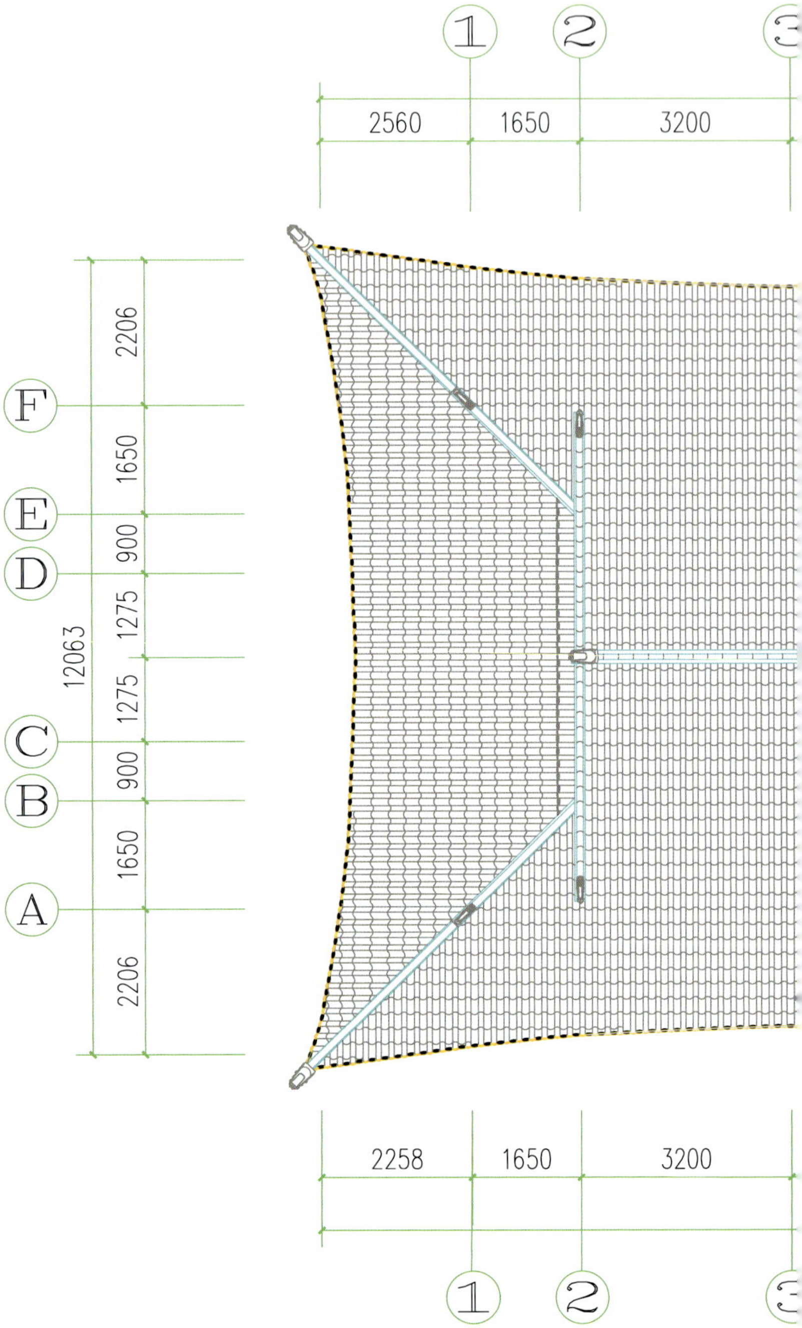
1
2
3
2560
1650
3200
F
E
D
C
B
A
2206
1650
900
1275
1275
900
1650
2206
12063
2258
1650
3200
1
2
3

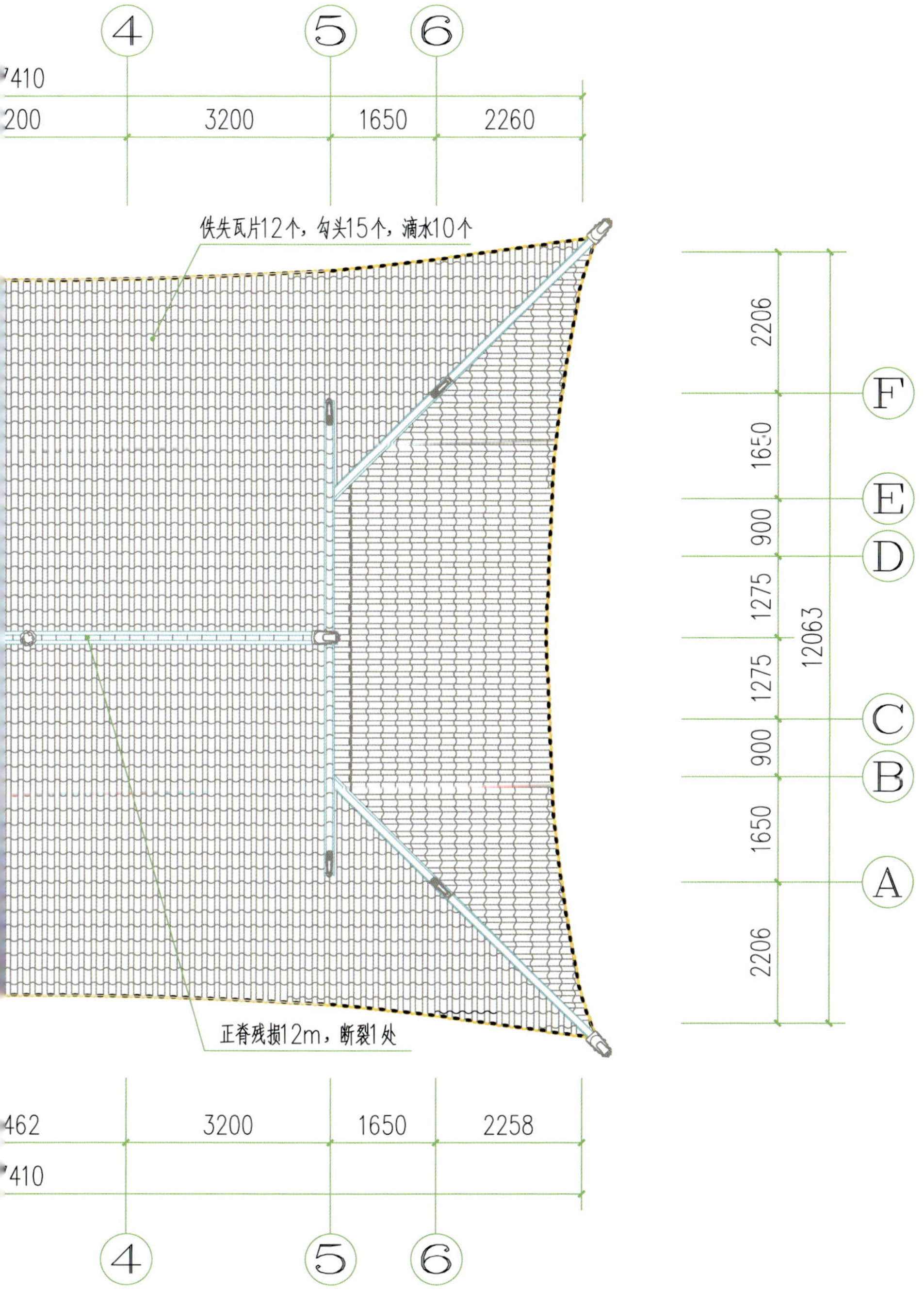

石作子祠屋顶平面图 1:100

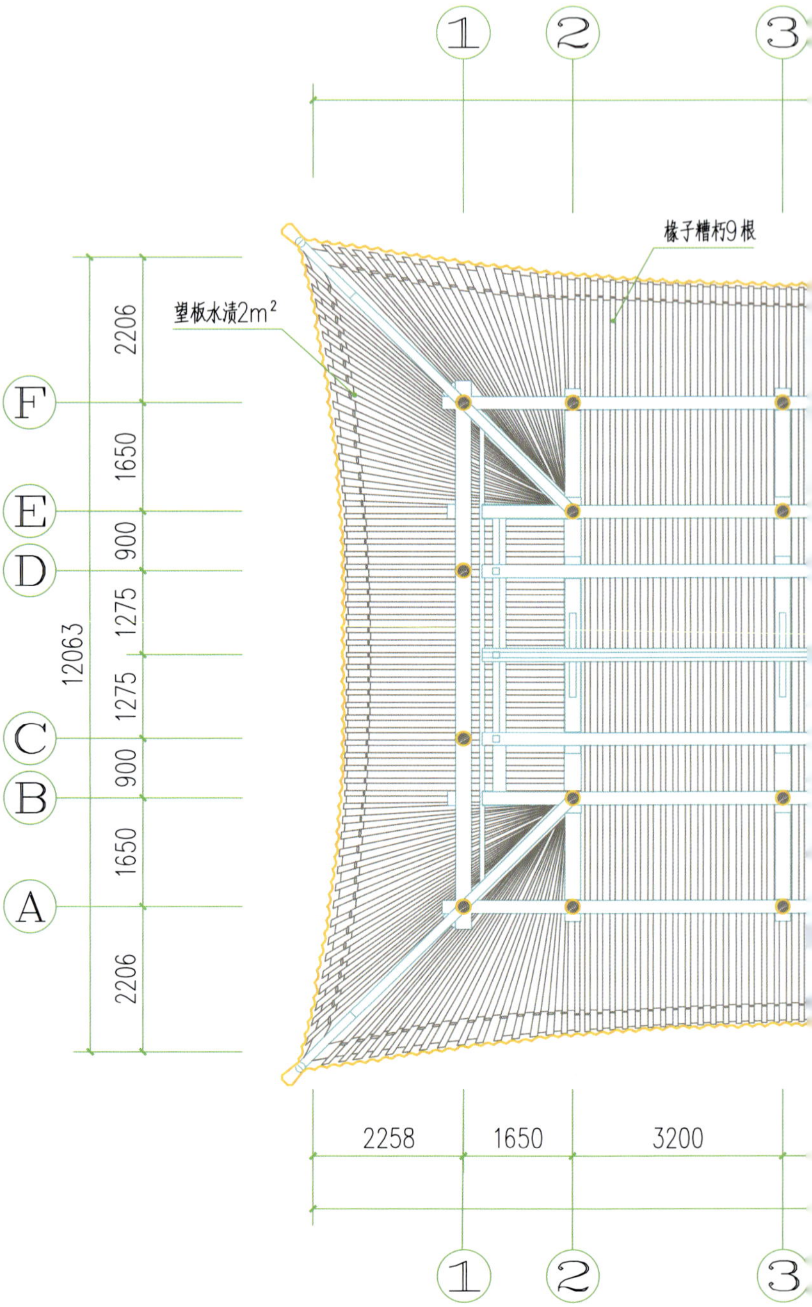

椽子糟朽9根
望板水渍2m²
2206
1650
900
1275
1275
900
1650
2206
12063
2258
1650
3200

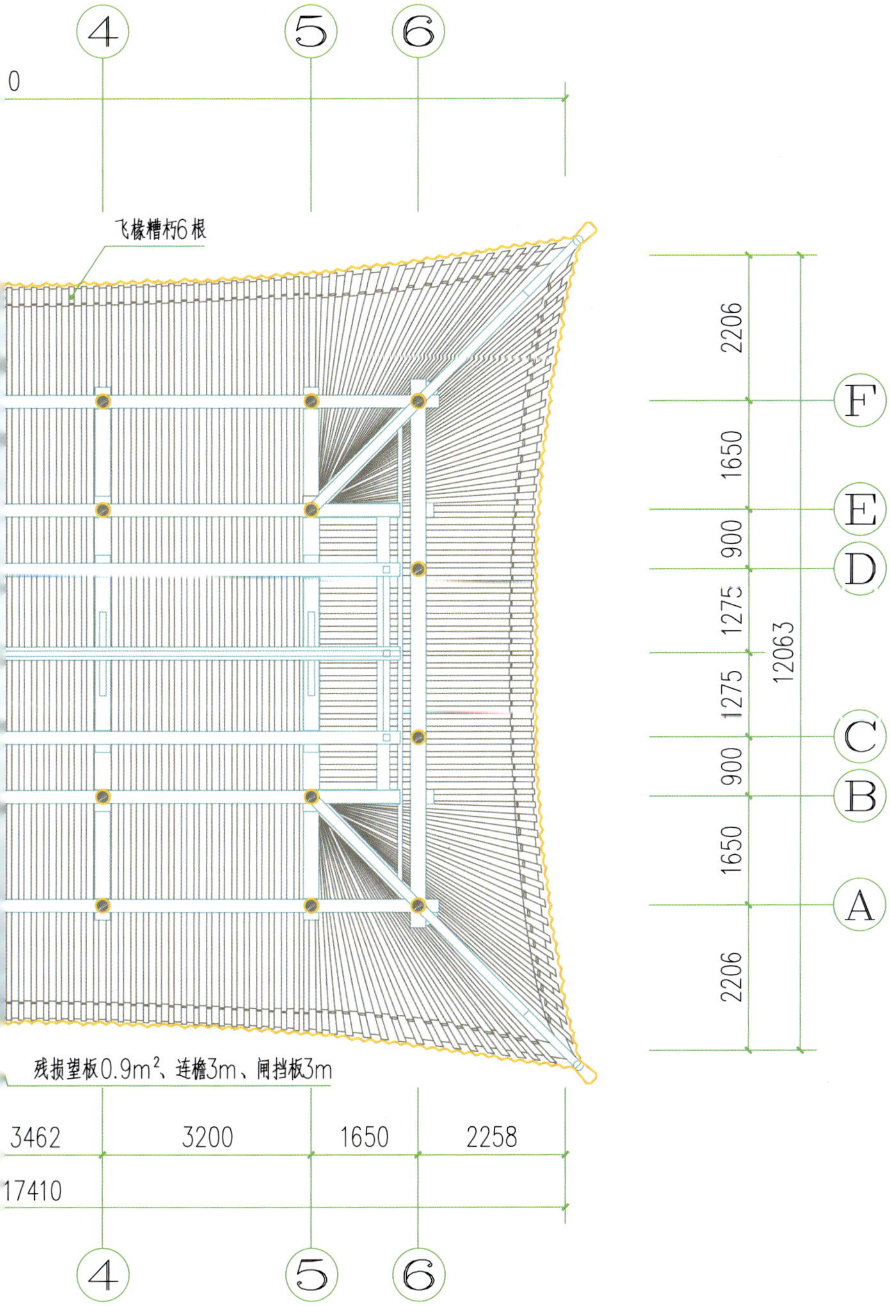

石作子祠梁架仰视图 1:100

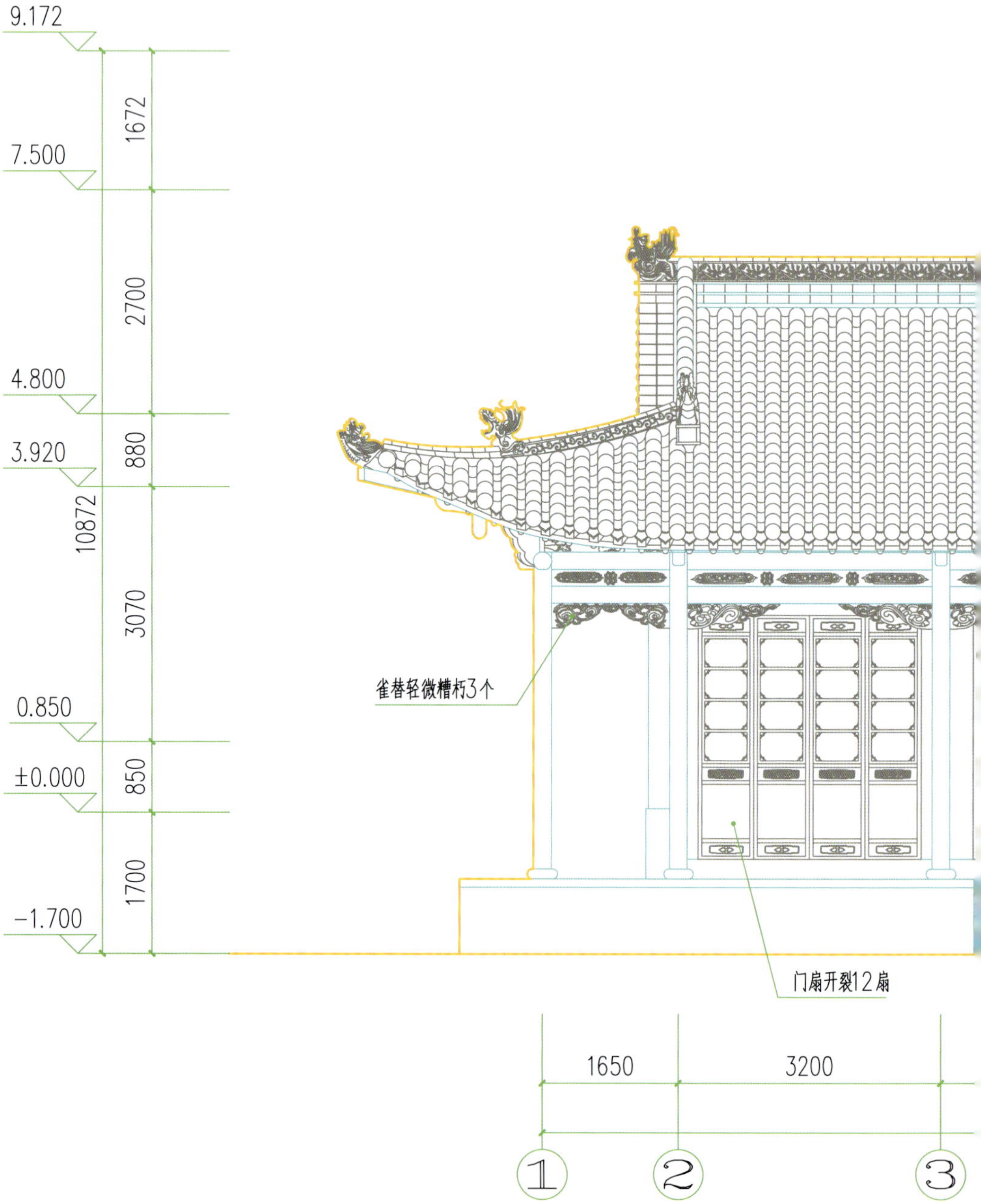
9.172
7.500
4.800
3.920
0.850
±0.000
−1.700
1672
2700
880
10872
3070
850
1700
雀替轻微糟朽3个
门扇开裂12扇
1650
3200
1
2
3

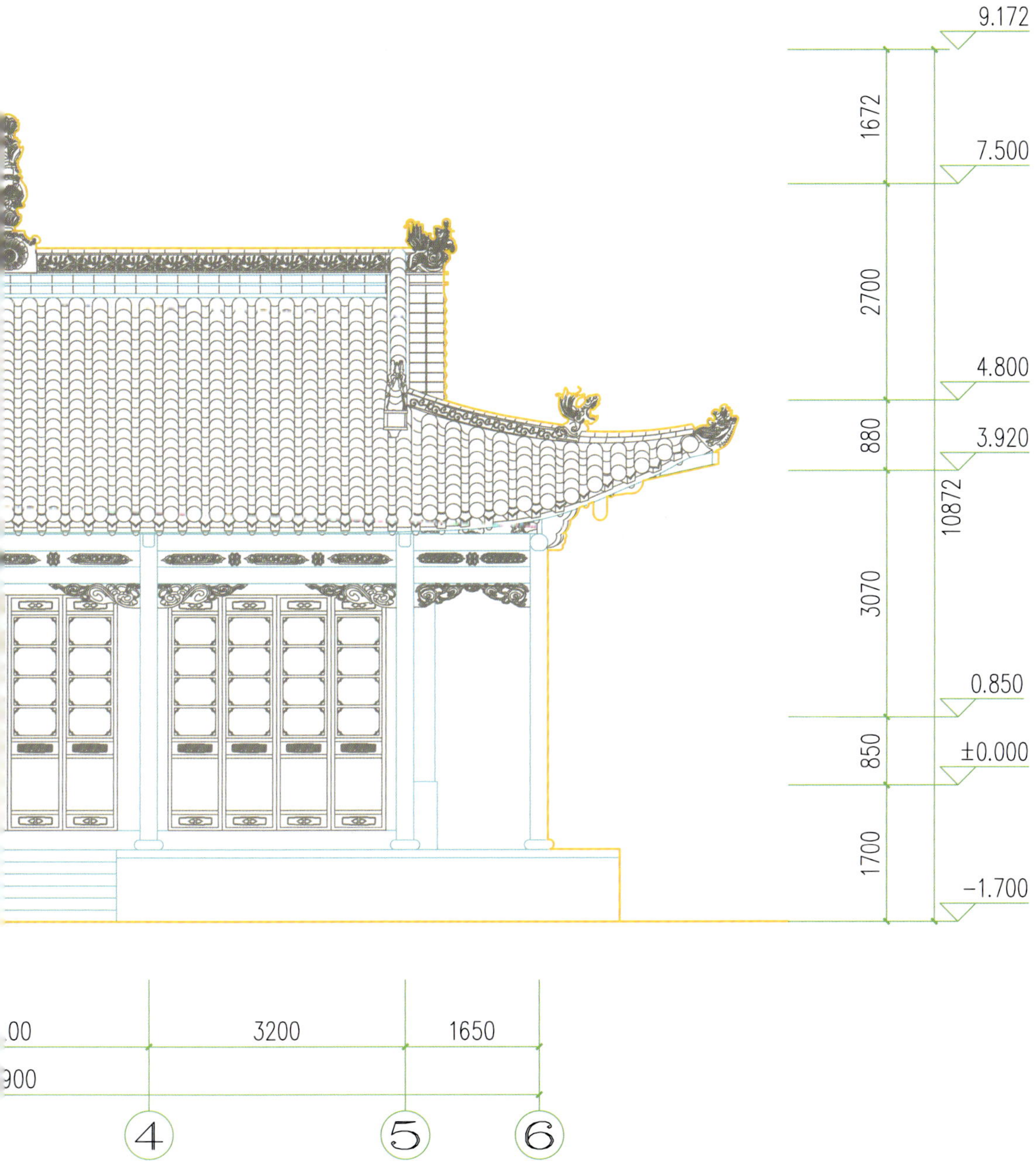

石作子祠北立面图 1:75

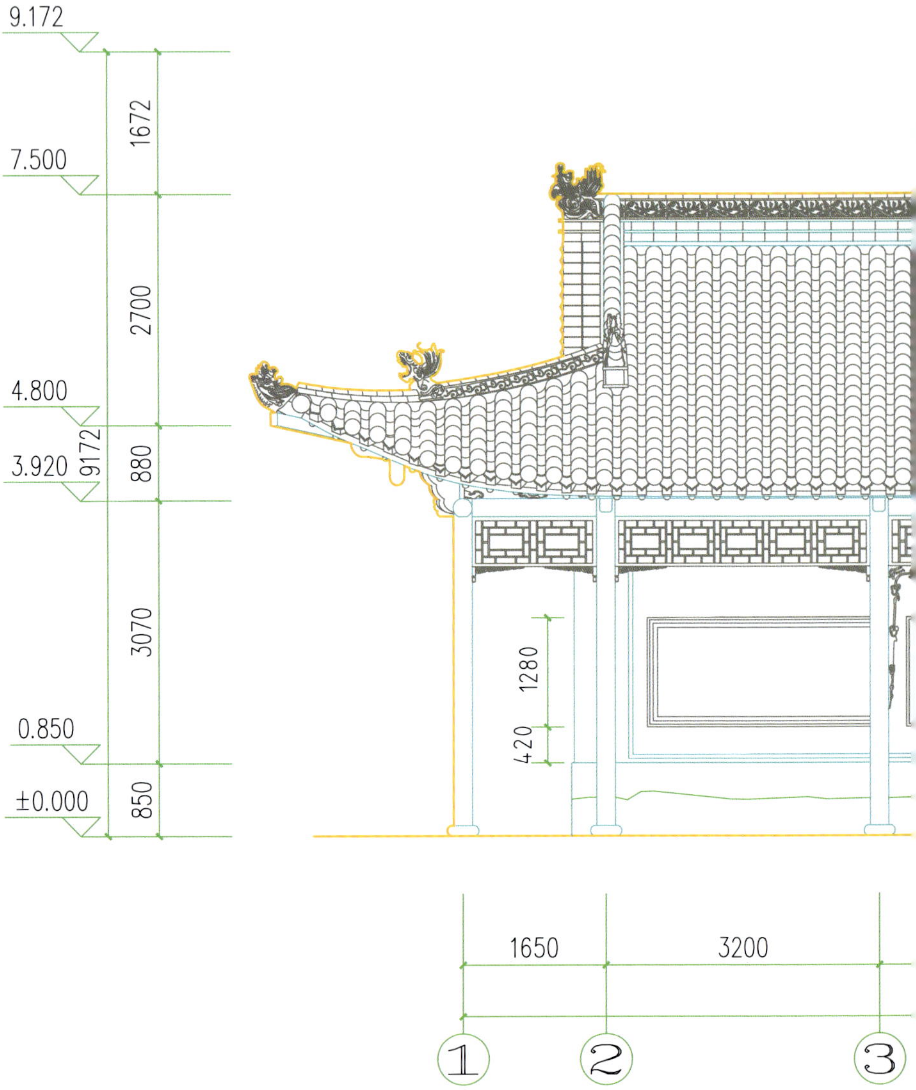
9.172
1672
7.500
2700
4.800
9172
880
3.920
3070
1280
420
0.850
850
±0.000
1650
3200
1
2
3

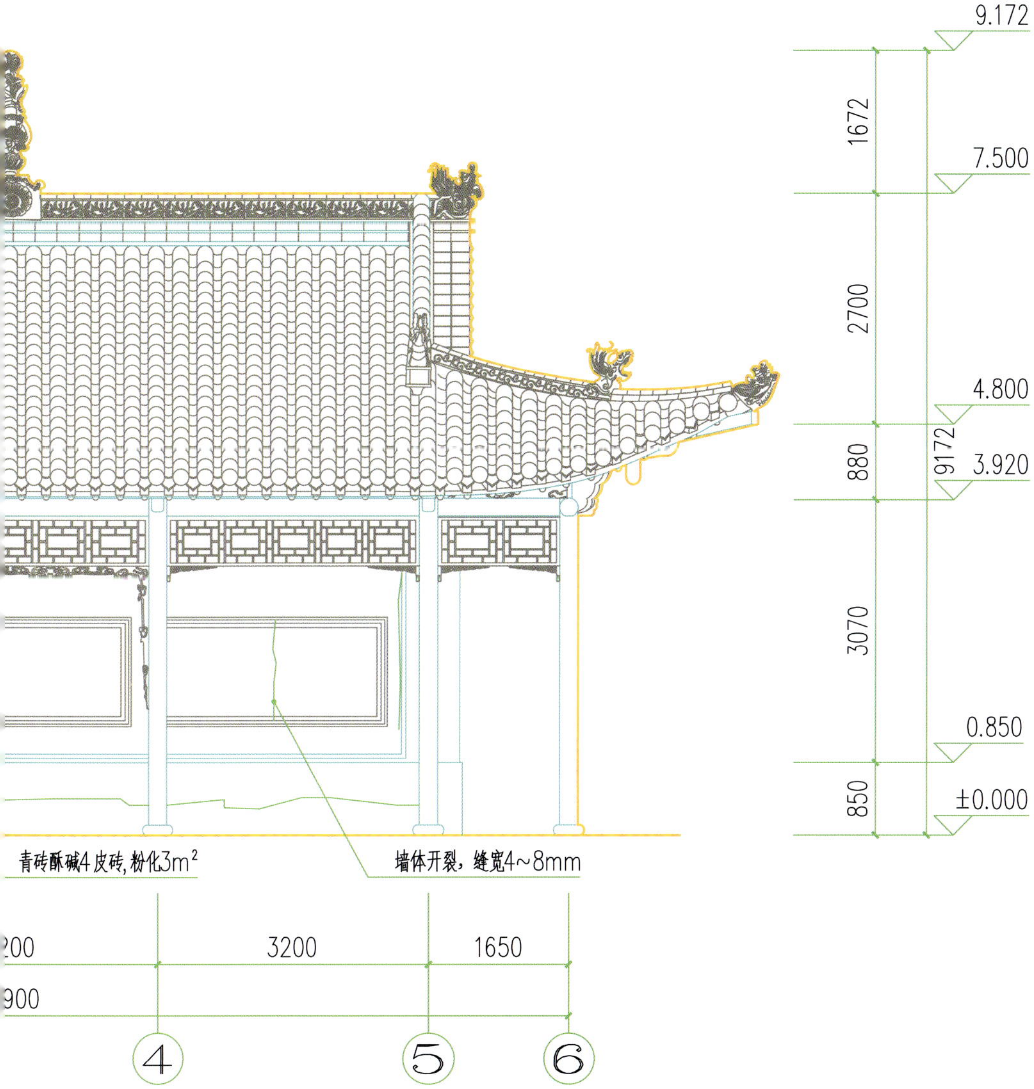

石作子祠南立面图 1:75

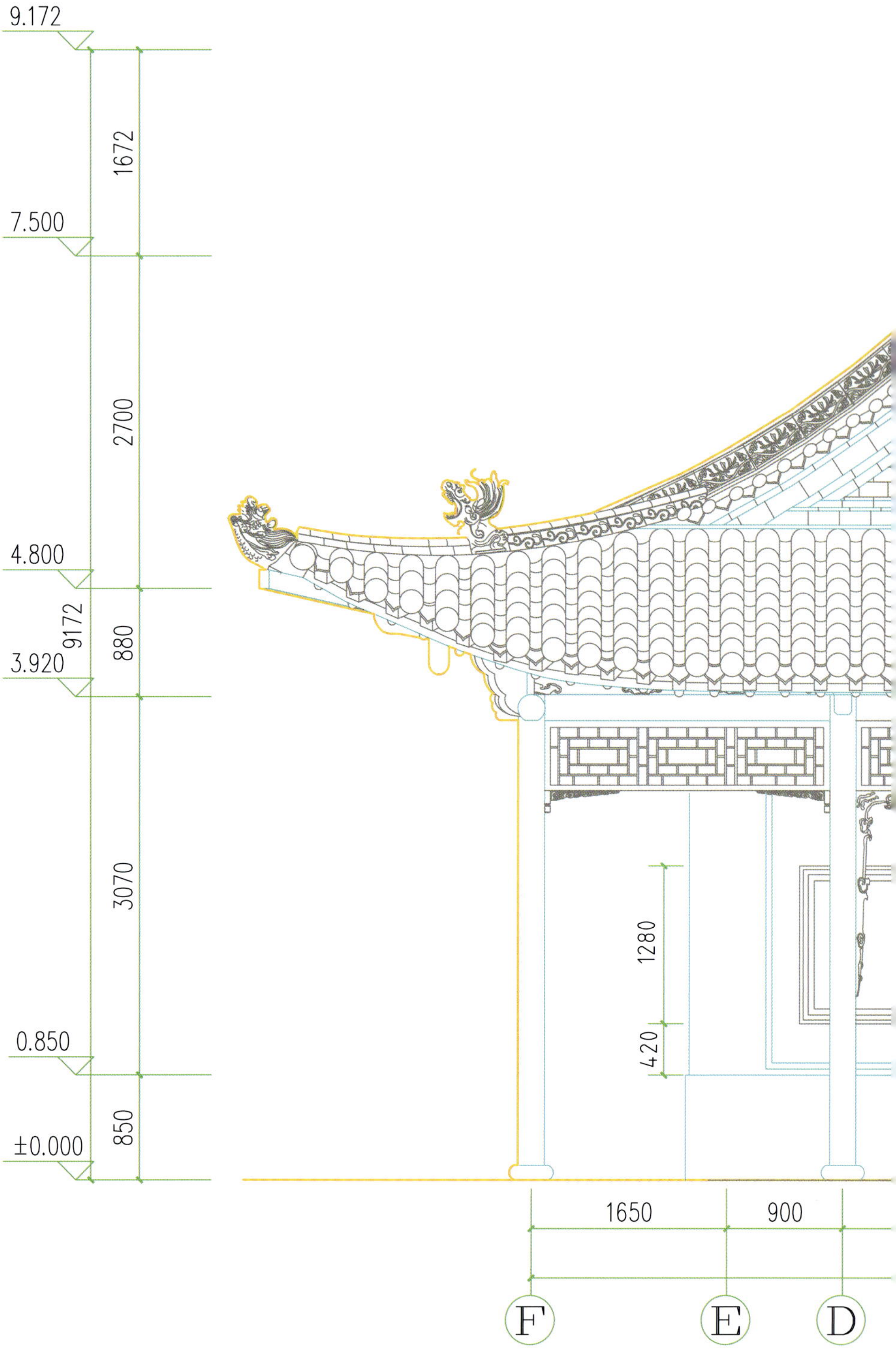
9.172
1672
7.500
2700
4.800
9172
880
3.920
3070
1280
420
0.850
850
±0.000
1650
900
F
E
D

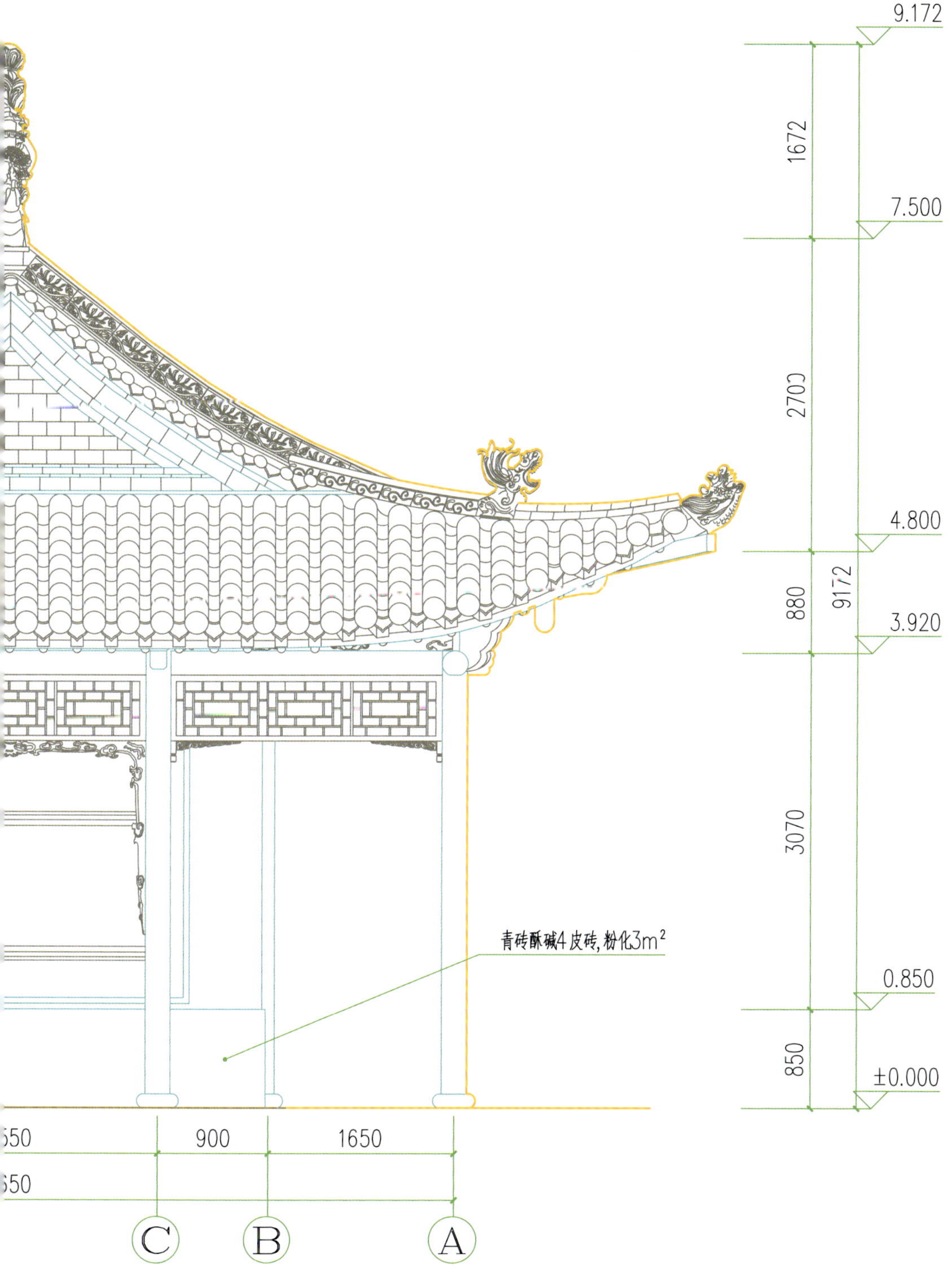

石作子祠东立面图 1:50

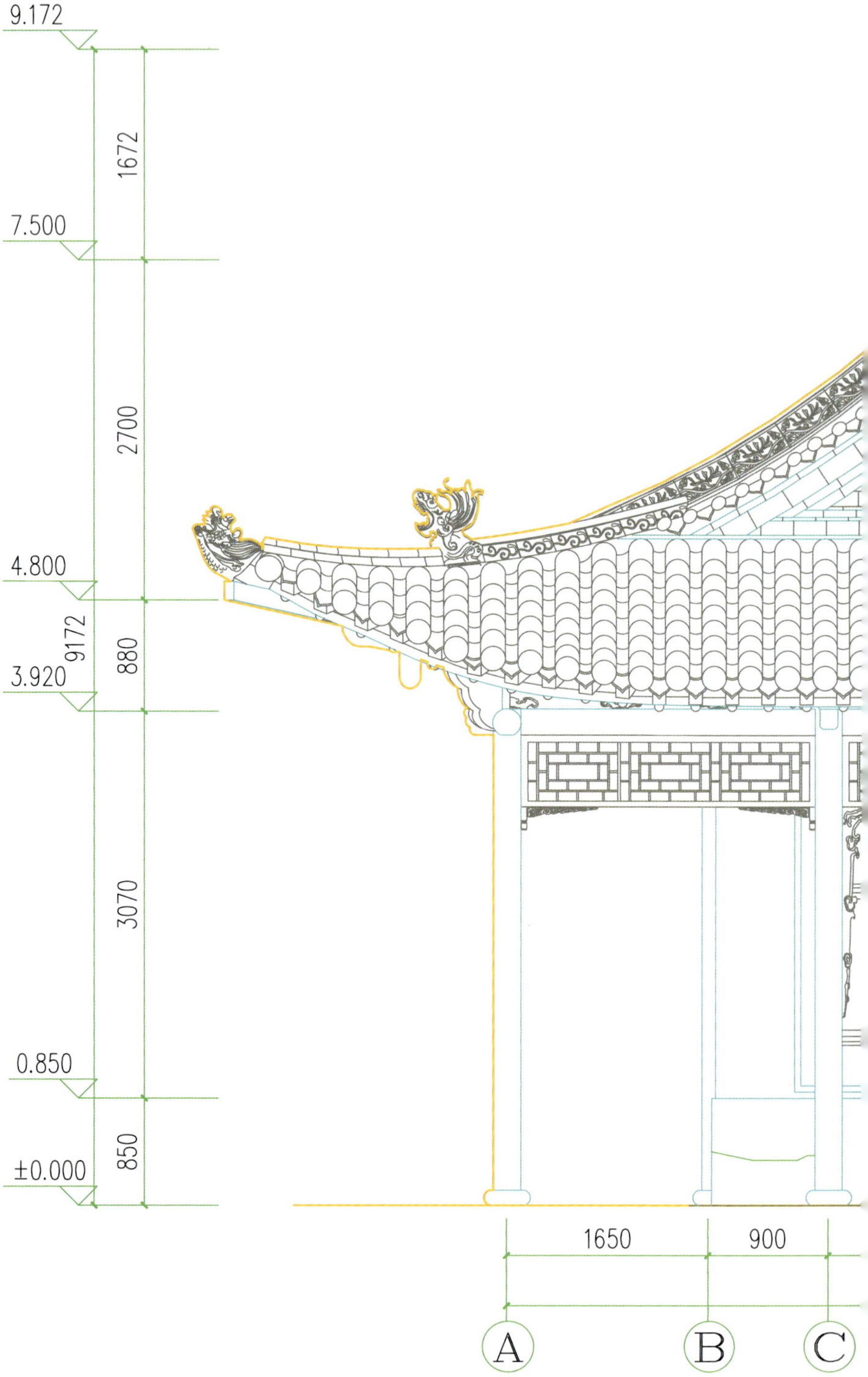
9.172
1672
7.500
2700
4.800
9172
880
3.920
3070
0.850
850
±0.000
1650
900
A
B
C

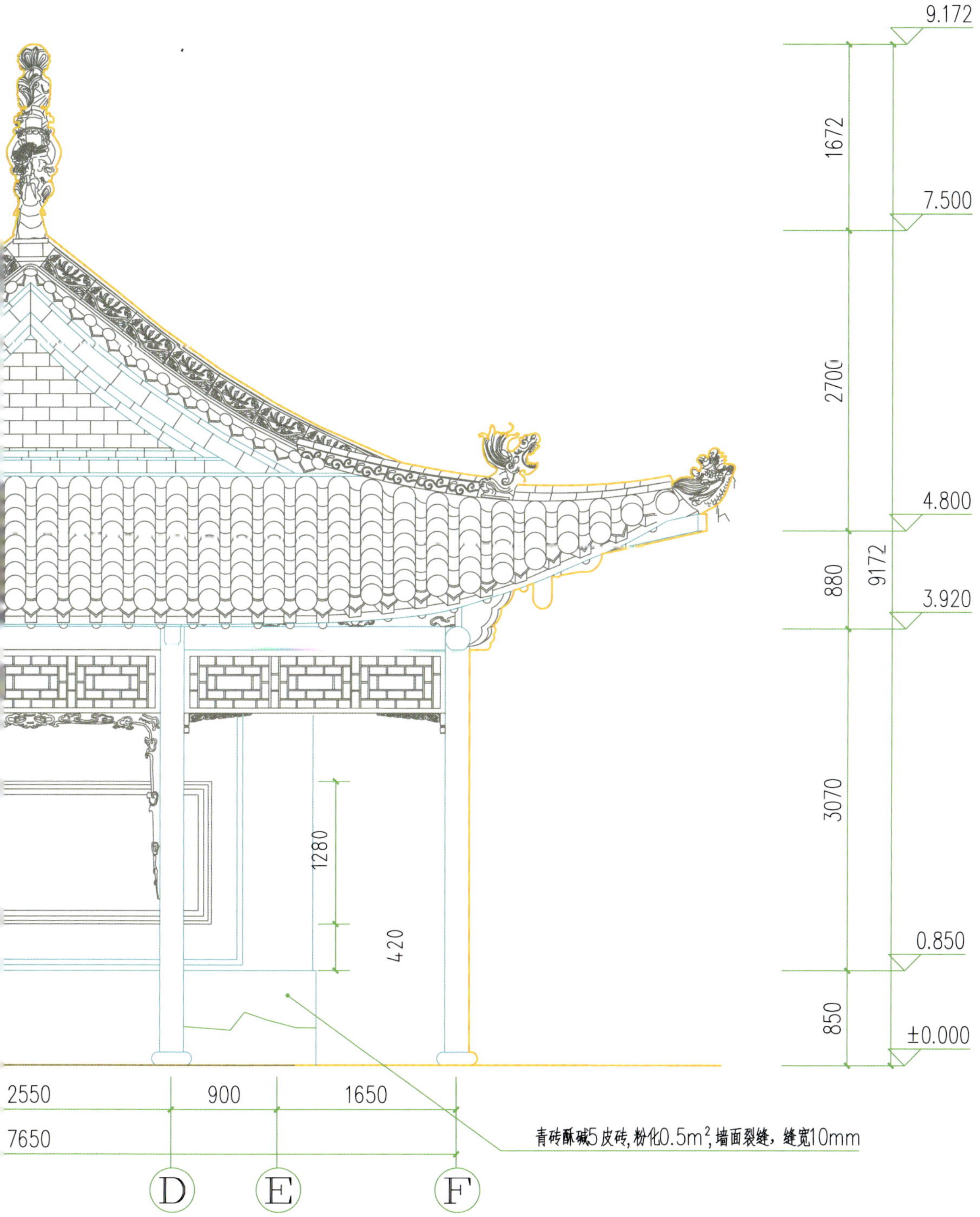

石作子祠西立面图 1:50

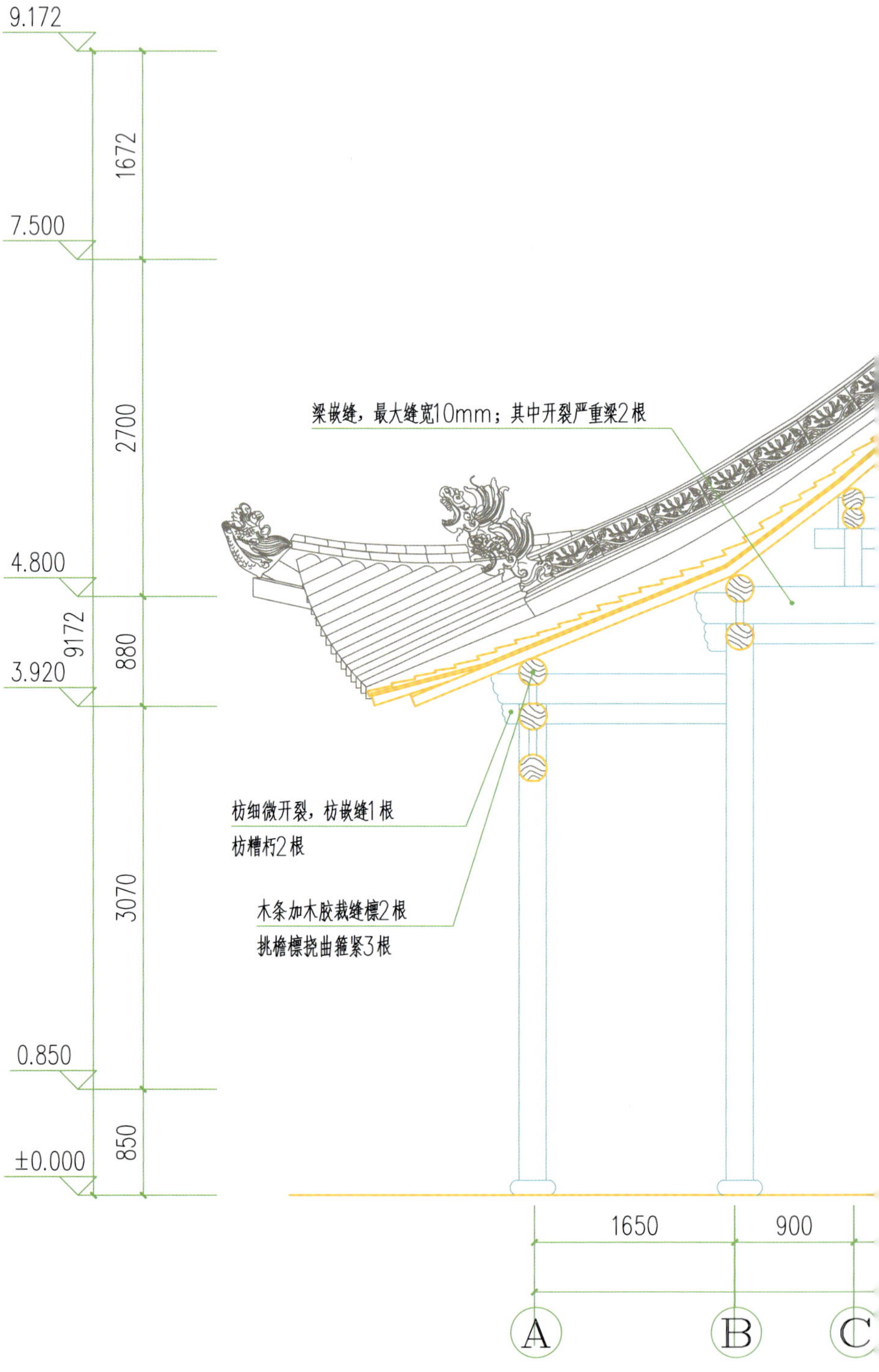

9.172
7.500
4.800
3.920
0.850
±0.000
1672
2700
880
9172
3070
850
梁嵌缝，最大缝宽10mm；其中开裂严重梁2根
枋细微开裂，枋嵌缝1根
枋糟朽2根
木条加木胶栽缝檩2根
挑檐檩挠曲箍紧3根
1650
900
A
B
C

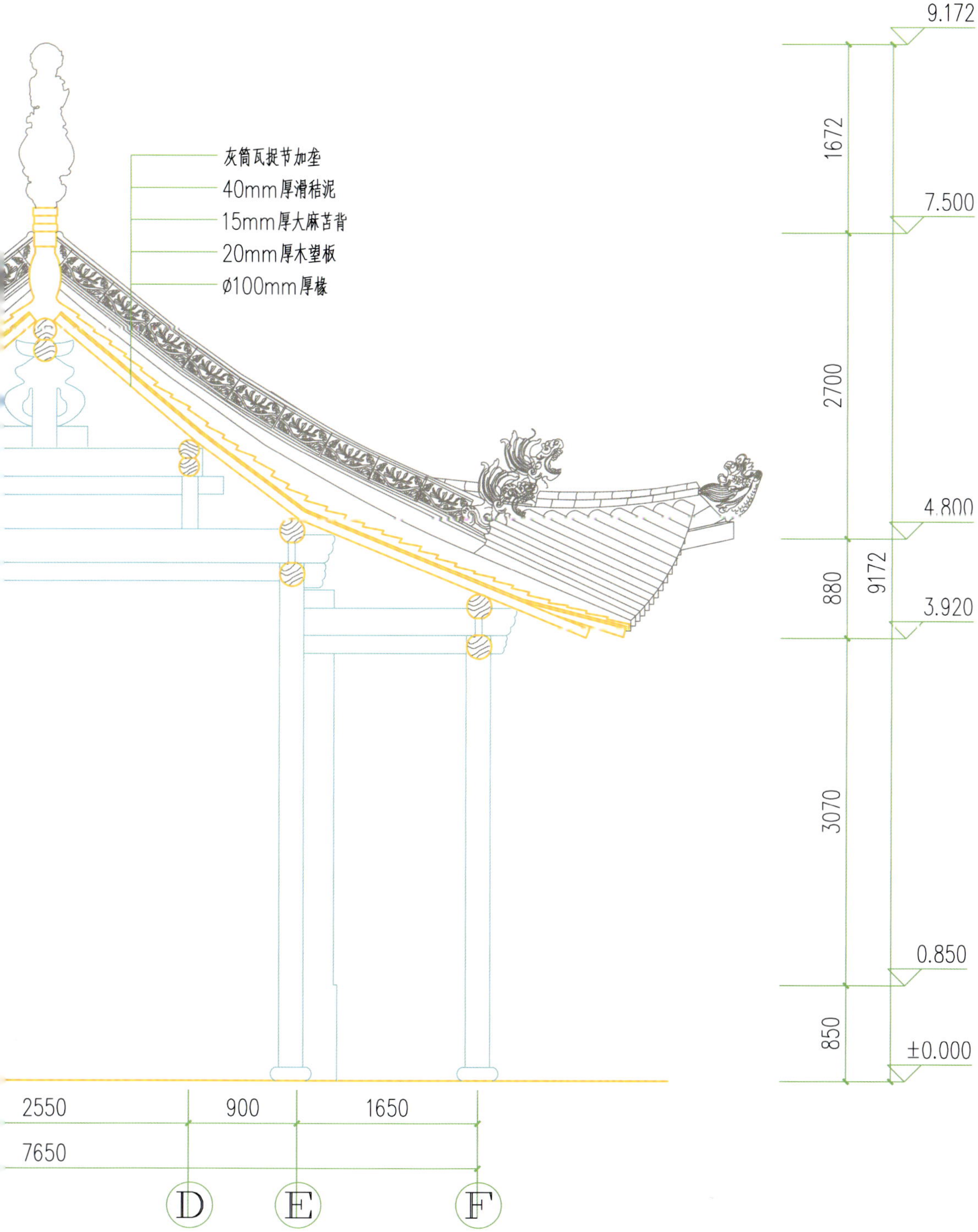

石作子祠1－1剖面图 1:50

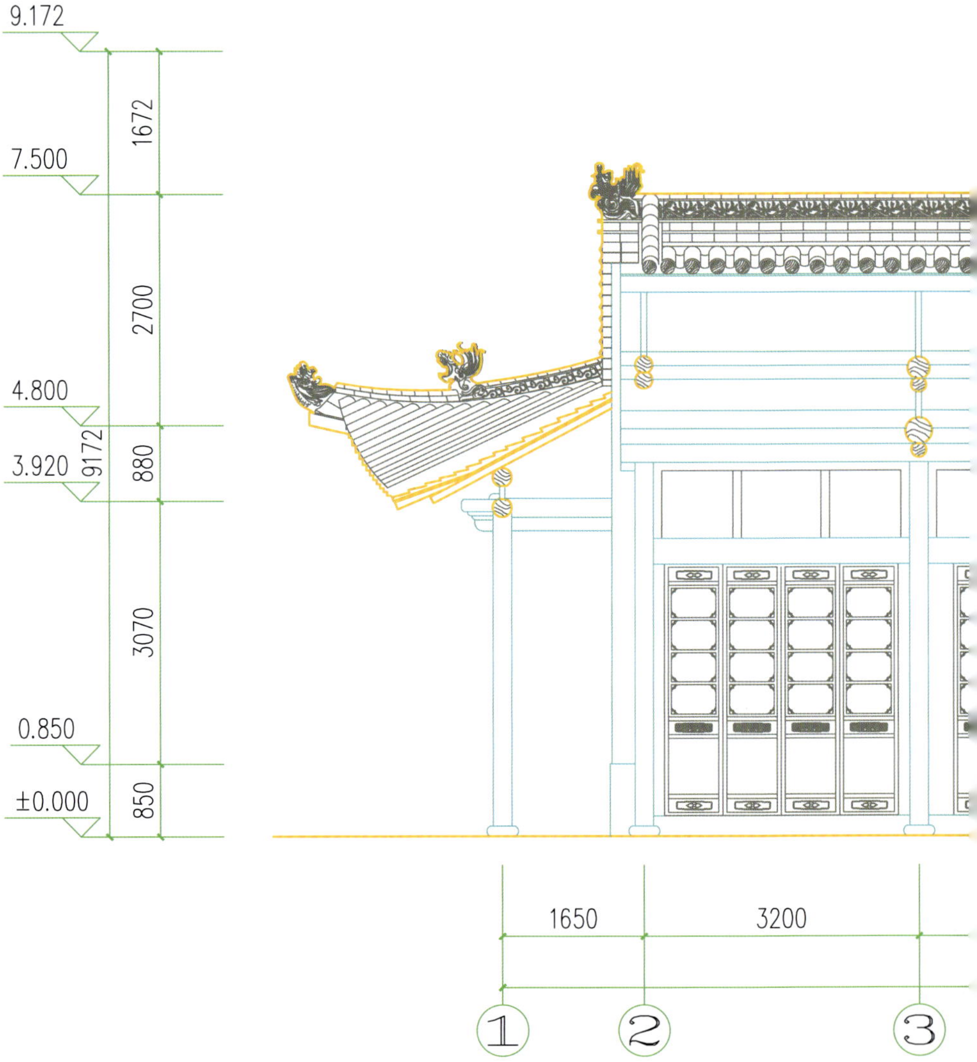
9.172
7.500
4.800
3.920
0.850
±0.000
1672
2700
9172
880
3070
850
1650
3200
1
2
3

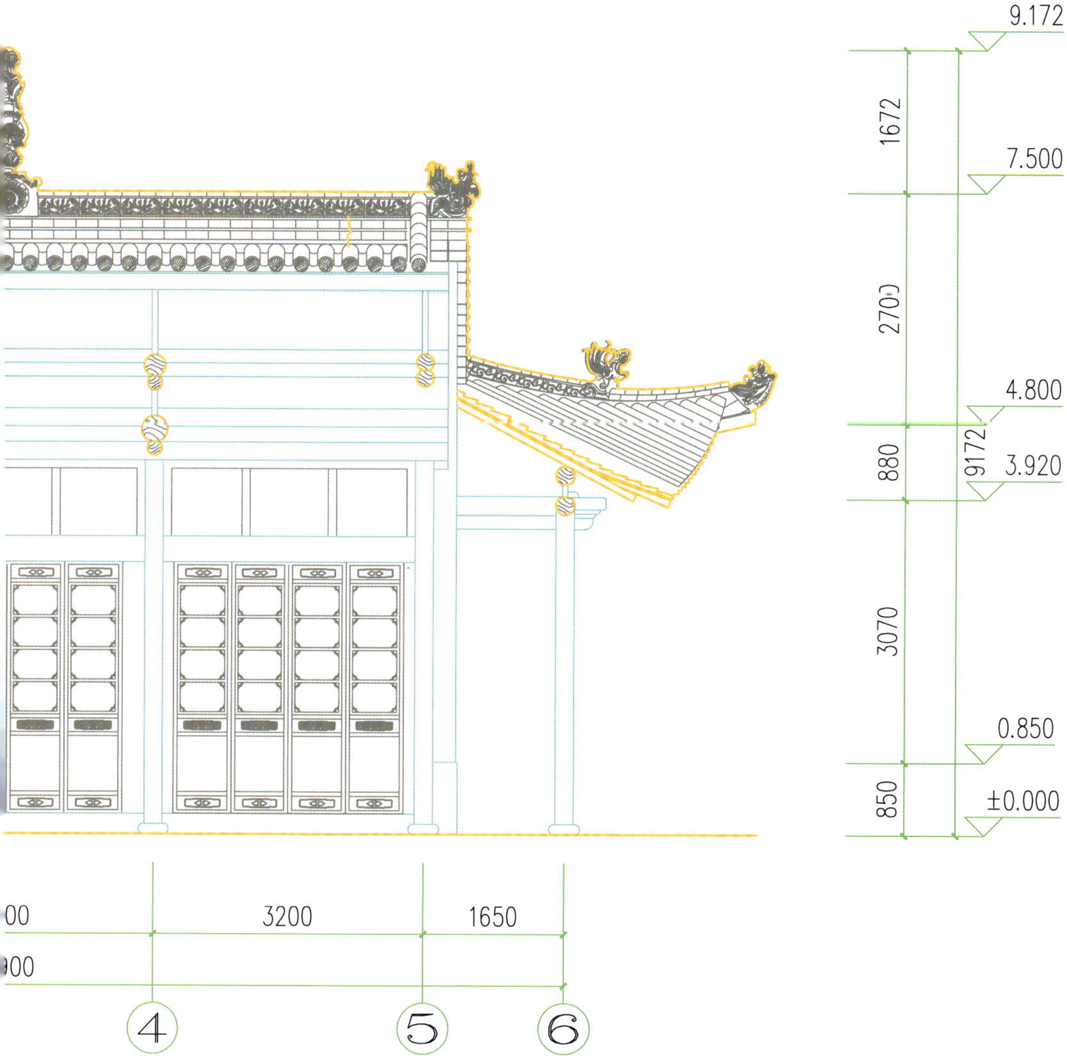

石作子祠2—2剖面图 1:75

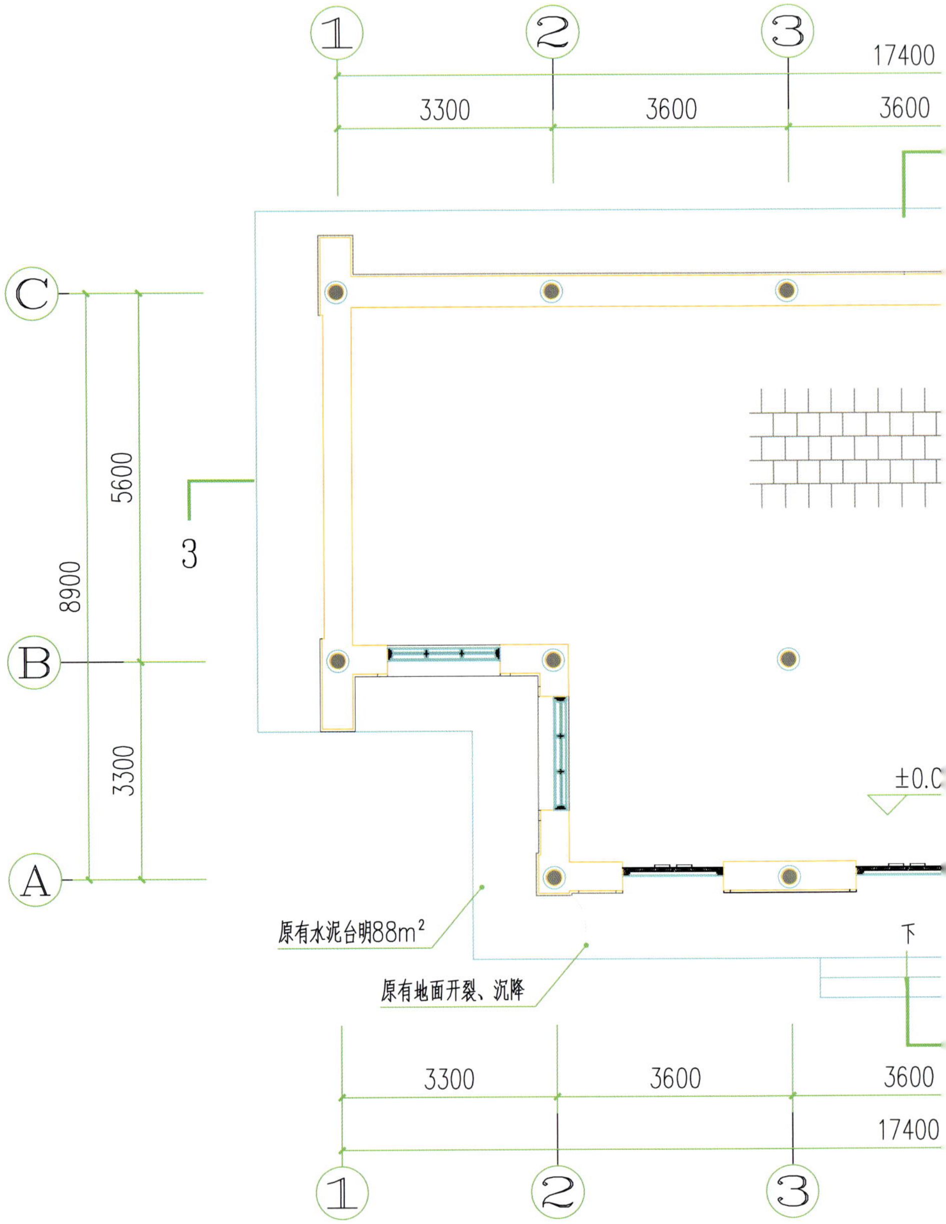
17400
3300
3600
3600
5600
8900
3300
3
±0.C
下
原有水泥台明88m²
原有地面开裂、沉降
3300
3600
3600
17400

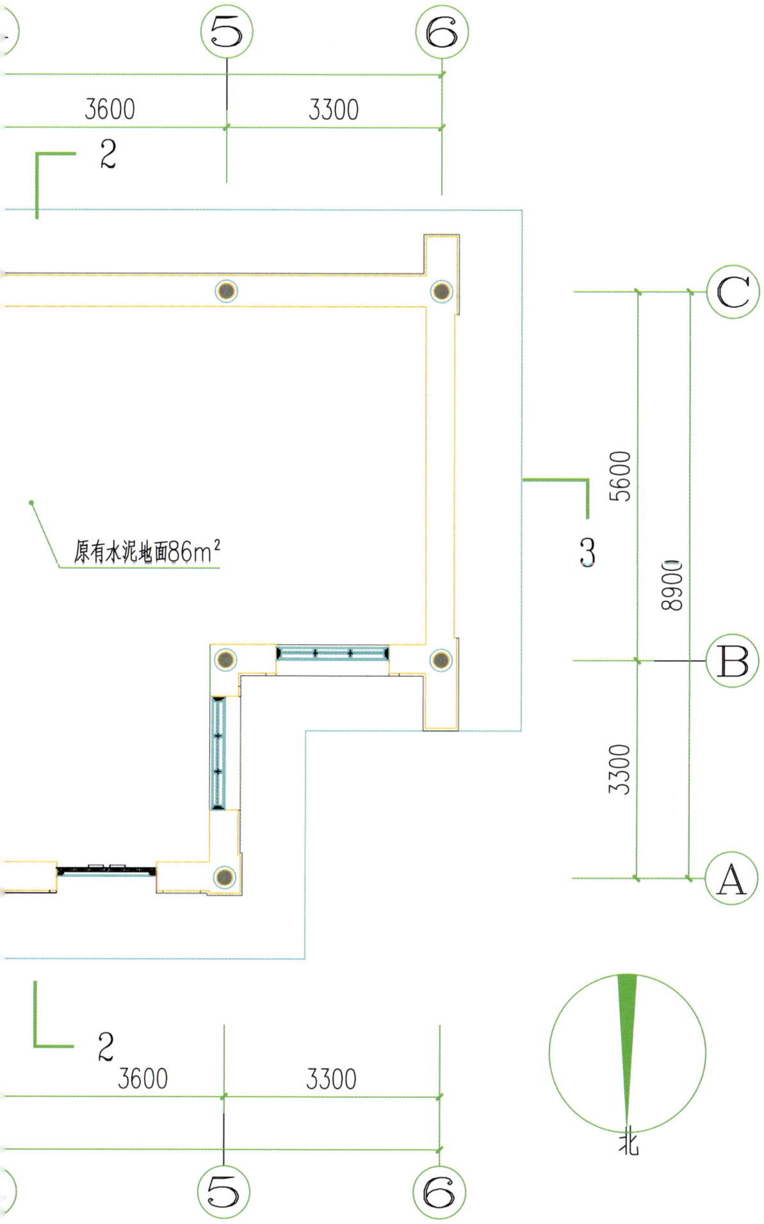

伏羲殿平面图 1:100

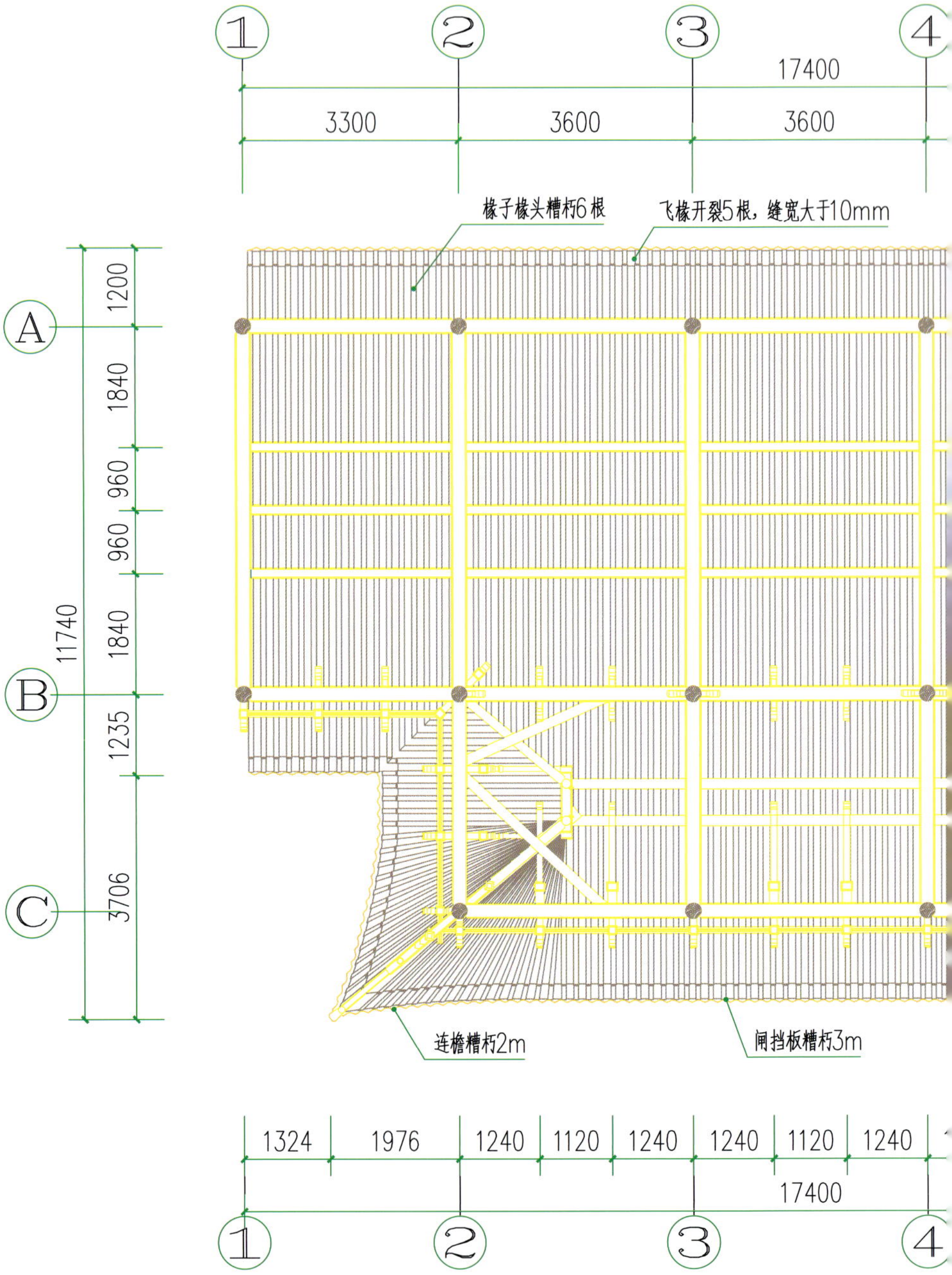
1
2
3
4
17400
3300
3600
3600
椽子椽头糟朽6根
飞椽开裂5根，缝宽大于10mm
A
B
C
1200
1840
960
960
1840
1235
3706
11740
连檐糟朽2m
闸挡板糟朽3m
1324
1976
1240
1120
1240
1240
1120
1240
17400
1
2
3
4

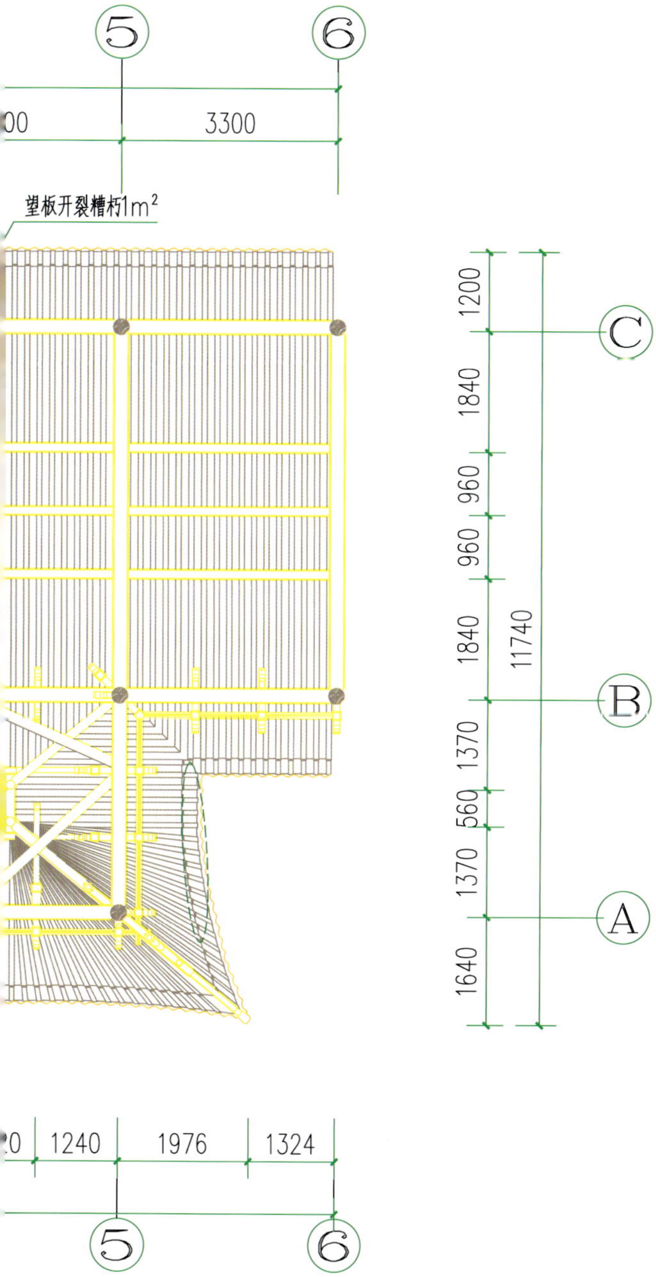

伏羲殿梁架仰视图 1:100

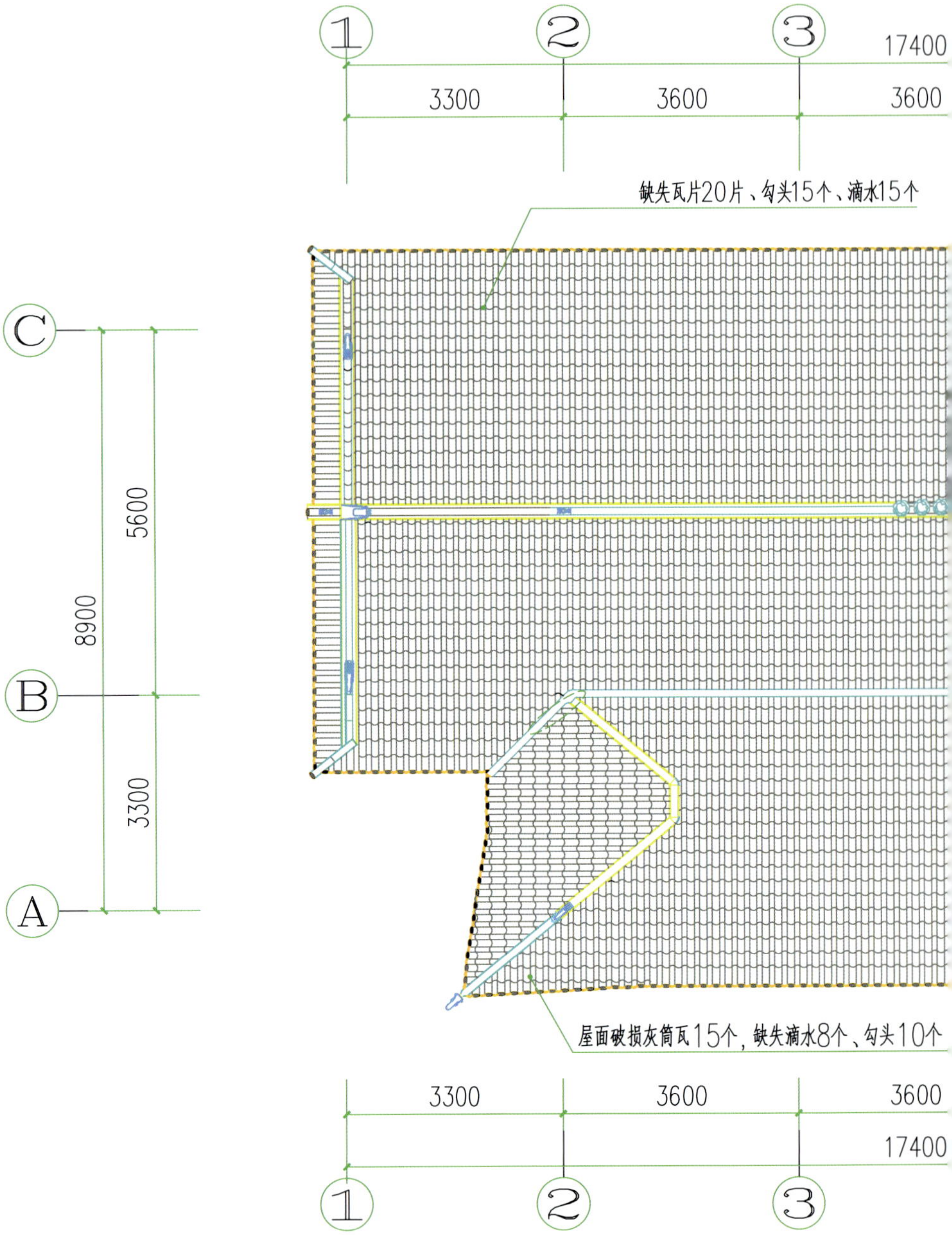

1
2
3
17400
3300
3600
3600
缺失瓦片20片、勾头15个、滴水15个
C
B
A
5600
8900
3300
屋面破损灰筒瓦15个，缺失滴水8个、勾头10个
3300
3600
3600
17400
1
2
3

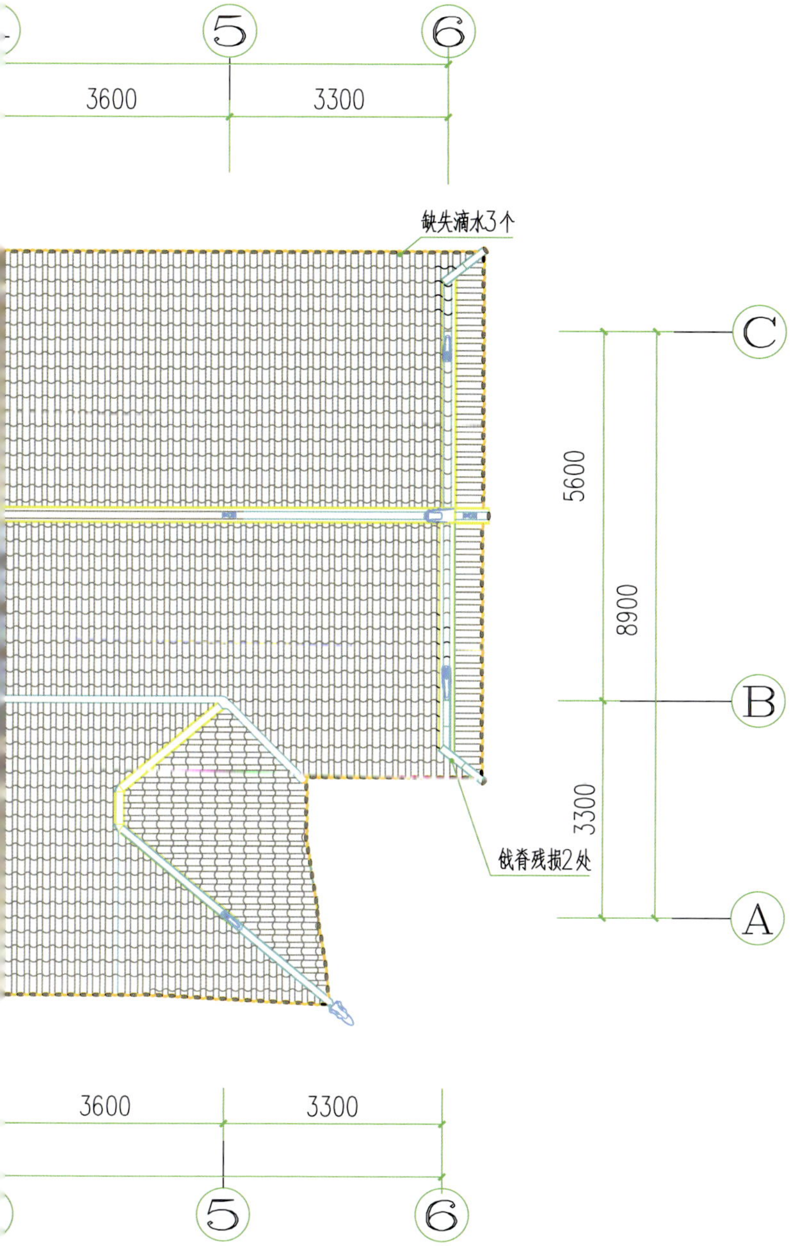

伏羲殿屋顶平面图 1:100

8580
1612
1818
200
300
310
2735
850
400
200
155
300
台明沉降、开裂
残损门窗20扇
3300
3600
1
2

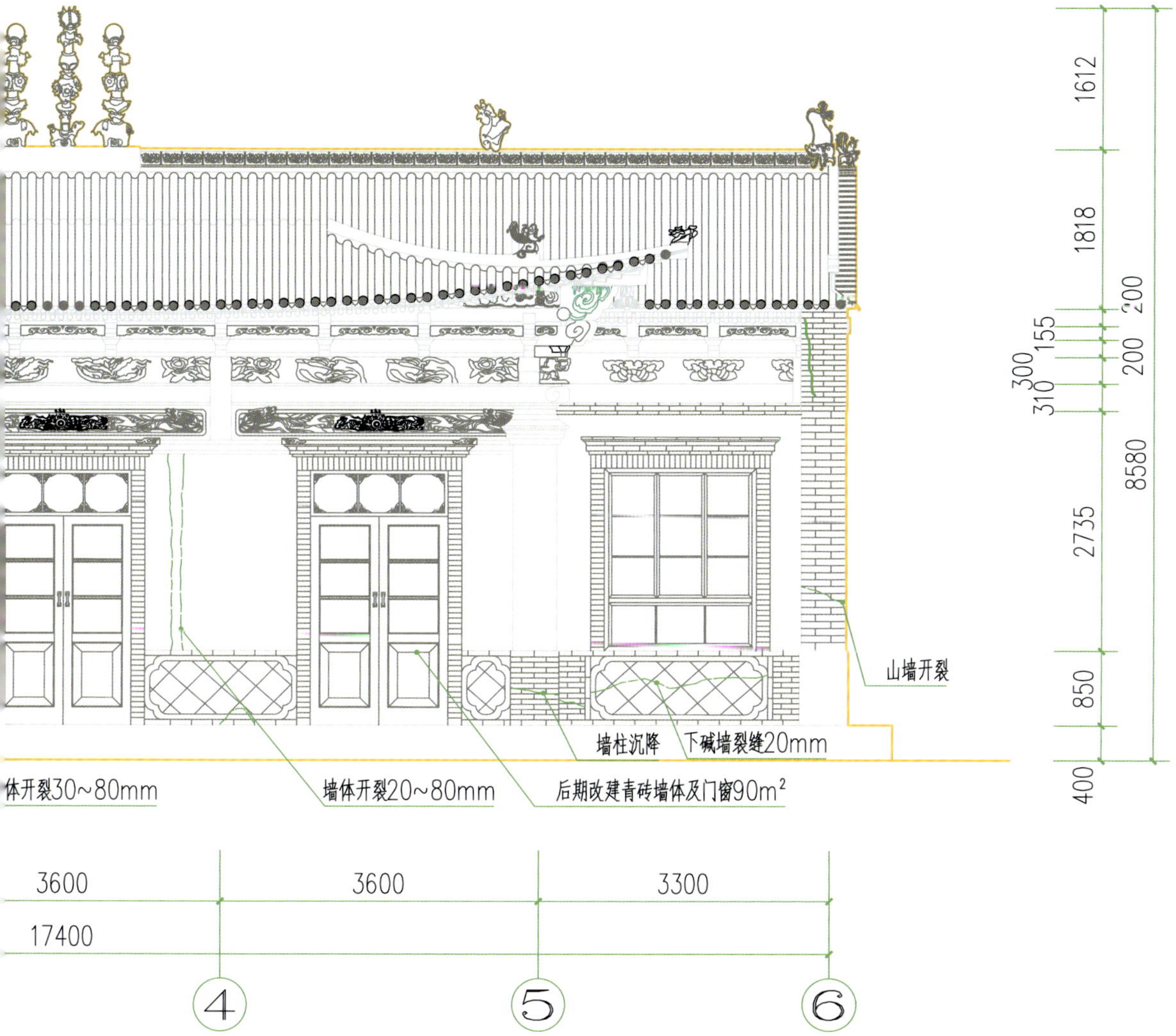

1612
1818
200
155
200
300
310
8580
2735
850
400
山墙开裂
墙柱沉降
下碱墙裂缝20mm
体开裂30~80mm
墙体开裂20~80mm
后期改建青砖墙体及门窗90m²
3600
3600
3300
17400
4
5
6

伏羲殿北立面图 1:75

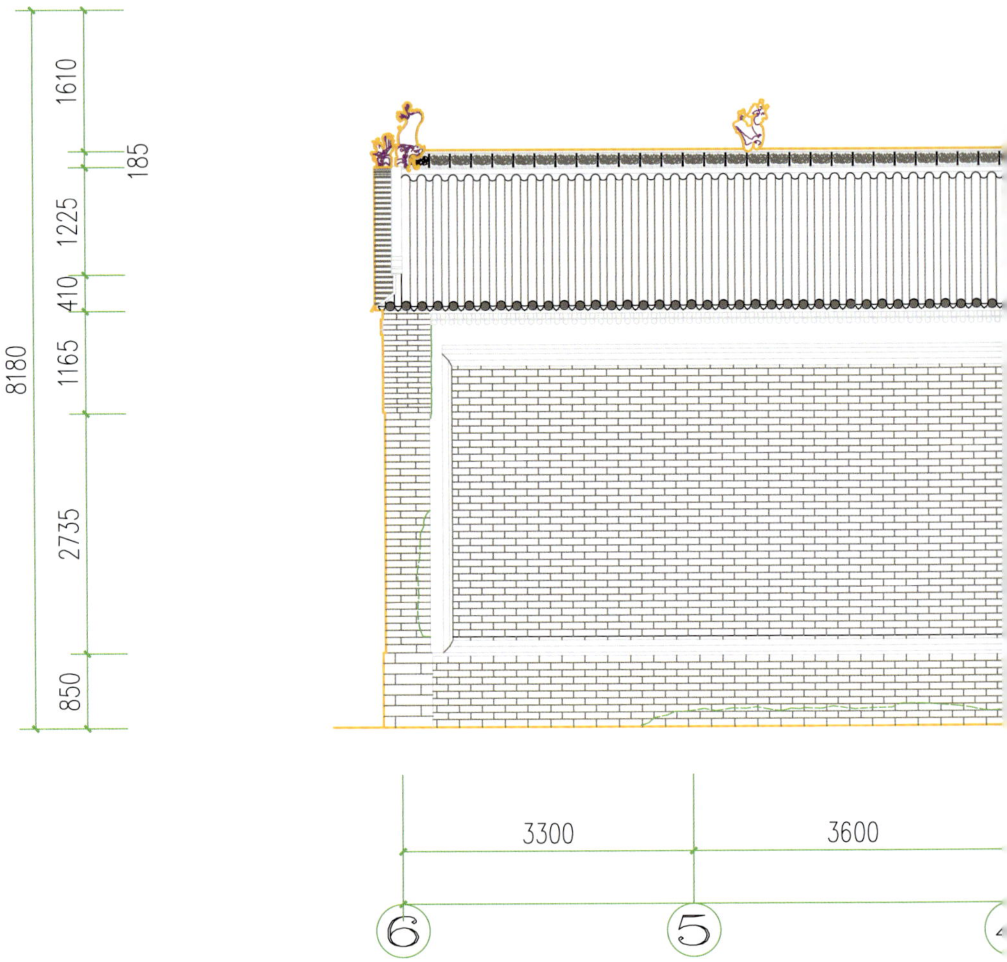
1610
185
1225
410
1165
8180
2735
850
3300
3600
6
5

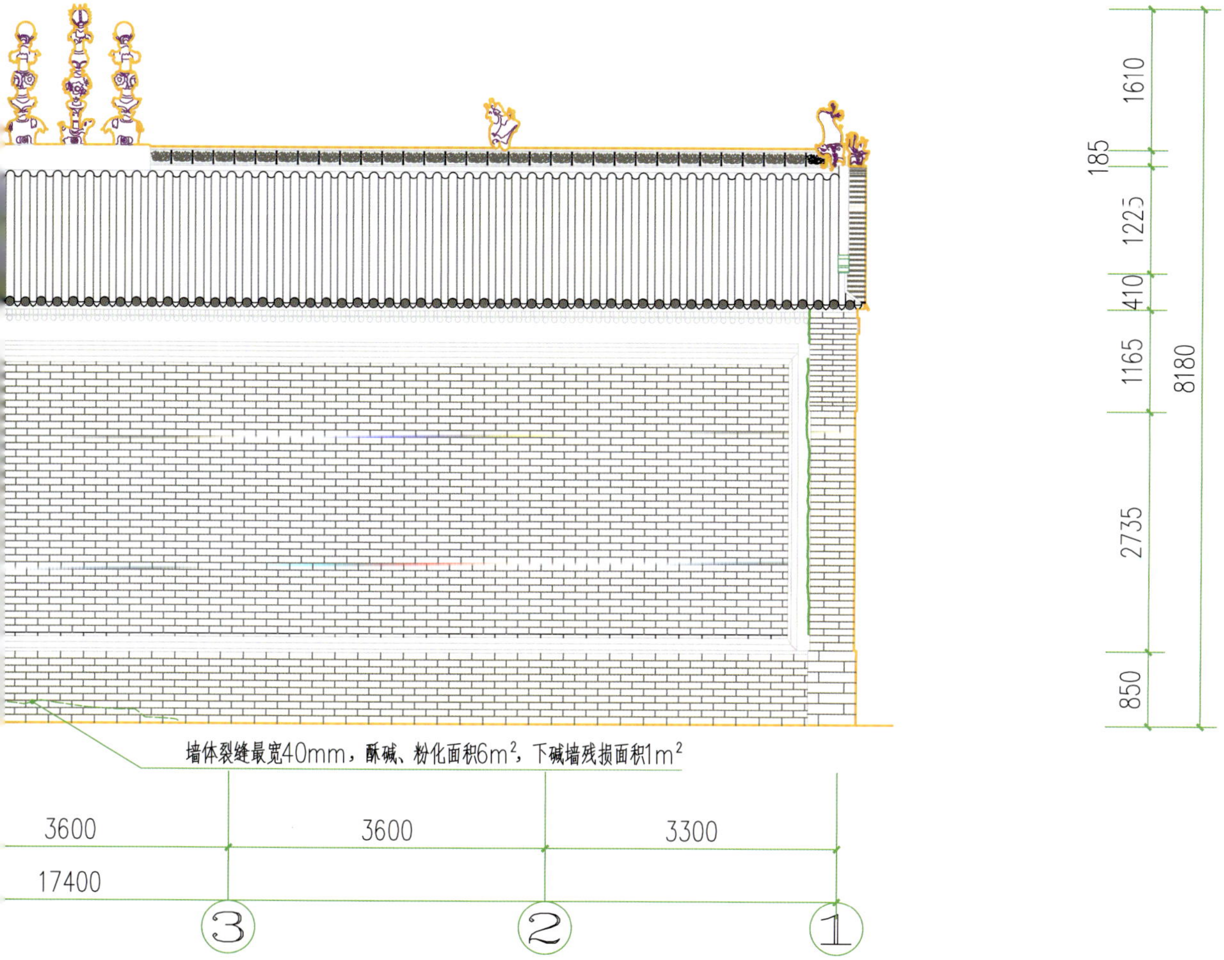

1610
185
1225
410
1165
8180
2735
850
墙体裂缝最宽40mm，酥碱、粉化面积6m²，下碱墙残损面积1m²
3600
3600
3300
17400
3
2
1

伏羲殿南立面图 1:75

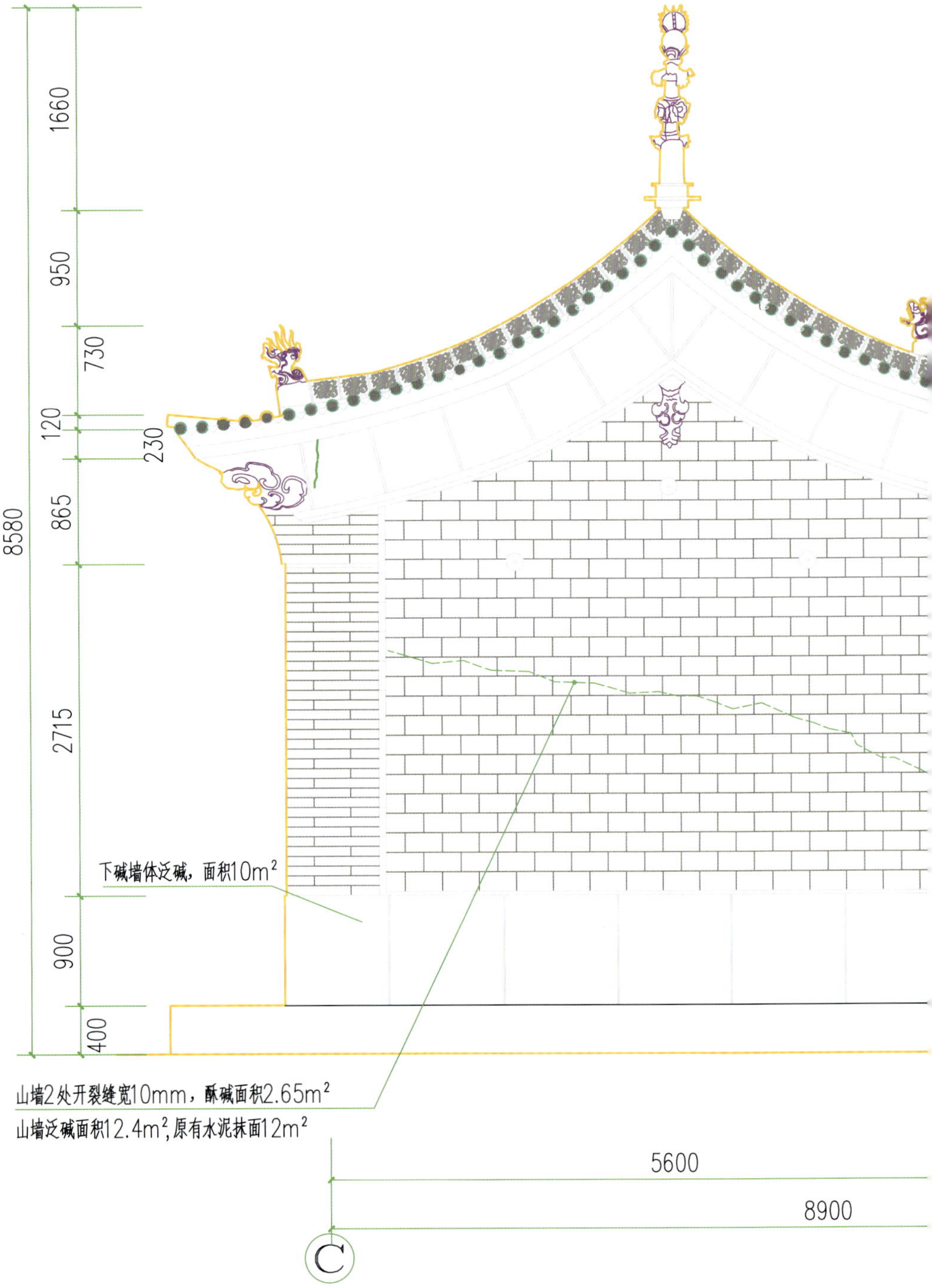
1660
950
730
120
230
865
8580
2715
900
400
下碱墙体泛碱，面积10m²
山墙2处开裂缝宽10mm，酥碱面积2.65m²
山墙泛碱面积12.4m²,原有水泥抹面12m²
5600
8900
C

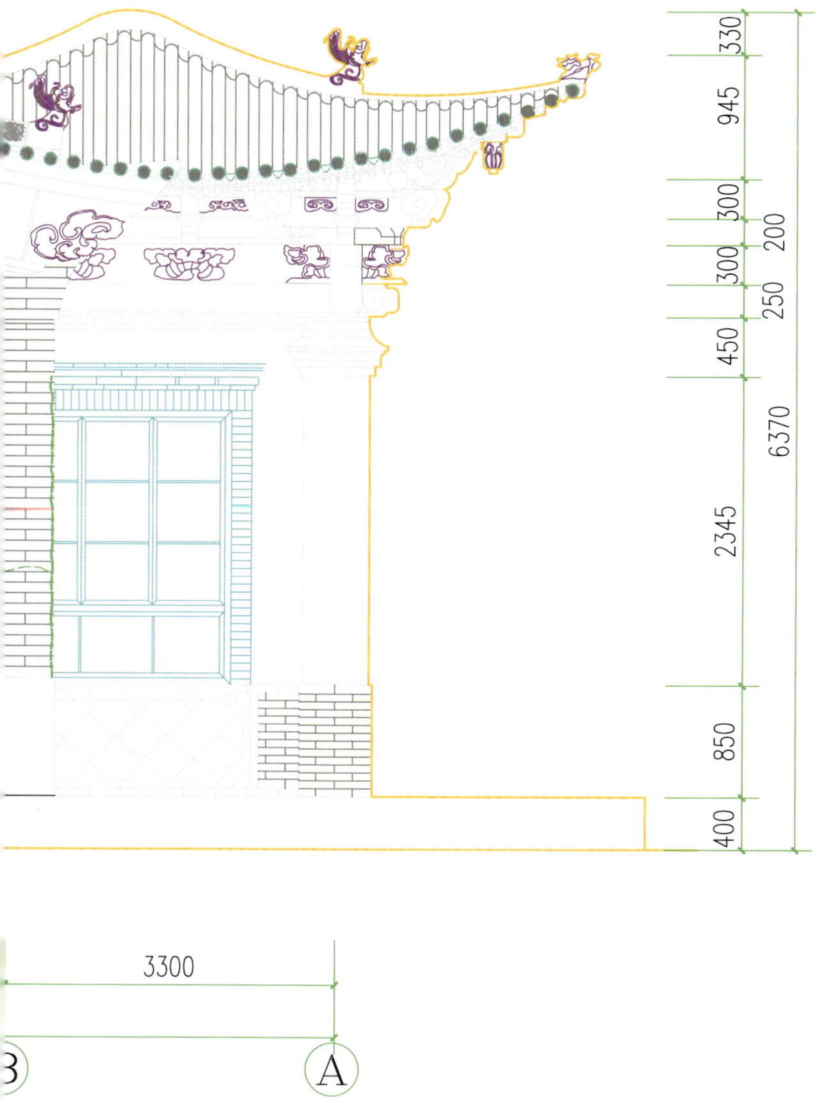

伏羲殿东立面图 1:50

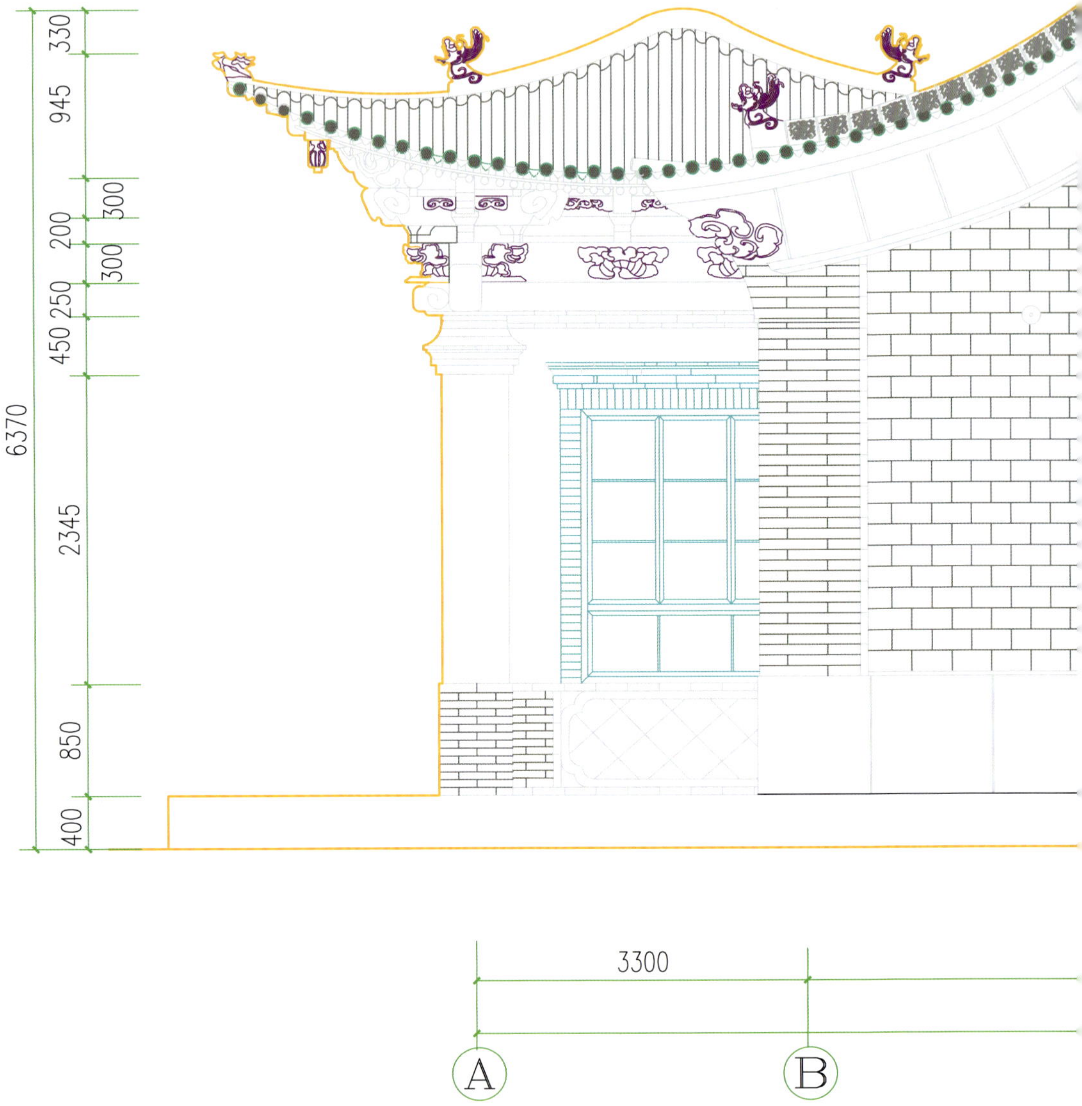
330
945
300
200
300
250
450
6370
2345
850
400
3300
A
B

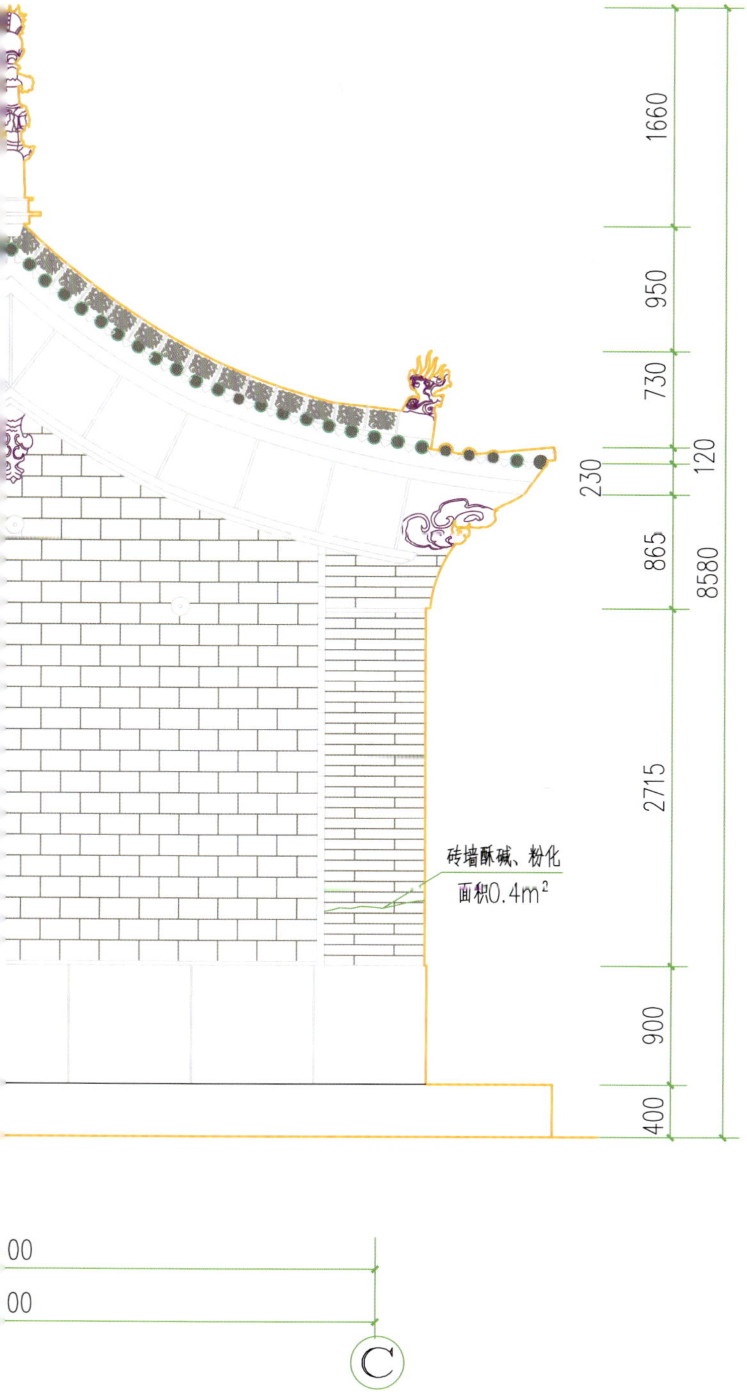
1660
950
730
120
230
865
8580
2715
砖墙酥碱、粉化
面积0.4m²
900
400
00
00
C

伏羲殿西立面图 1:50

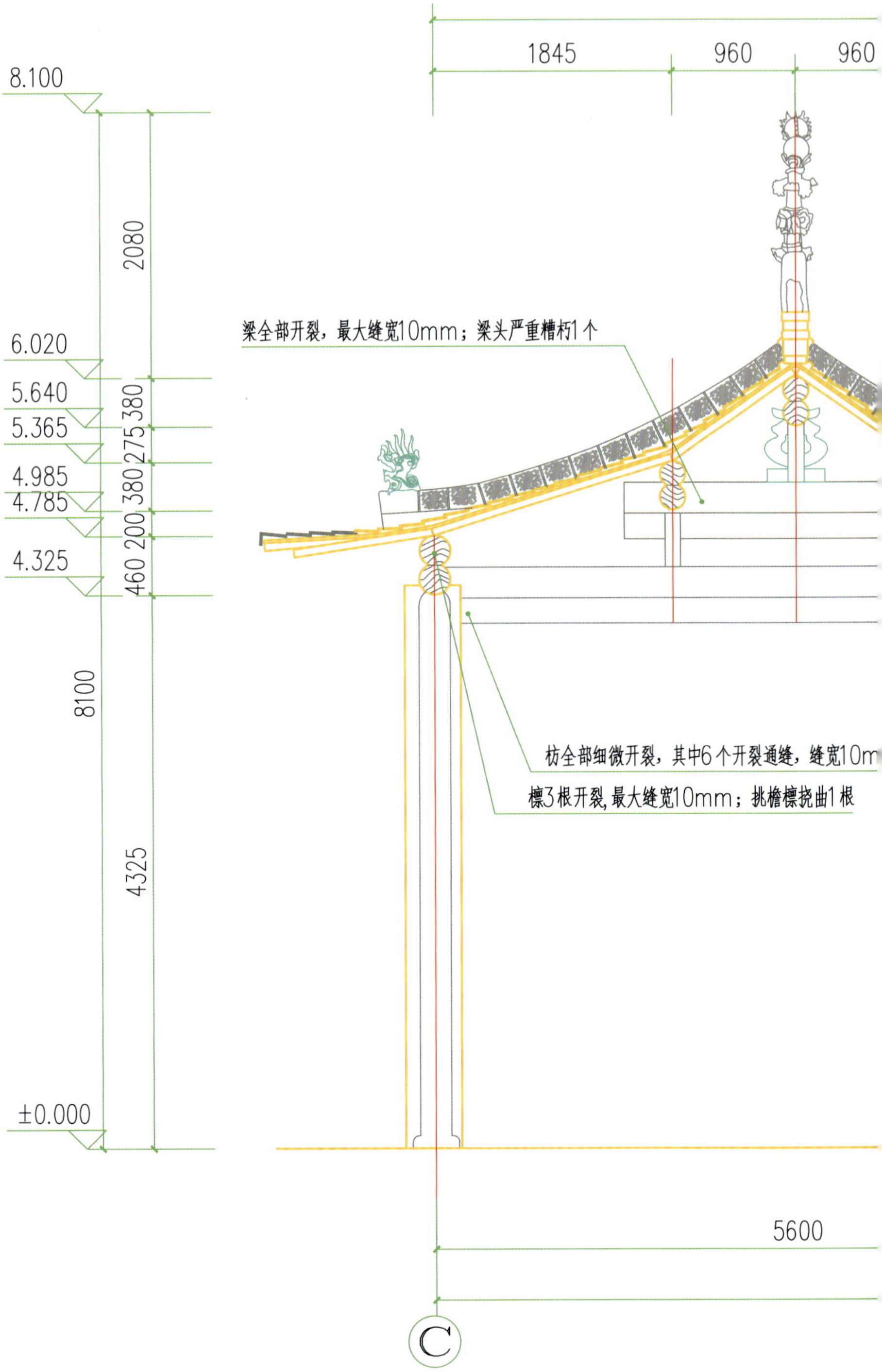
1845
960
960
8.100
2080
6.020
5.640
5.365
4.985
4.785
4.325
380
275
380
200
460
8100
4325
±0.000
梁全部开裂，最大缝宽10mm；梁头严重糟朽1个
枋全部细微开裂，其中6个开裂通缝，缝宽10m
檩3根开裂,最大缝宽10mm；挑檐檩挠曲1根
5600
C

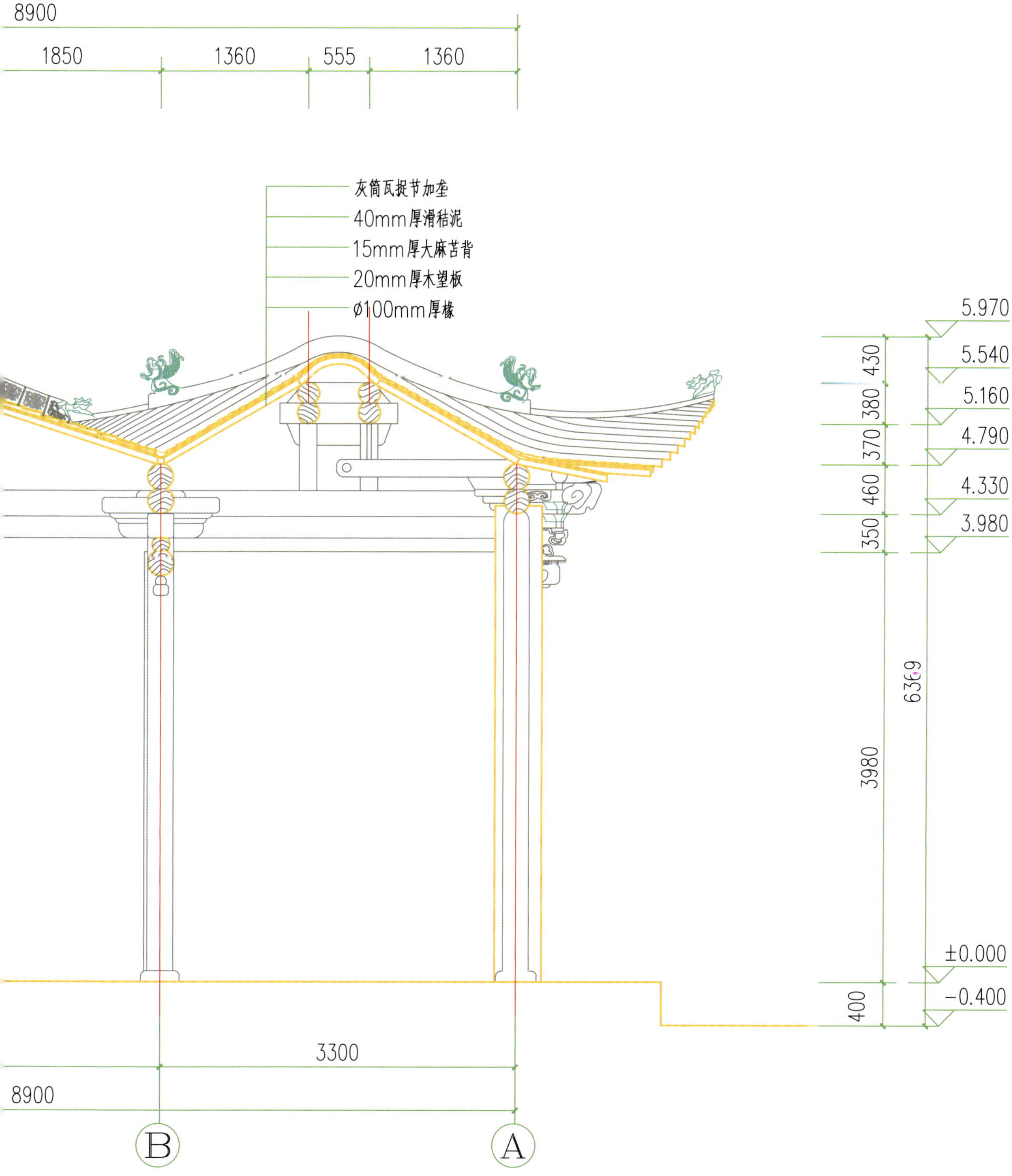

伏羲殿1—1剖面图 1:50

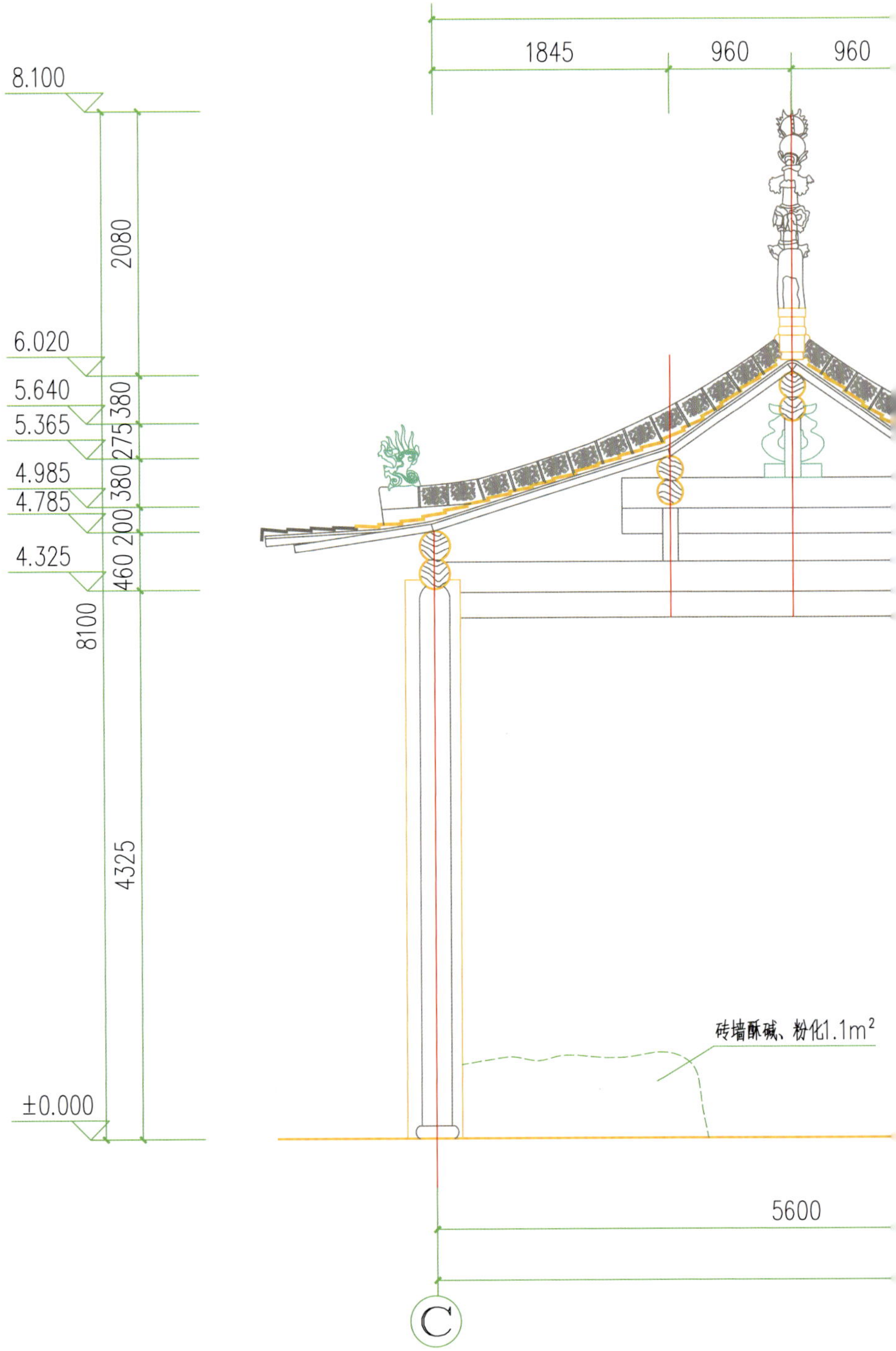

1845
960
960
8.100
6.020
5.640
5.365
4.985
4.785
4.325
±0.000
2080
380
275
380
200
460
8100
4325
砖墙酥碱、粉化1.1m²
5600
C

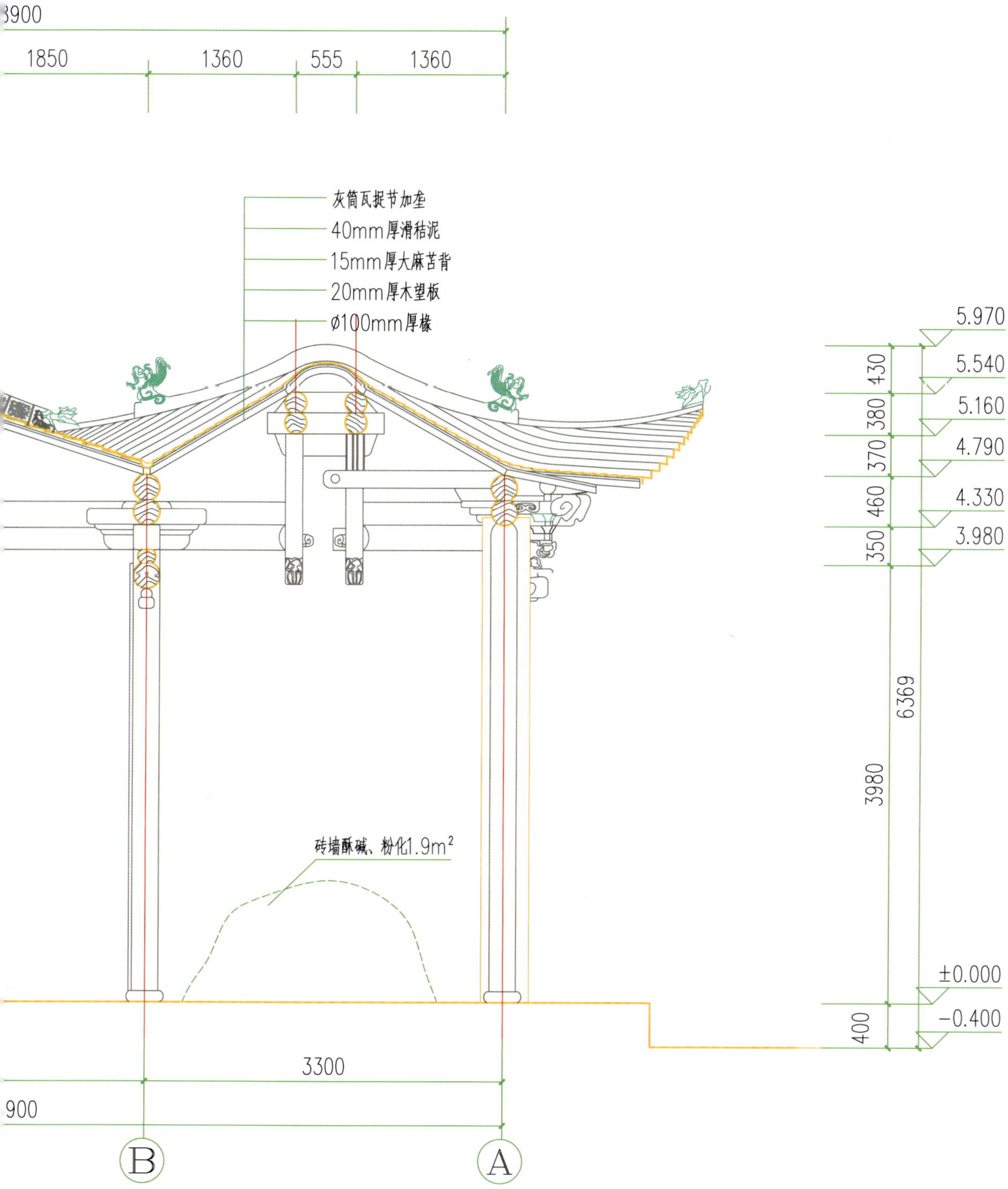

伏羲殿2-2剖面图 1:50

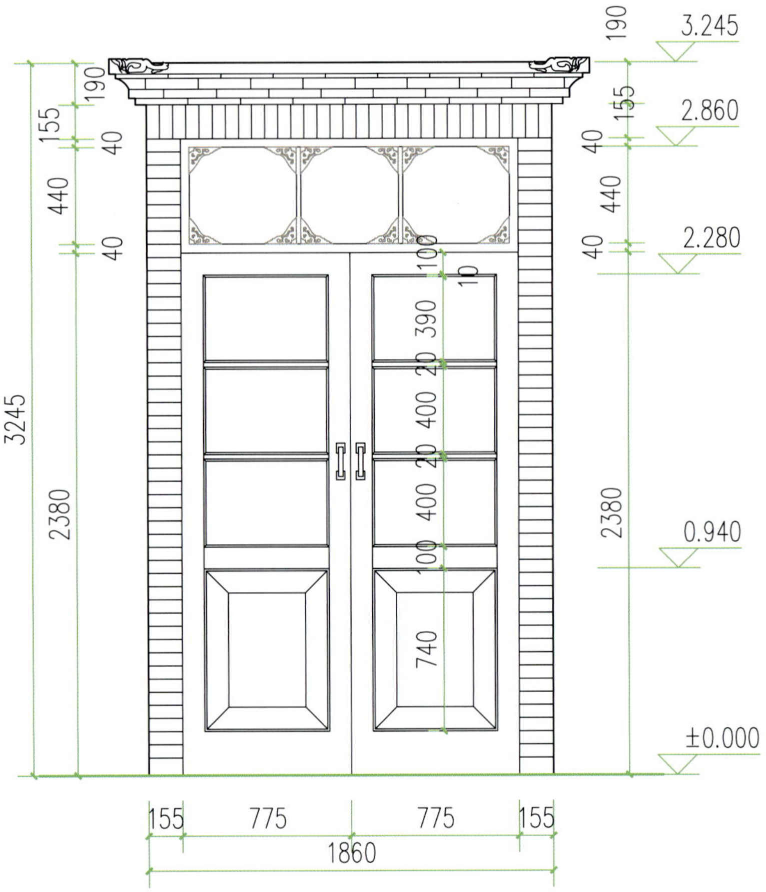

伏羲殿门立面大样图 1:30

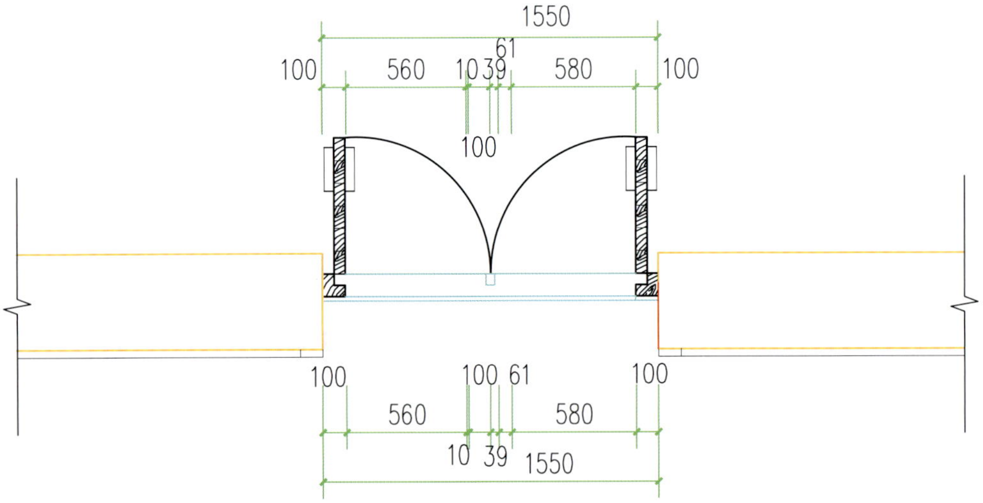

伏羲殿门平面大样图 1:30

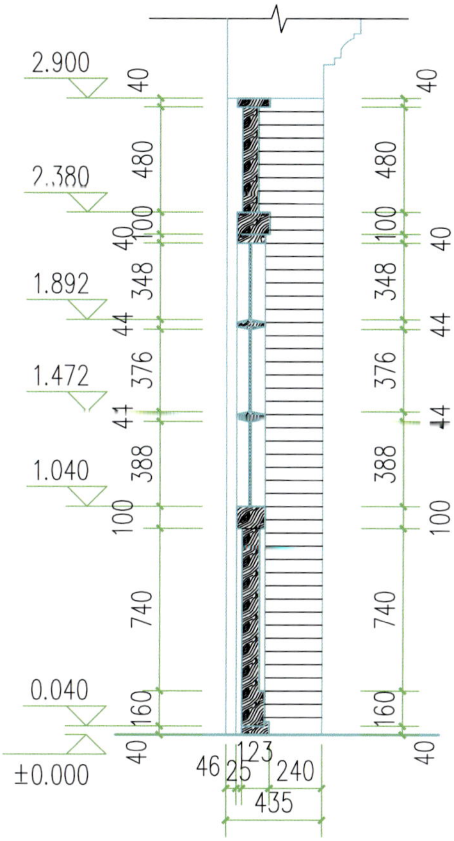

伏羲殿门剖面大样图 1:30

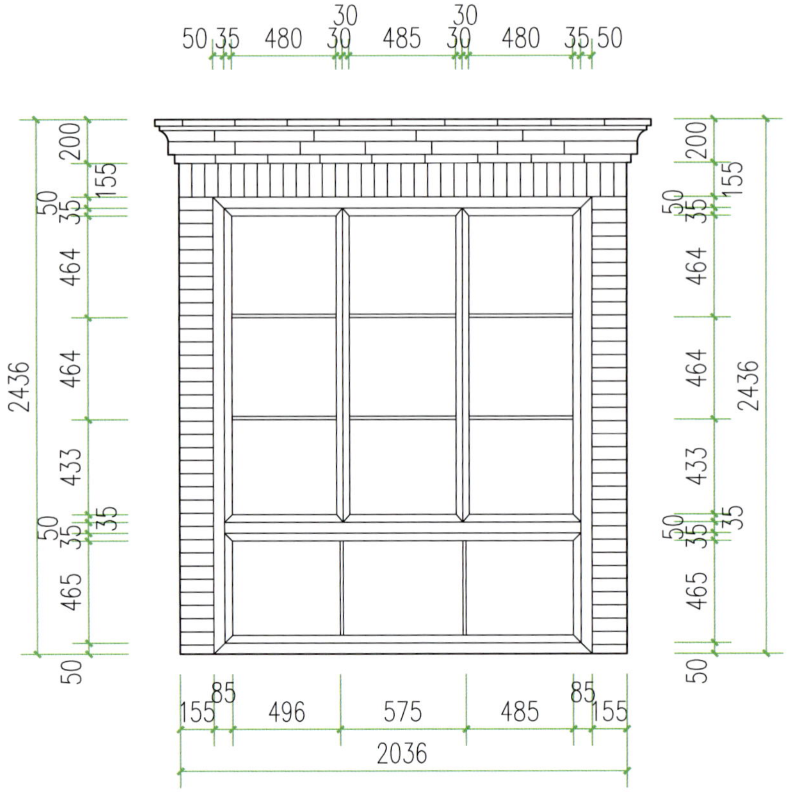

伏羲殿窗立面大样图 1:30

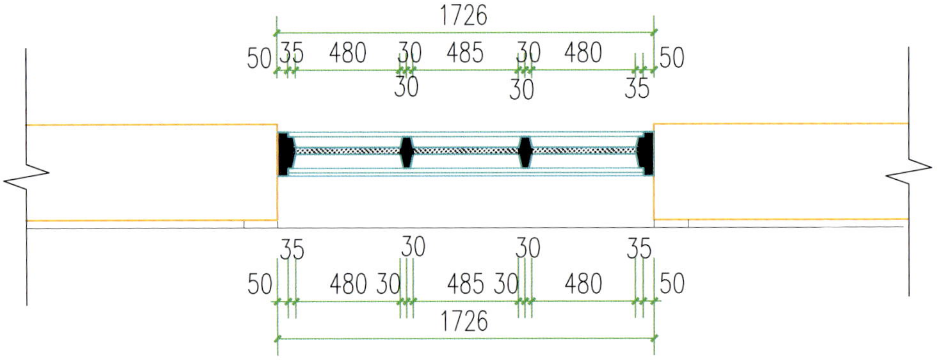

伏羲殿窗平面大样图 1:30

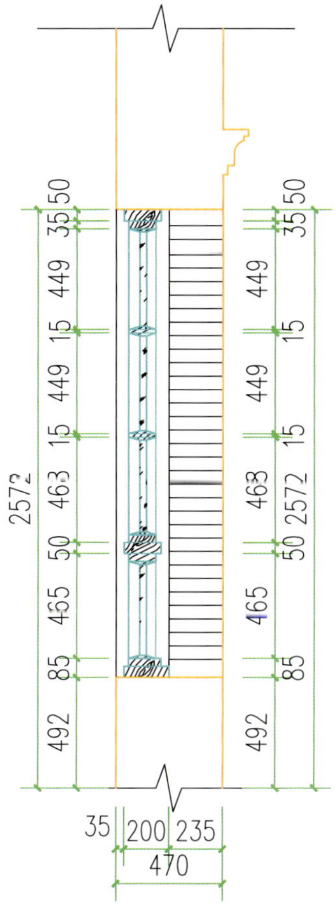

伏羲殿窗剖面大样图 1:30

附录3 太昊宫修缮图

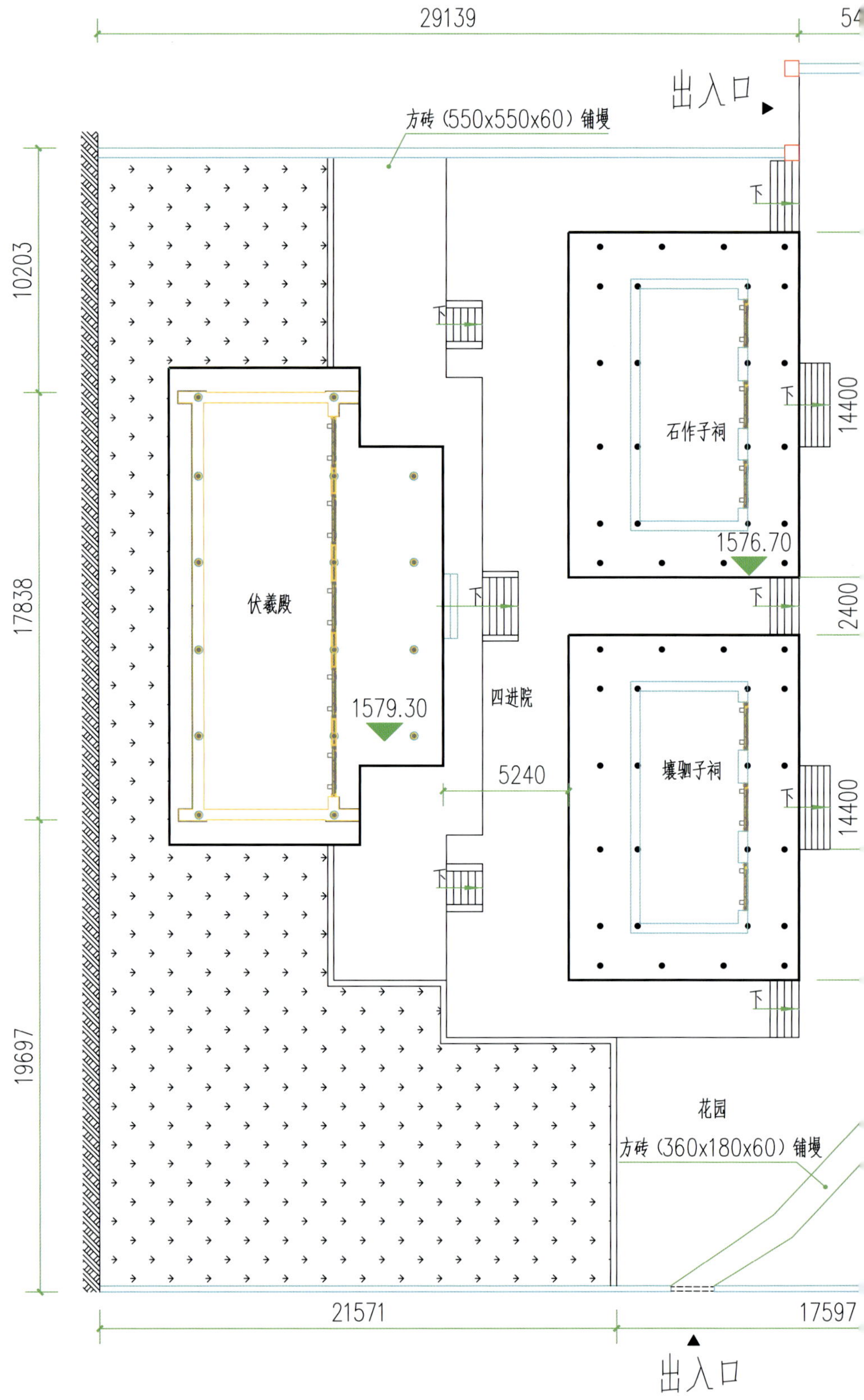

29139
54
出入口
方砖（550x550x60）铺墁
10203
17838
19697
下
石作子祠
14400
1576.70
2400
伏羲殿
1579.30
四进院
5240
壤驷子祠
花园
方砖（360x180x60）铺墁
21571
17597
出入口

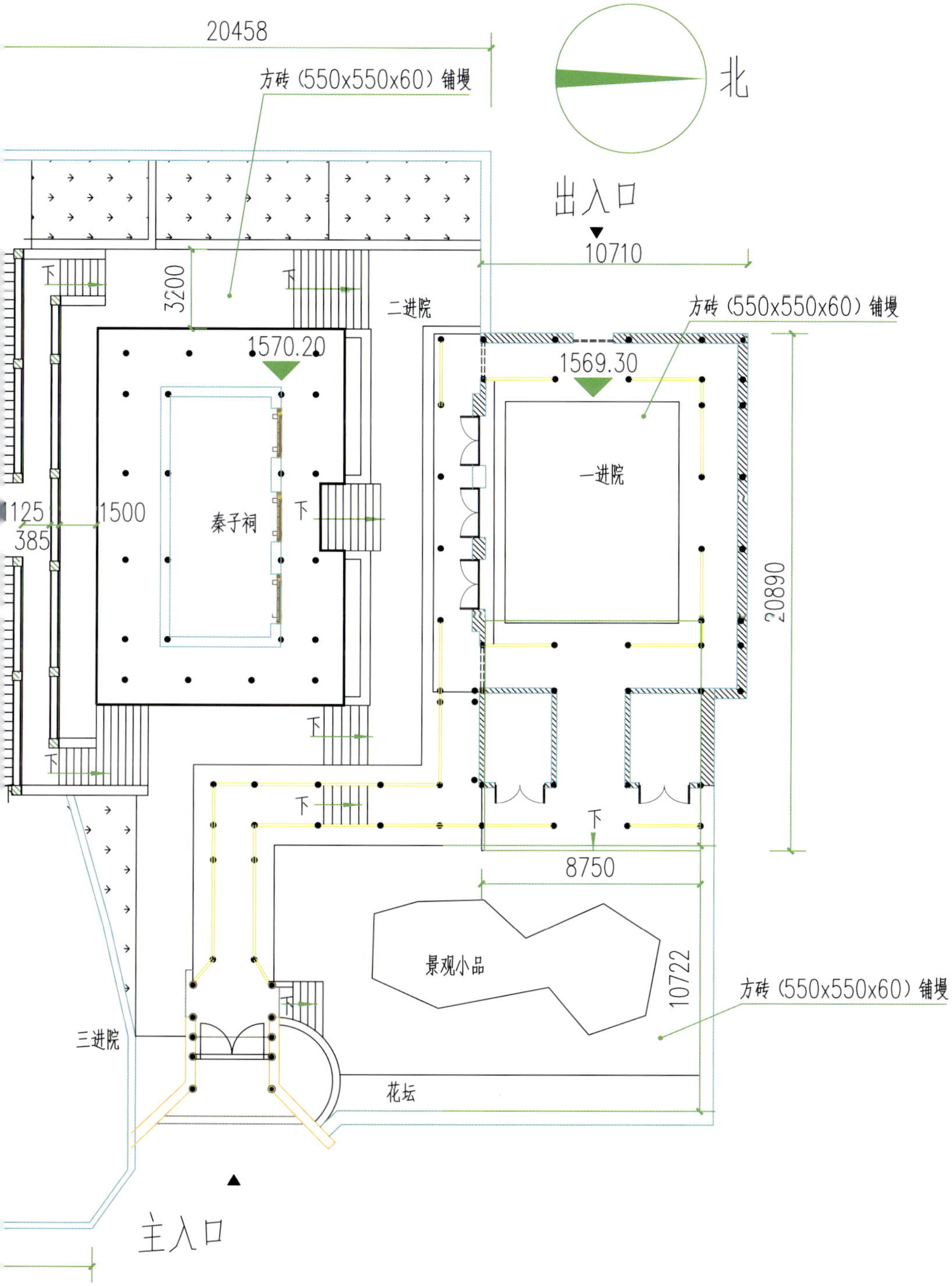

太昊宫总平面图 1:250

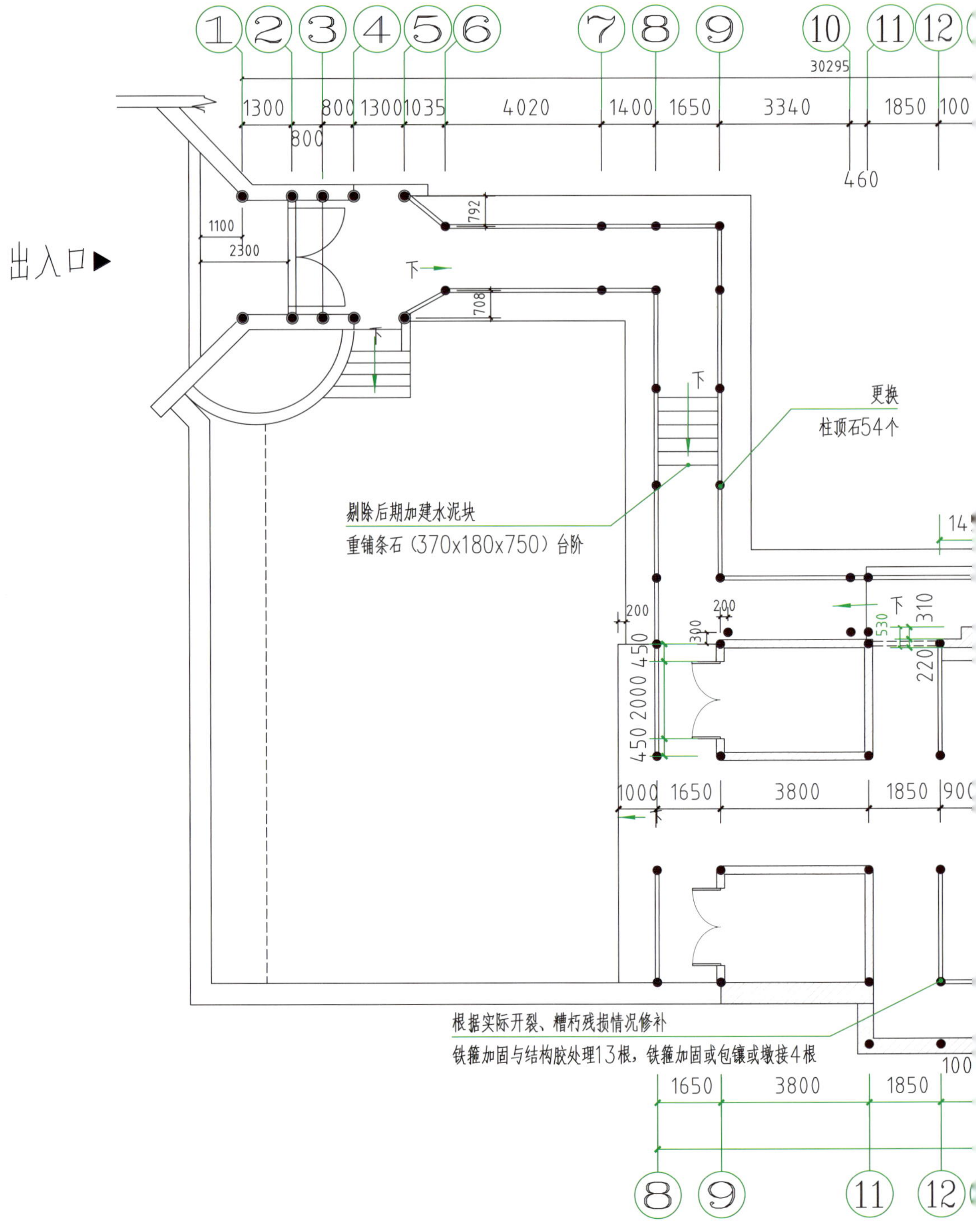
出入口▶
30295
1300
800
800
1300
1035
4020
1400
1650
3340
460
1850
100
1100
2300
792
708
下
更换
柱顶石54个
剔除后期加建水泥块
重铺条石（370x180x750）台阶
200
200
300
530
310
220
450
2000
450
1000
1650
3800
1850
900
根据实际开裂、槽朽残损情况修补
铁箍加固与结构胶处理13根，铁箍加固或包镶或墩接4根
100
1650
3800
1850

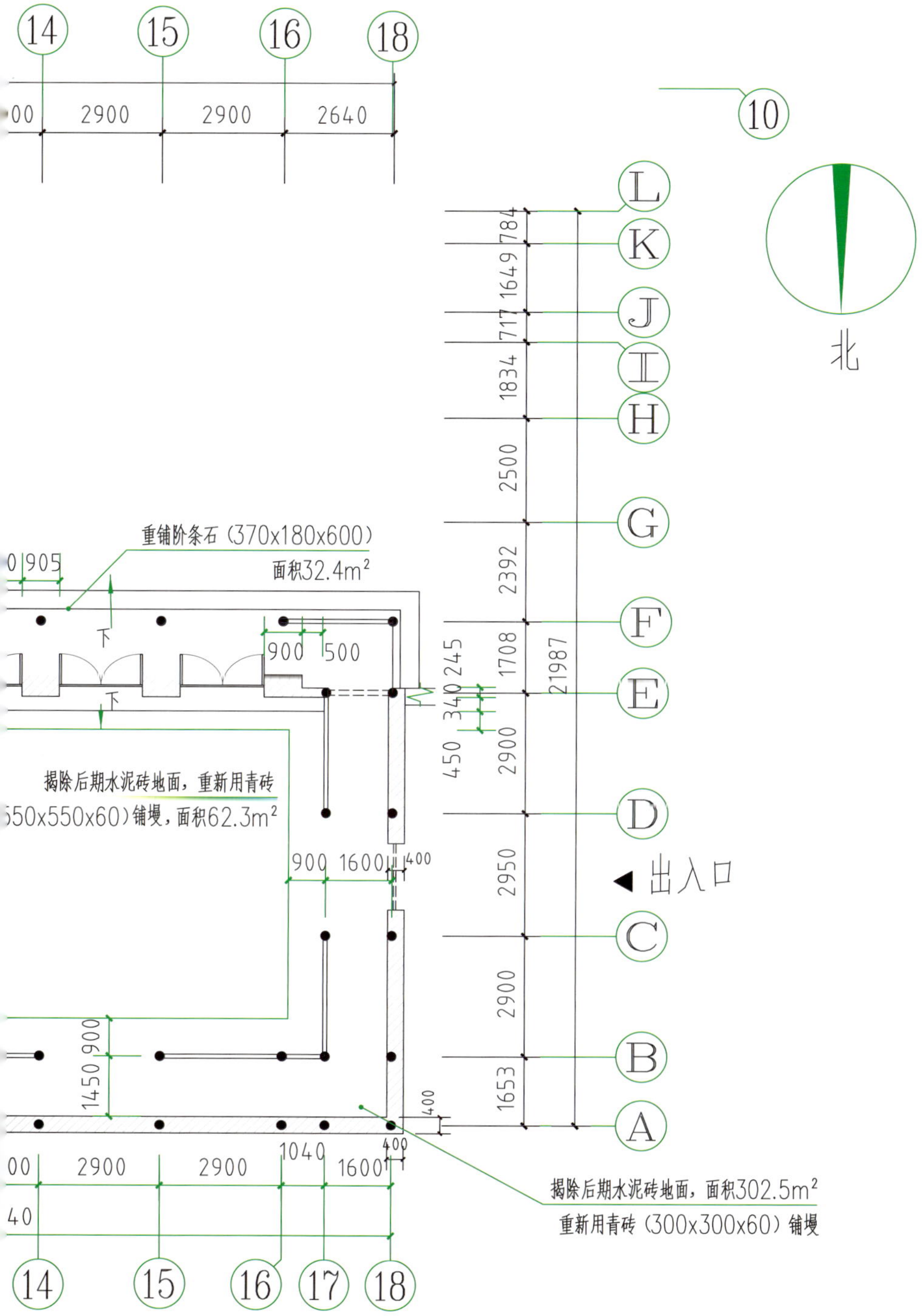

一进院前院游廊平面图 1:150

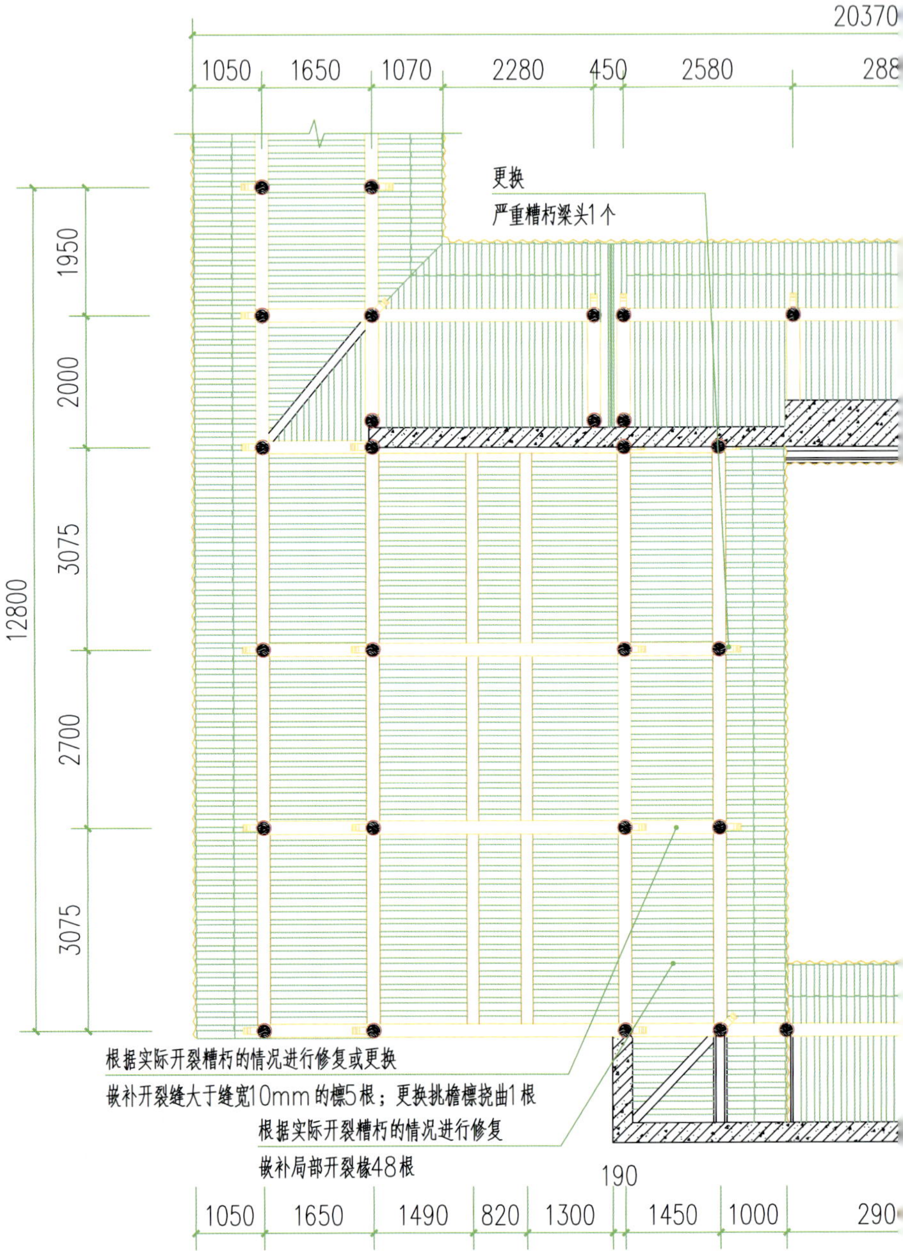
20370
1050
1650
1070
2280
450
2580
288
更换
严重糟朽梁头1个
1950
2000
3075
12800
2700
3075
根据实际开裂糟朽的情况进行修复或更换
嵌补开裂缝大于缝宽10mm的檩5根；更换挑檐檩挠曲1根
根据实际开裂糟朽的情况进行修复
嵌补局部开裂椽48根
190
1050
1650
1490
820
1300
1450
1000
290

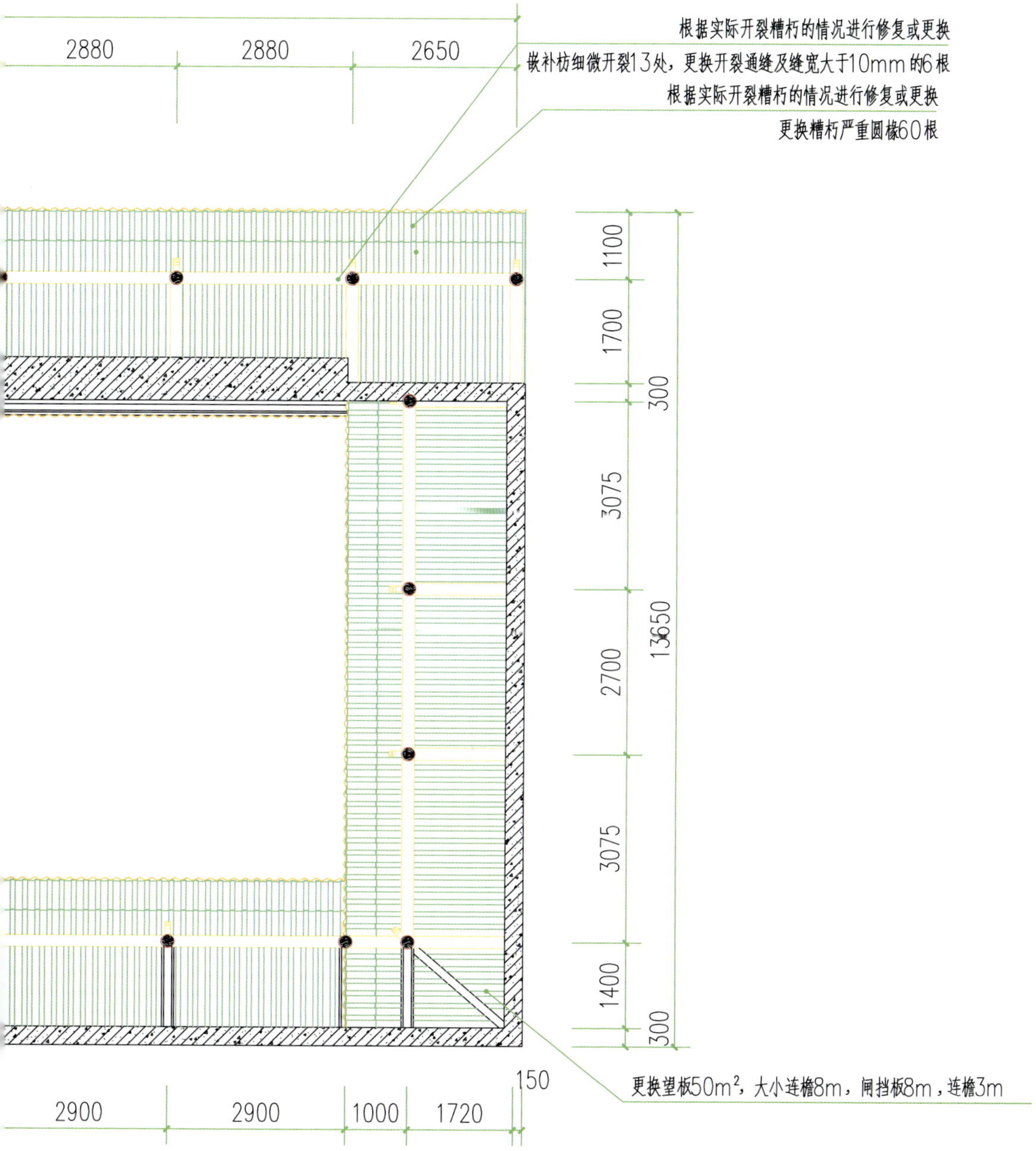

一进院梁架仰视图 1:100

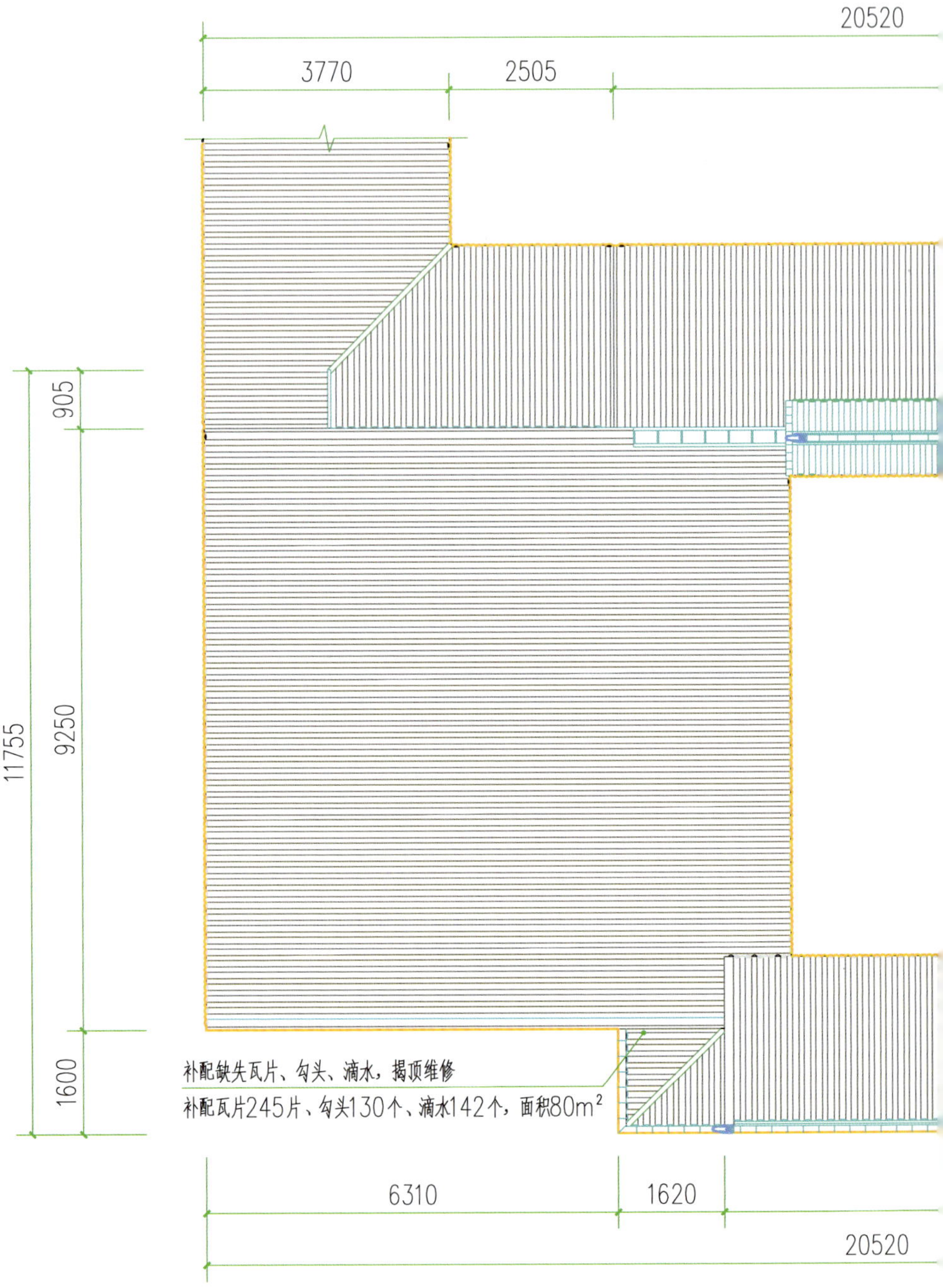
20520
3770
2505
905
9250
11755
1600
补配缺失瓦片、勾头、滴水，揭顶维修
补配瓦片245片、勾头130个、滴水142个，面积80m²
6310
1620
20520

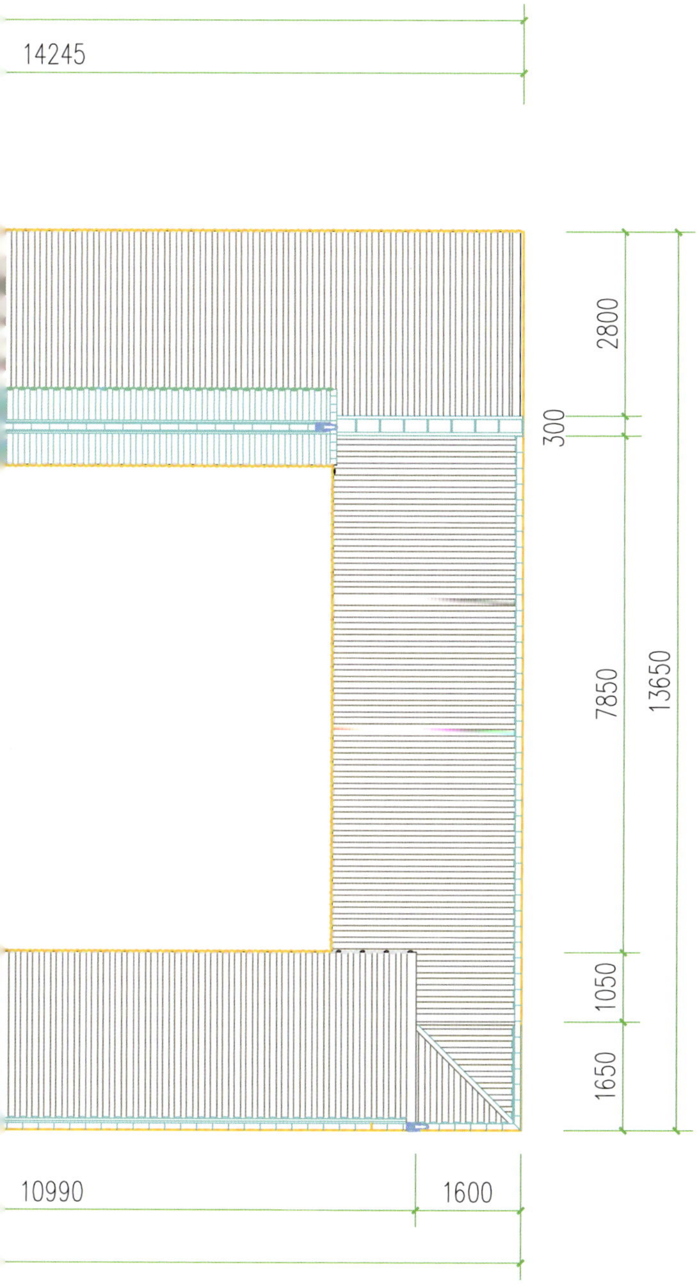

一进院屋顶平面图 1:100

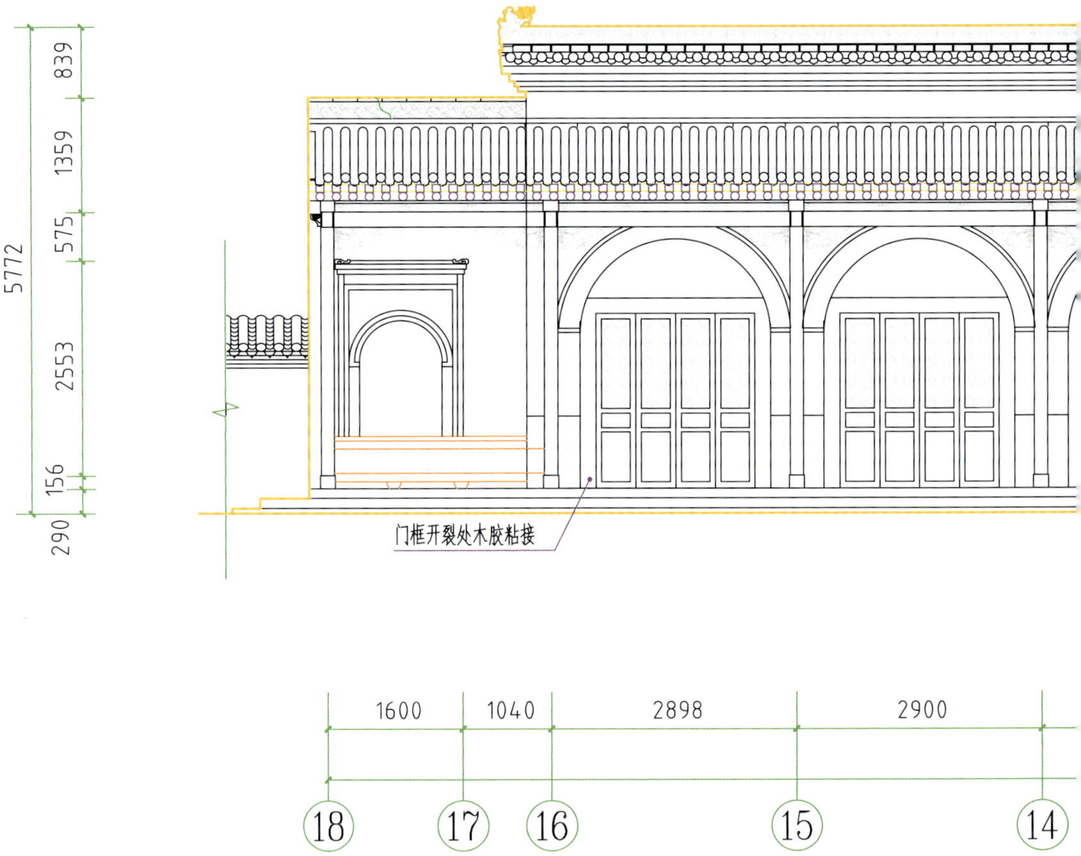
5772
839
1359
575
2553
156
290
门框开裂处木胶粘接
1600
1040
2898
2900
18
17
16
15
14

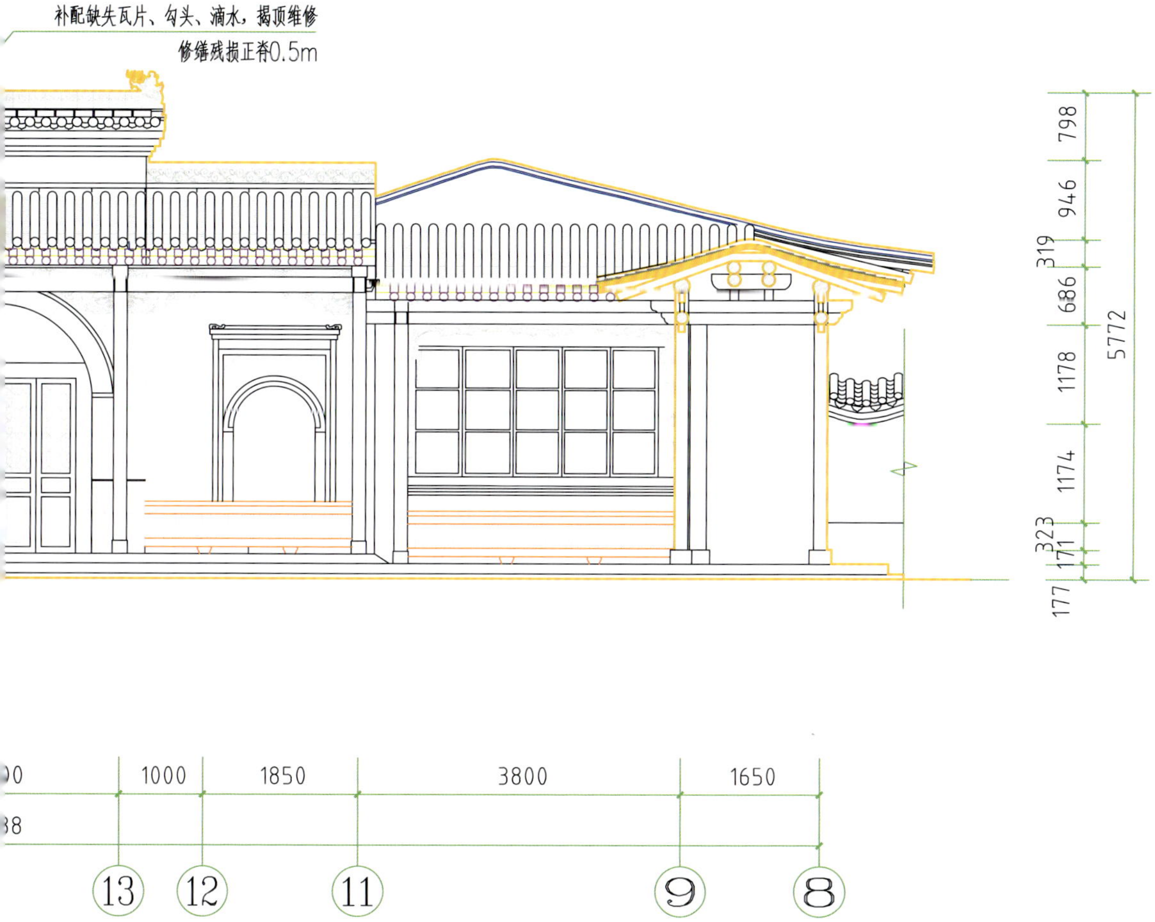

一进院内东侧立面图 1:75

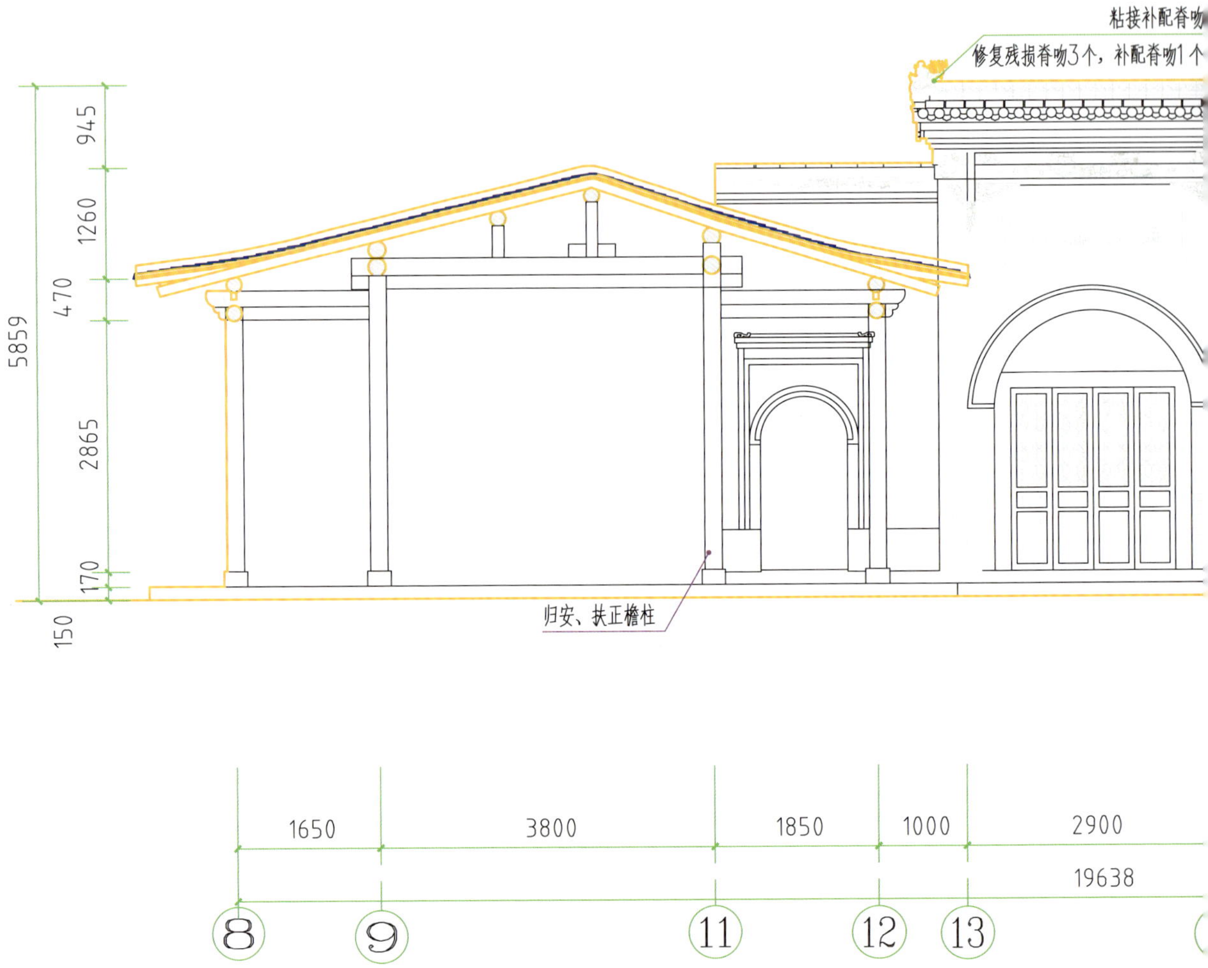

粘接补配脊吻
修复残损脊吻3个，补配脊吻1个
945
1260
470
5859
2865
170
150
归安、扶正檐柱
1650
3800
1850
1000
2900
19638
8
9
11
12
13

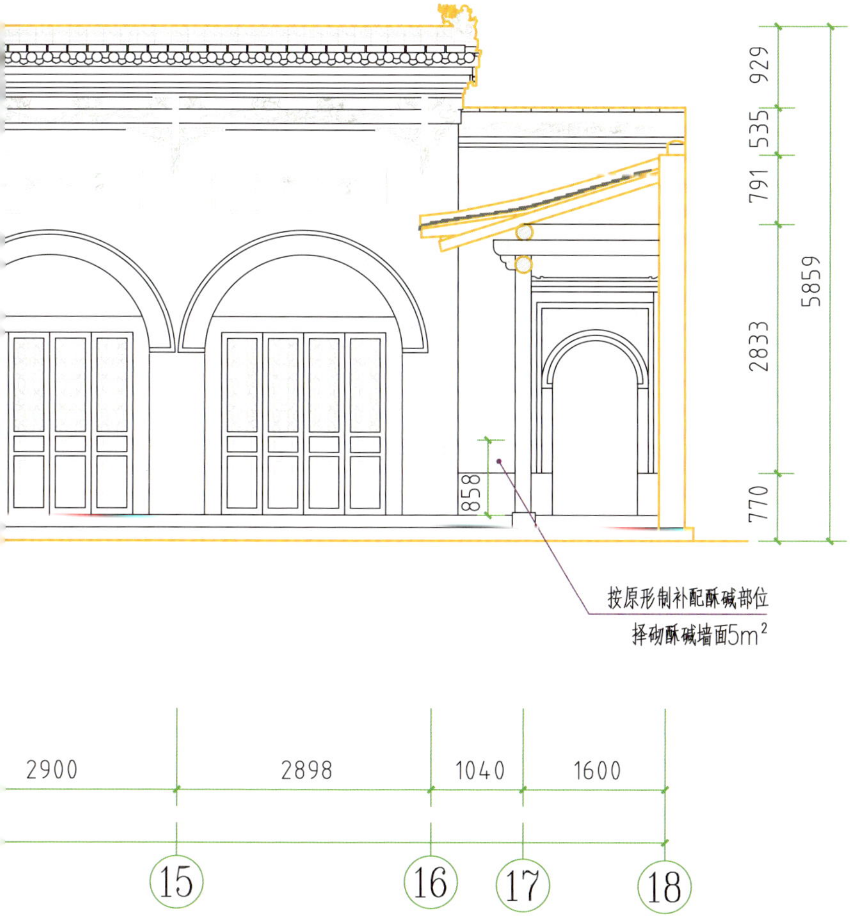

一进院影壁北侧立面图 1:75

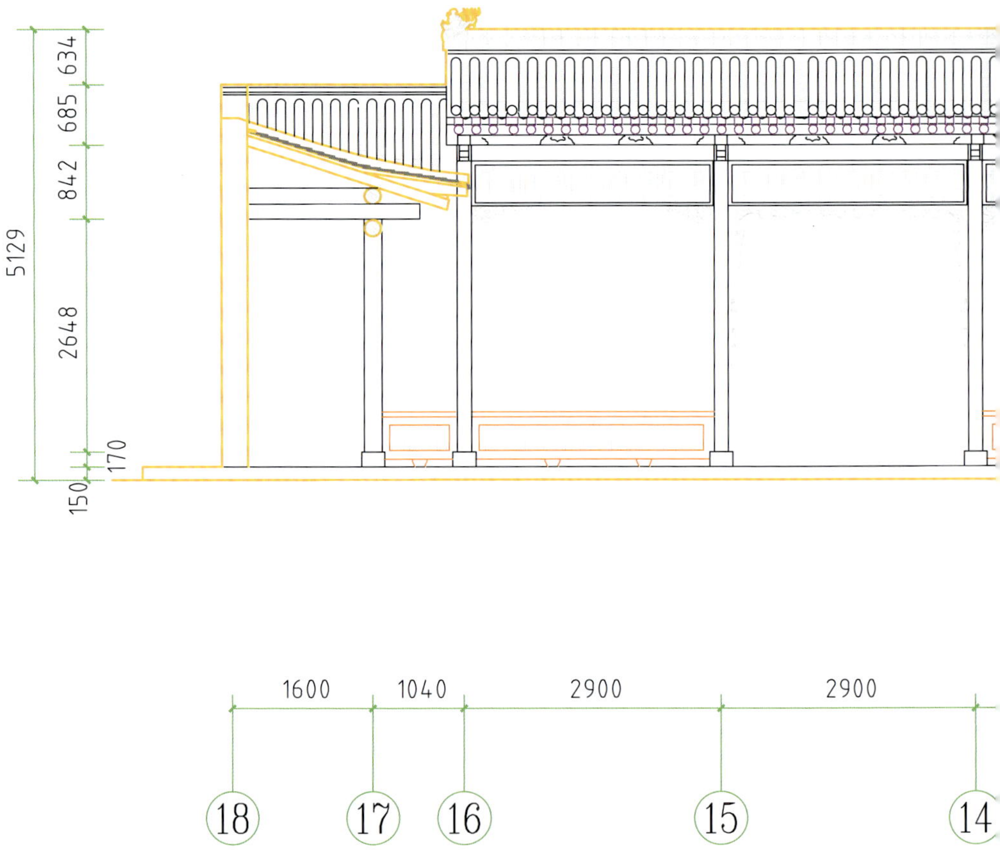
5129
634
685
842
2648
170
150
1600
1040
2900
2900
18
17
16
15
14

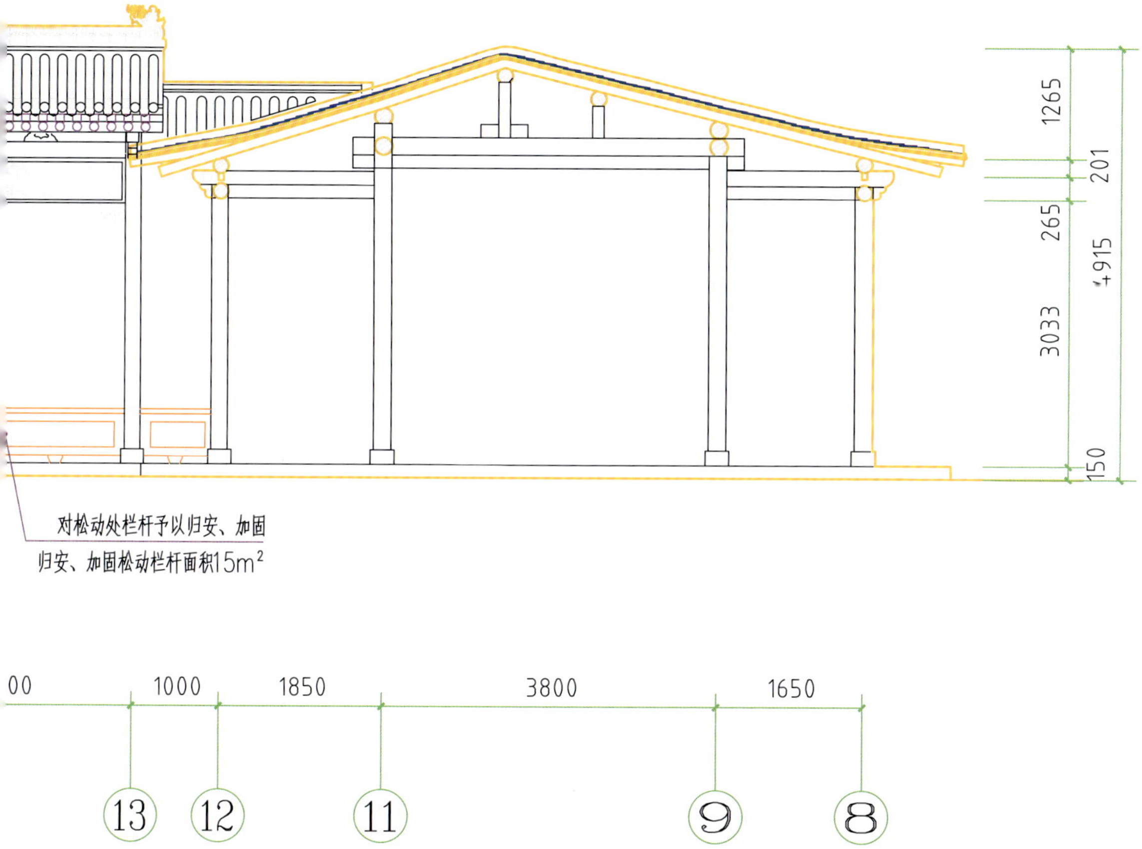

一进院内东剖面图 1:75

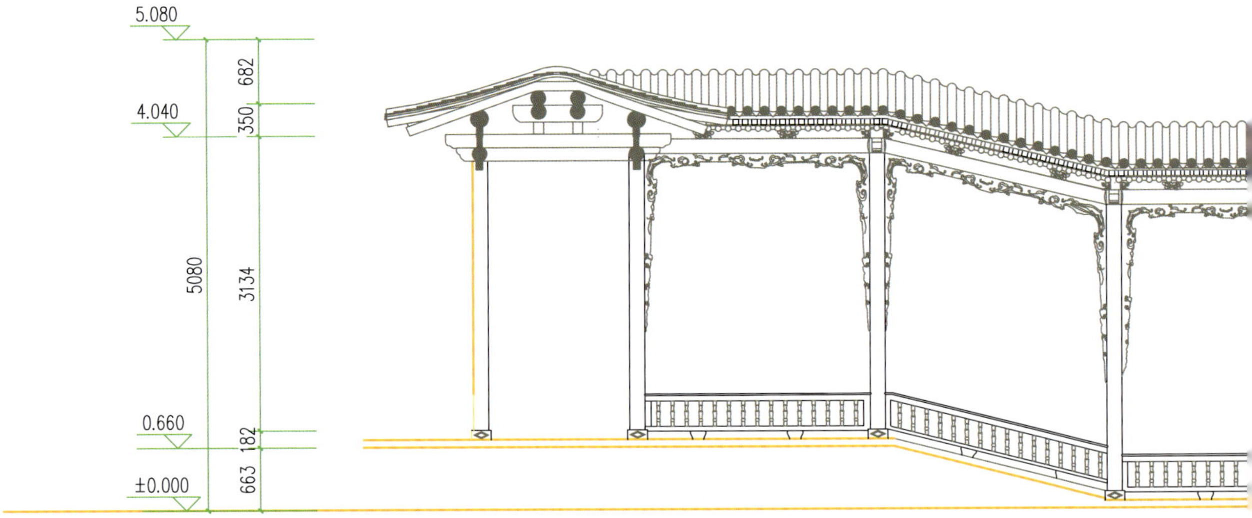

5.080
4.040
0.660
±0.000
682
350
5080
3134
182
663

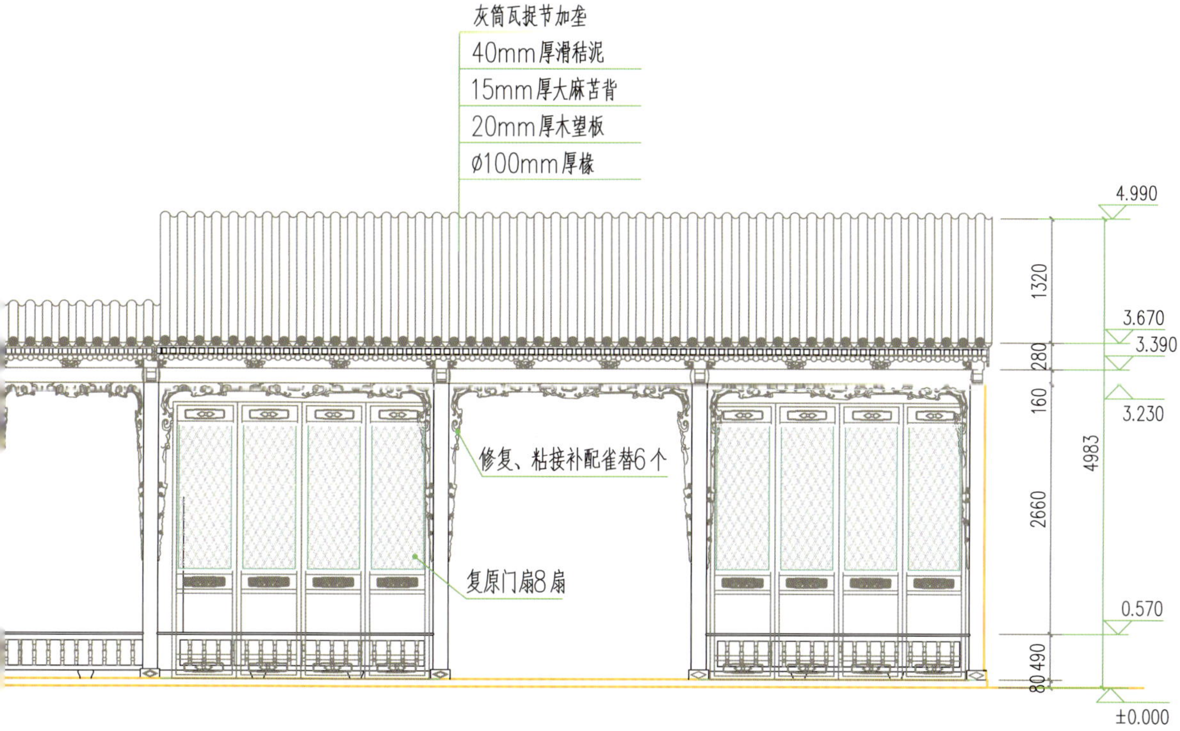
灰筒瓦捉节加垄
40mm厚滑秸泥
15mm厚大麻苫背
20mm厚木望板
ø100mm厚椽
4.990
1320
3.670
3.390
280
160
3.230
修复、粘接补配雀替6个
4983
2660
复原门扇8扇
0.570
490
80
±0.000

一进院西立面图 1:75

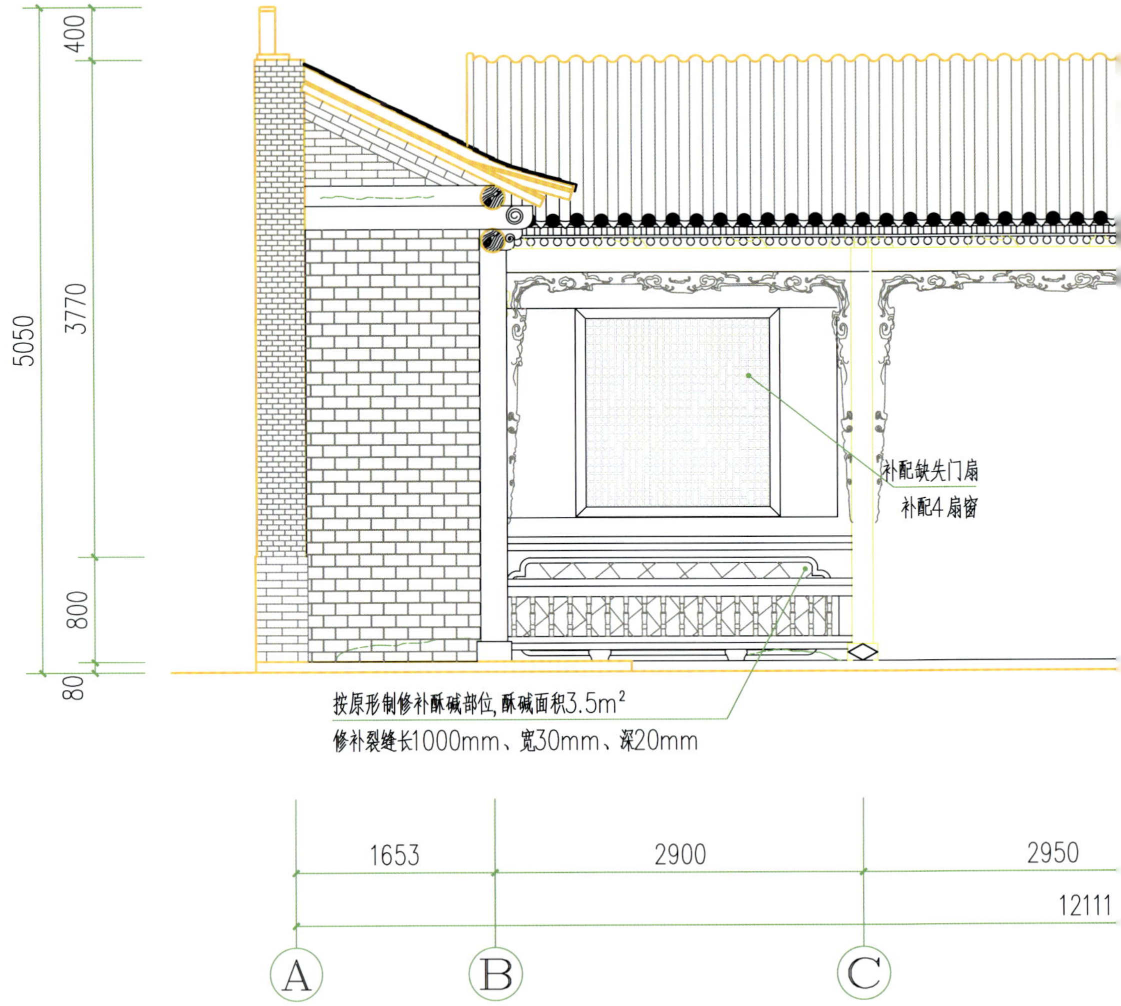

400
3770
5050
800
80
补配缺失门扇
补配4扇窗
按原形制修补酥碱部位,酥碱面积3.5m²
修补裂缝长1000mm、宽30mm、深20mm
1653
2900
2950
12111
A
B
C

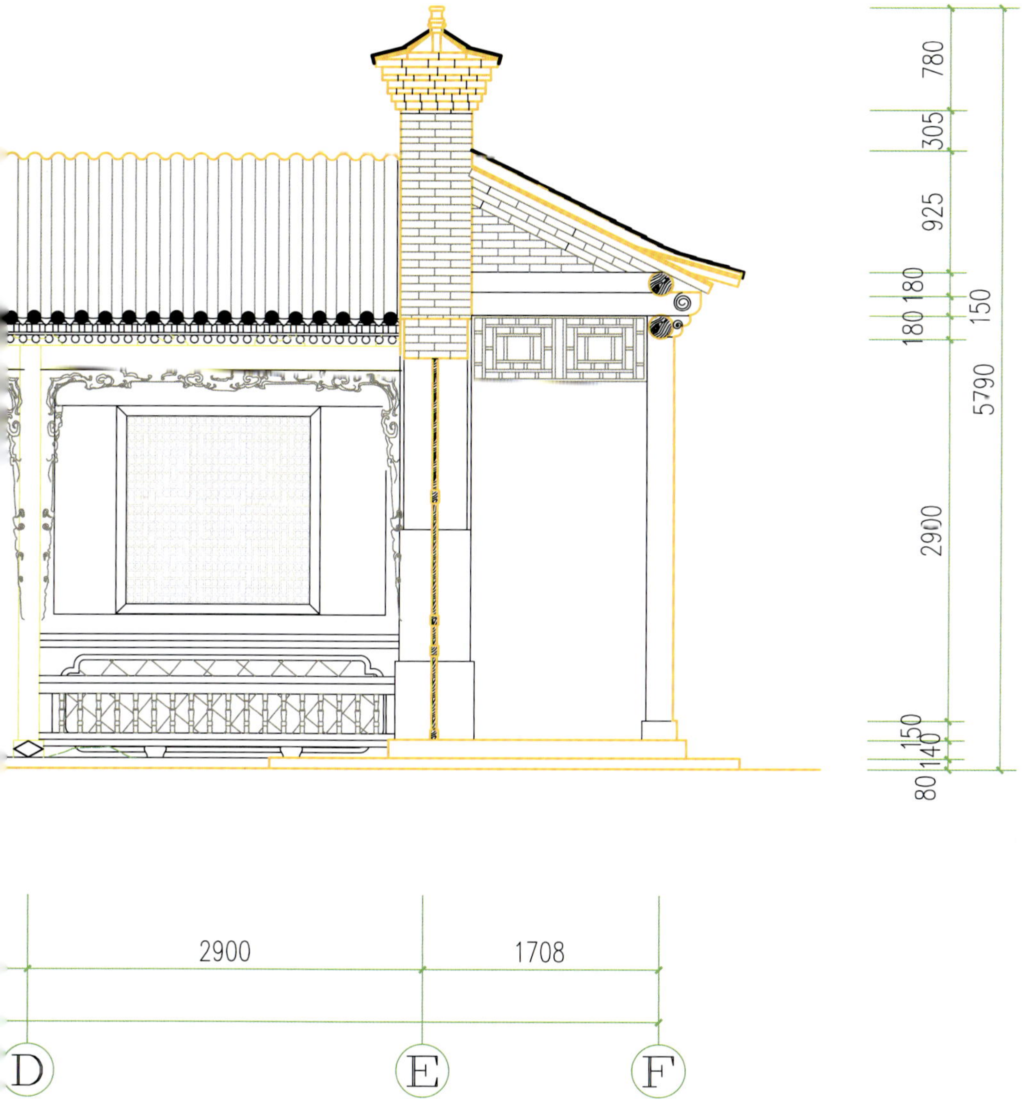

一进院内东立面图 1:50

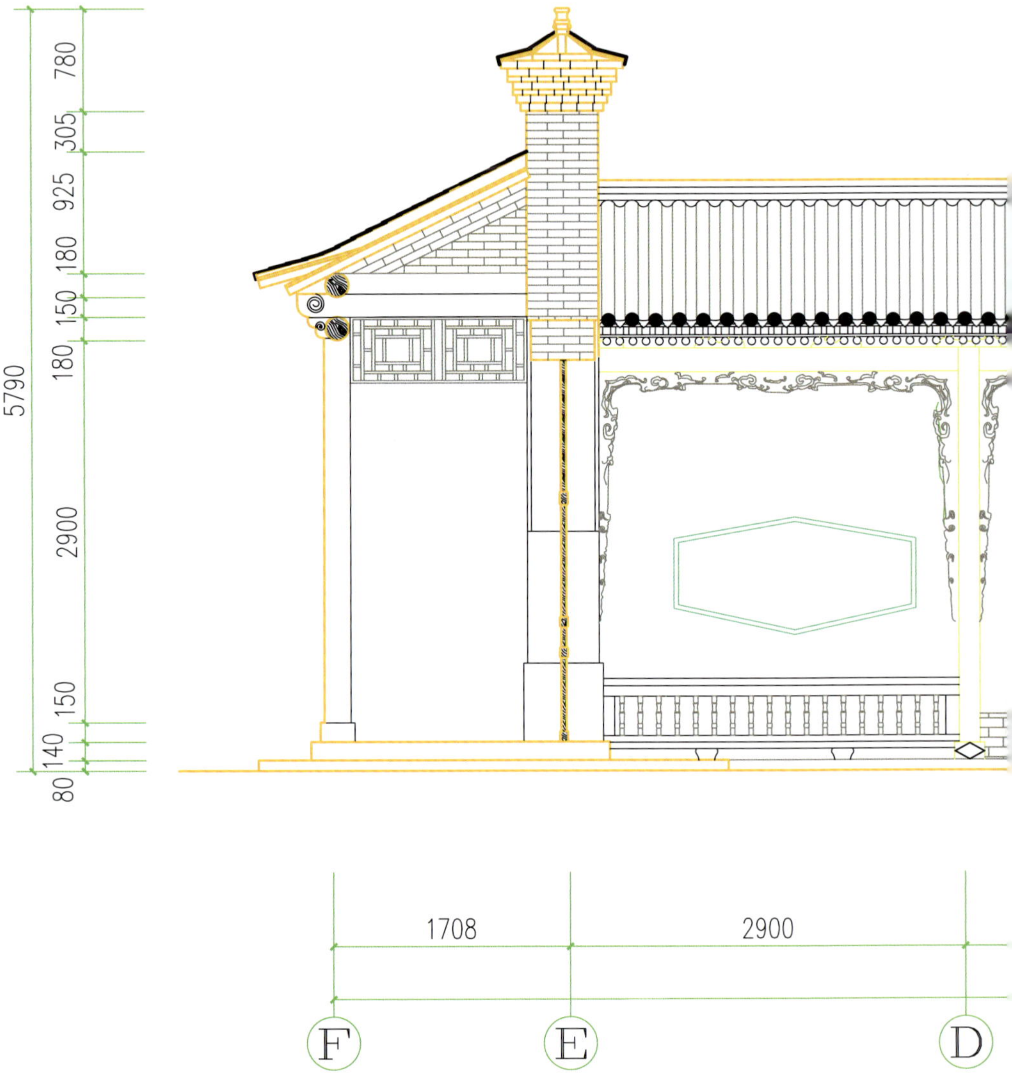
780
305
925
180
150
150
180
5790
2900
150
140
80
1708
2900
F
E
D

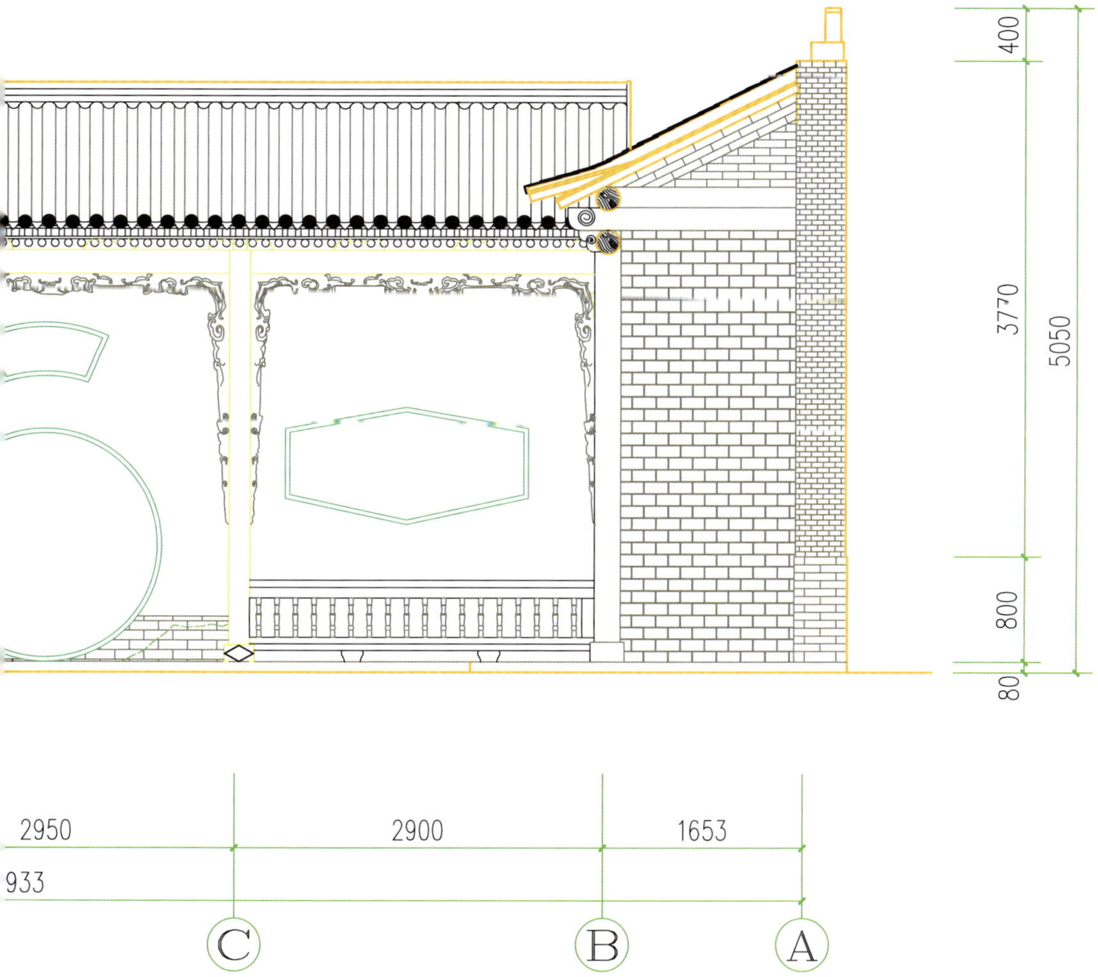

一进院内西立面图 1:50

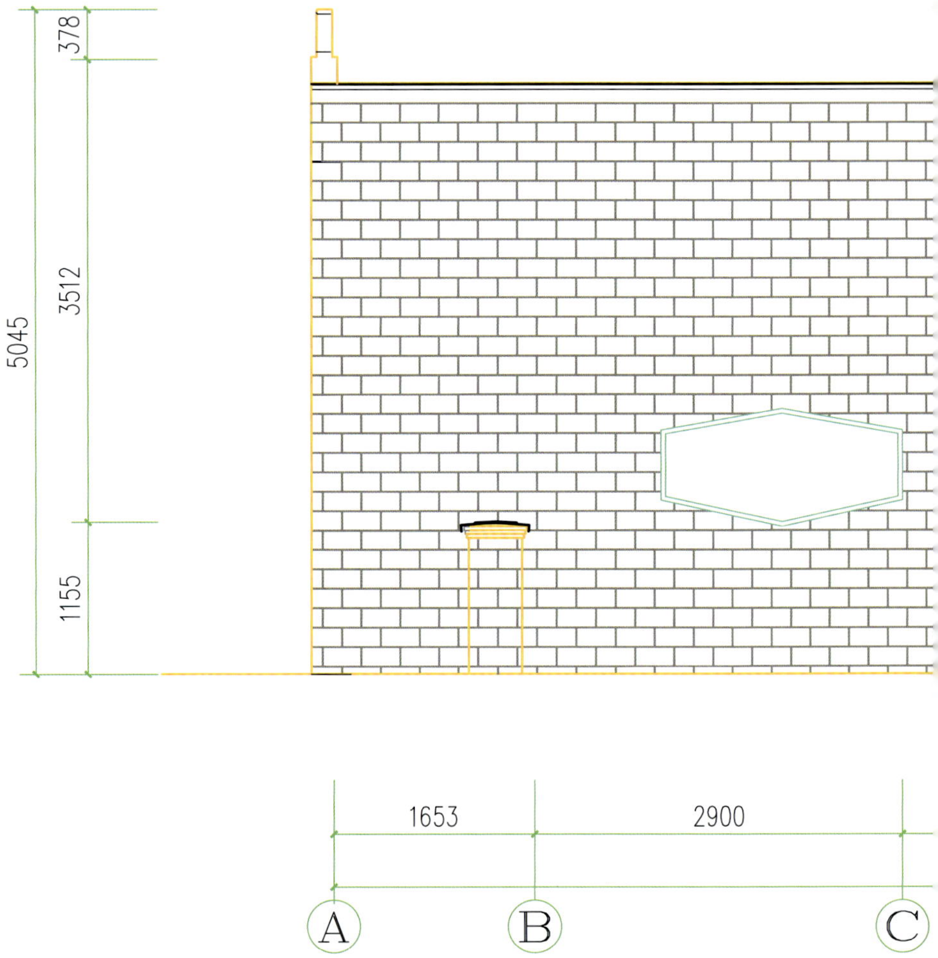
378
3512
5045
1155
1653
2900
A
B
C

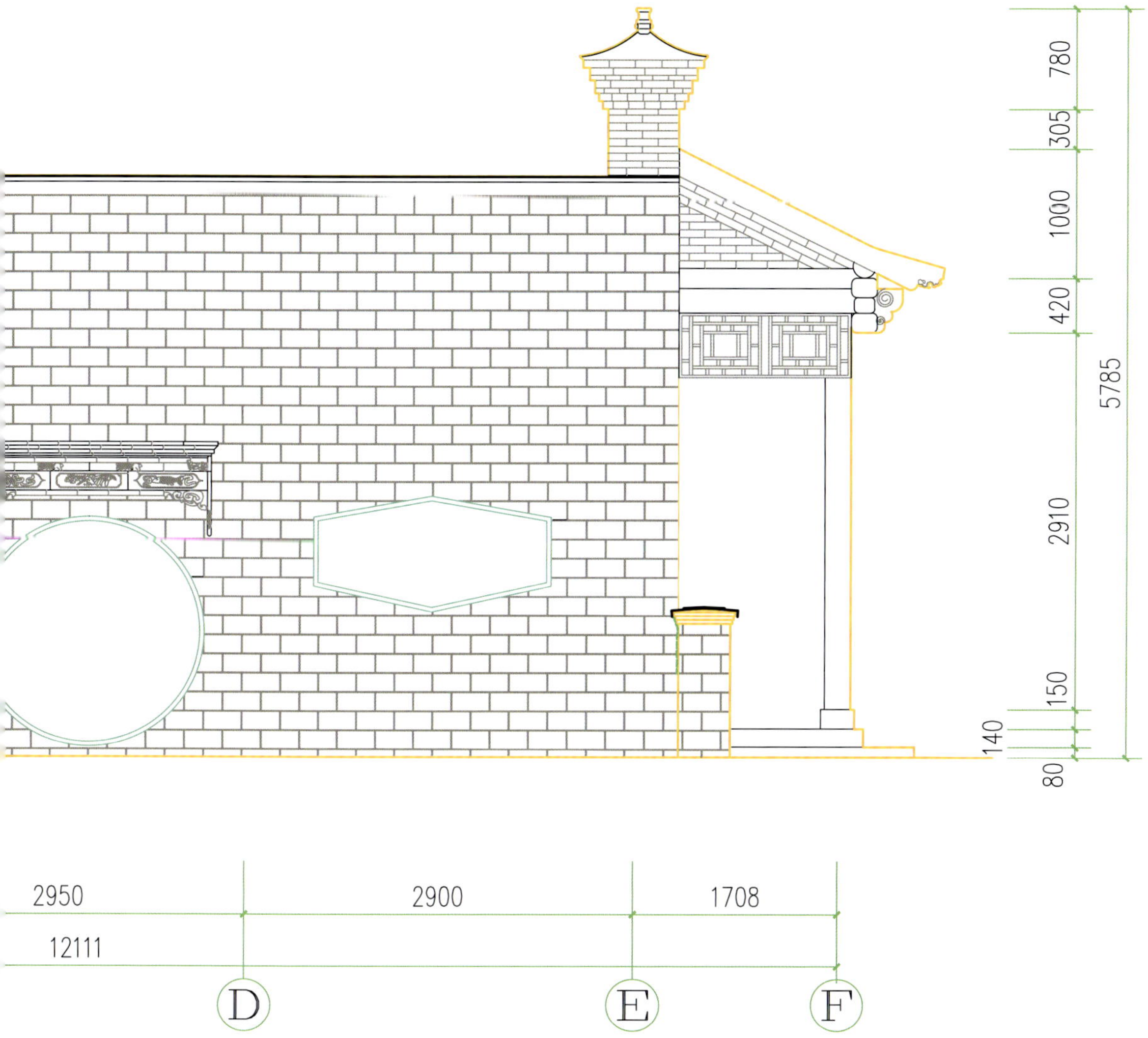

一进院外西立面图 1:50

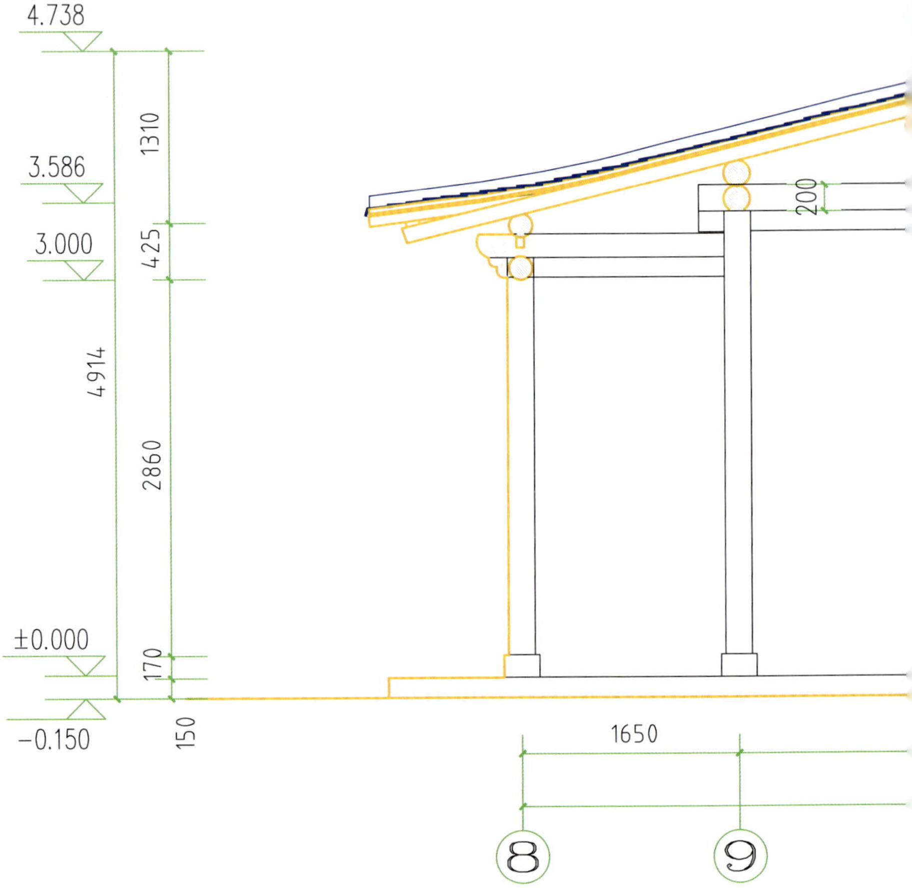
4.738
1310
3.586
3.000
425
4914
2860
±0.000
170
−0.150
150
200
1650
8
9

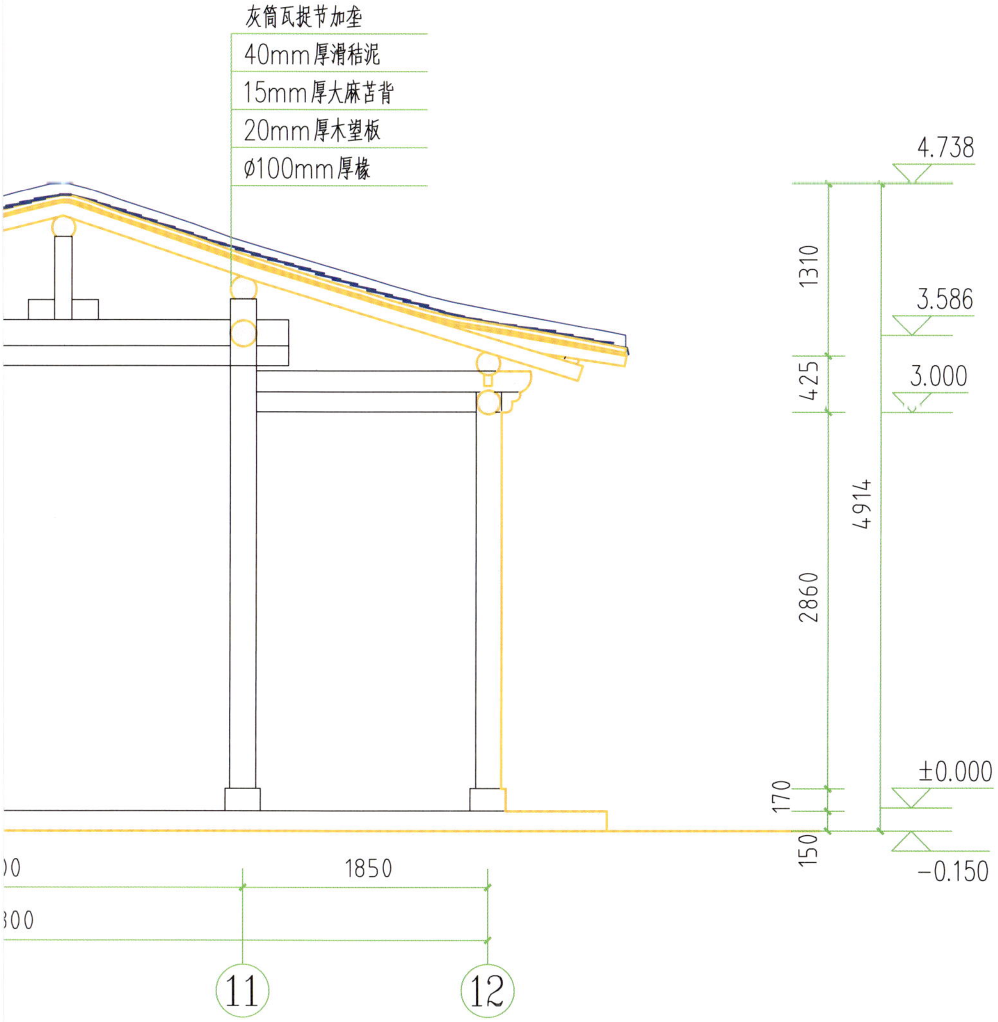

一进院东厢房8-12剖面图 1:50

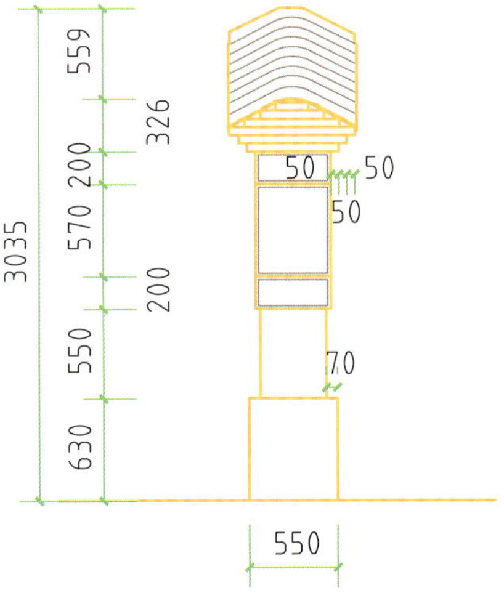

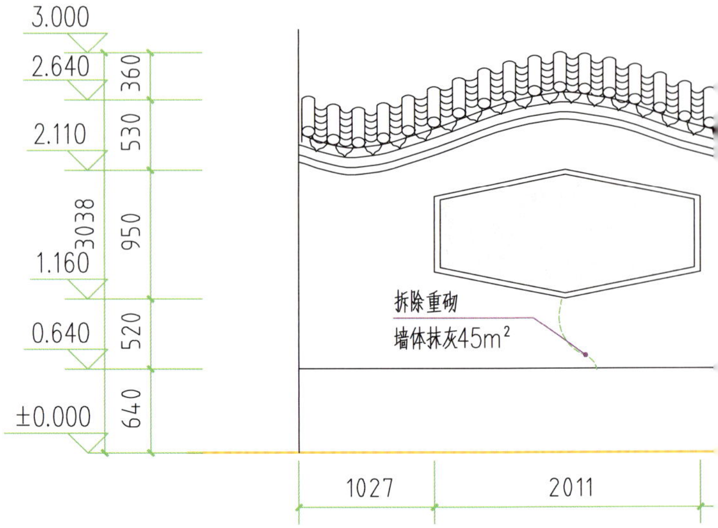

一进院院墙剖面图 1:50

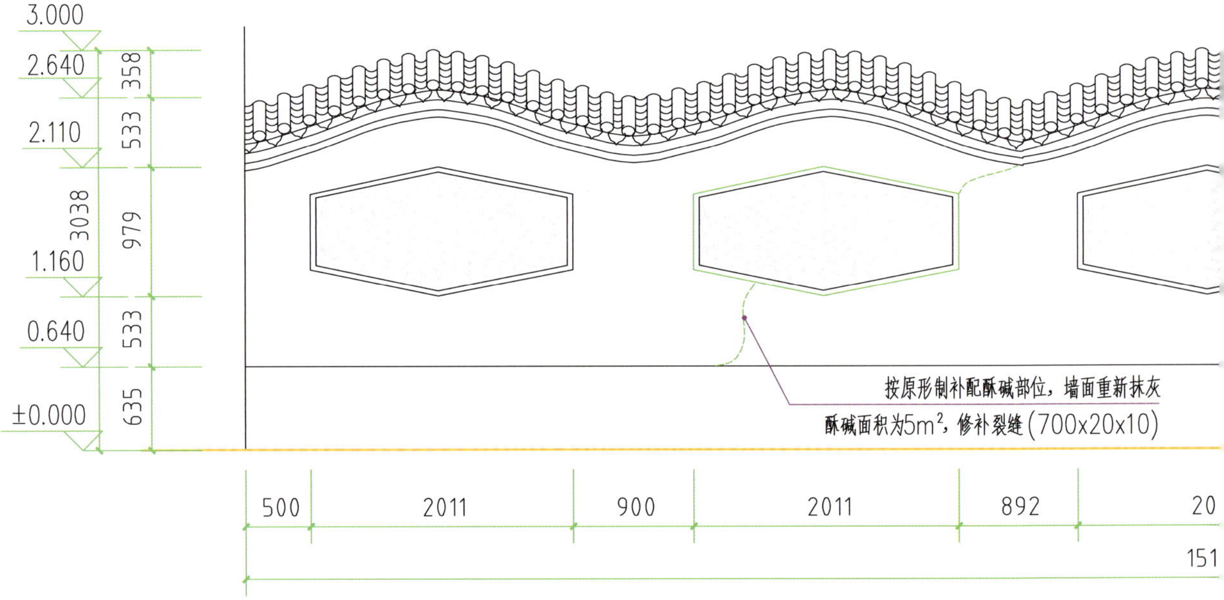

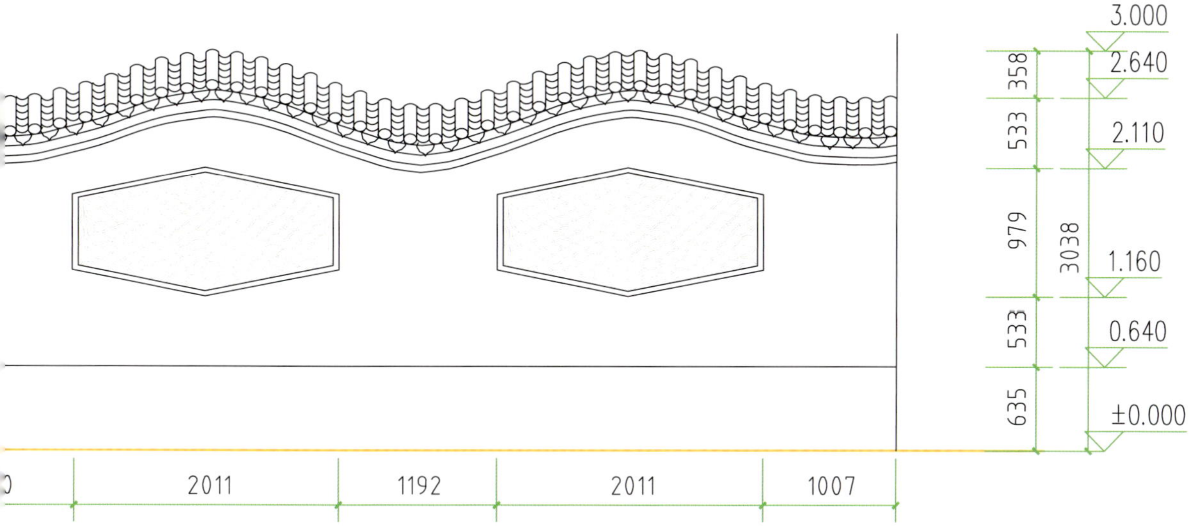

一进院北院墙立面图 1:50

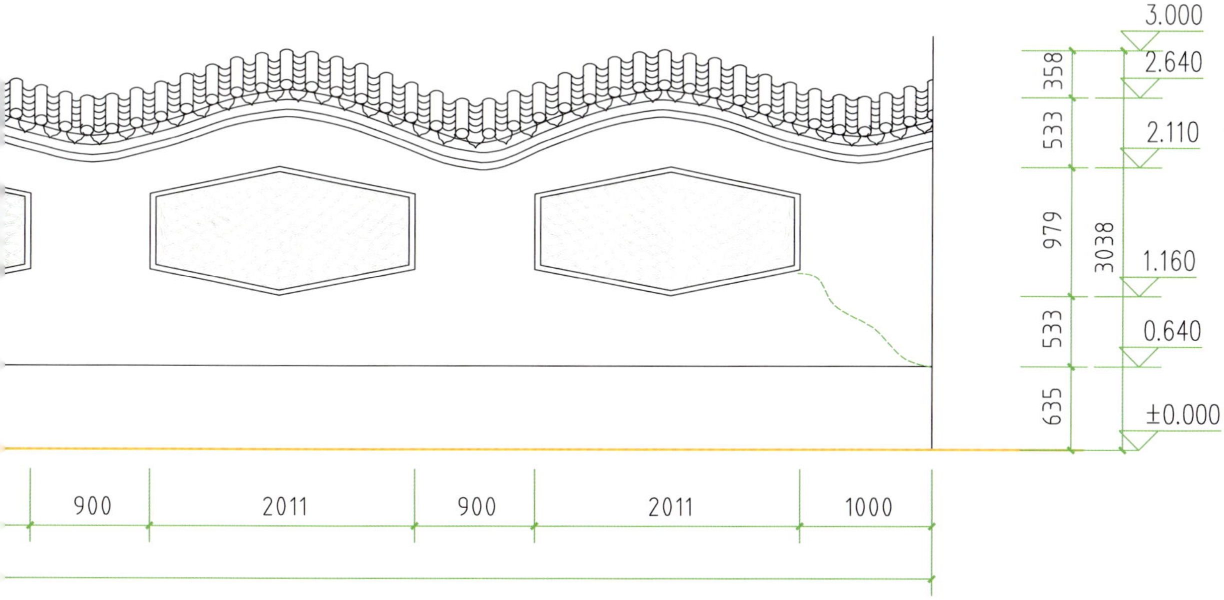

一进院东院墙立面图 1:50

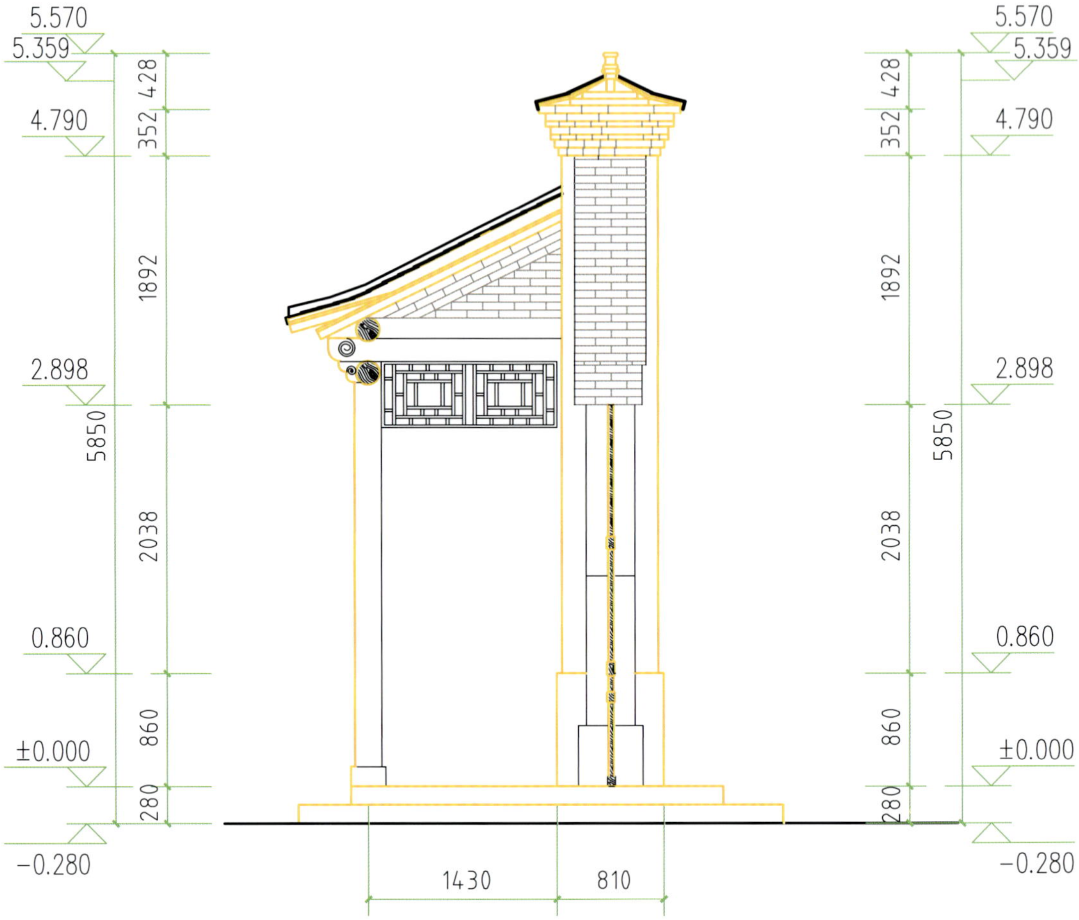

一进院照壁剖面图 1:50

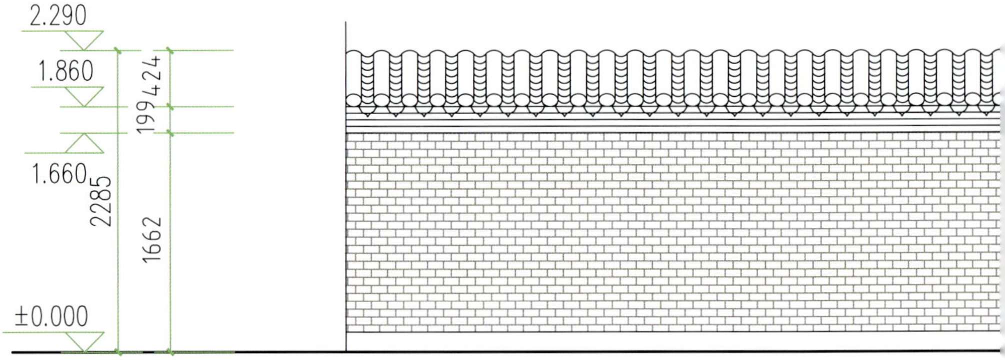

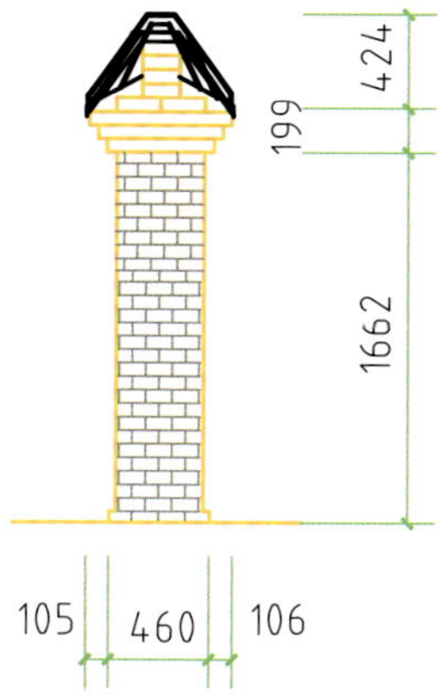

前院西侧院墙剖面图 1:50

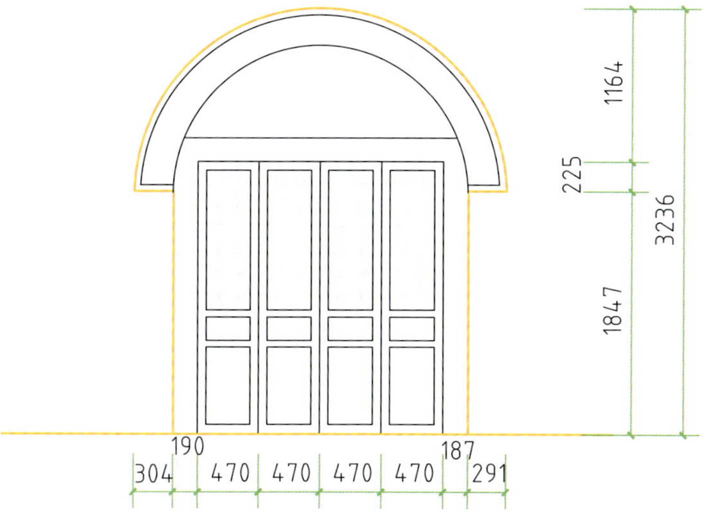

前院大门立面图 1:50

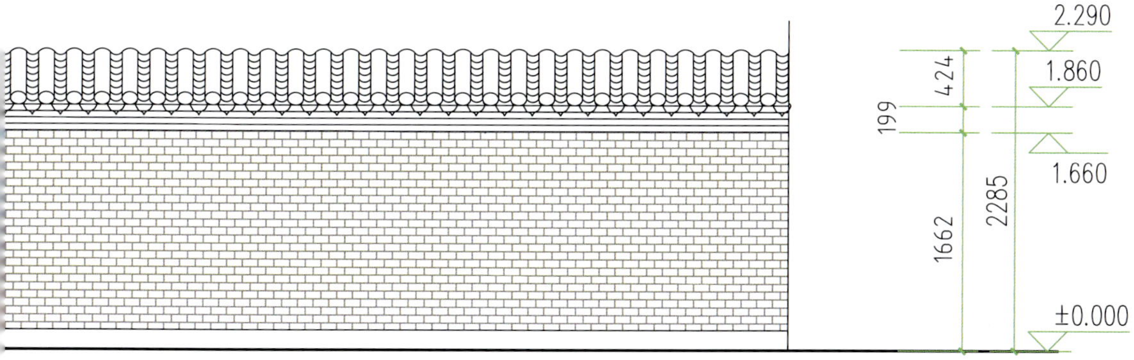

前院西侧院墙立面图 1:50

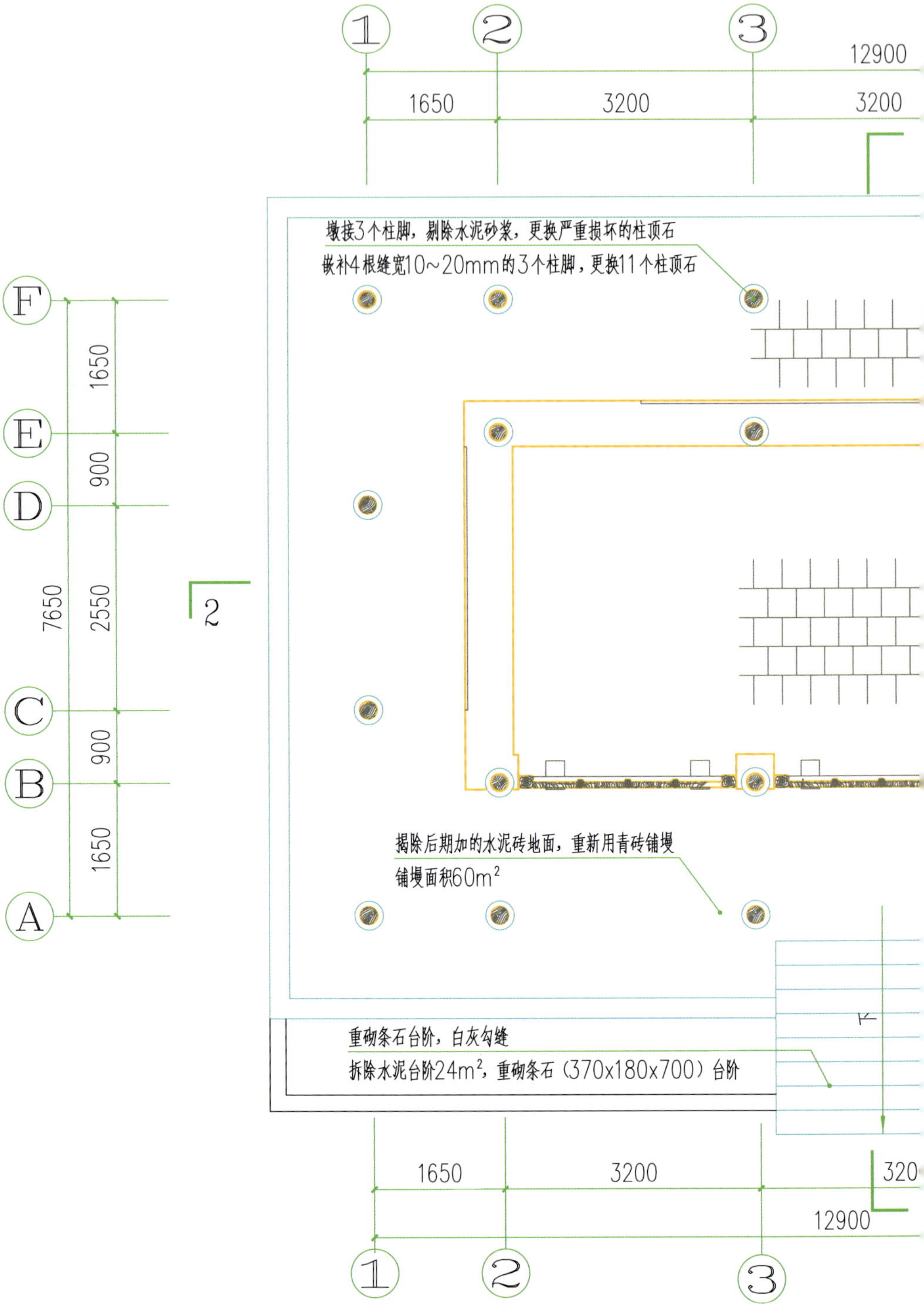
12900
1650
3200
3200
墩接3个柱脚，剔除水泥砂浆，更换严重损坏的柱顶石
嵌补4根缝宽10~20mm的3个柱脚，更换11个柱顶石
1650
900
7650
2550
900
1650
2
揭除后期加的水泥砖地面，重新用青砖铺墁
铺墁面积60m²
重砌条石台阶，白灰勾缝
拆除水泥台阶24m²，重砌条石（370x180x700）台阶
1650
3200
320
12900

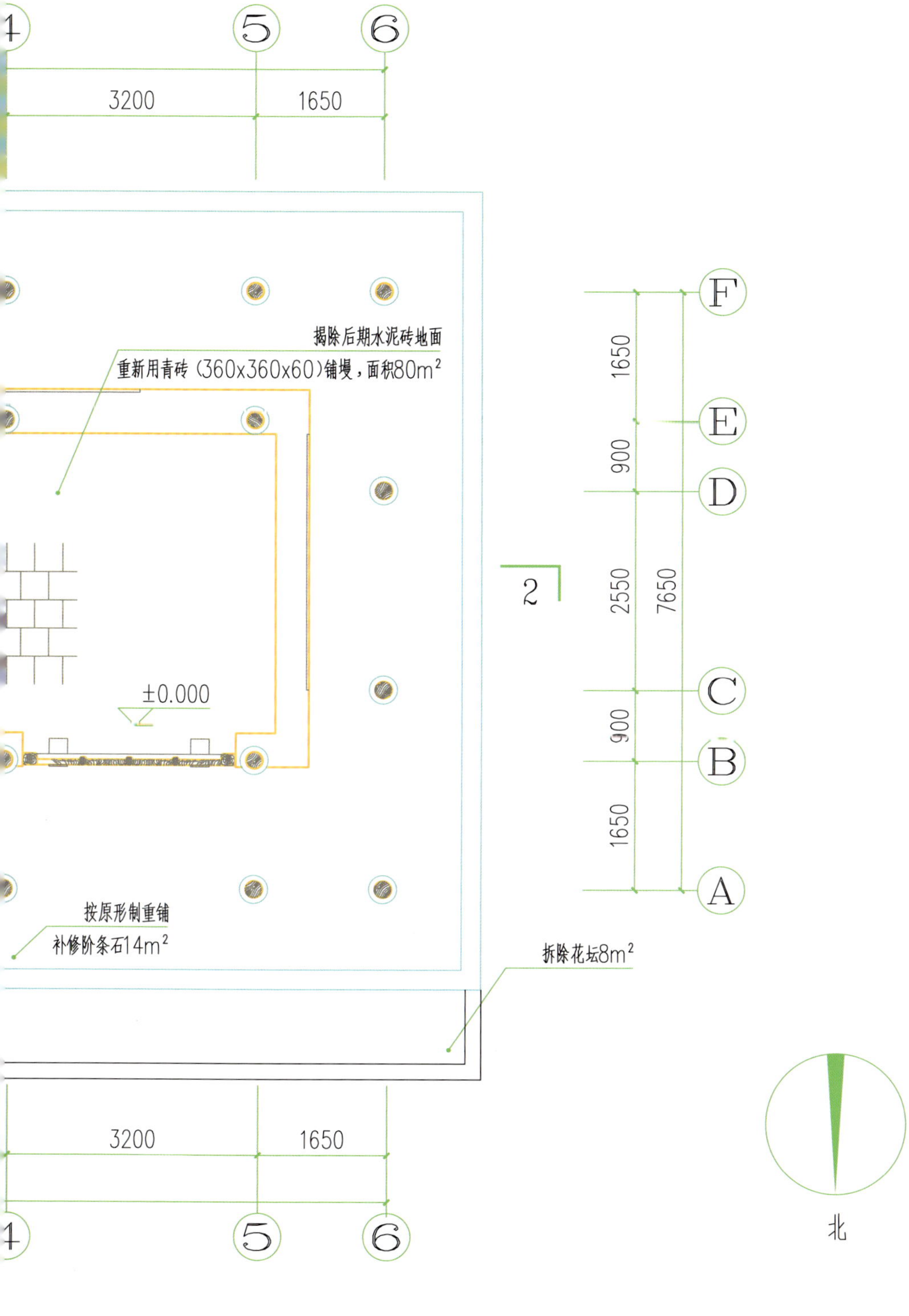

揭除后期水泥砖地面
重新用青砖（360x360x60）铺墁，面积80m²
±0.000
按原形制重铺
补修阶条石14m²
拆除花坛8m²
3200
1650
1650
900
2550
7650
900
1650
2
北

秦子祠平面图 1:75

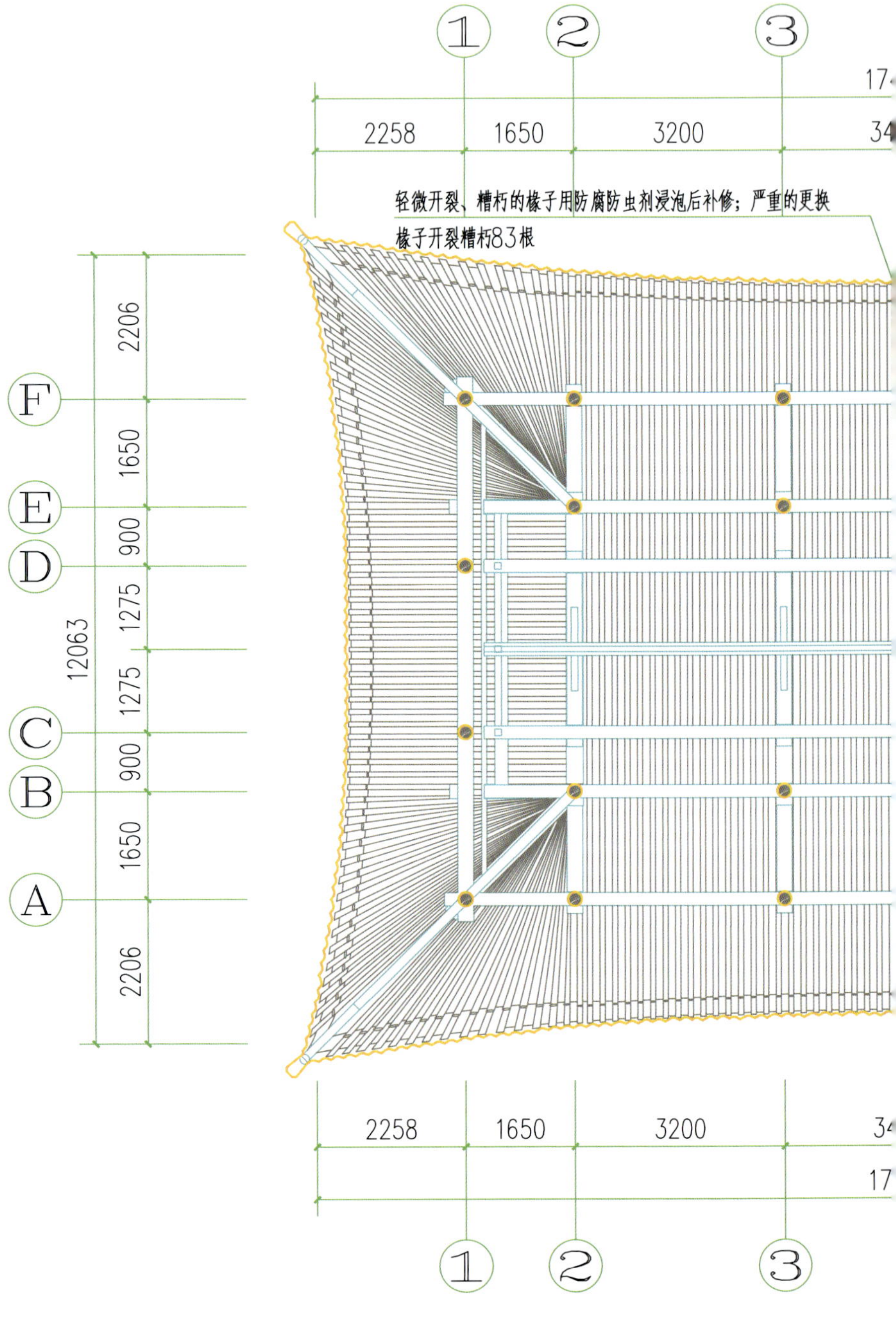
1
2
3
17
2258
1650
3200
34
轻微开裂、糟朽的椽子用防腐防虫剂浸泡后补修；严重的更换
椽子开裂糟朽83根
2206
F
1650
E
900
D
1275
12063
1275
C
900
B
1650
A
2206
2258
1650
3200
34
17
1
2
3

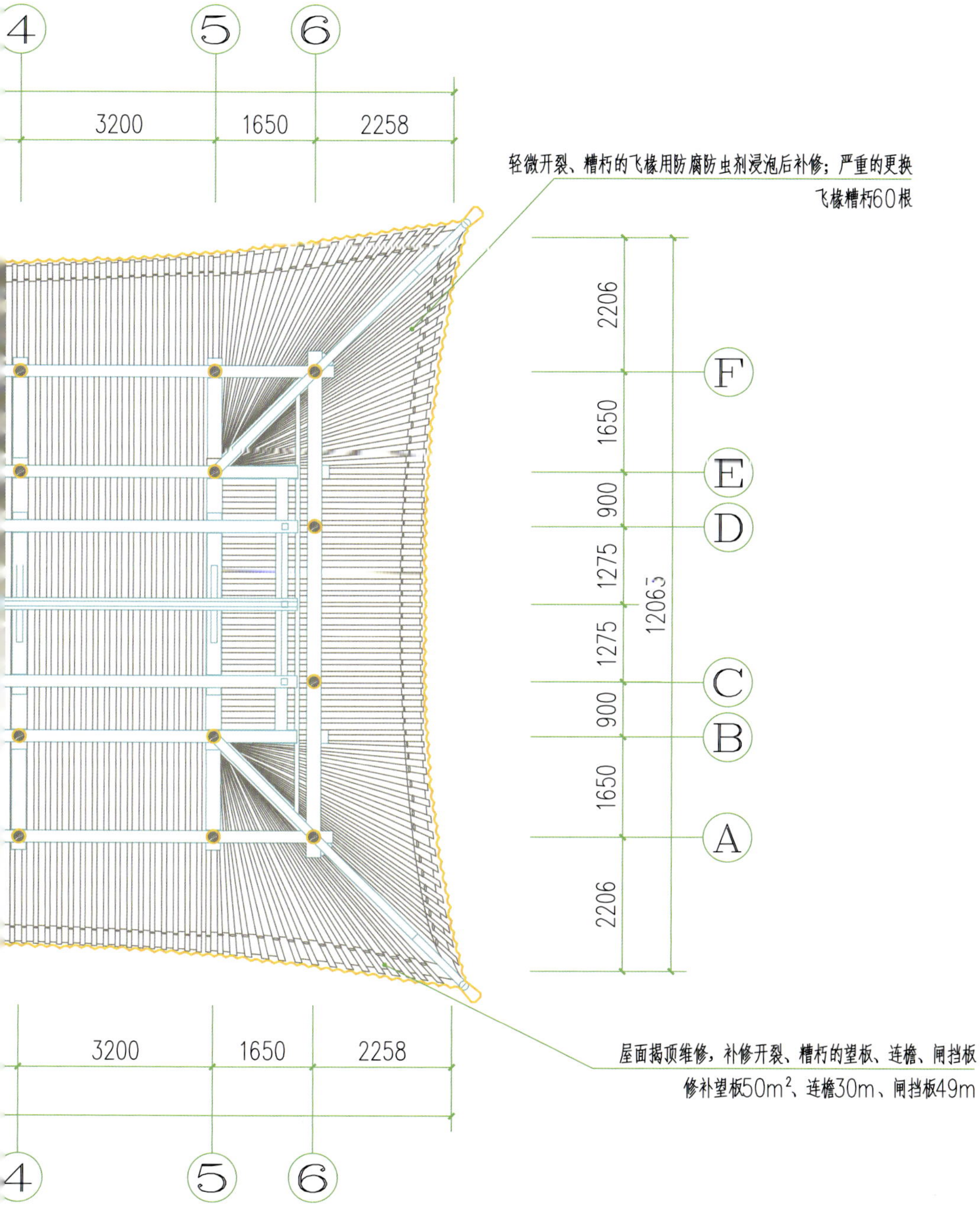

秦子祠梁架仰视图 1:100

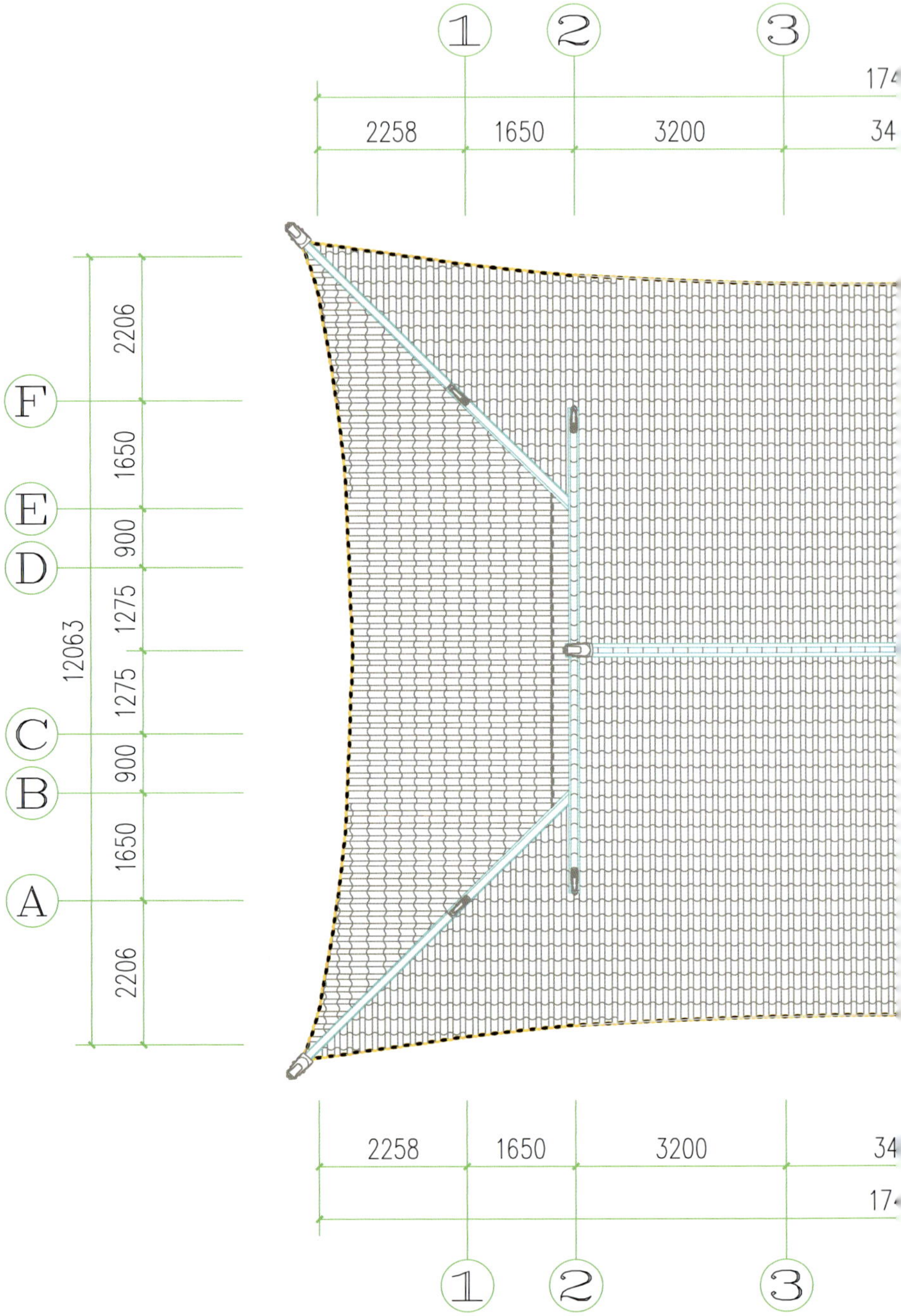
1
2
3
174
2258
1650
3200
34
F
E
D
C
B
A
2206
1650
900
1275
1275
900
1650
2206
12063

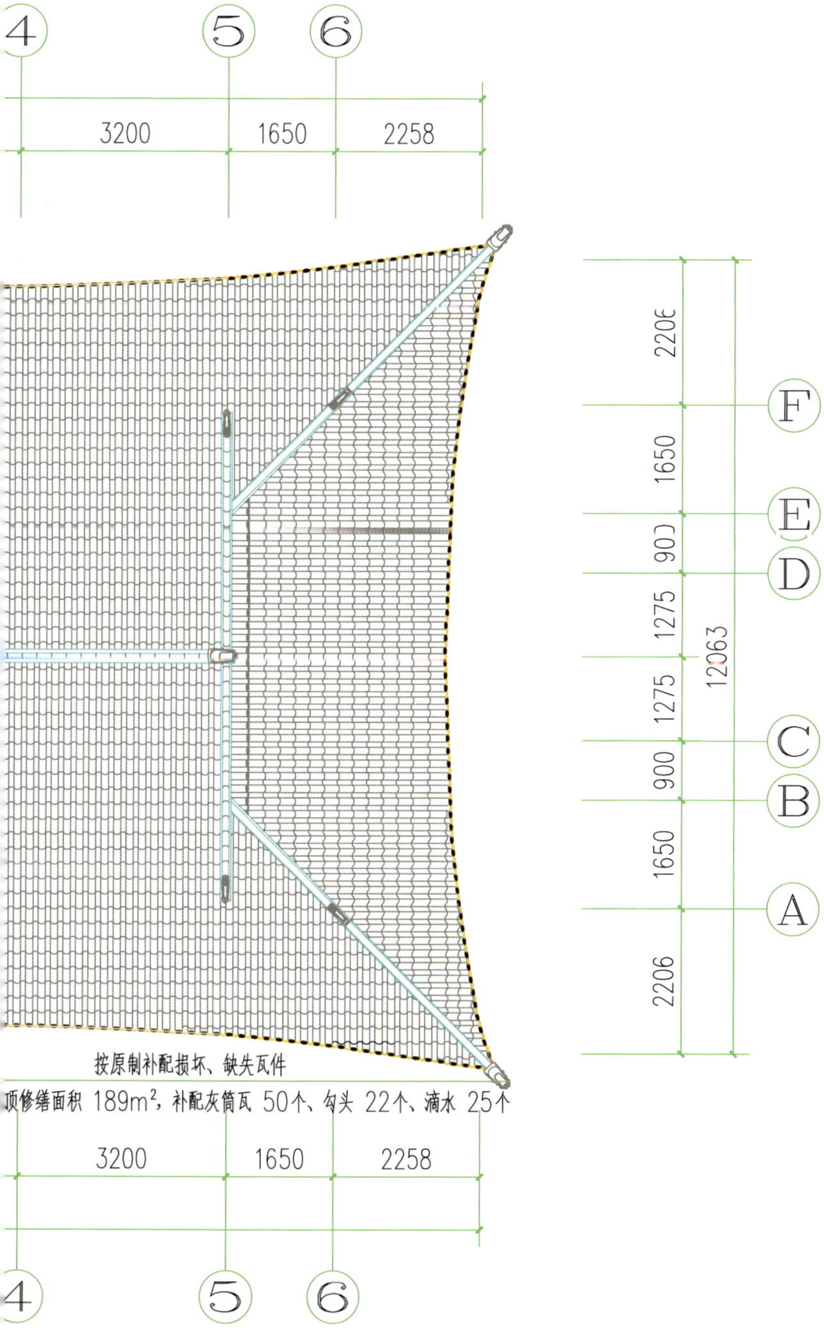

秦子祠屋顶平面图 1:100

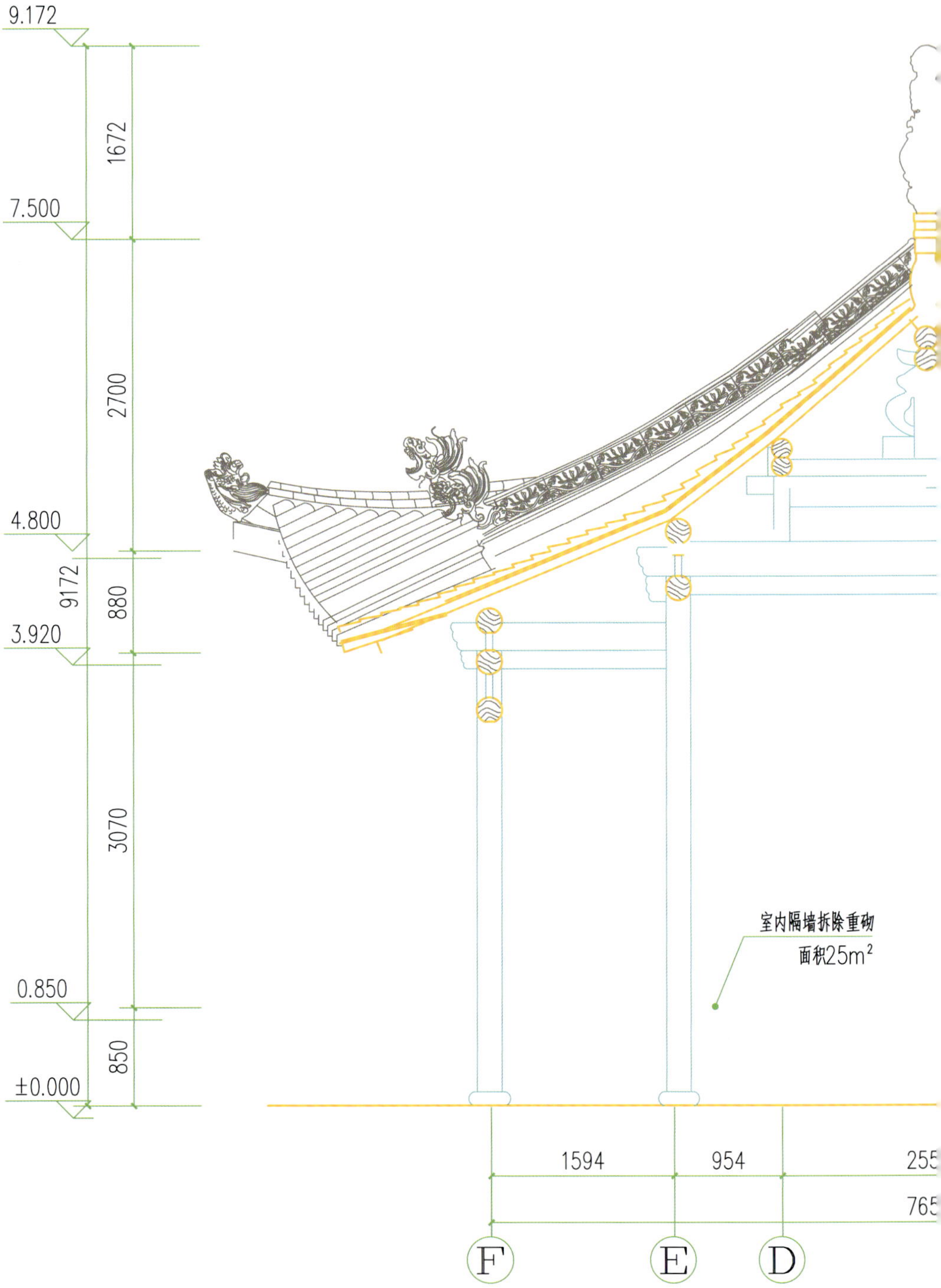
9.172
1672
7.500
2700
4.800
9172
880
3.920
3070
室内隔墙拆除重砌
面积25m²
0.850
850
±0.000
1594
954
F
E
D

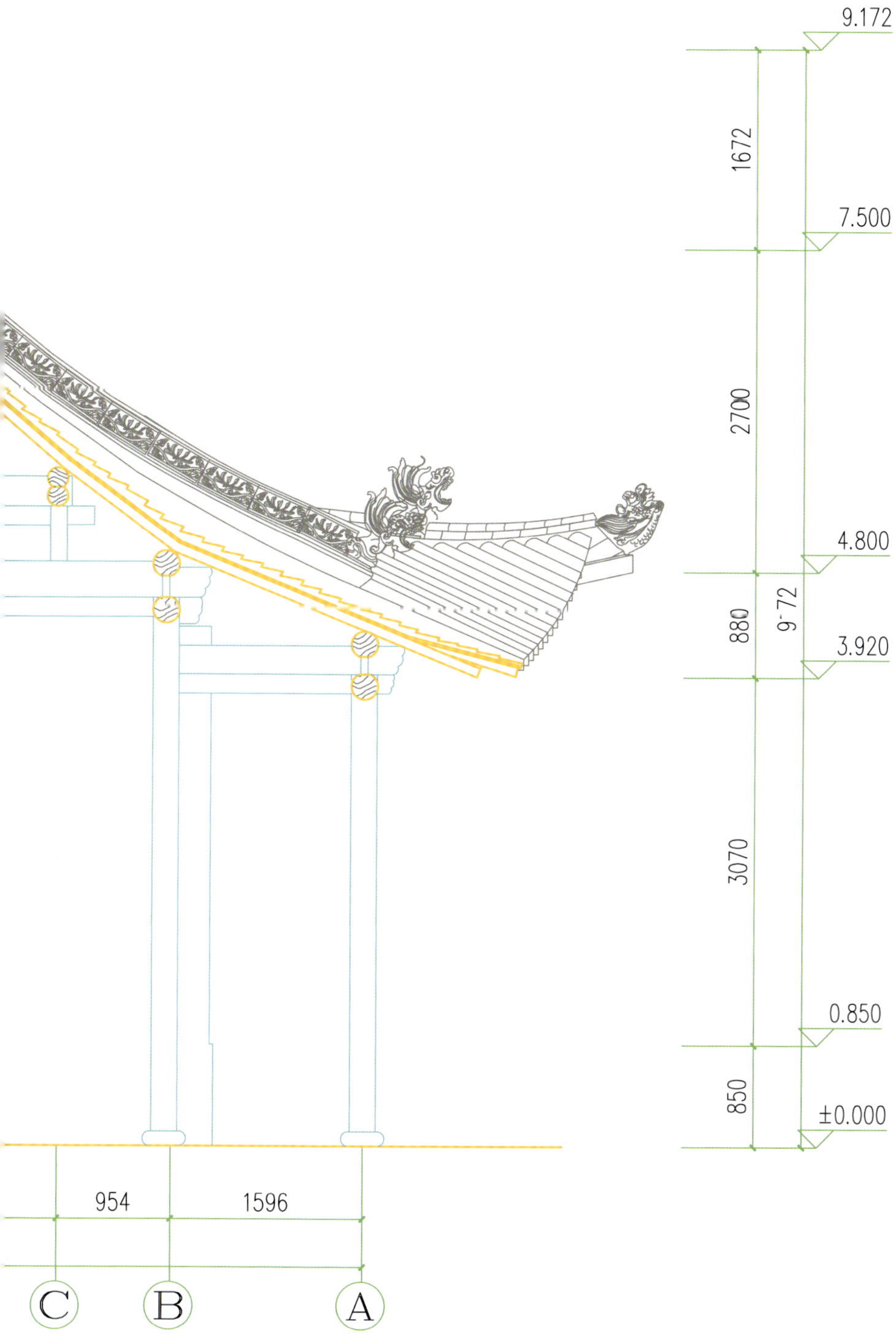

秦子祠1—1剖面图 1:50

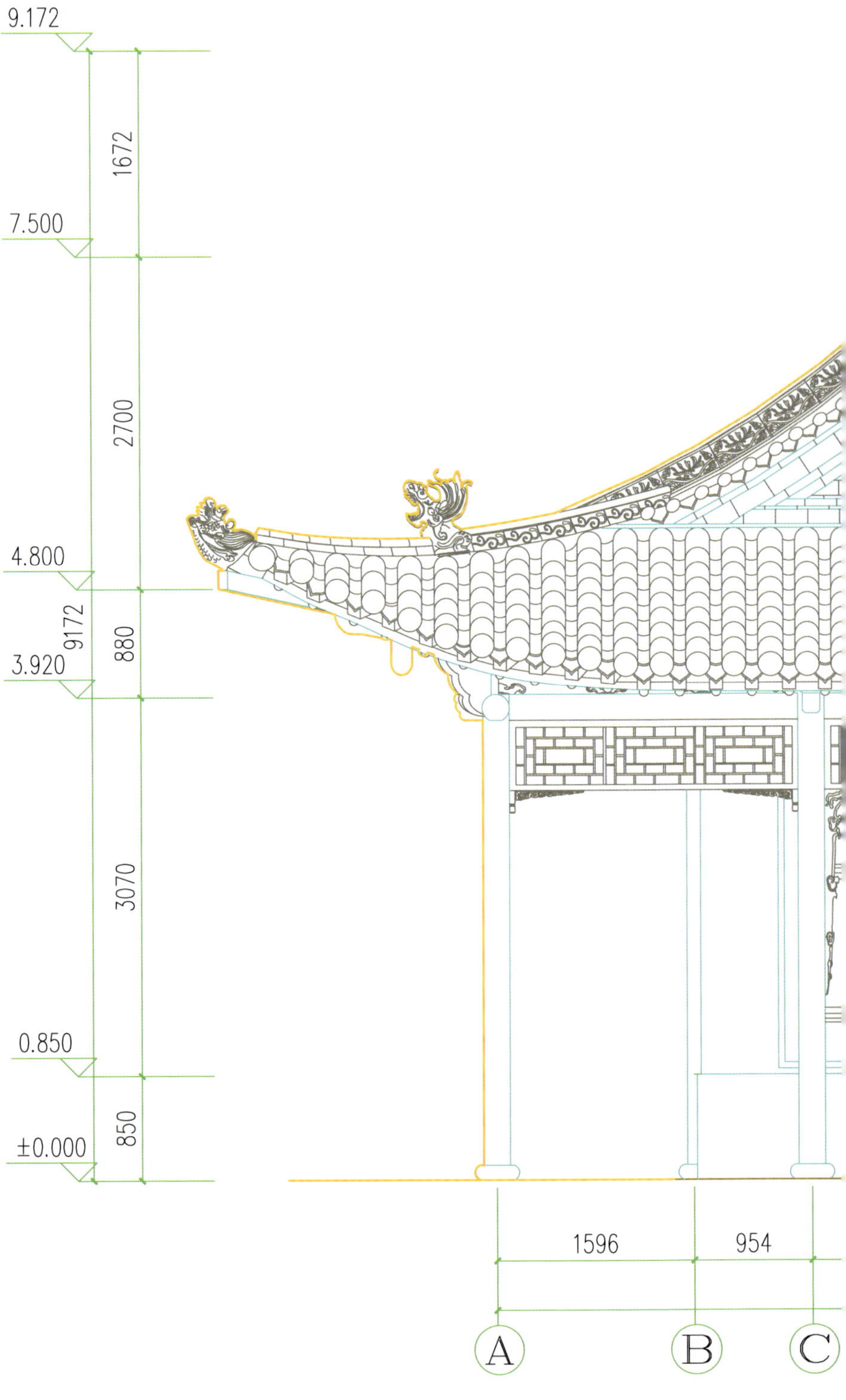
9.172
1672
7.500
2700
4.800
9172
880
3.920
3070
0.850
850
±0.000
1596
954
A
B
C

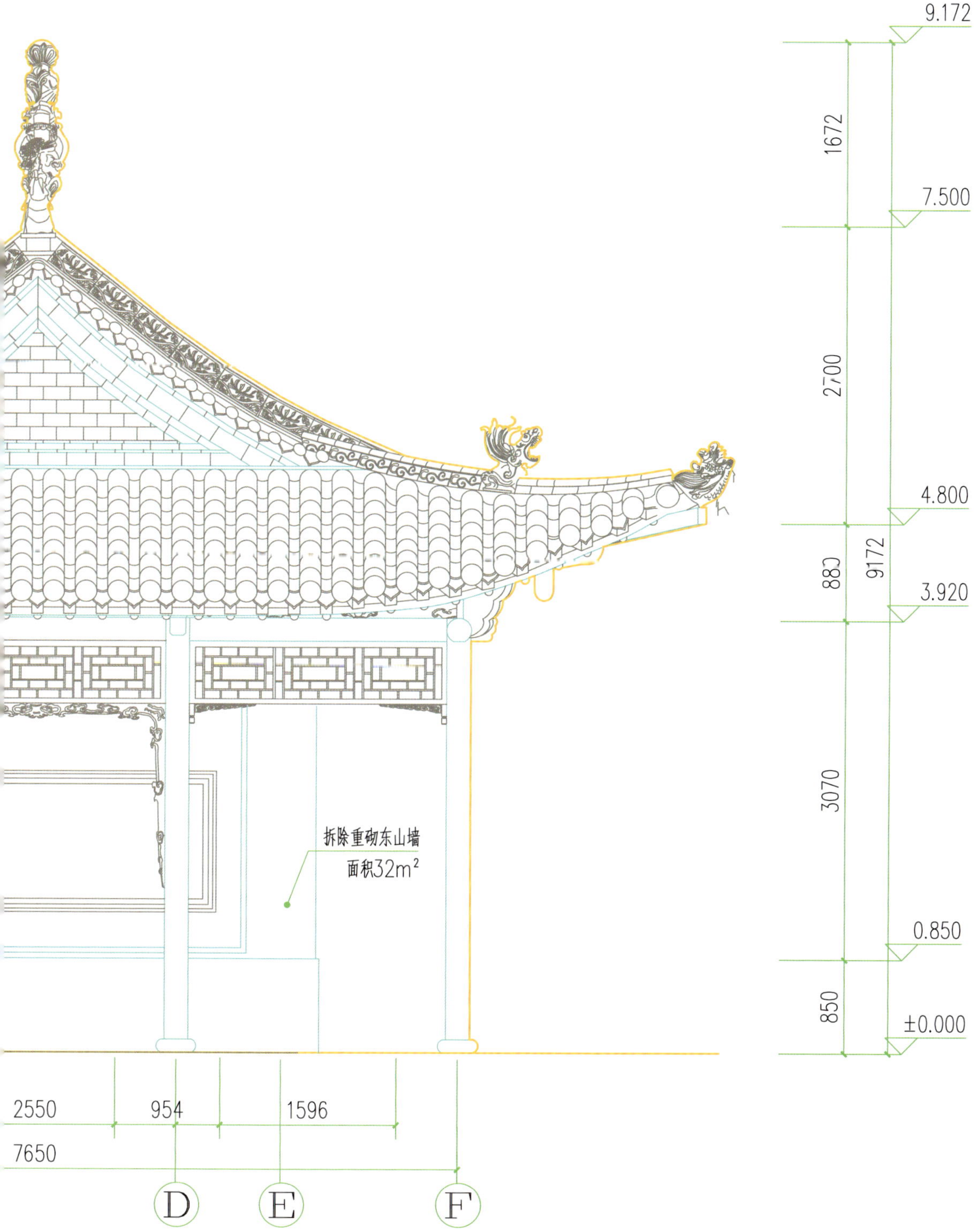
9.172
1672
7.500
2700
4.800
880
9172
3.920
3070
拆除重砌东山墙
面积32m²
0.850
850
±0.000
2550
954
1596
7650
D
E
F

秦子祠东立面图 1:50

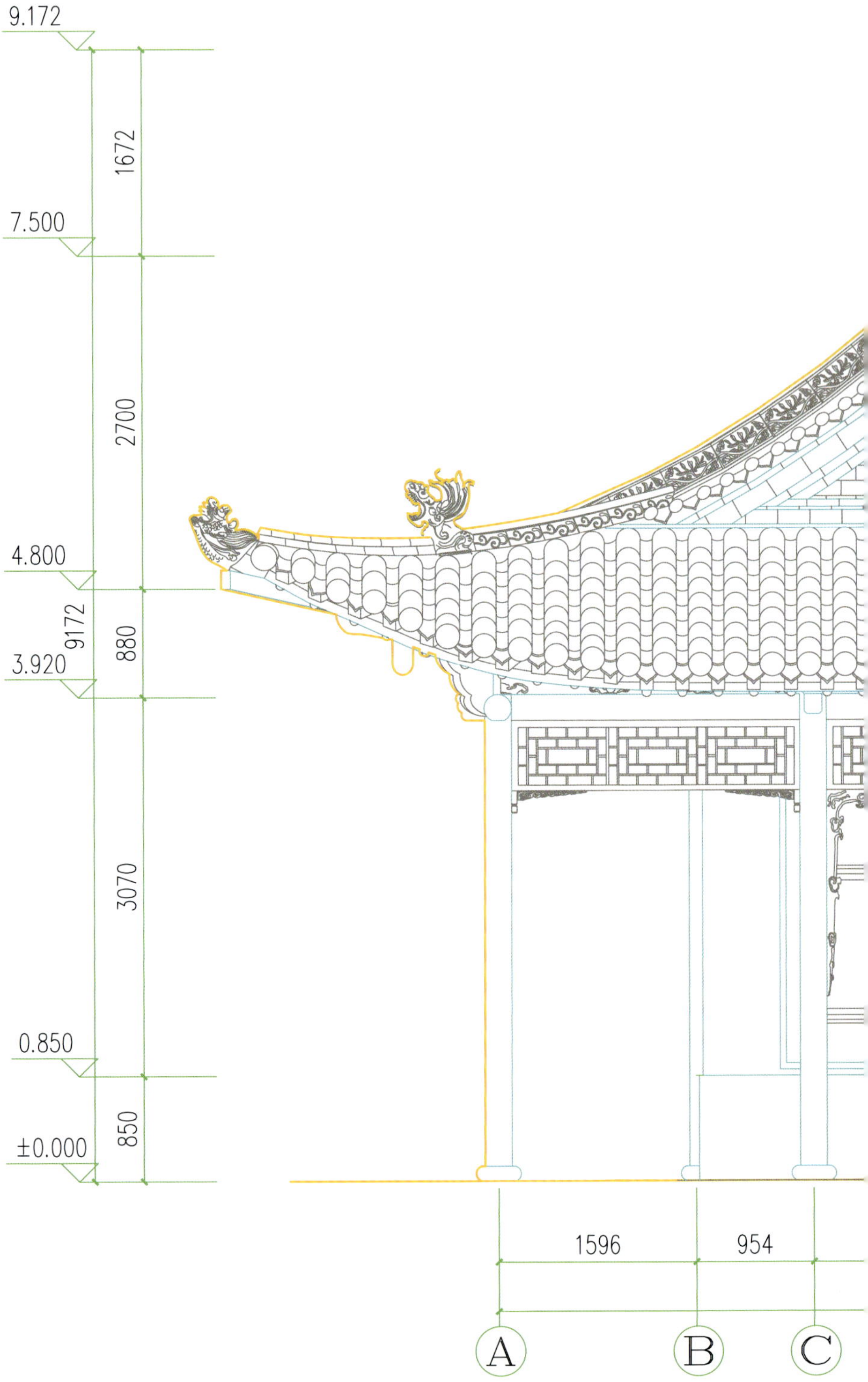
9.172
7.500
4.800
3.920
0.850
±0.000
1672
2700
9172
880
3070
850
1596
954
A
B
C

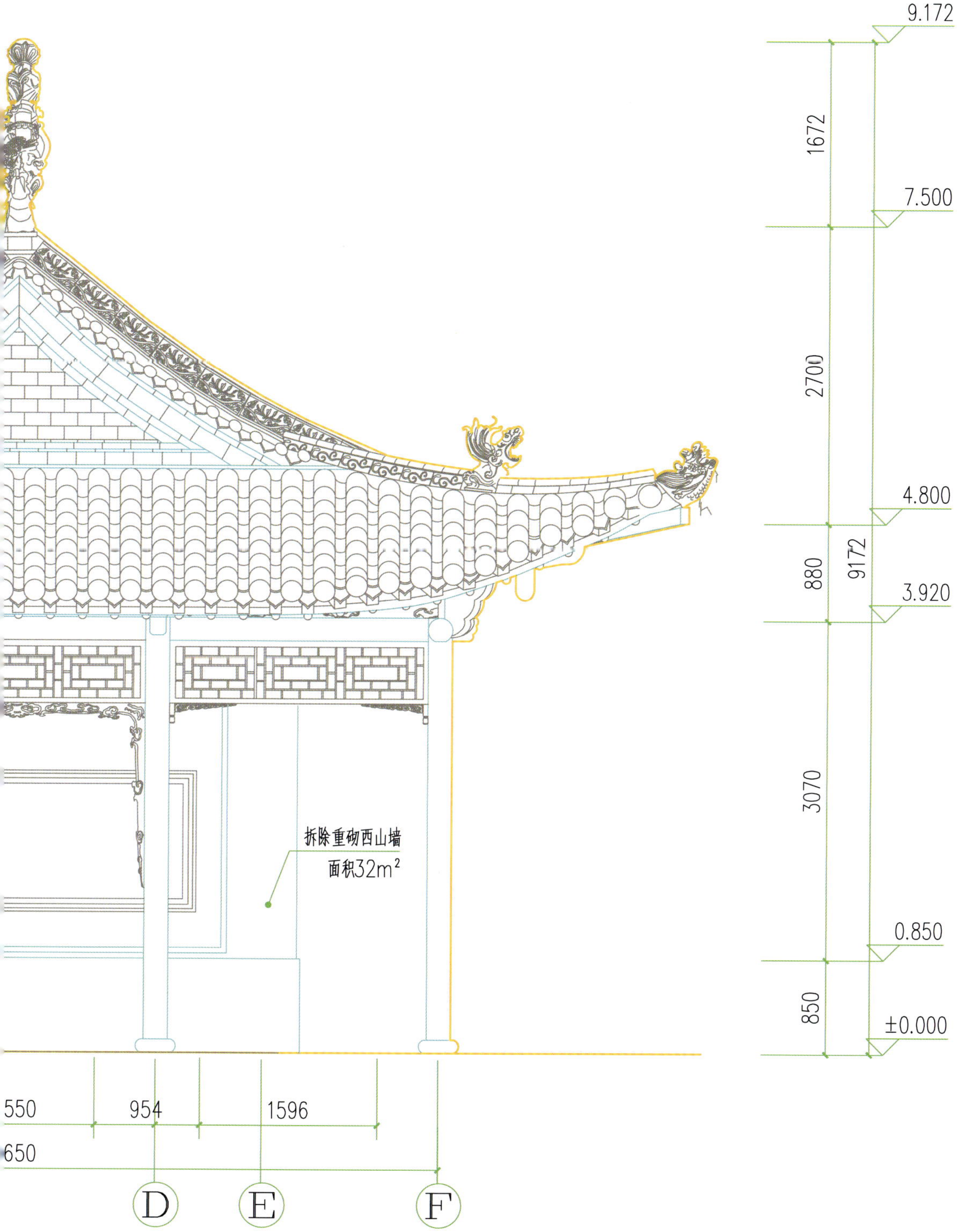

9.172
7.500
4.800
3.920
0.850
±0.000
1672
2700
880
9172
3070
850
拆除重砌西山墙
面积32m²
550
954
1596
650
D
E
F

秦子祠西立面图 1:50

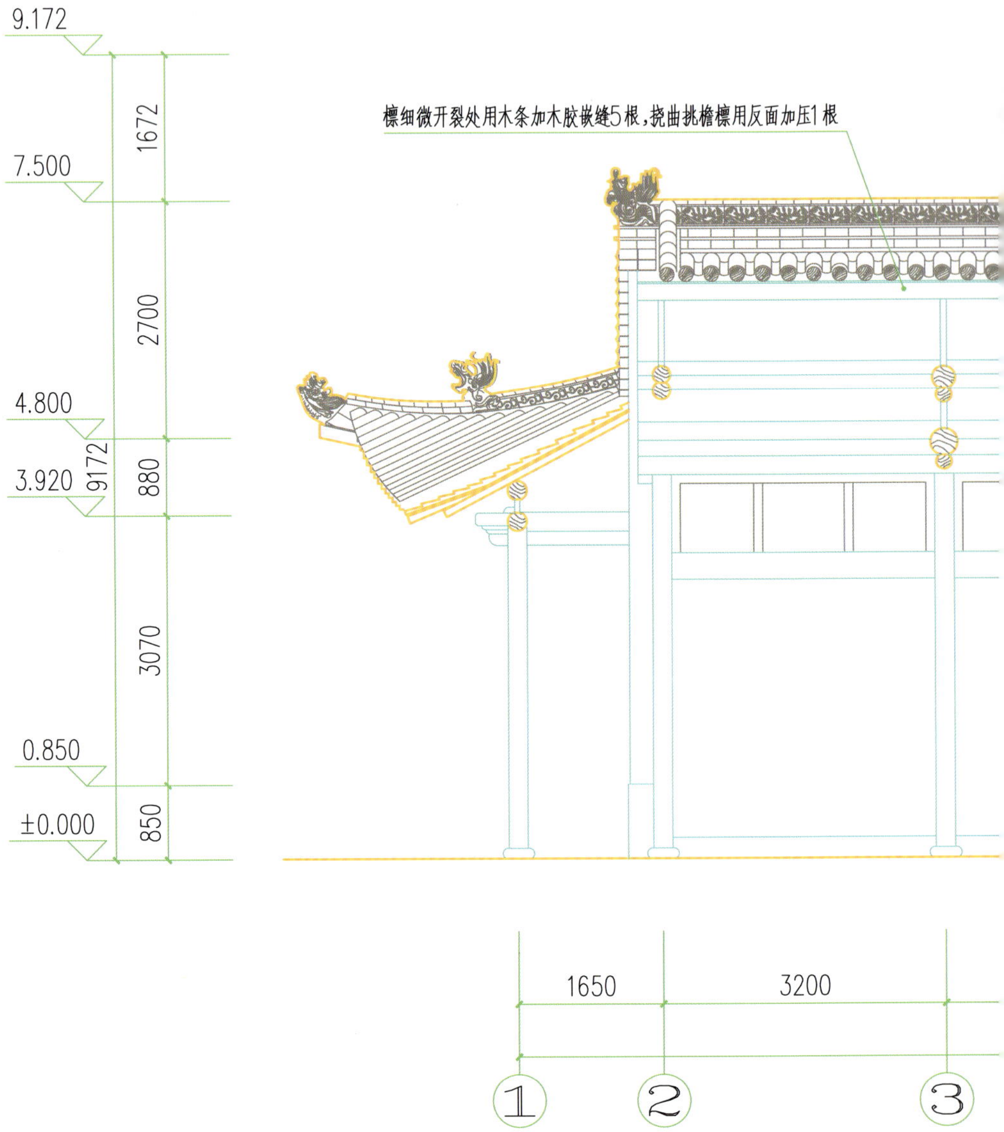
9.172
7.500
4.800
3.920
0.850
±0.000
1672
2700
880
3070
850
9172
檩细微开裂处用木条加木胶嵌缝5根，挠曲挑檐檩用反面加压1根
1650
3200
1
2
3

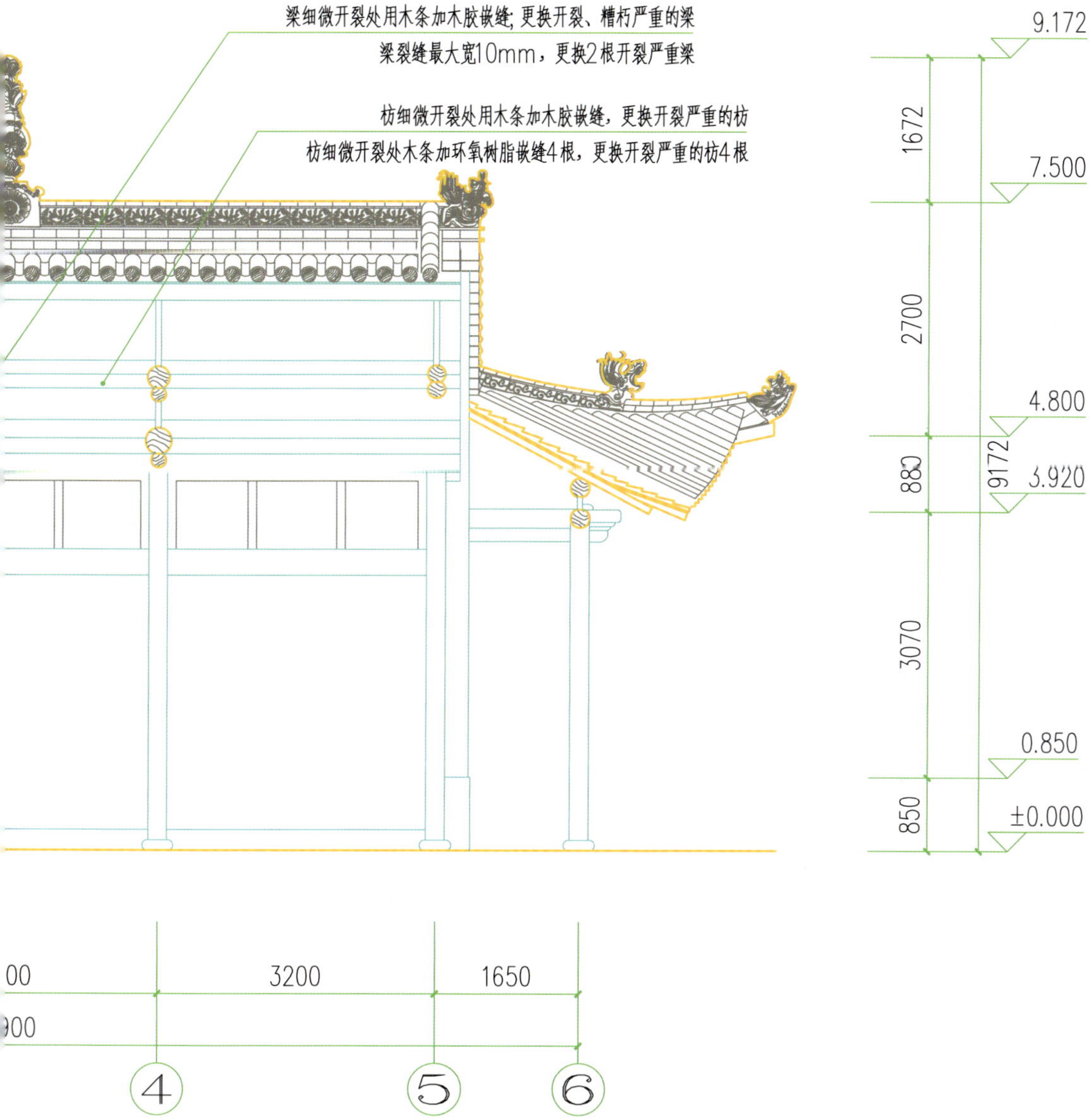

秦子祠2—2剖面图 1:75

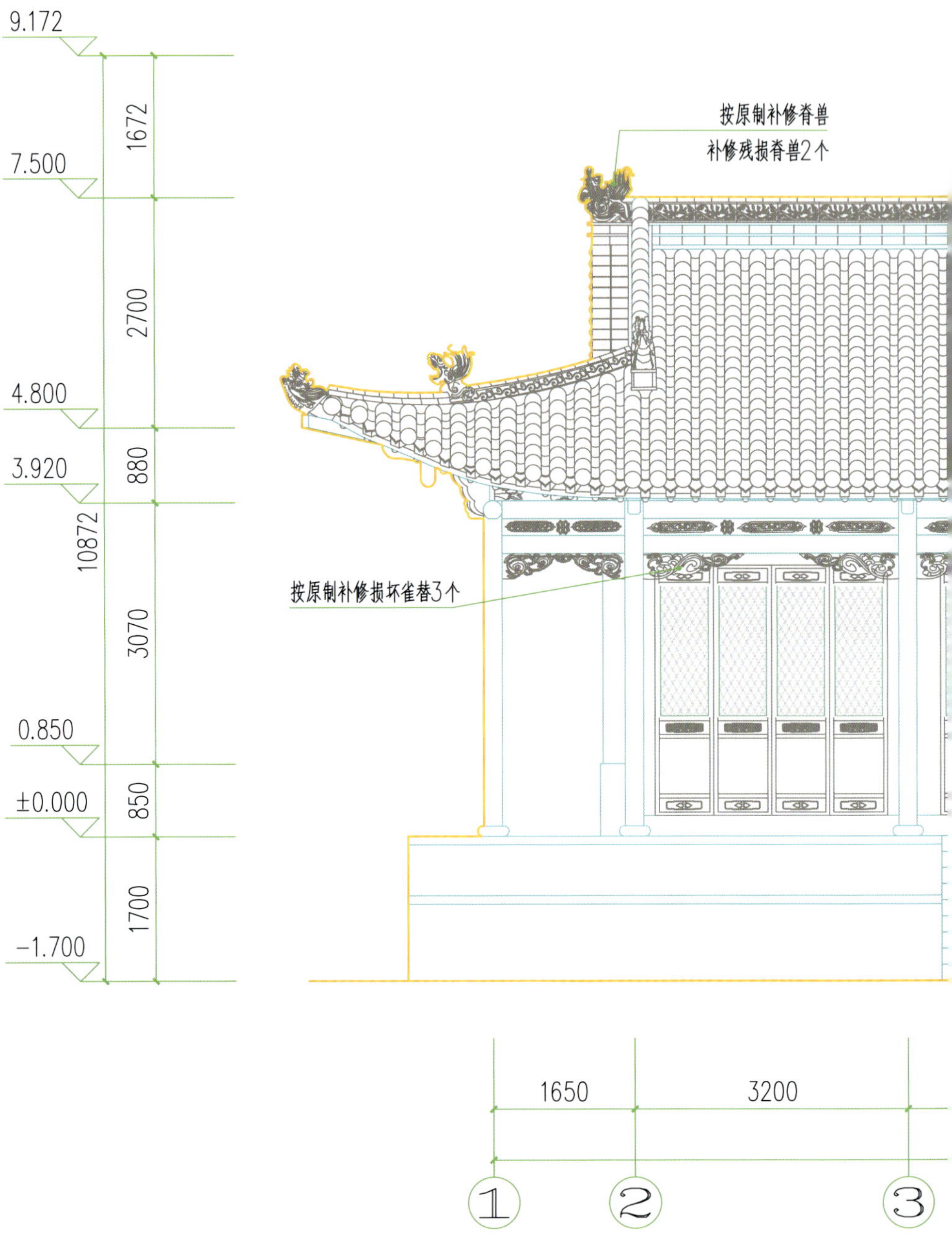
9.172
7.500
4.800
3.920
0.850
±0.000
-1.700
1672
2700
880
10872
3070
850
1700
按原制补修脊兽
补修残损脊兽2个
按原制补修损坏雀替3个
1650
3200
1
2
3

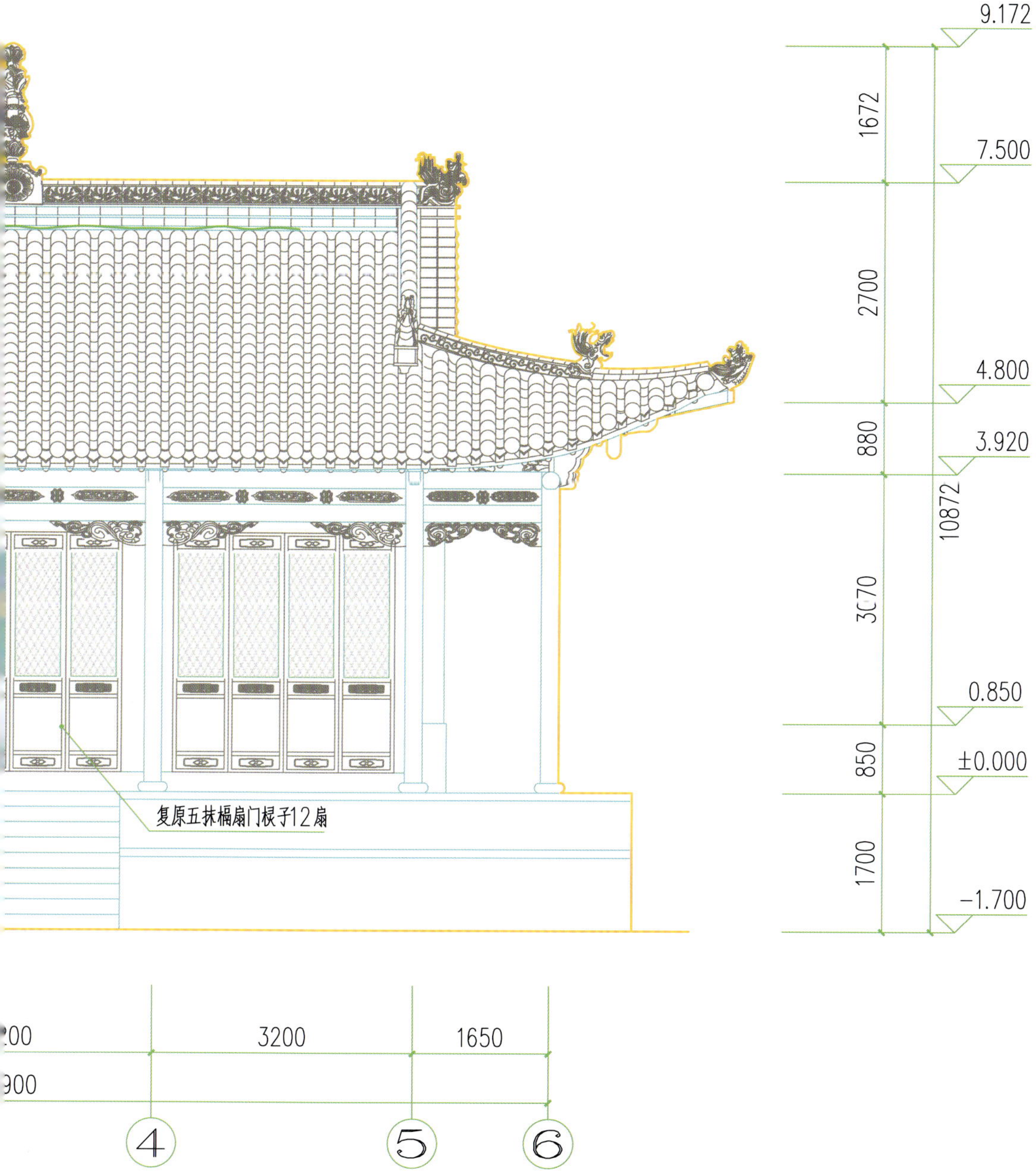
9.172
1672
7.500
2700
4.800
880
3.920
10872
3C70
0.850
850
±0.000
1700
−1.700
复原五抹槅扇门棂子12扇
3200
1650
4
5
6

秦子祠北立面图 1:75

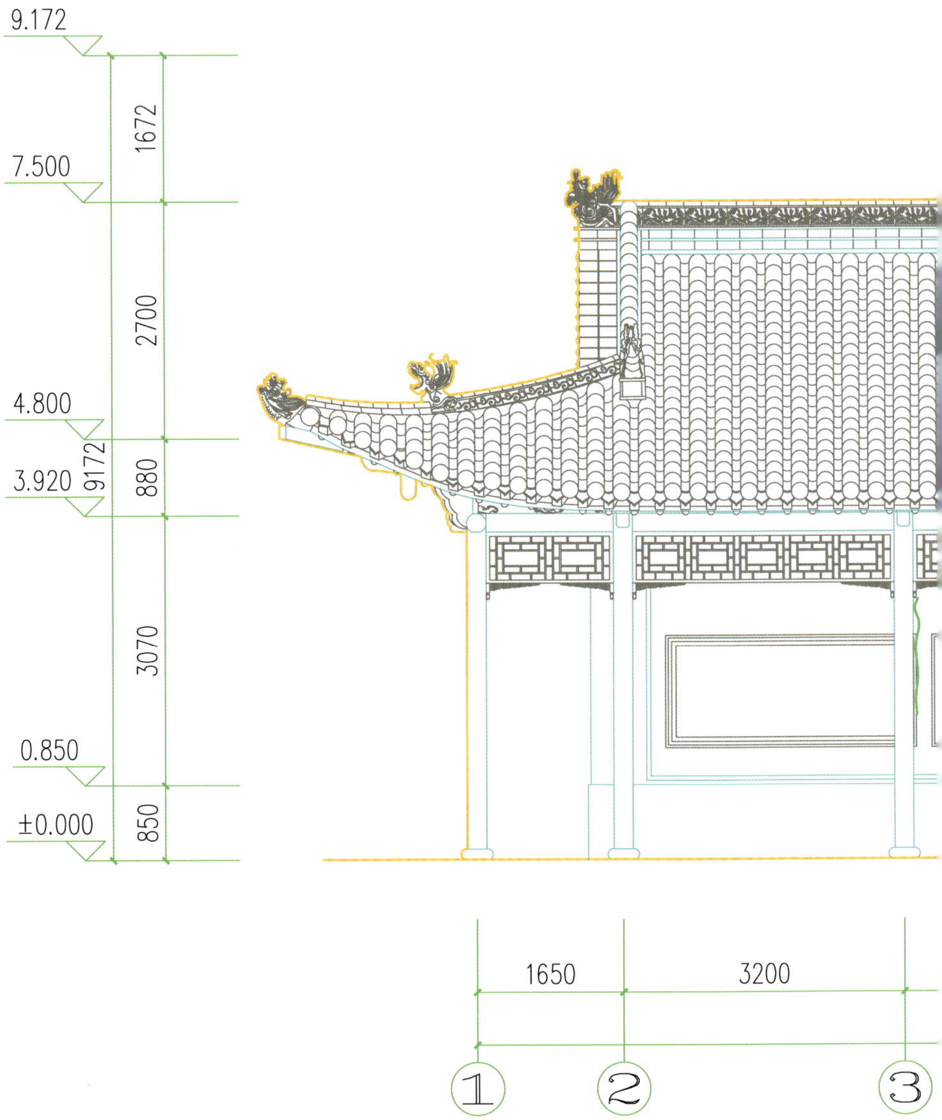
9.172
7.500
4.800
3.920
0.850
±0.000
1672
2700
880
3070
850
9172
1650
3200
1
2
3

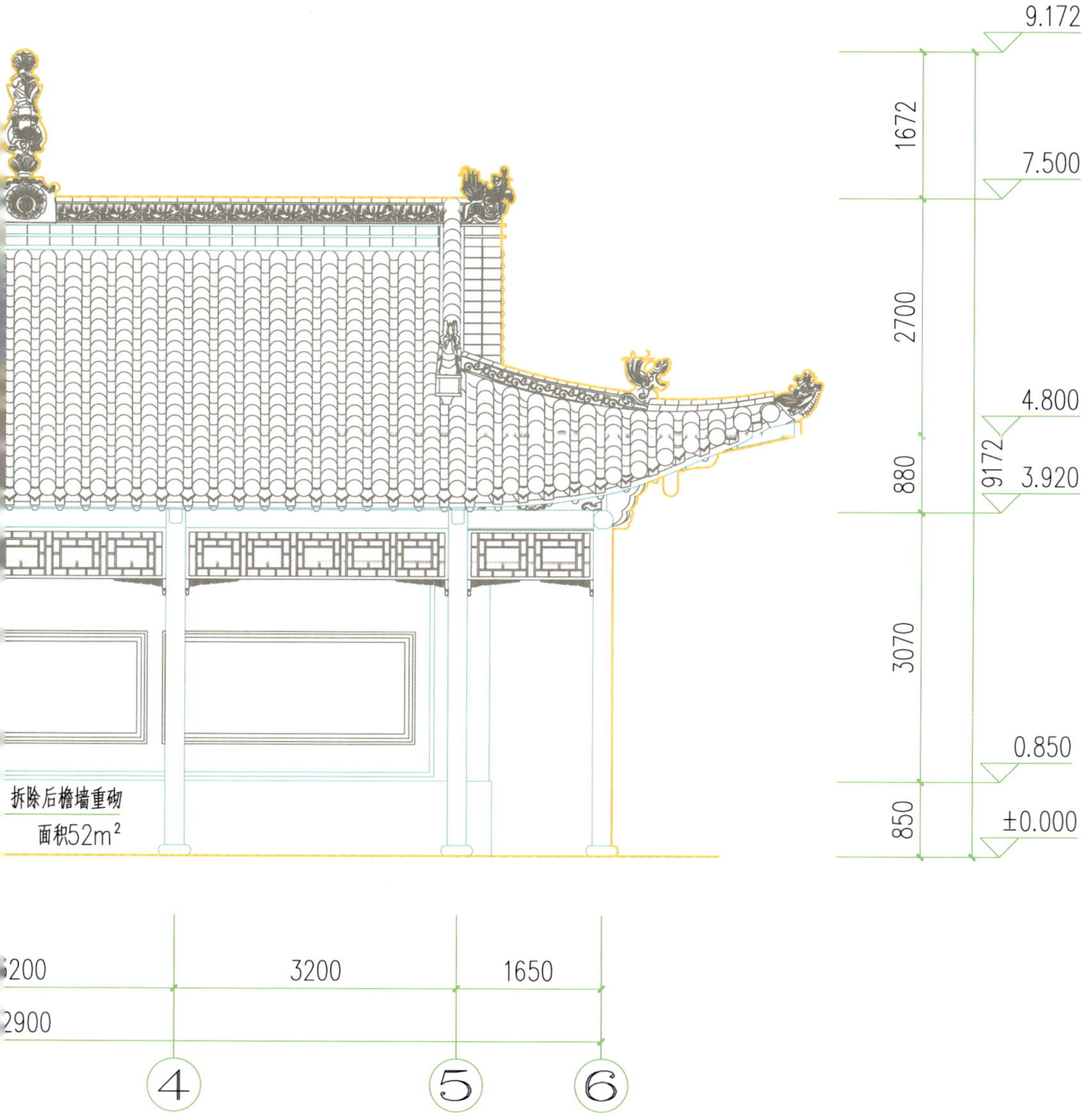
9.172
7.500
4.800
3.920
0.850
±0.000
1672
2700
880
9172
3070
850
拆除后檐墙重砌
面积52m²
200
3200
1650
2900
4
5
6

秦子祠南立面图 1:75

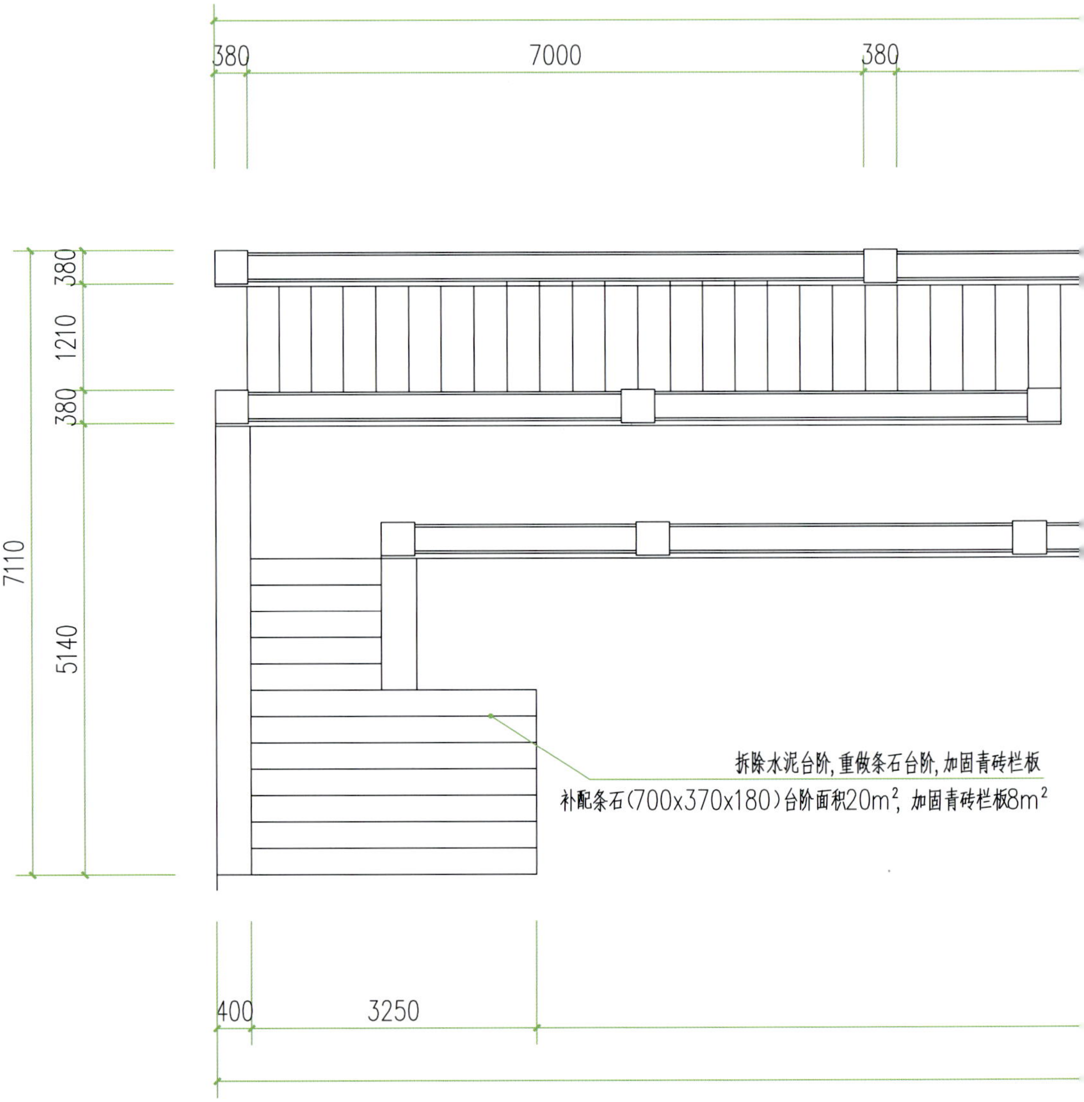
380
7000
380
380
1210
380
7110
5140
拆除水泥台阶，重做条石台阶，加固青砖栏板
补配条石（700x370x180）台阶面积20m²，加固青砖栏板8m²
400
3250

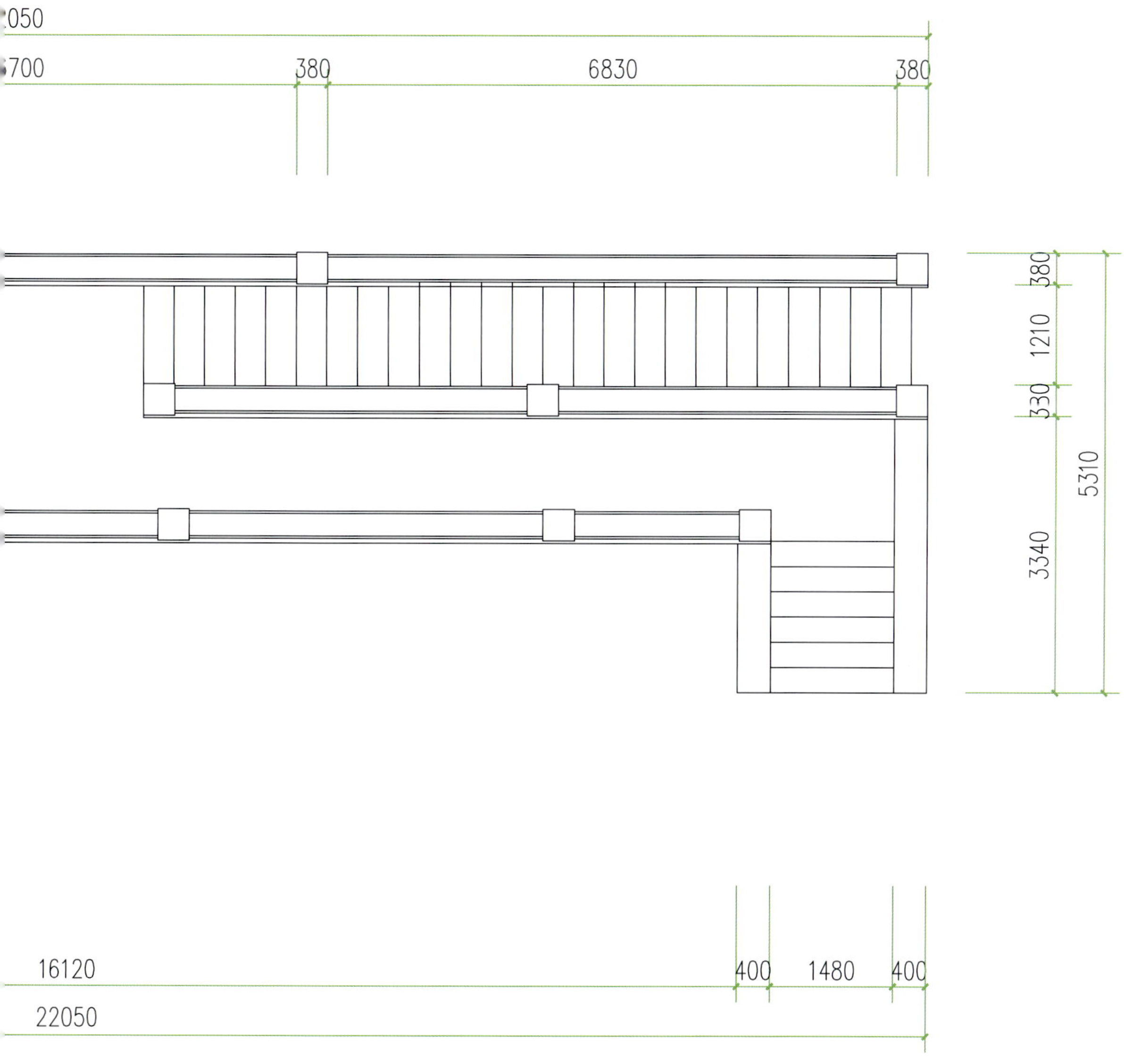

秦子祠后侧台阶平面图 1:75

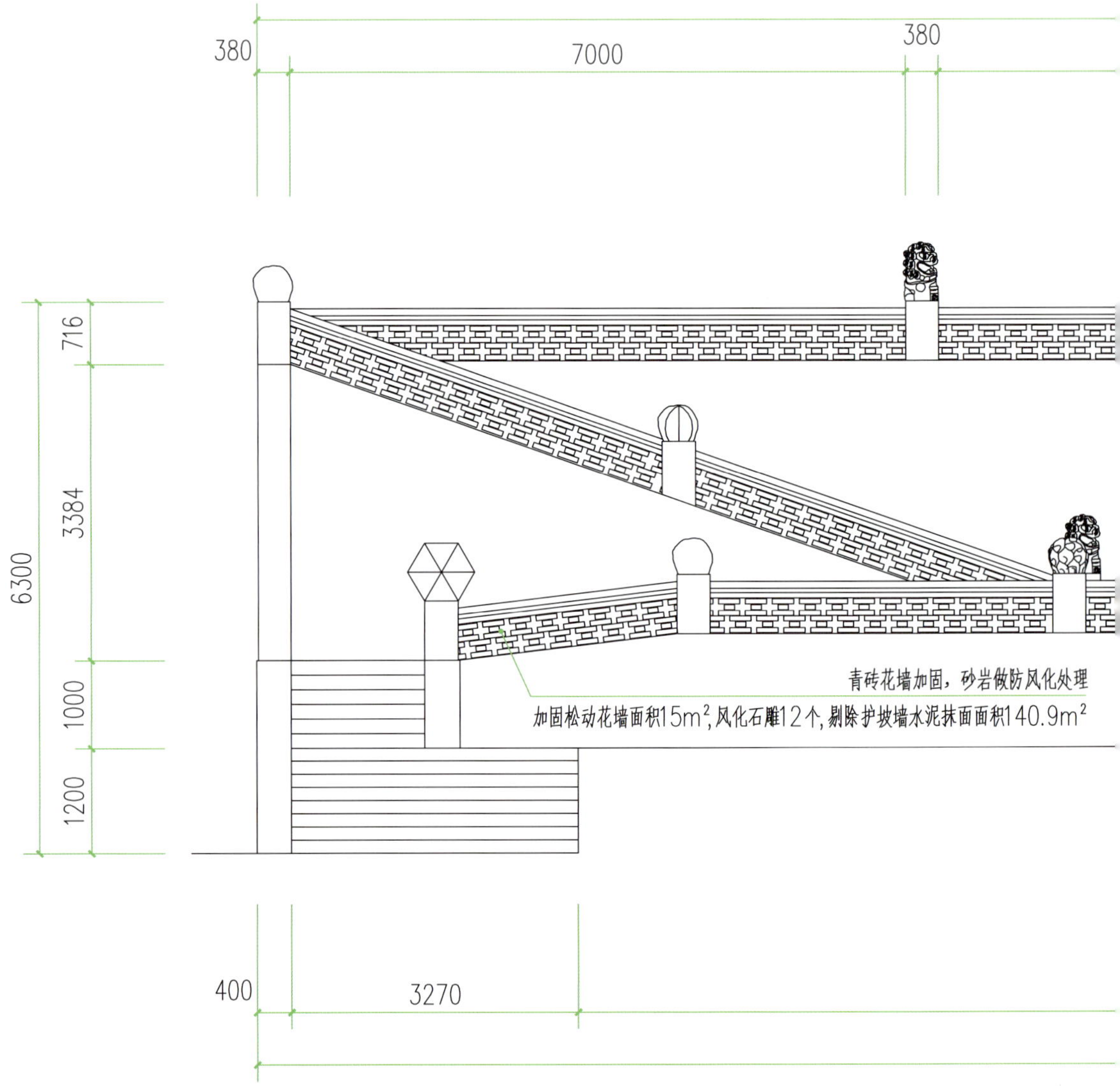
380
7000
380
716
3384
6300
1000
1200
青砖花墙加固，砂岩做防风化处理
加固松动花墙面积15m²,风化石雕12个,剔除护坡墙水泥抹面面积140.9m²
400
3270

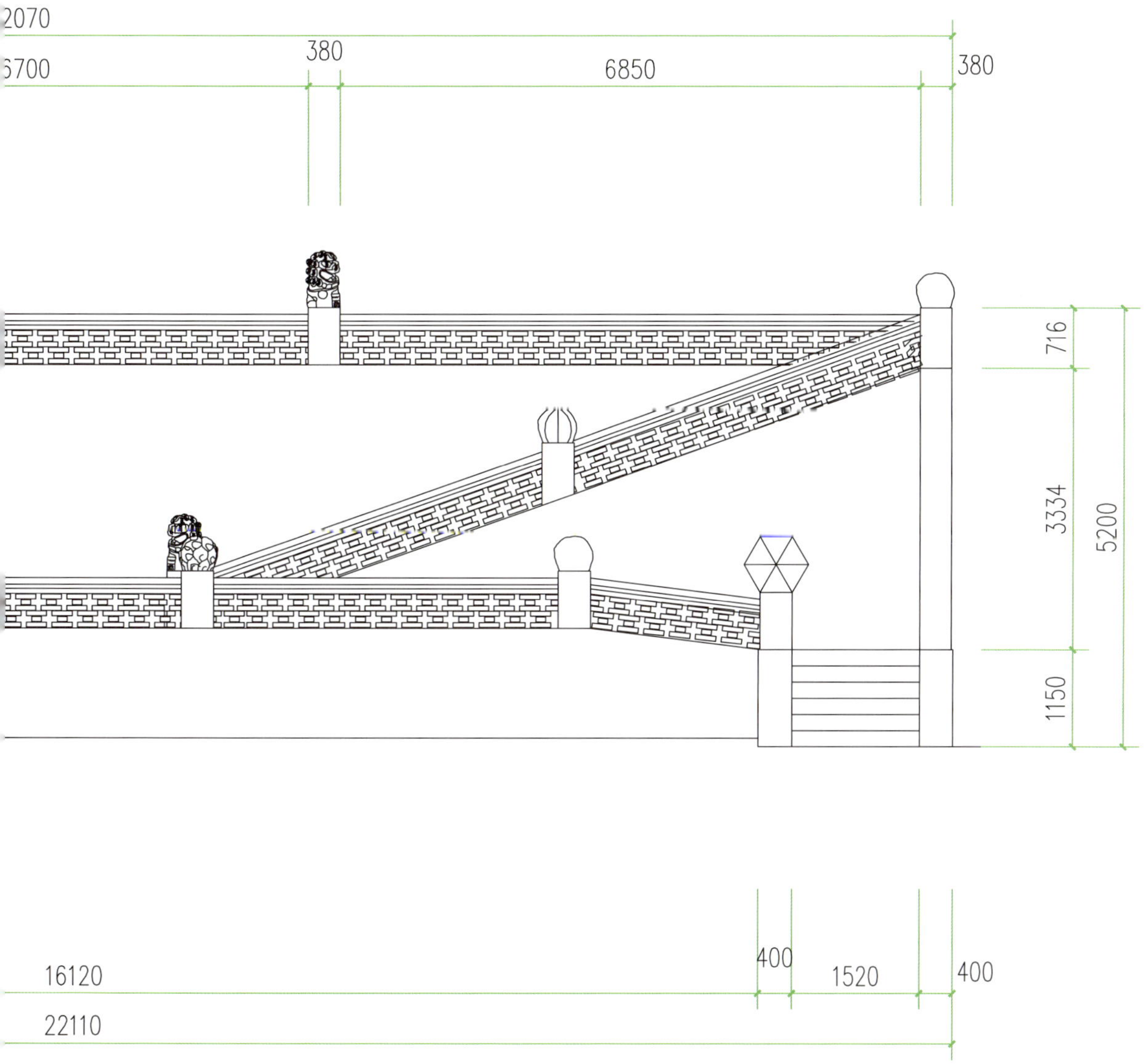

秦子祠后侧台阶立面图 1:75

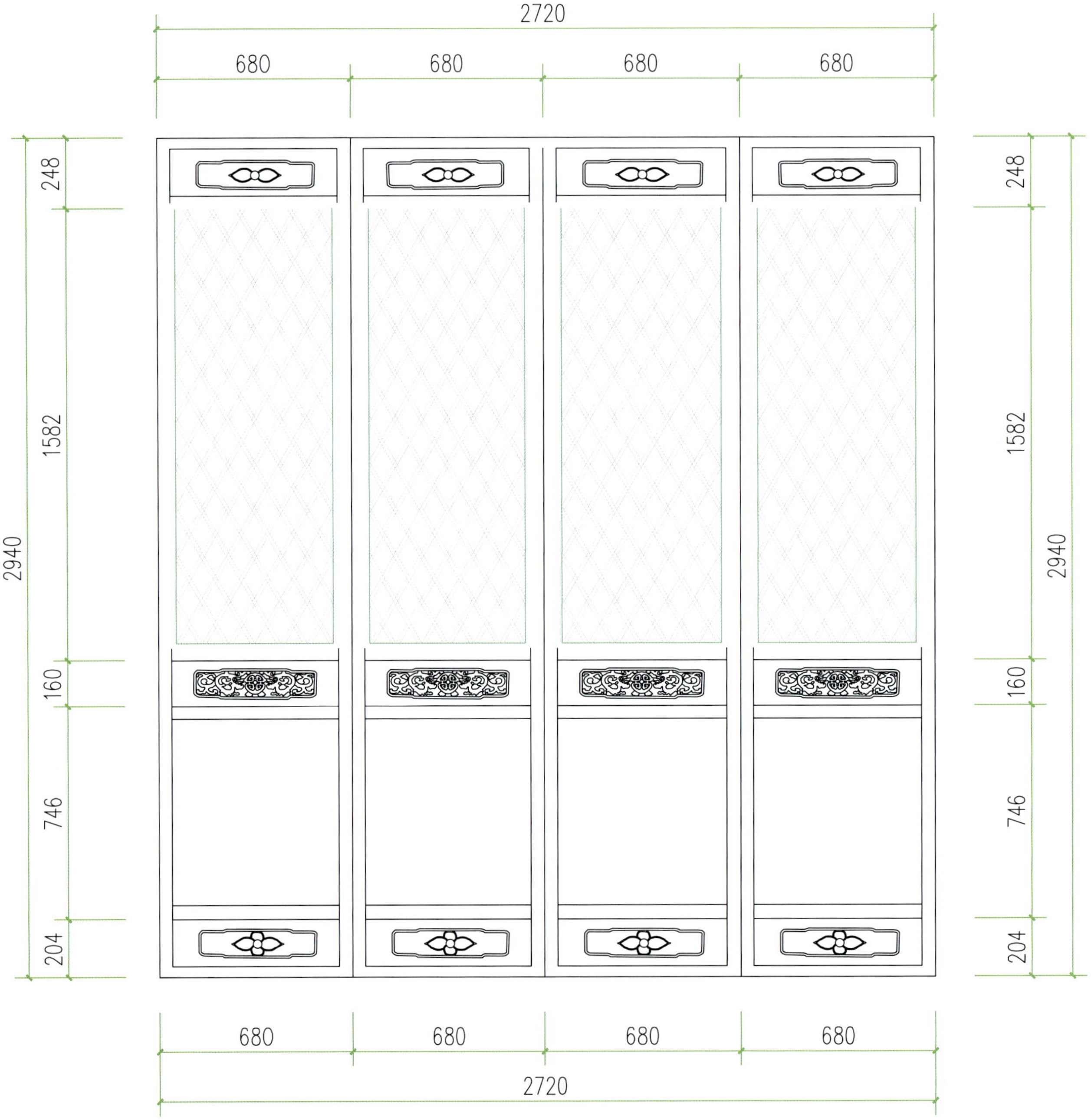

秦子祠大门立面大样图 1:20

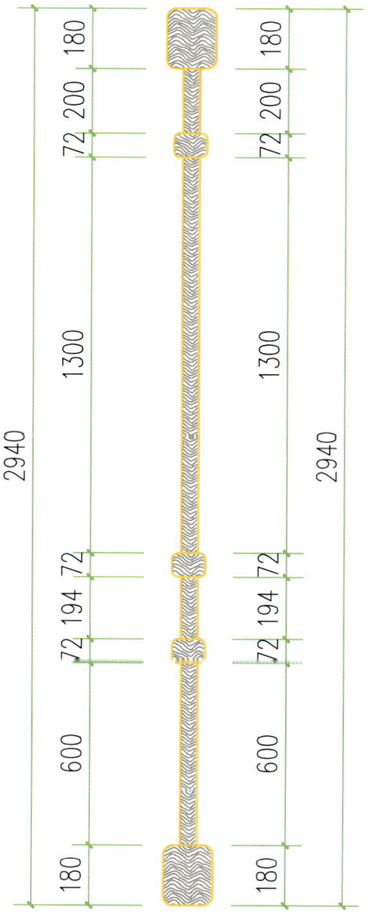

秦子祠大门剖面大样图 1:20

秦子祠大门平面大样图 1:20

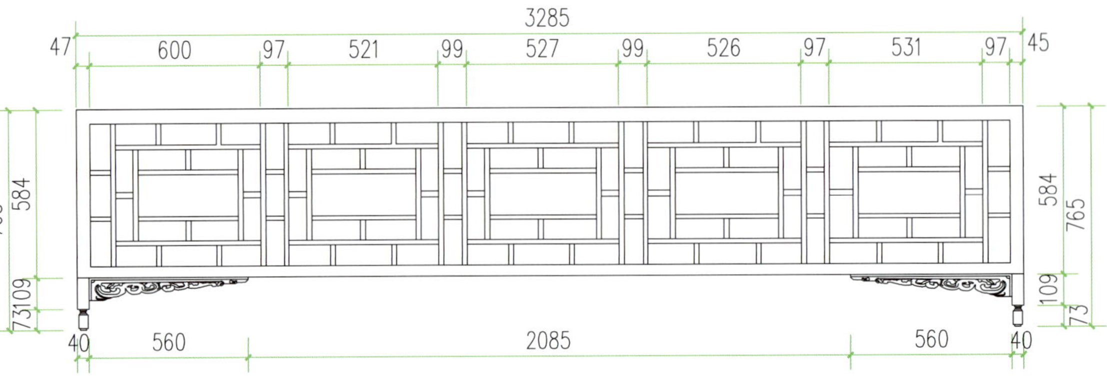

秦子祠花牙子立面大样图 1:20

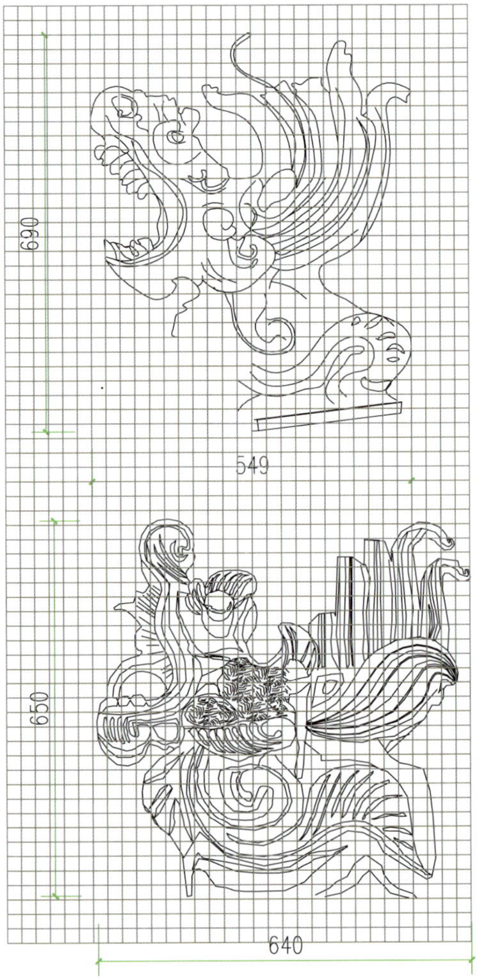

秦子祠砖雕大样图 1:10

秦子祠骑马雀替大样图 1:20

秦子祠木雕大样图 1:10

注：方格尺寸为25mmx25mm

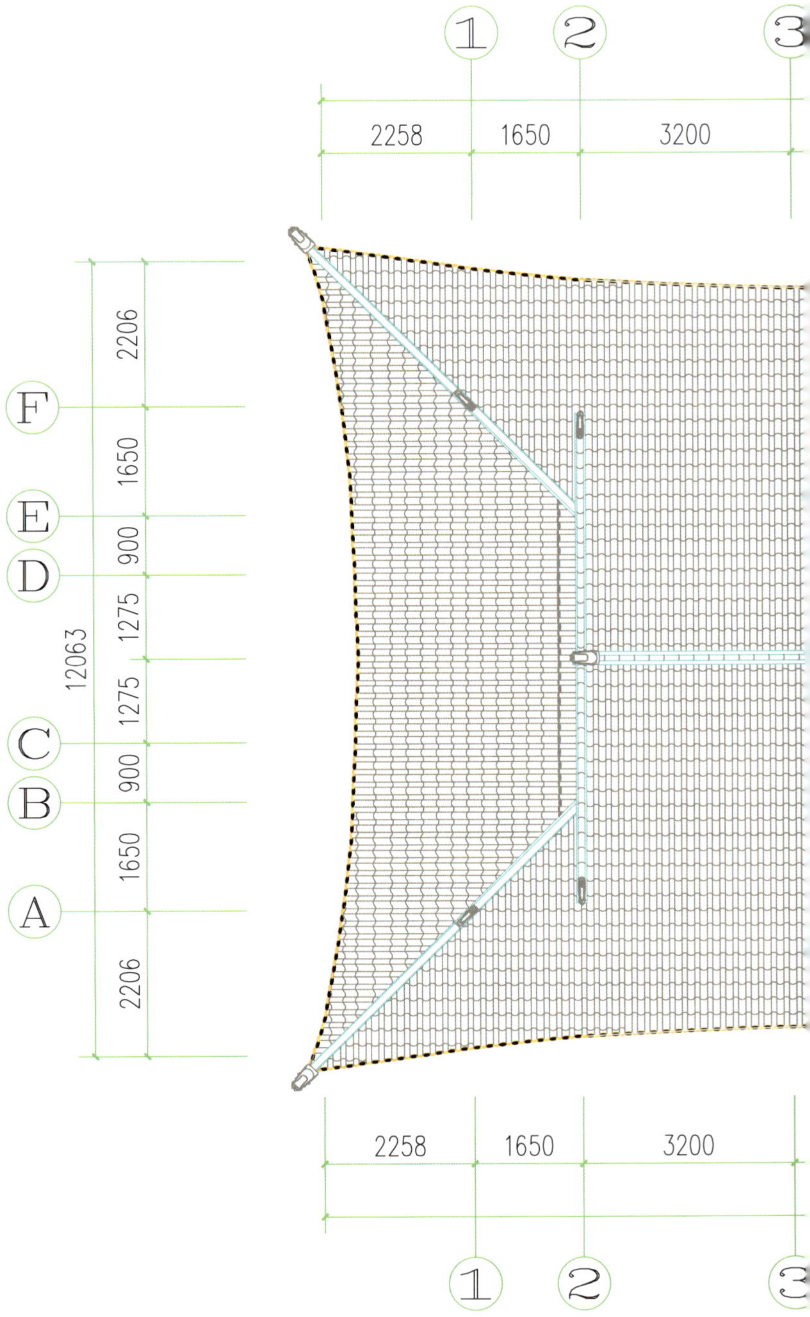
1
2
3
2258
1650
3200
2206
F
1650
E
900
D
1275
12063
1275
C
900
B
1650
A
2206
2258
1650
3200
1
2
3

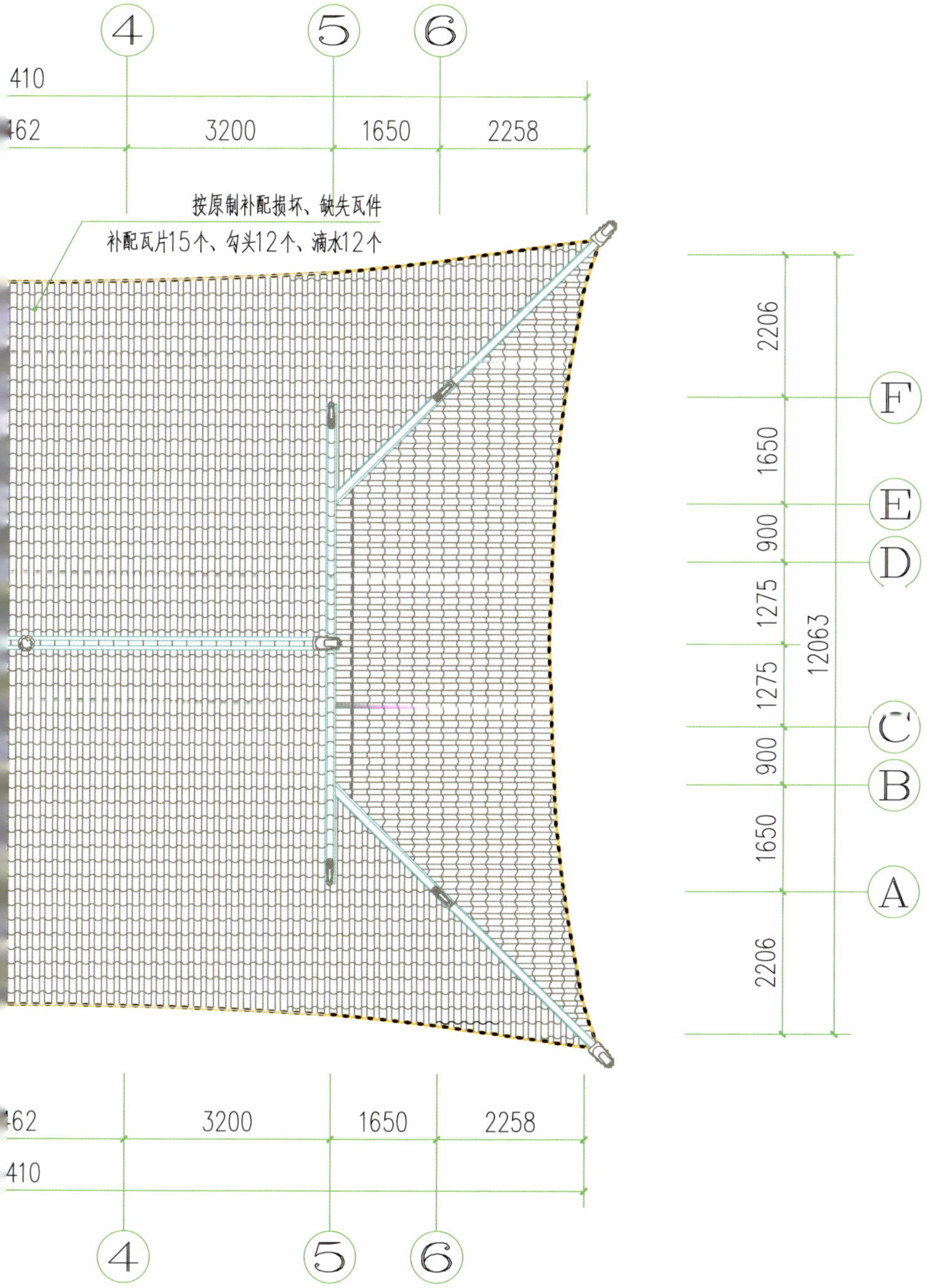

壤驷子祠屋顶平面图 1:100

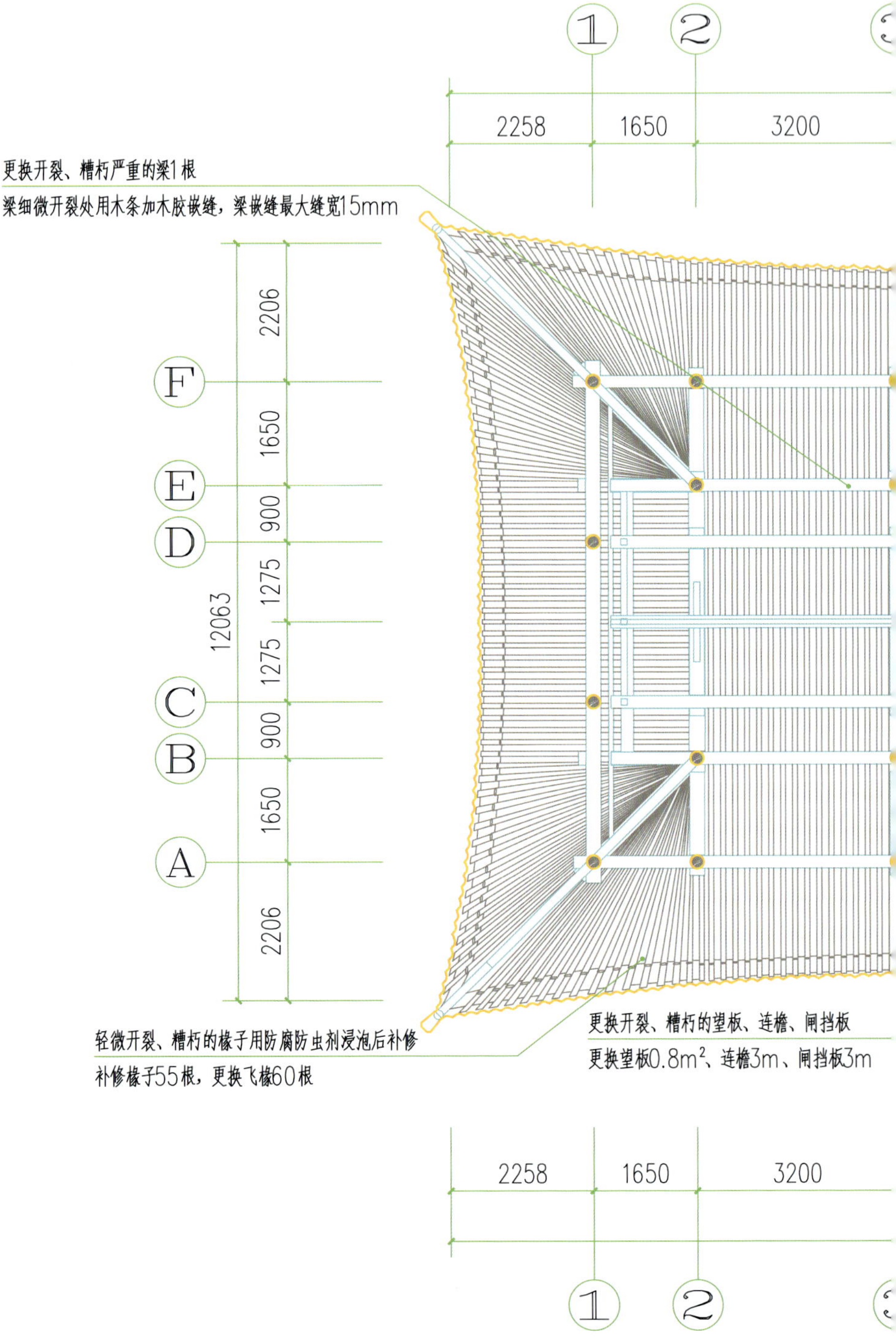

1
2
2258
1650
3200
更换开裂、槽朽严重的梁1根
梁细微开裂处用木条加木胶嵌缝，梁嵌缝最大缝宽15mm
F
E
D
C
B
A
2206
1650
900
1275
12063
1275
900
1650
2206
轻微开裂、槽朽的椽子用防腐防虫剂浸泡后补修
补修椽子55根，更换飞椽60根
更换开裂、槽朽的望板、连檐、闸挡板
更换望板0.8m²、连檐3m、闸挡板3m
2258
1650
3200
1
2

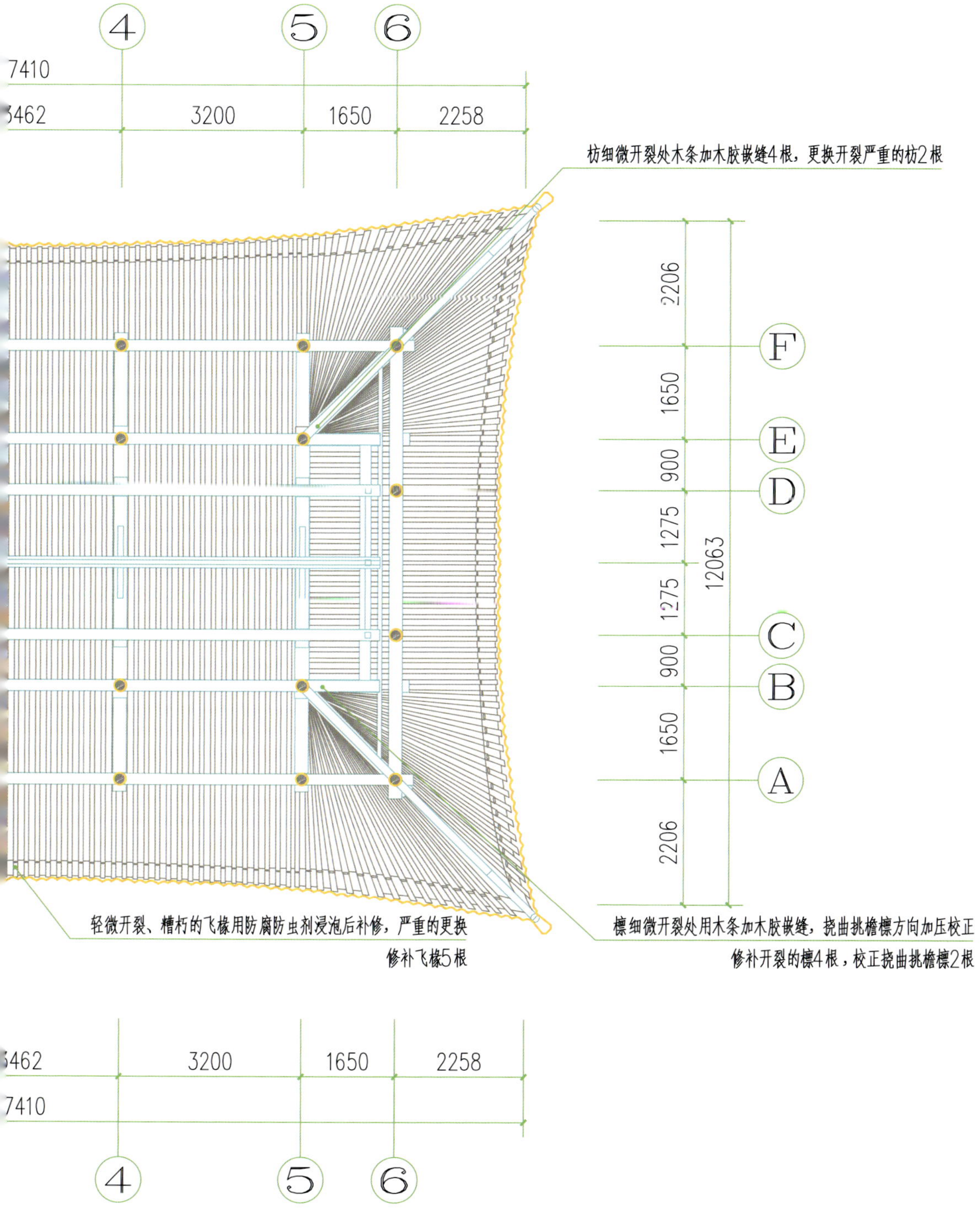

壤驷子祠梁架仰视图 1:100

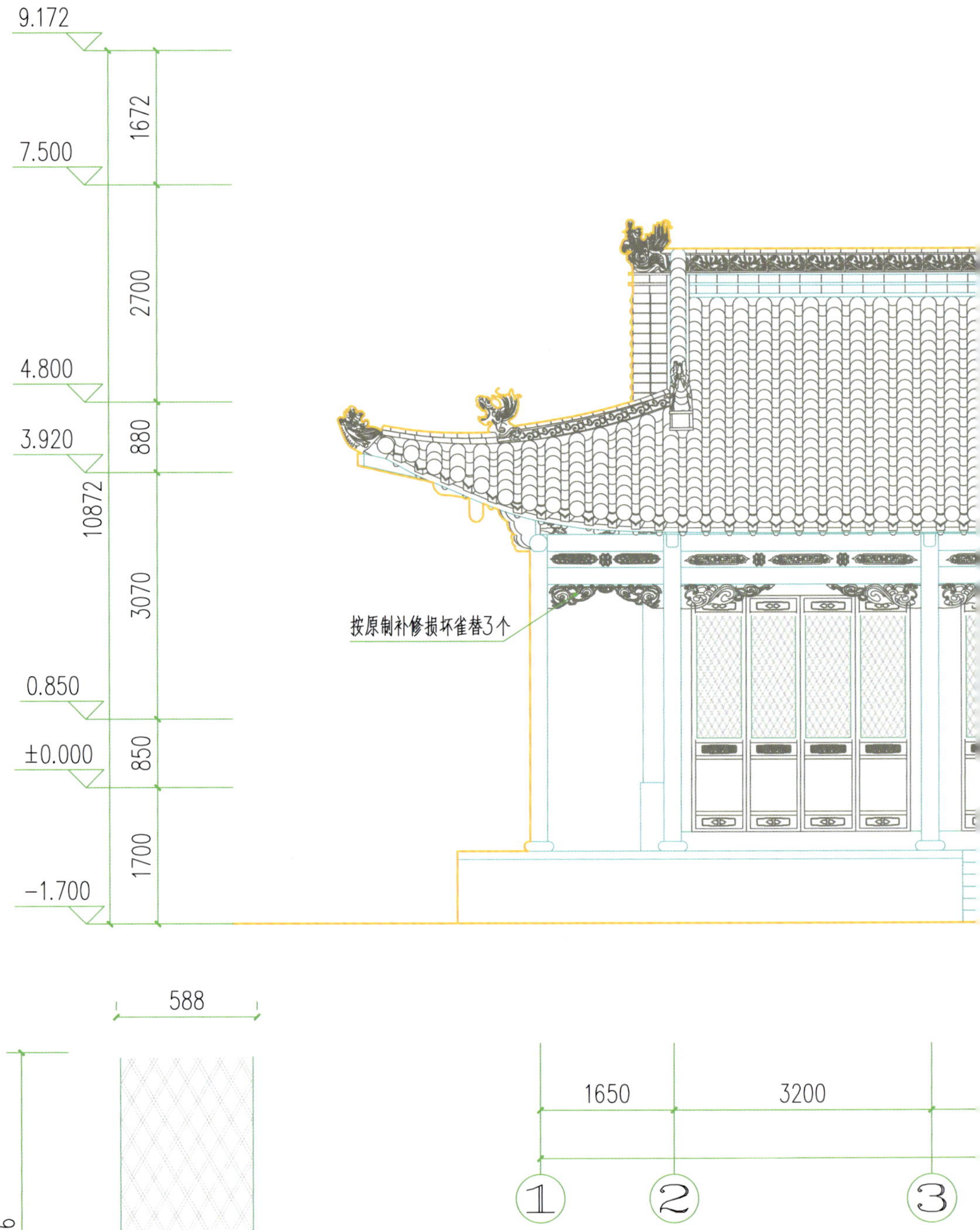
9.172
7.500
4.800
3.920
0.850
±0.000
-1.700
1672
2700
880
3070
850
1700
10872
按原制补修损坏雀替3个
1650
3200
1
2
3

588
1556

① 1:25

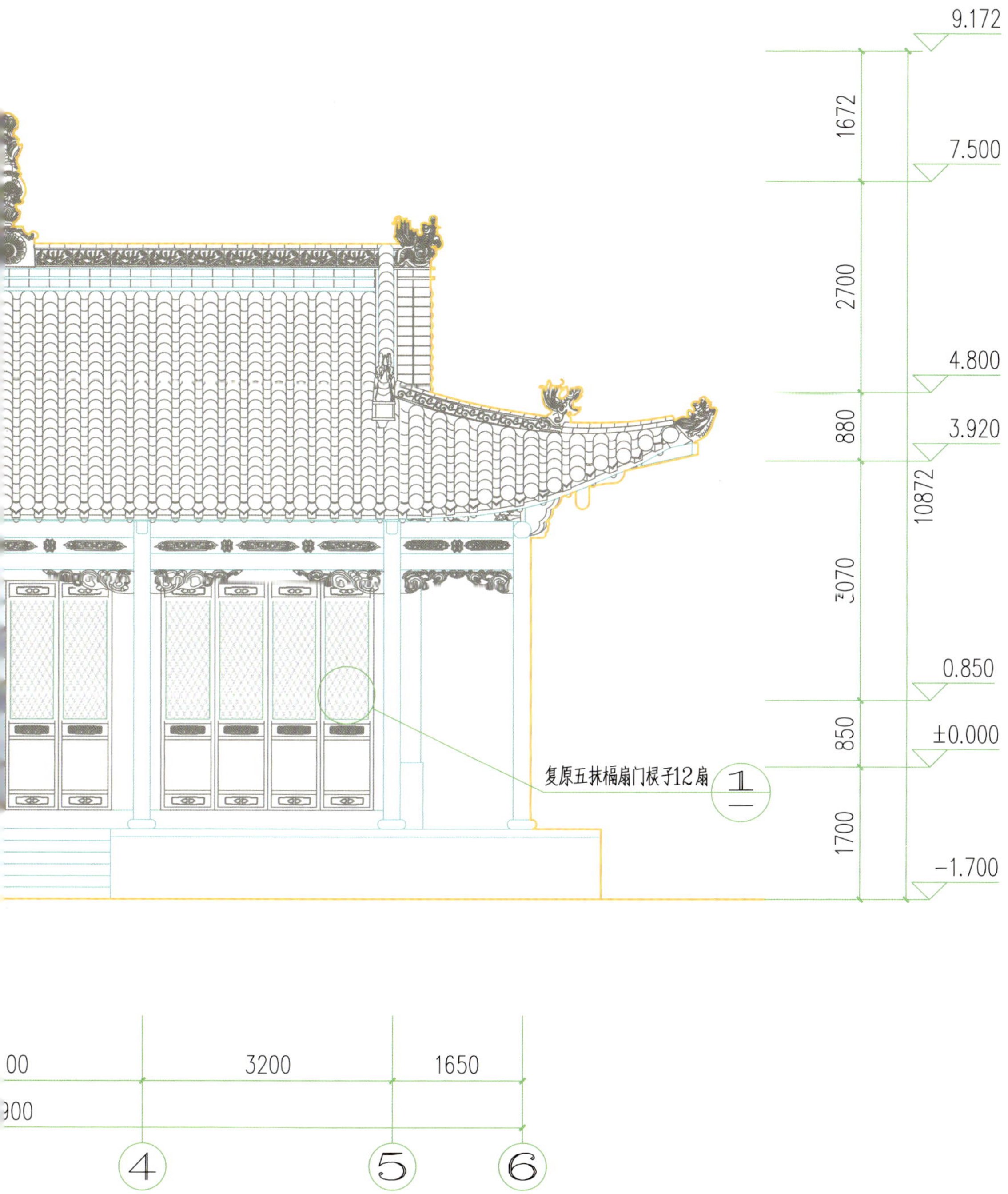

壤驷子祠北立面图 1:75

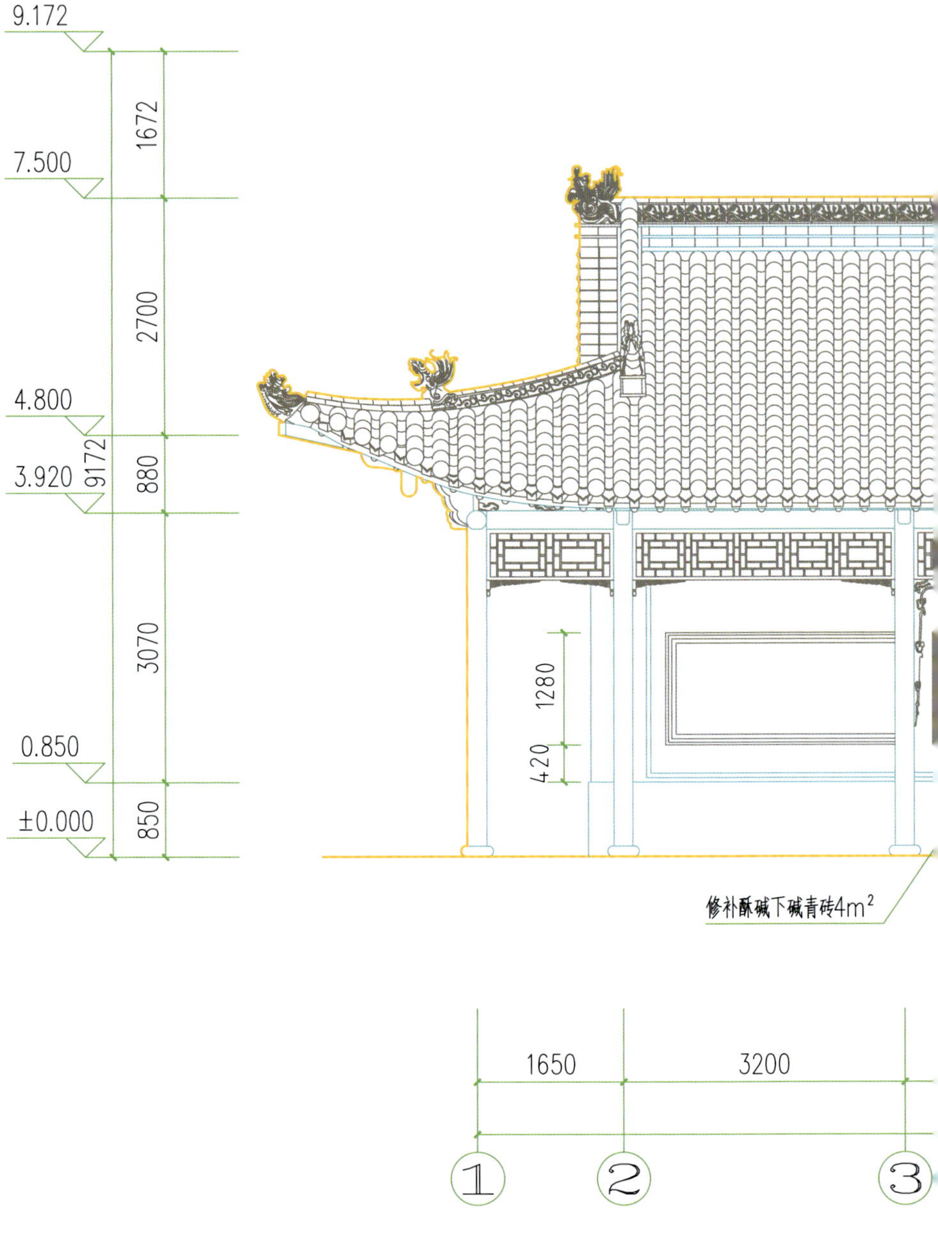
9.172
7.500
4.800
3.920
0.850
±0.000
1672
2700
880
3070
850
9172
1280
420
修补酥碱下碱青砖4m²
1650
3200
1
2
3

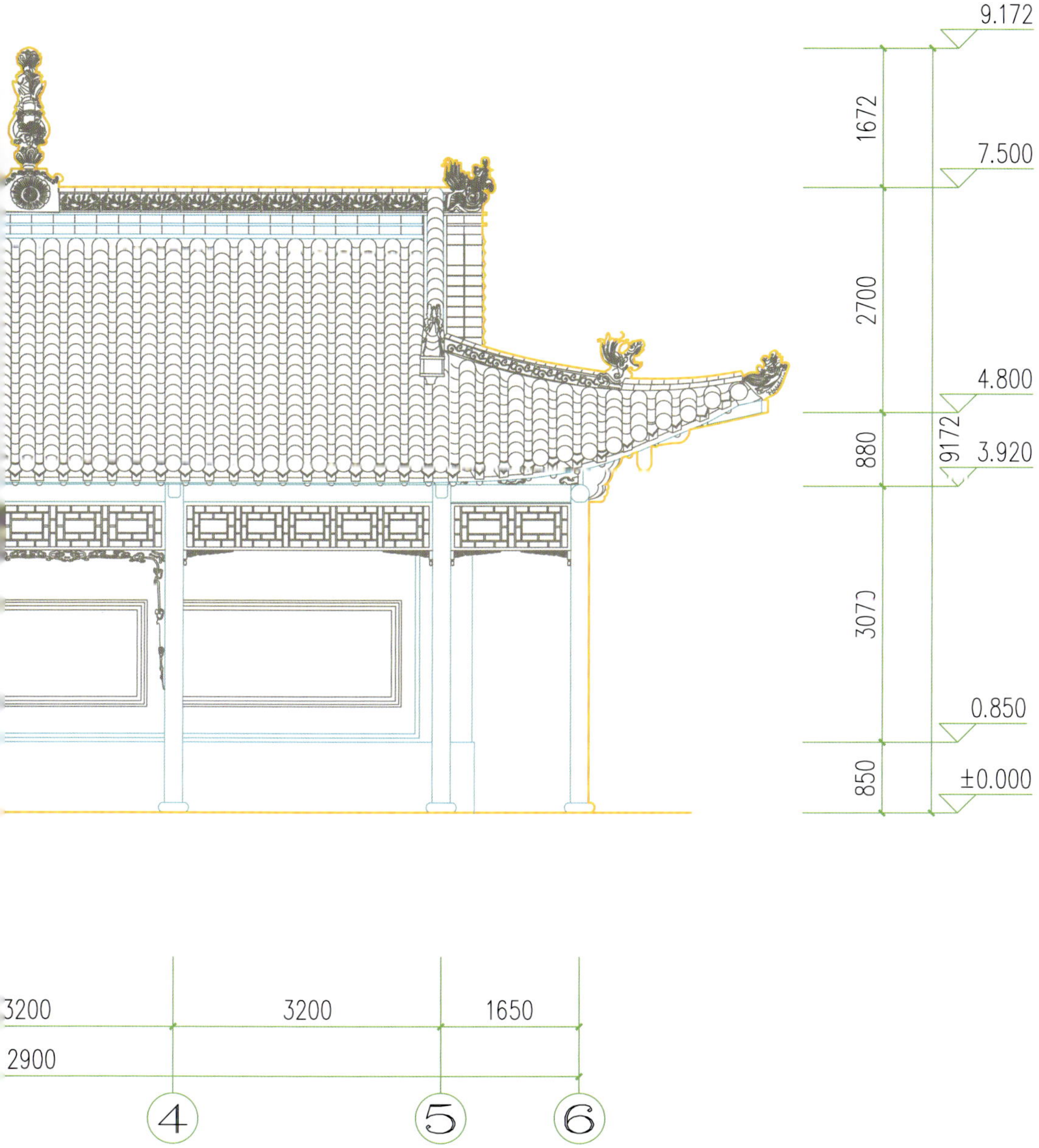

壤驷子祠南立面图 1:75

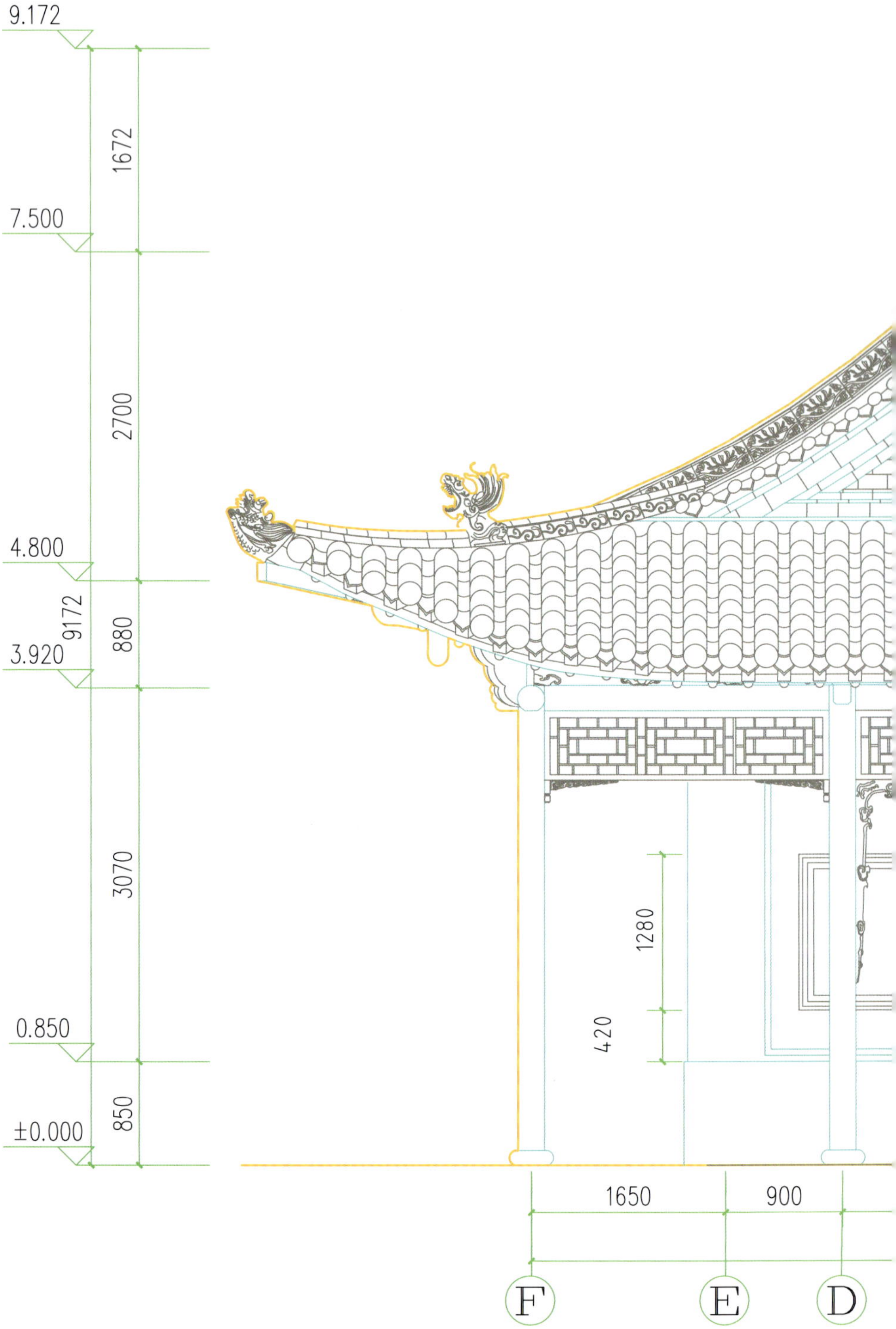

9.172
1672
7.500
2700
4.800
9172
880
3.920
3070
1280
420
0.850
850
±0.000
1650
900
F
E
D

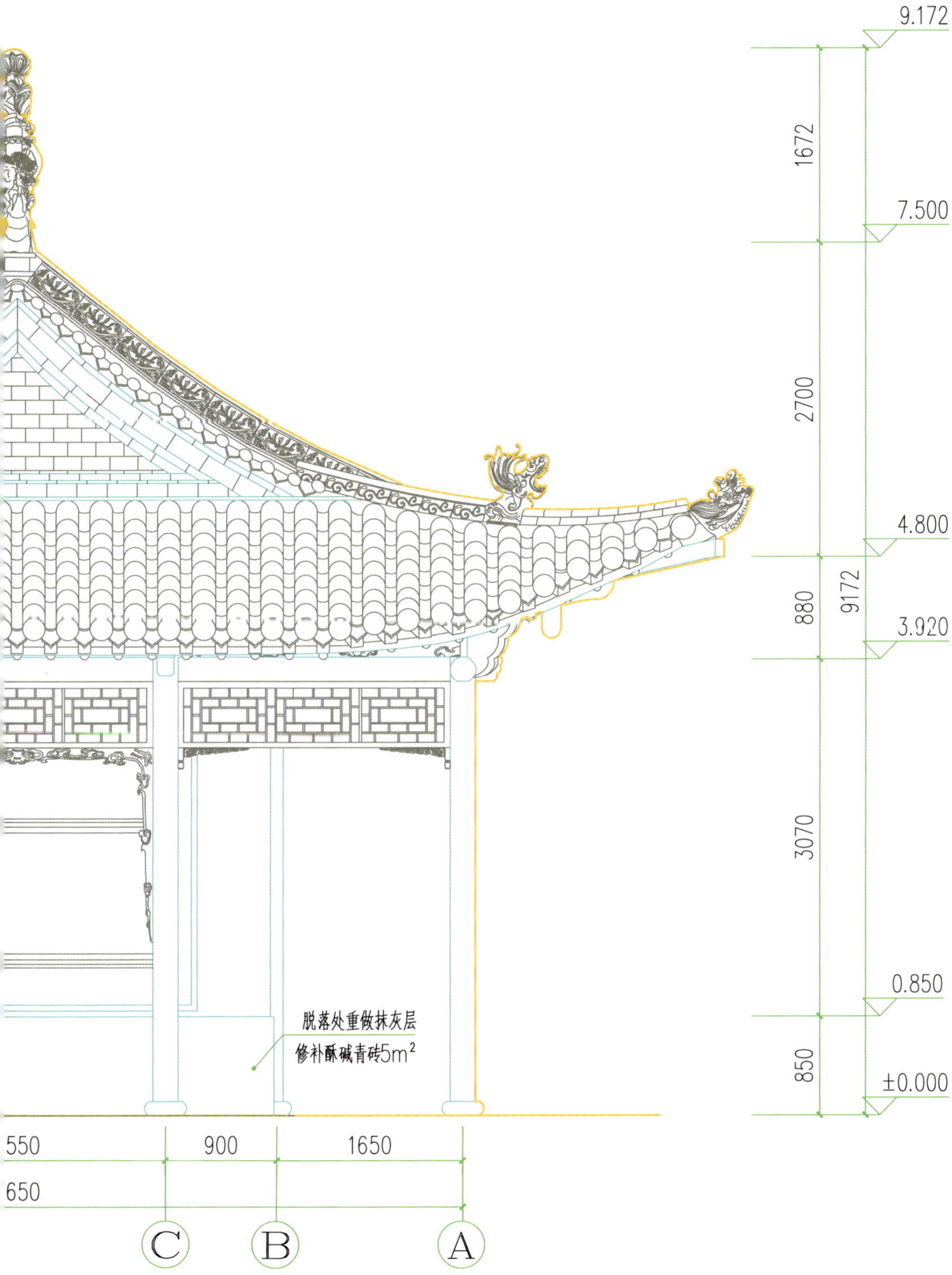

壤驷子祠东立面图 1:50

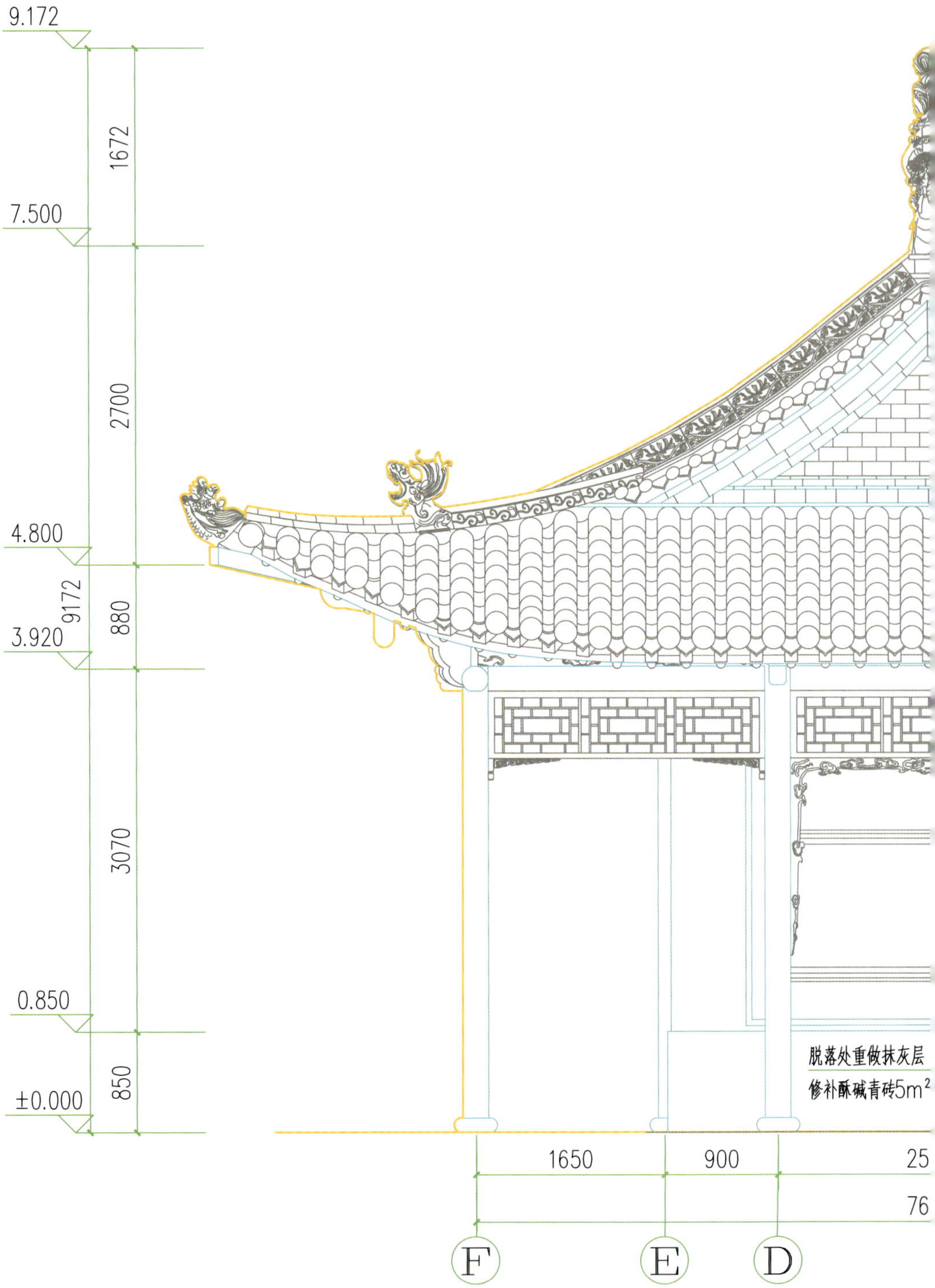
9.172
1672
7.500
2700
4.800
9172
880
3.920
3070
0.850
850
±0.000
脱落处重做抹灰层
修补酥碱青砖5m²
1650
900
25
76
F
E
D

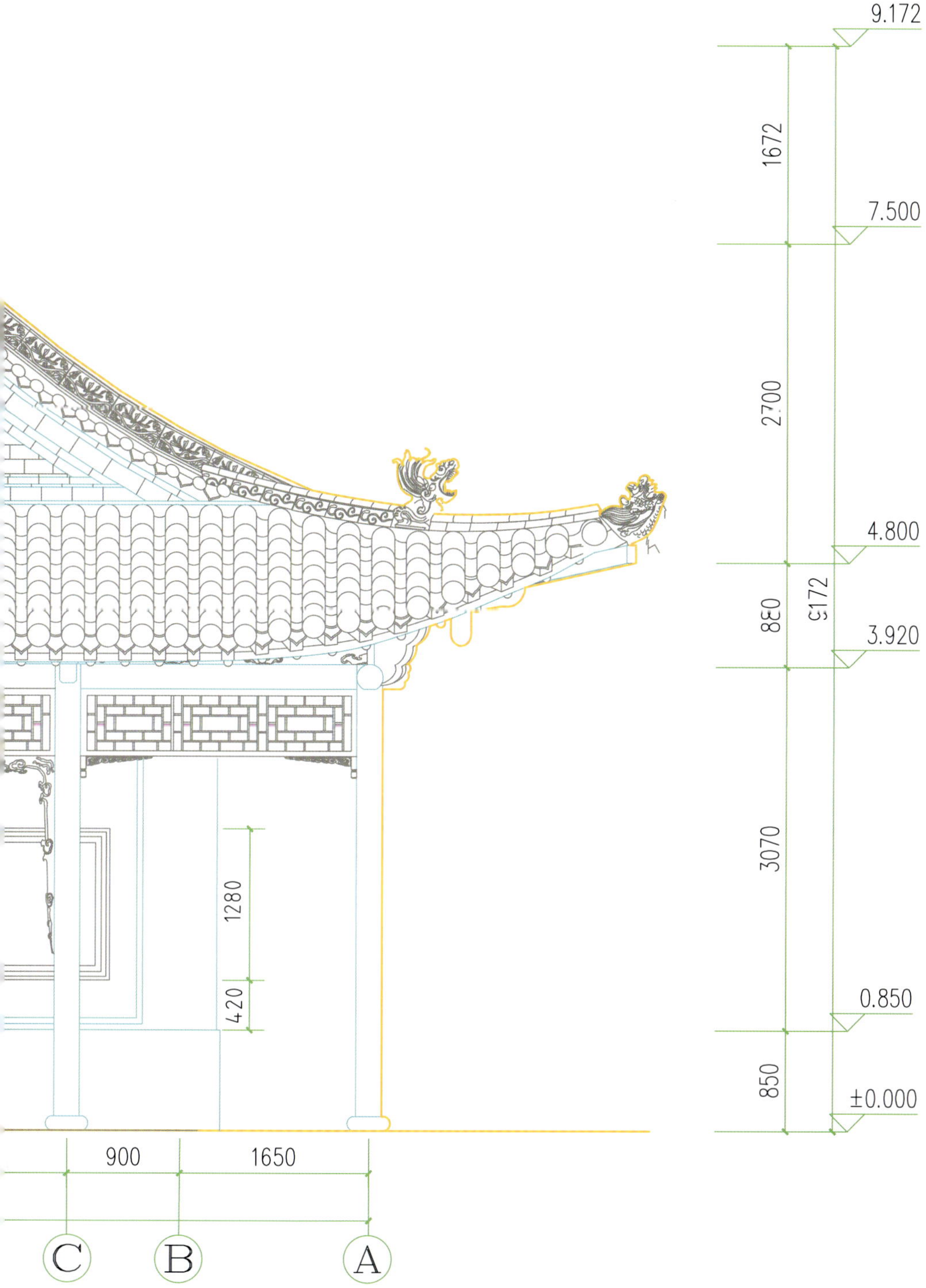

壤驷子祠西立面图 1:50

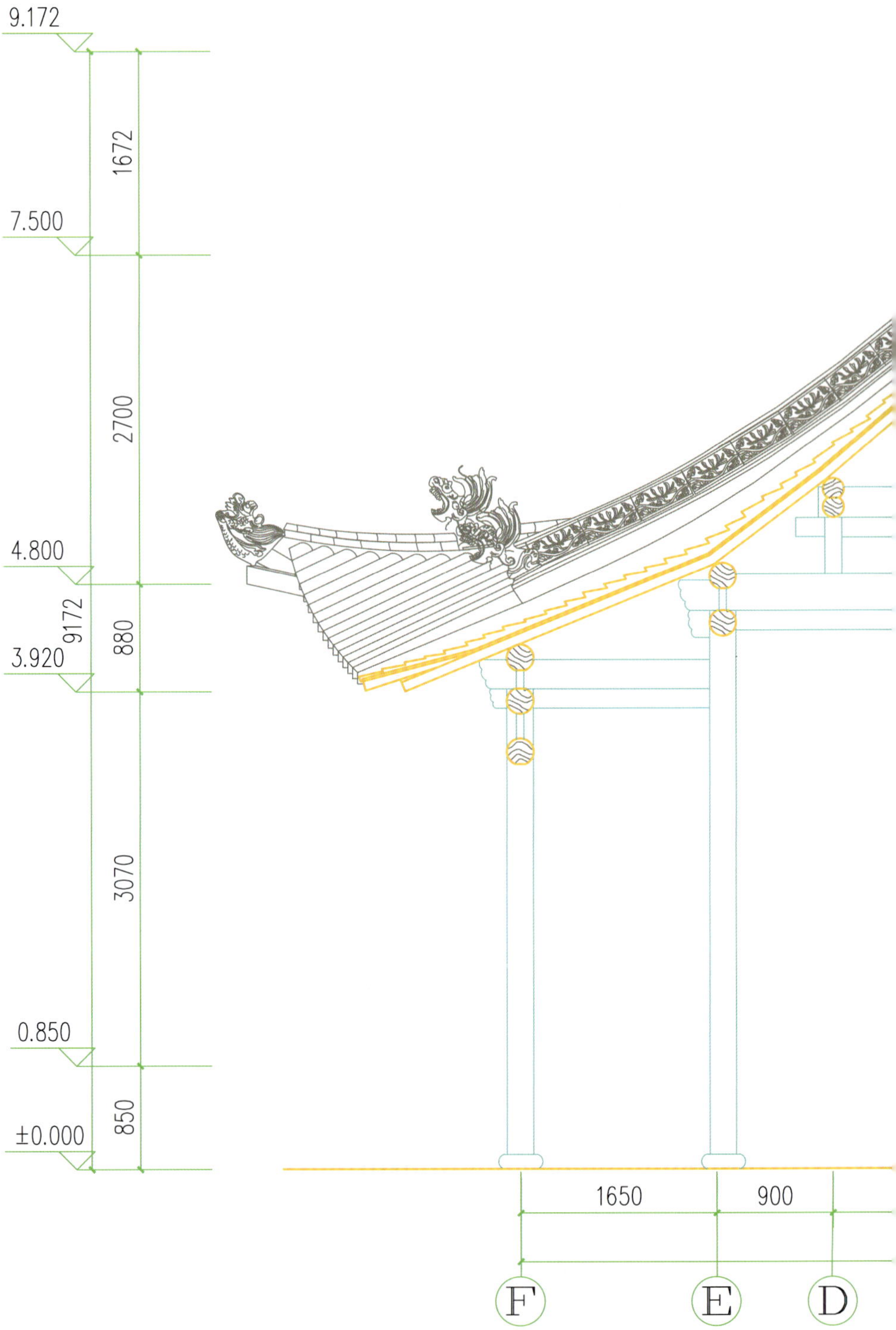
9.172
1672
7.500
2700
4.800
9172
880
3.920
3070
0.850
850
±0.000
1650
900
F
E
D

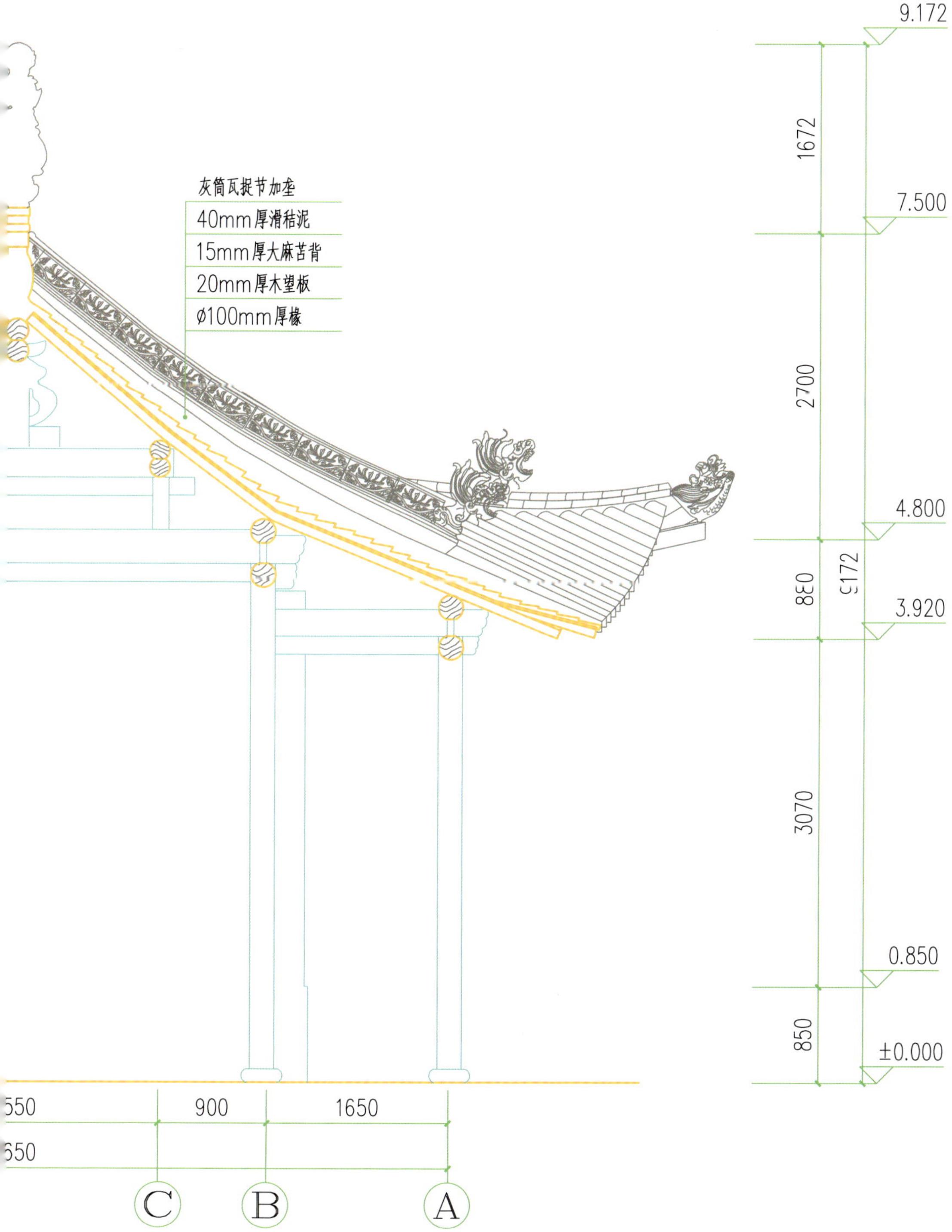

壤驷子祠1—1剖面图 1:50

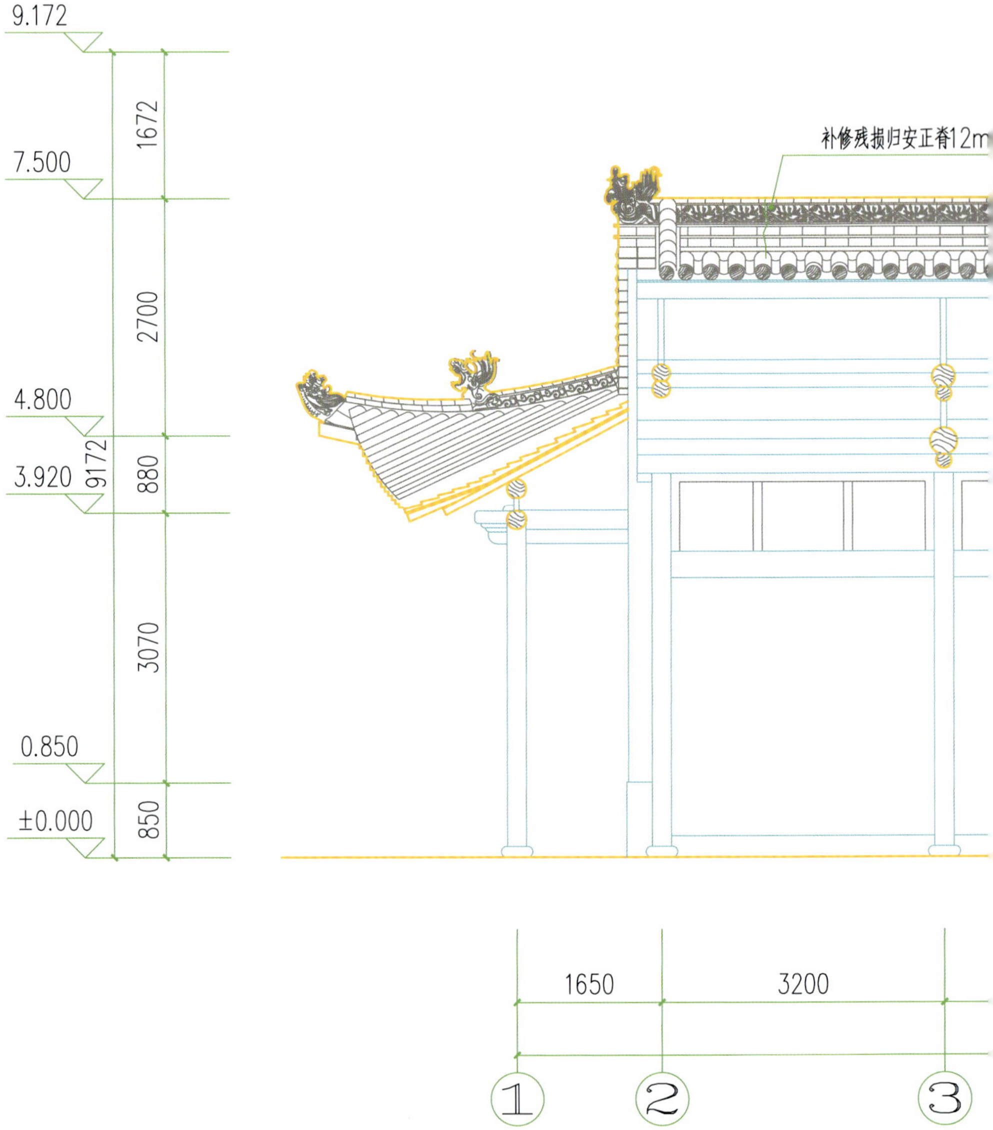
9.172
7.500
4.800
3.920
0.850
±0.000
1672
2700
9172
880
3070
850
补修残损归安正脊12m
1650
3200
1
2
3

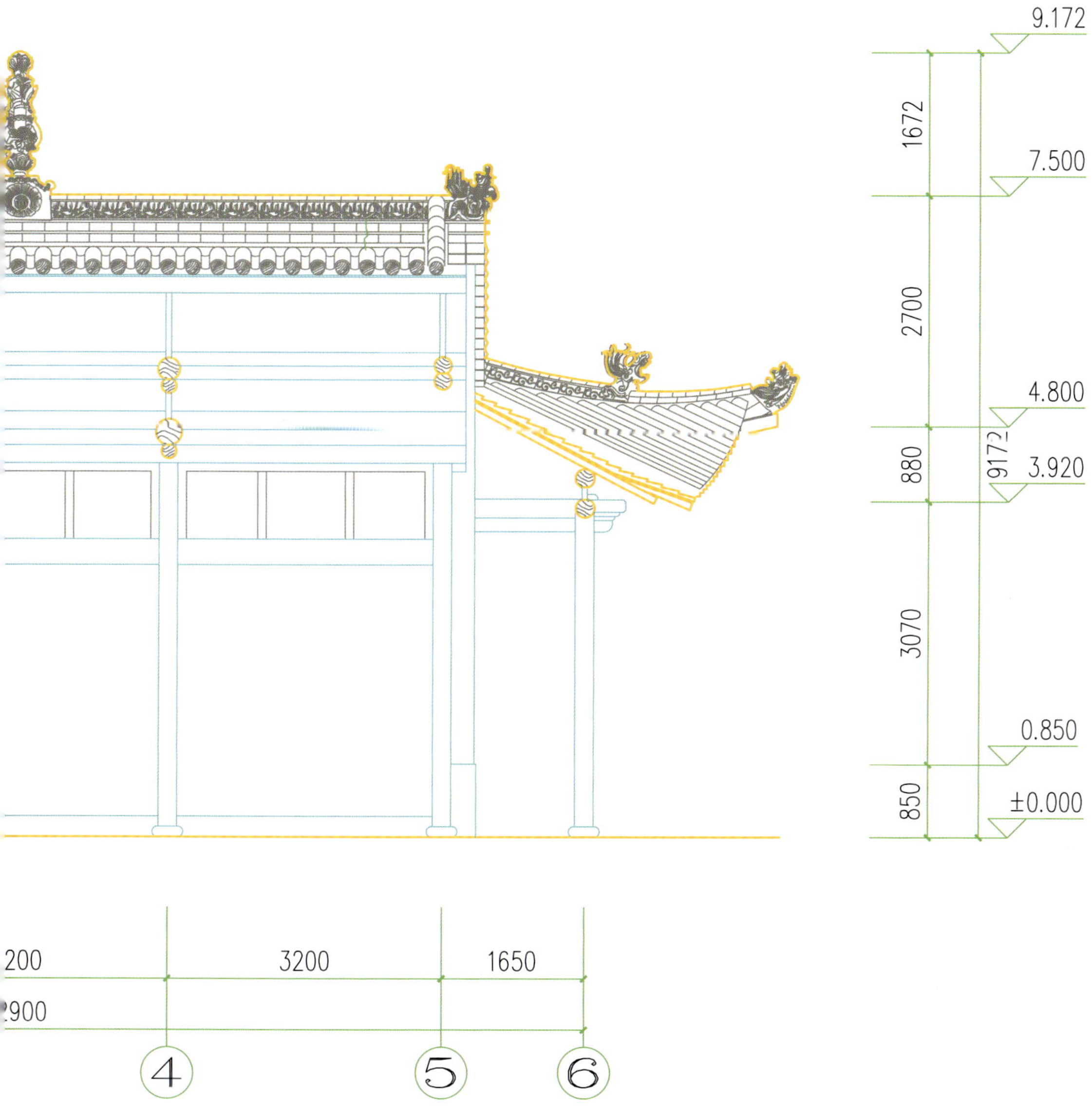

壤驷子祠 2—2 剖面图 1:75

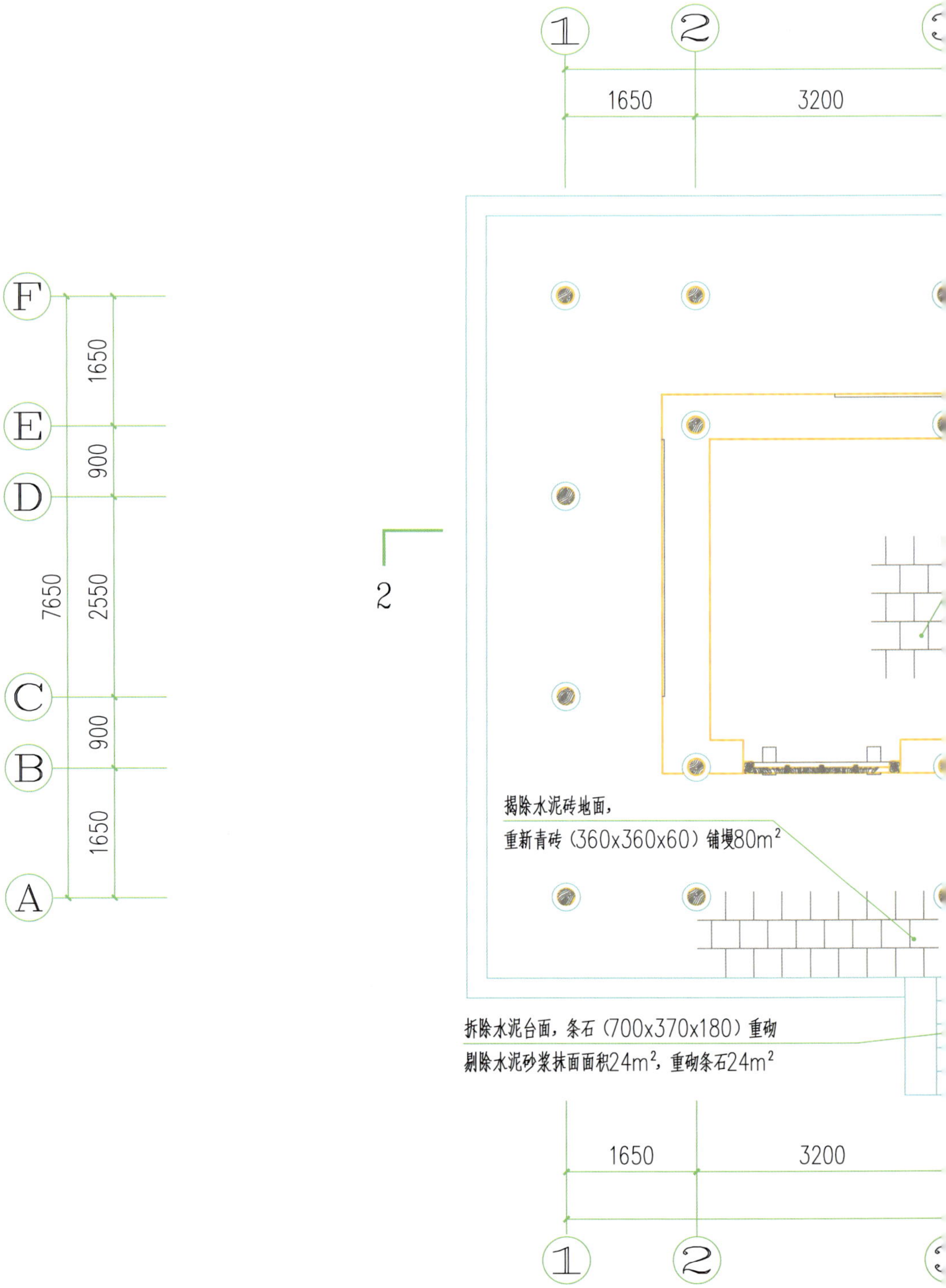
1
2
1650
3200
F
E
D
C
B
A
1650
900
2550
900
1650
7650
2
揭除水泥砖地面，
重新青砖（360x360x60）铺墁80m²
拆除水泥台面，条石（700x370x180）重砌
剔除水泥砂浆抹面面积24m²，重砌条石24m²
1650
3200
1
2

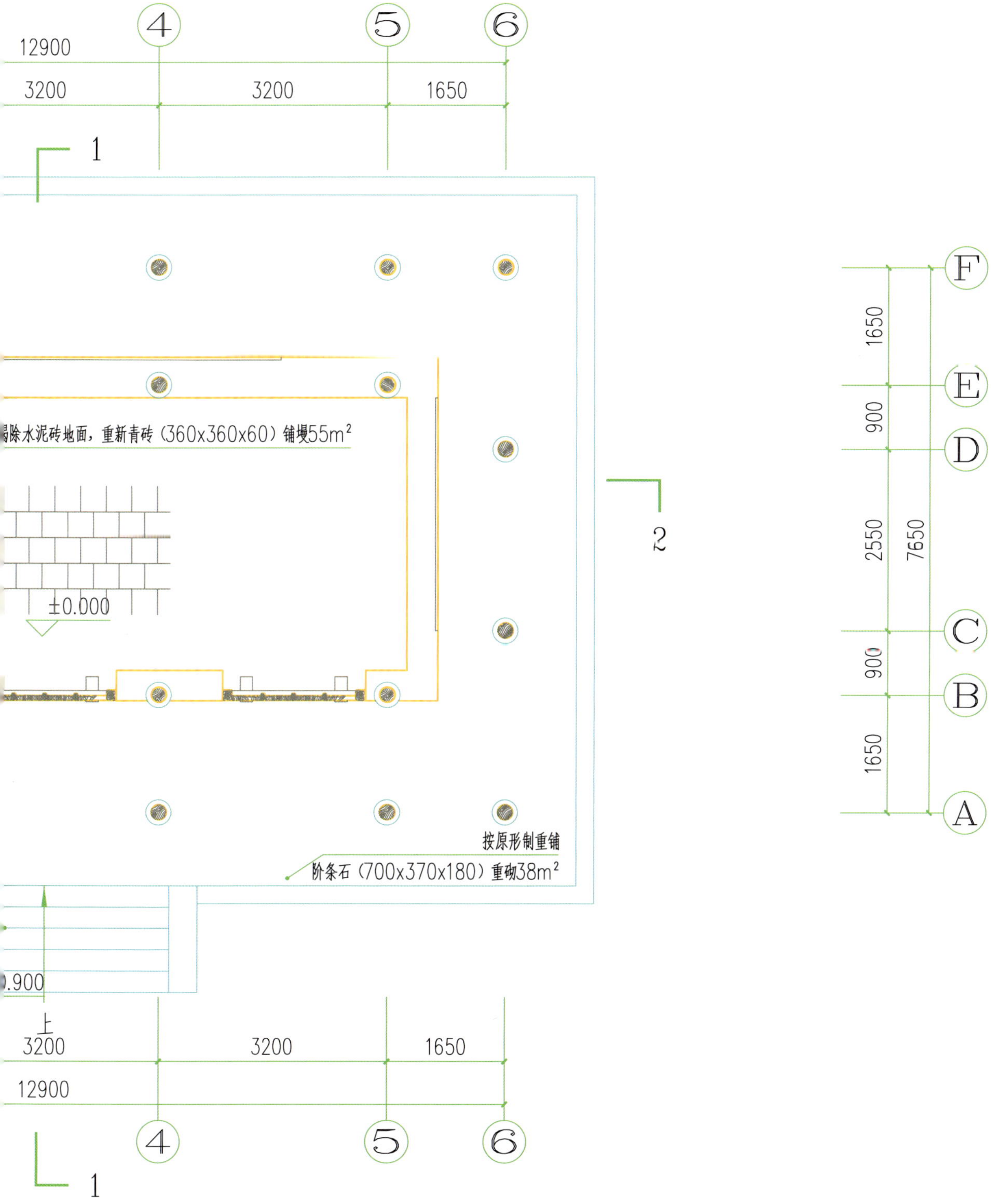
12900
3200
3200
1650
1
剔除水泥砖地面，重新青砖（360x360x60）铺墁55m²
±0.000
2
按原形制重铺
阶条石（700x370x180）重砌38m²
.900
上
1650
900
2550
7650
900
1650
F
E
D
C
B
A
4
5
6

石作子祠平面图 1:75

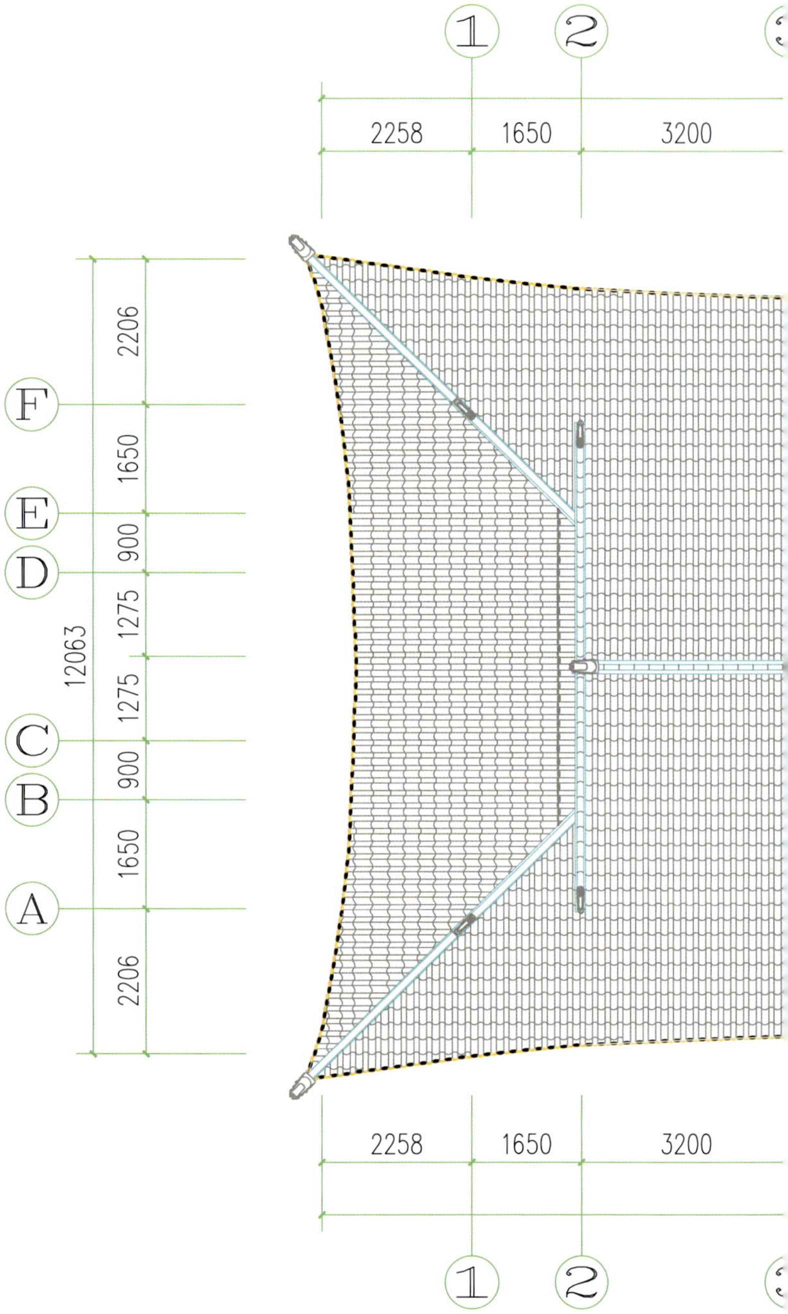
1
2
2258
1650
3200
F
E
D
C
B
A
2206
1650
900
1275
1275
900
1650
2206
12063
2258
1650
3200
1
2

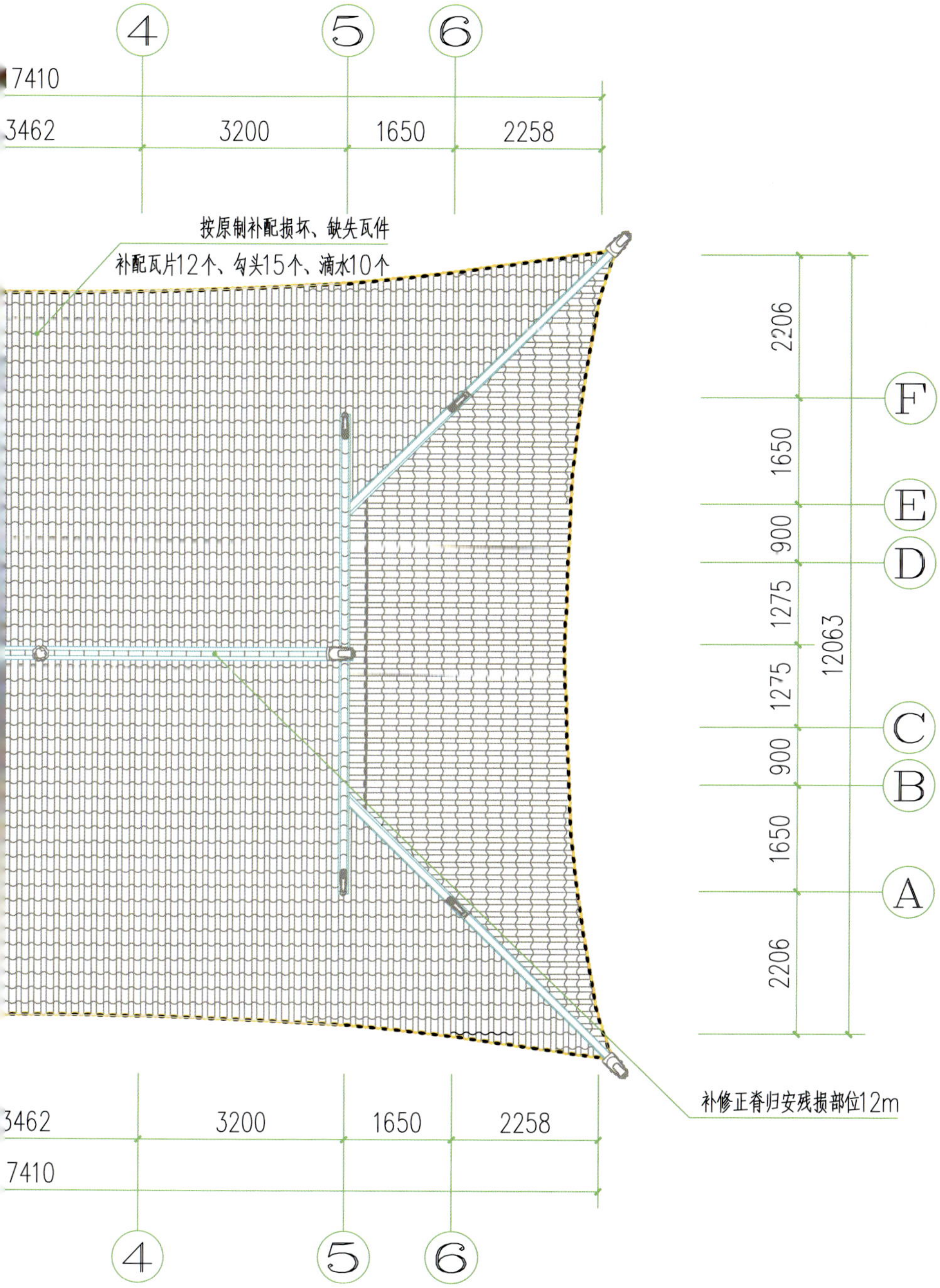

石作子祠屋顶平面图 1:100

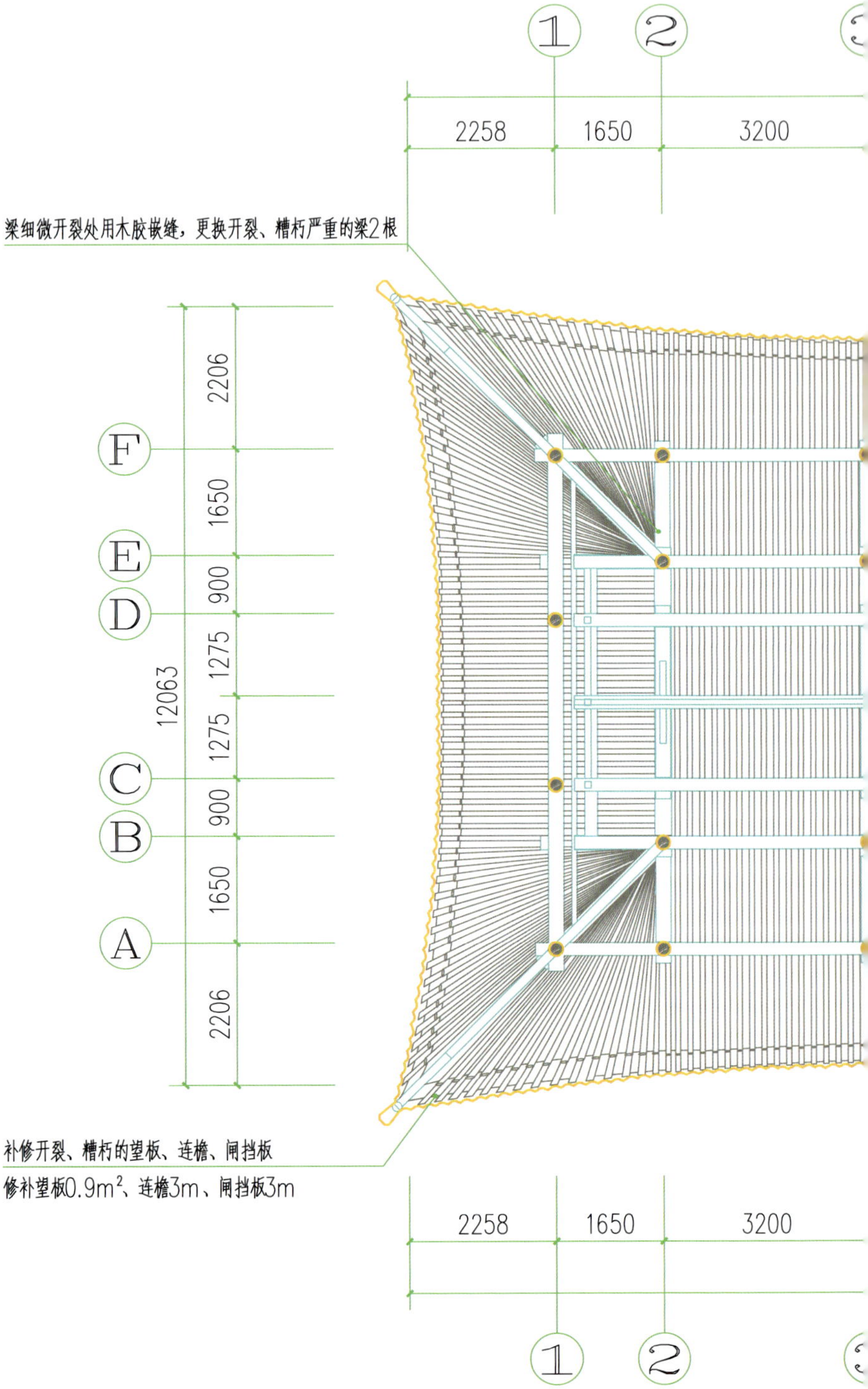
1
2
2258
1650
3200
梁细微开裂处用木胶嵌缝，更换开裂、糟朽严重的梁2根
F
E
D
C
B
A
2206
1650
900
1275
1275
900
1650
2206
12063
补修开裂、糟朽的望板、连檐、闸挡板
修补望板0.9m²、连檐3m、闸挡板3m
2258
1650
3200
1
2

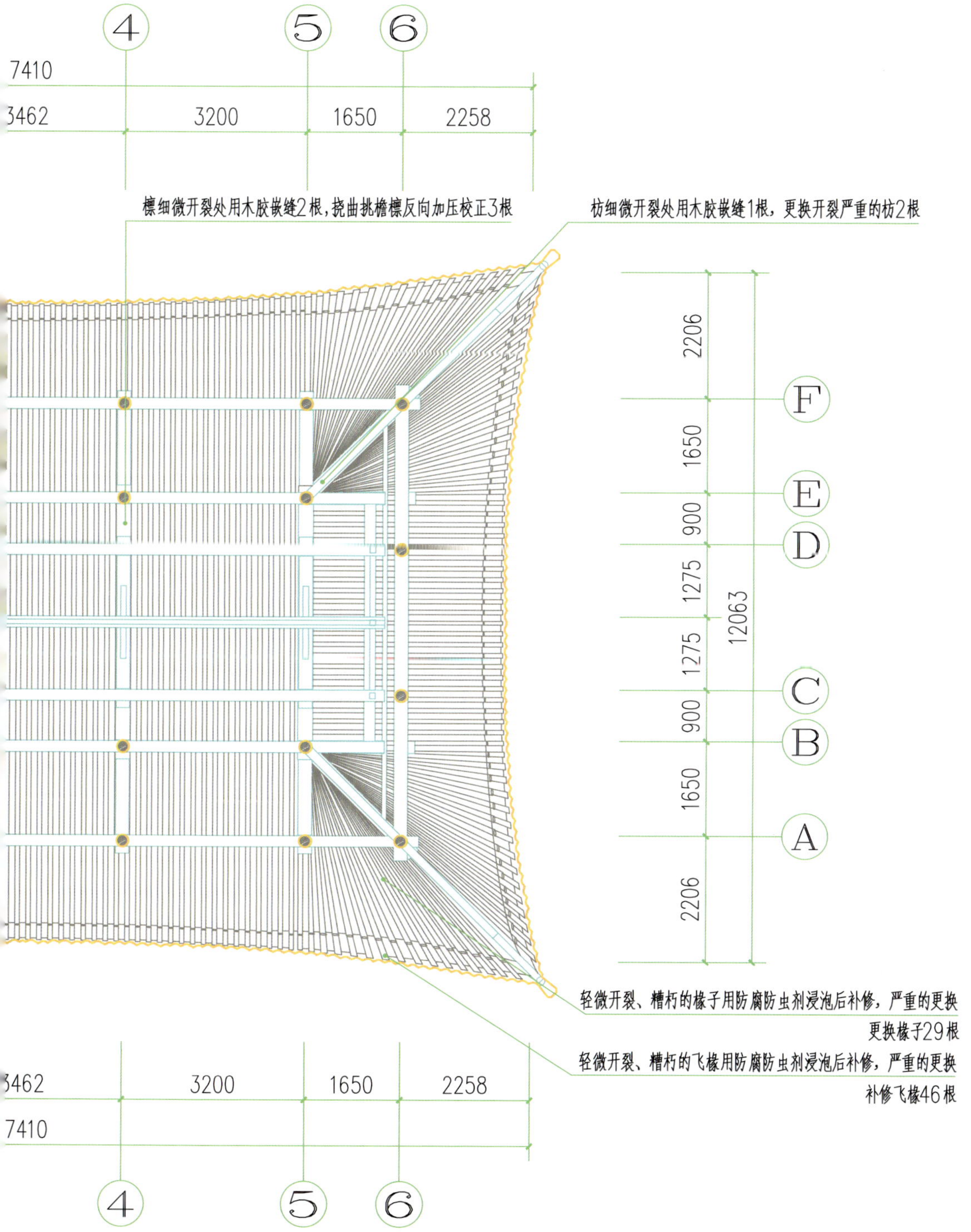

石作子祠梁架仰视图 1:100

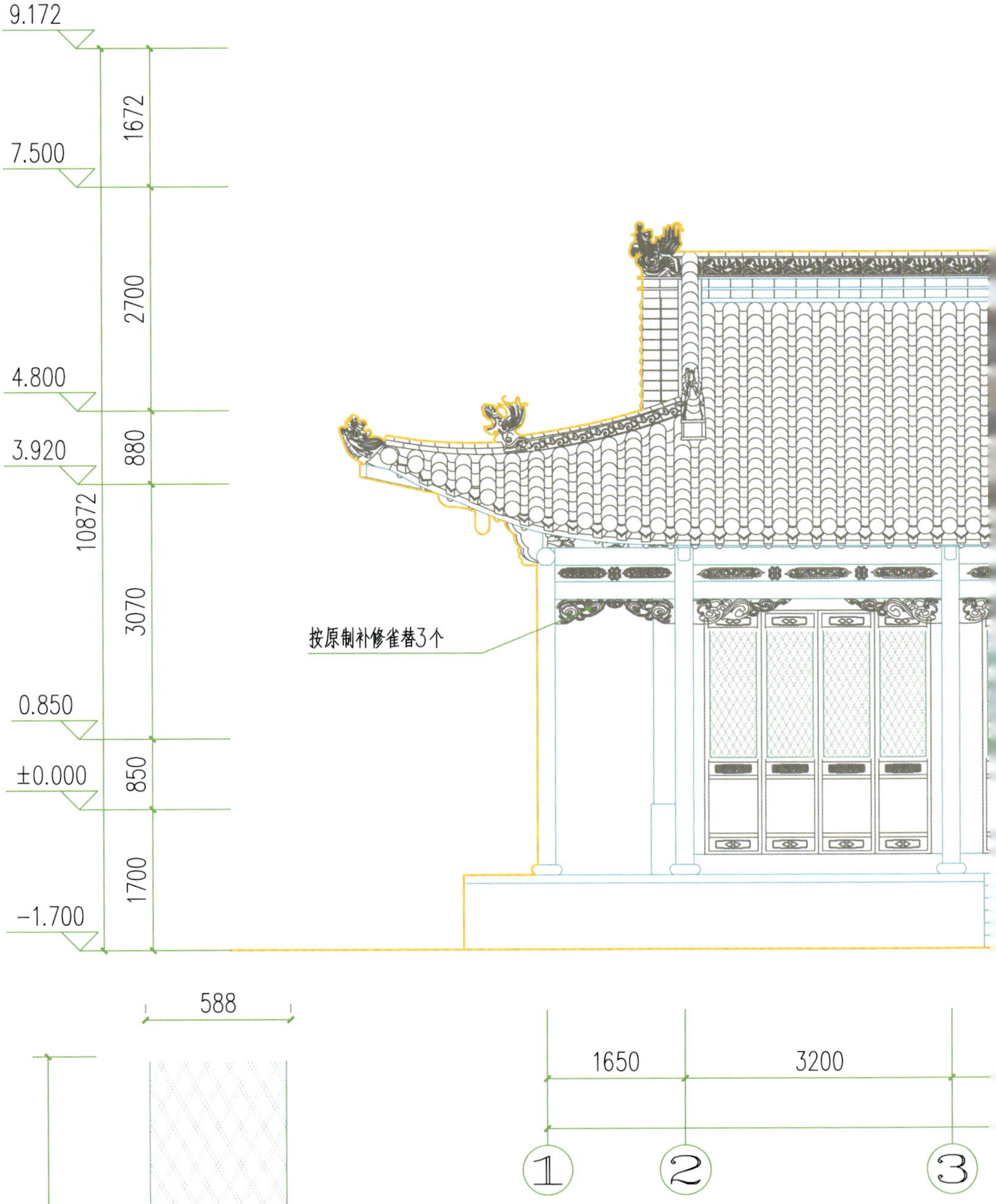
9.172
7.500
4.800
3.920
0.850
±0.000
−1.700
1672
2700
880
10872
3070
850
1700
按原制补修雀替3个
1650
3200
1
2
3

588
1556

① 1:25

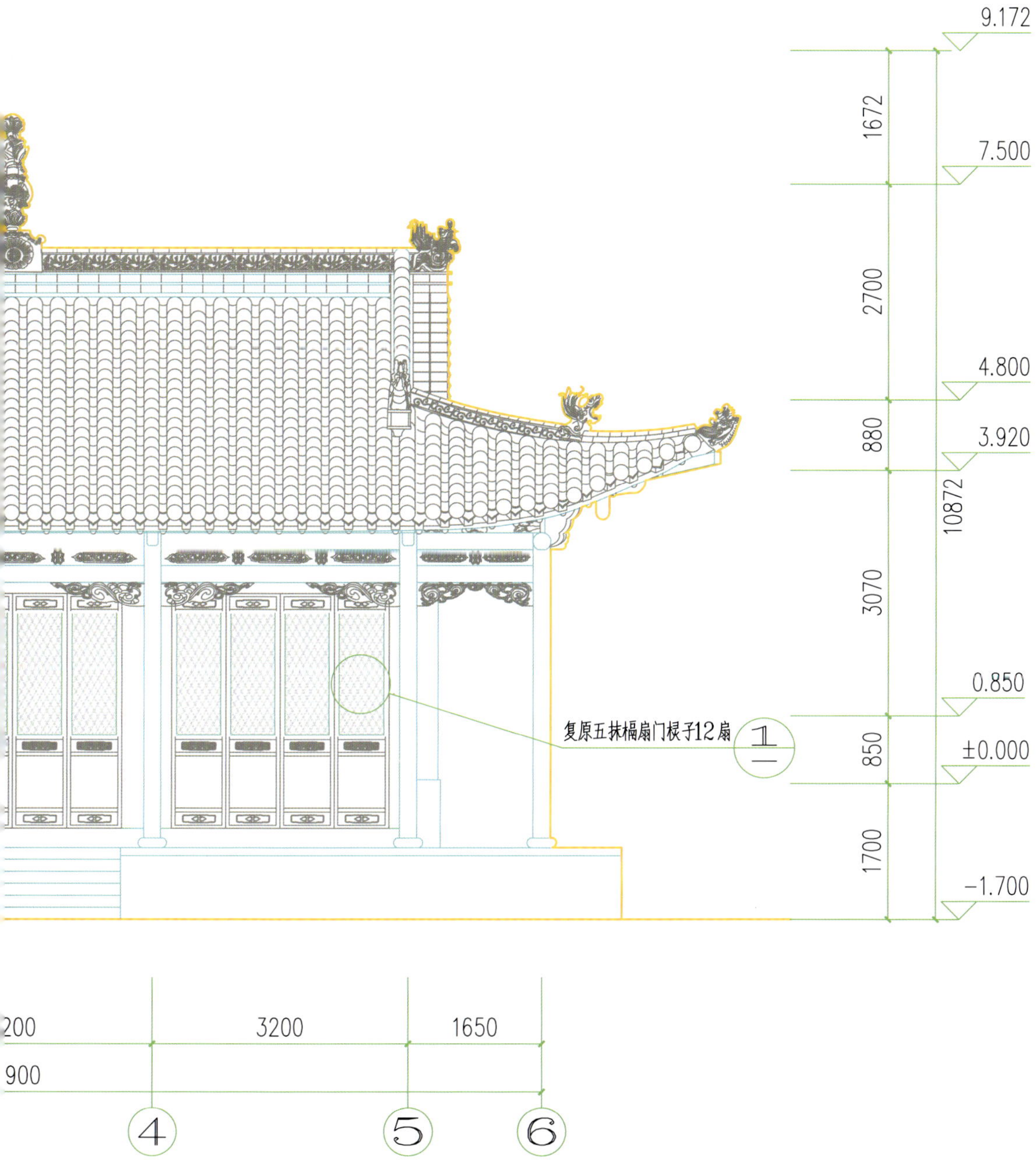

石作子祠北立面图 1:75

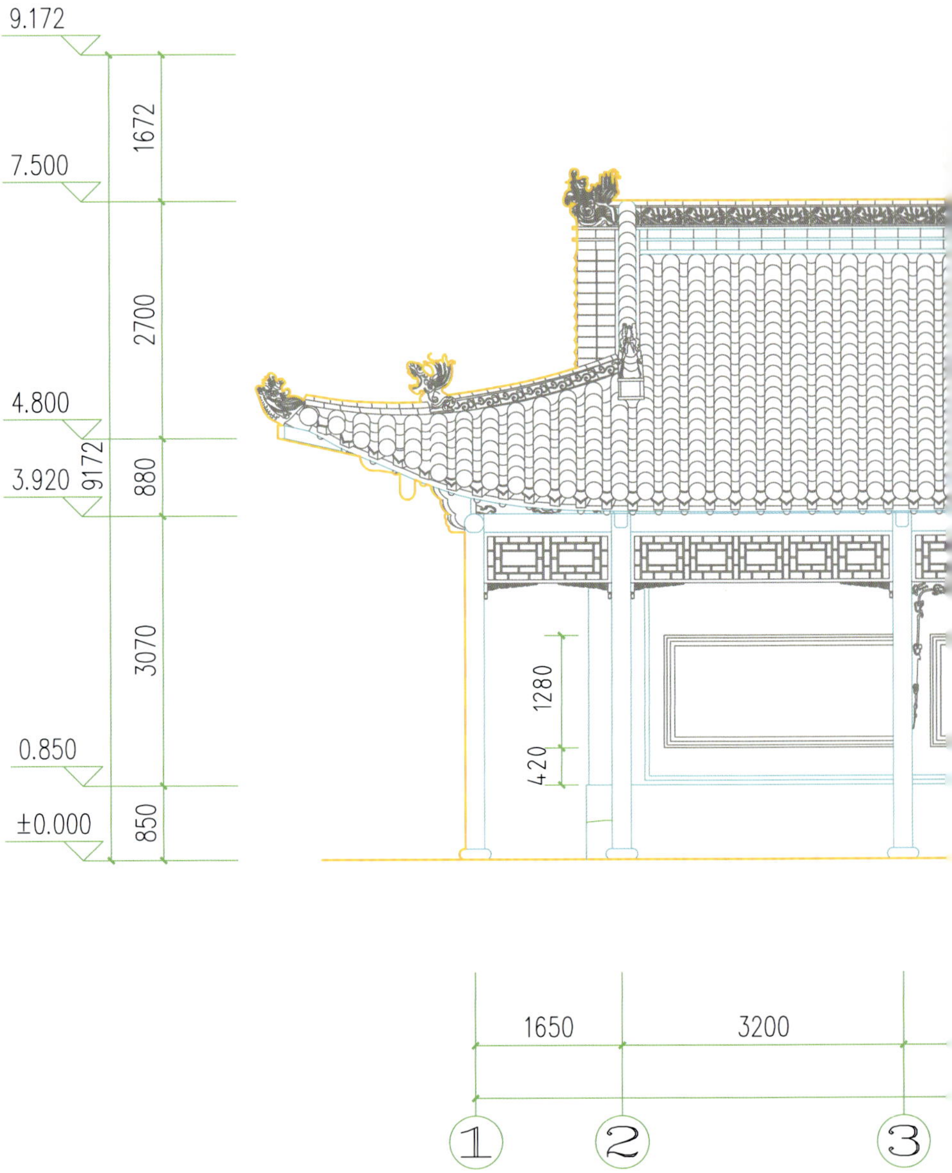
9.172
7.500
4.800
3.920
0.850
±0.000
1672
2700
880
9172
3070
850
1280
420
1650
3200
1
2
3

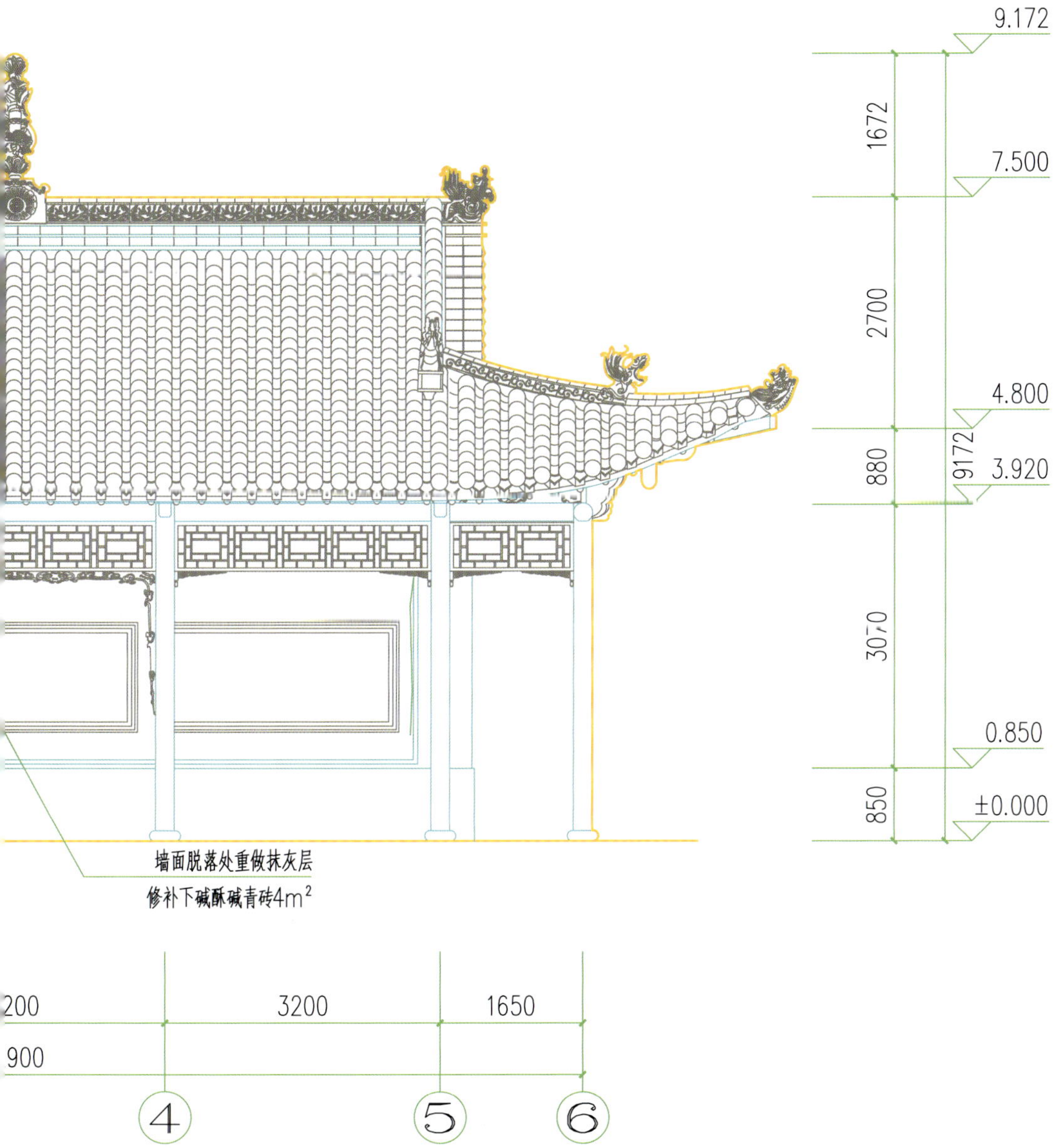

石作子祠南立面图 1:75

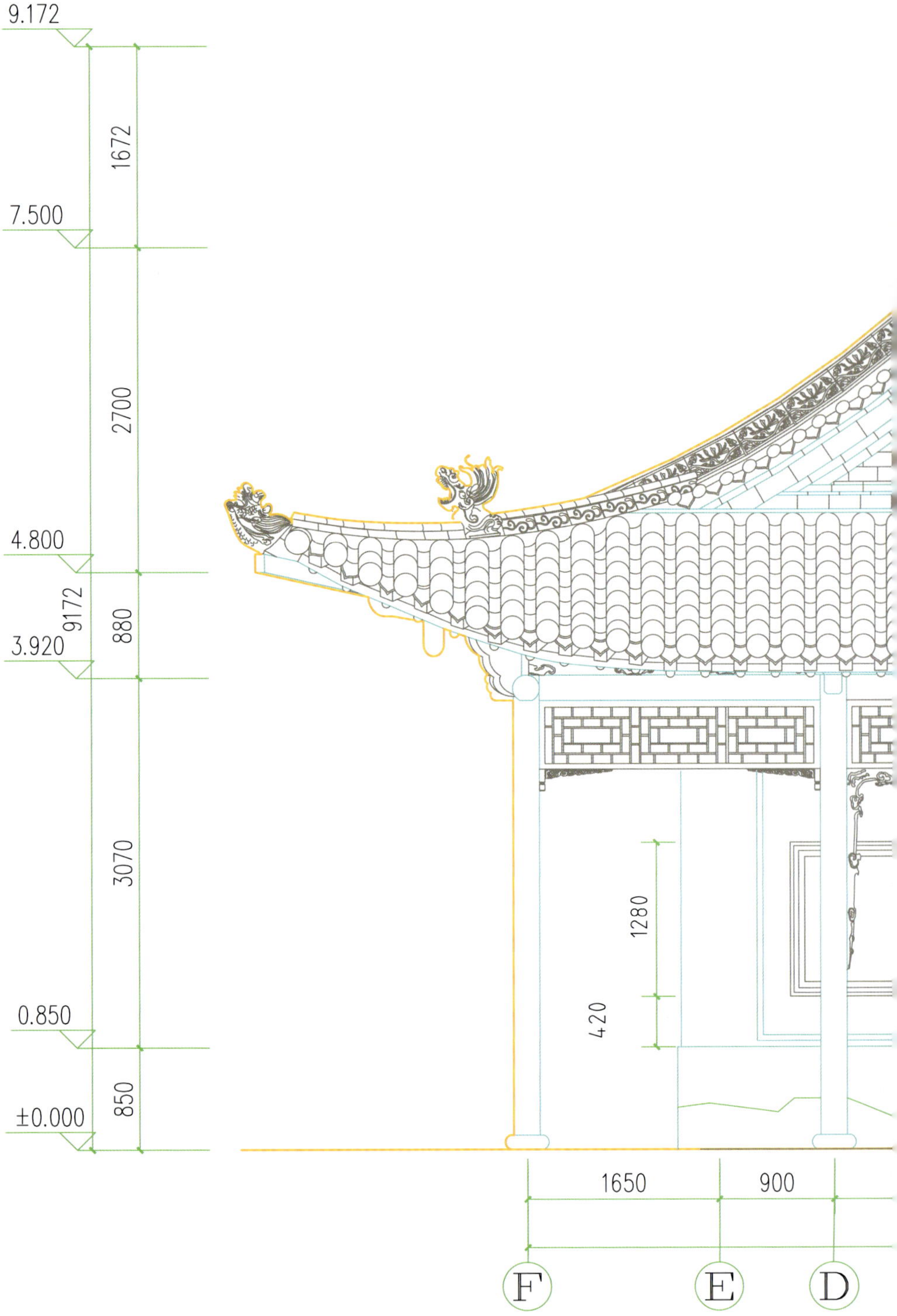
9.172
7.500
4.800
3.920
0.850
±0.000
1672
2700
9172
880
3070
850
1280
420
1650
900
F
E
D

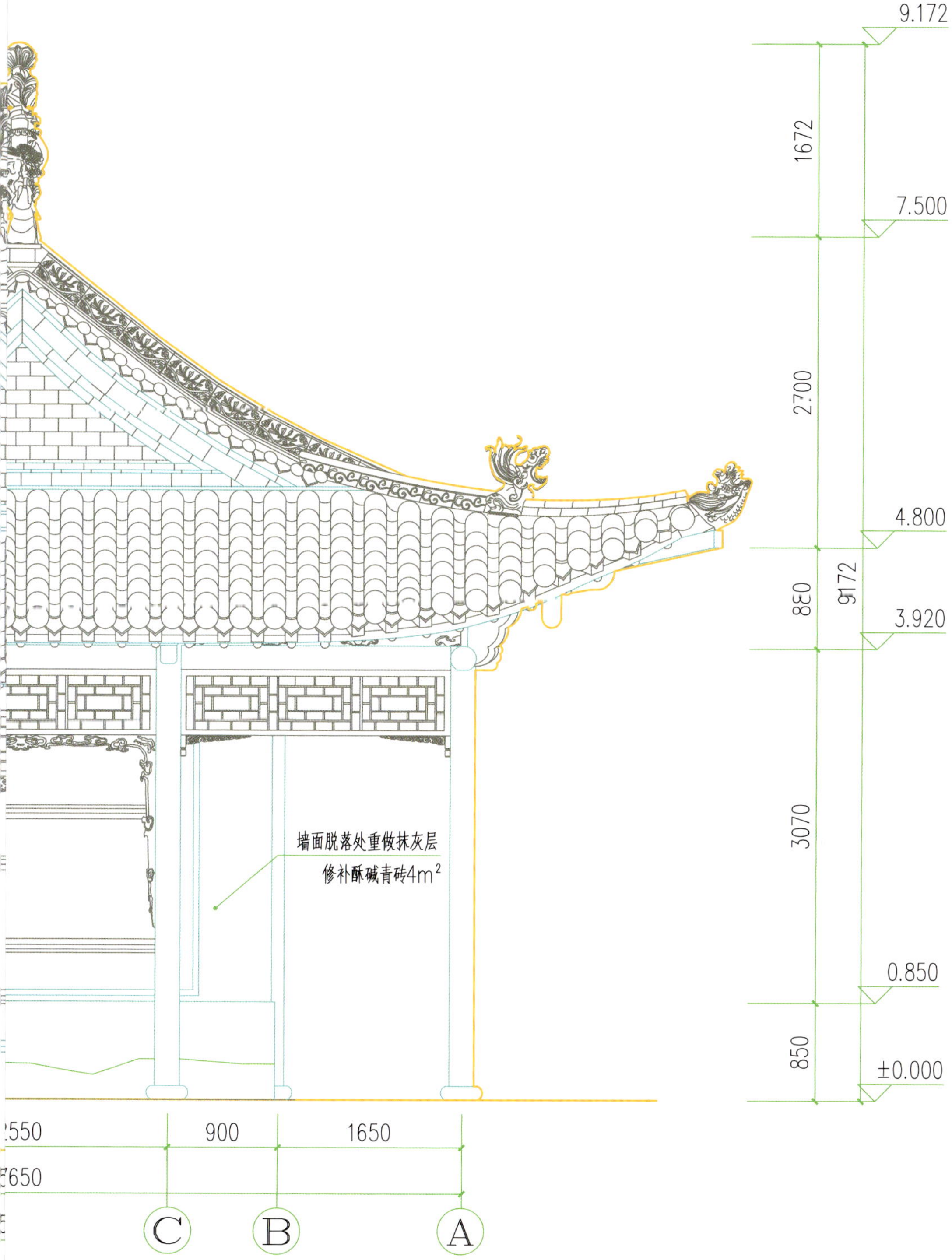

石作子祠东立面图 1:50

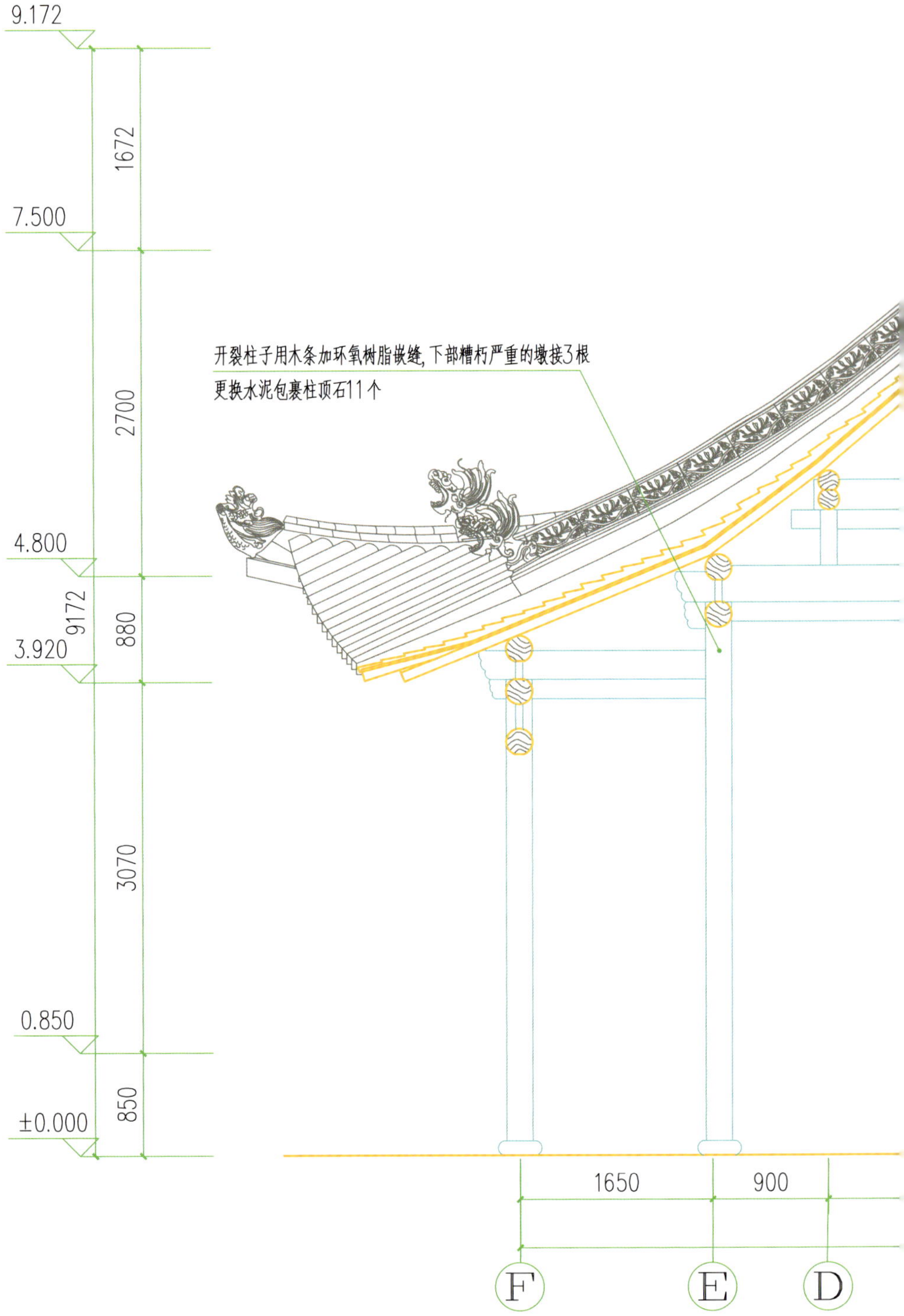
9.172
1672
7.500
2700
开裂柱子用木条加环氧树脂嵌缝，下部糟朽严重的墩接3根
更换水泥包裹柱顶石11个
4.800
9172
880
3.920
3070
0.850
850
±0.000
1650
900
F
E
D

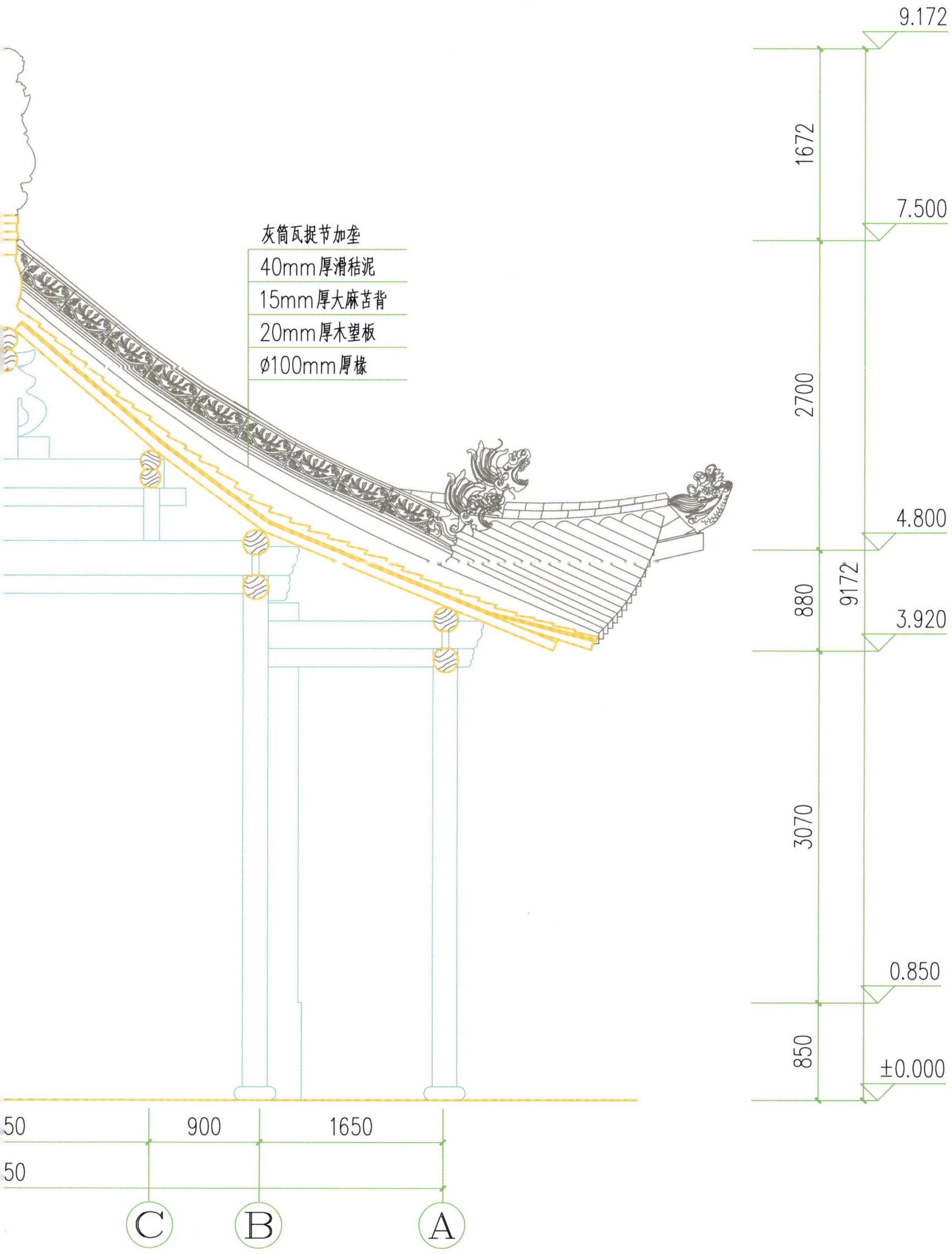

石作子祠1－1剖面图 1:50

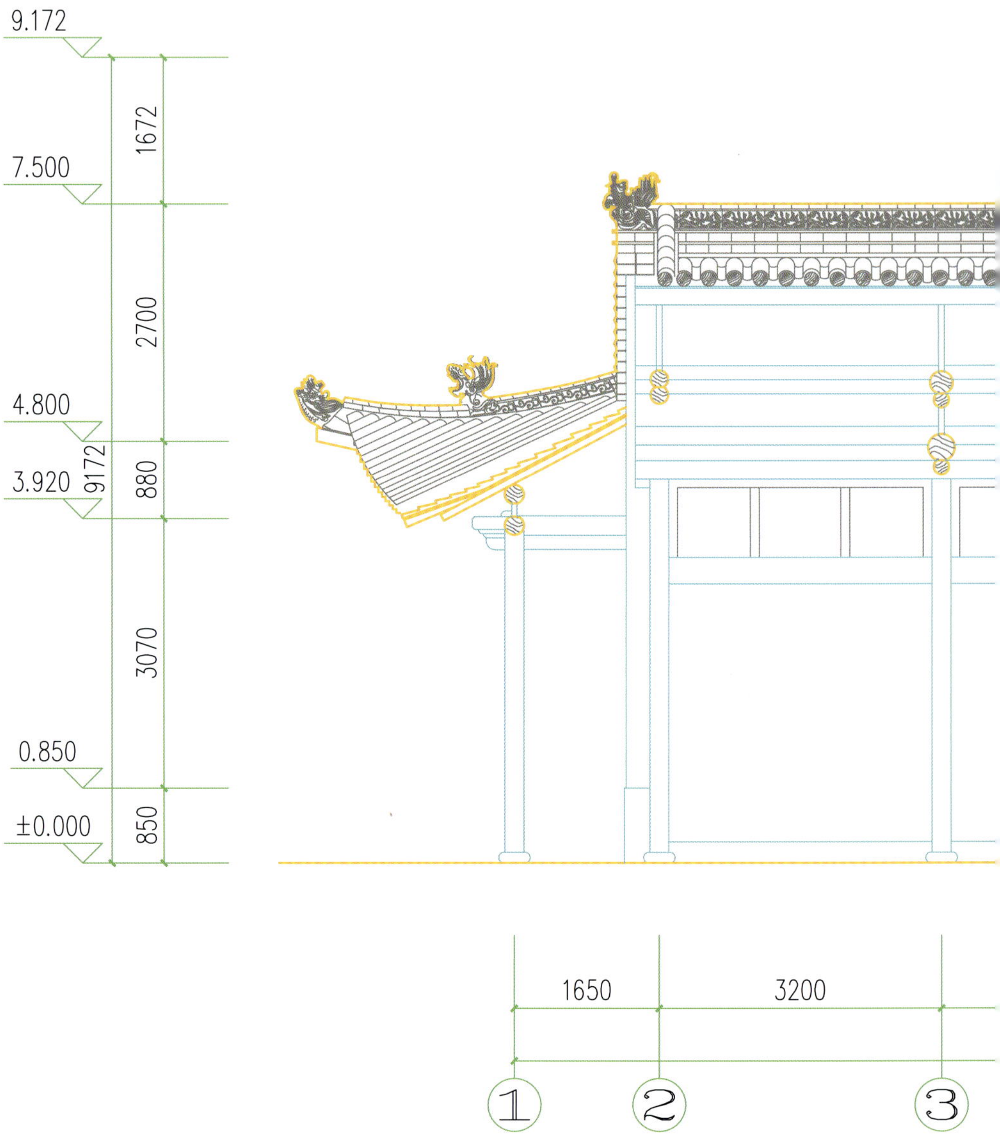
9.172
7.500
4.800
3.920
0.850
±0.000
1672
2700
880
9172
3070
850
1650
3200
1
2
3

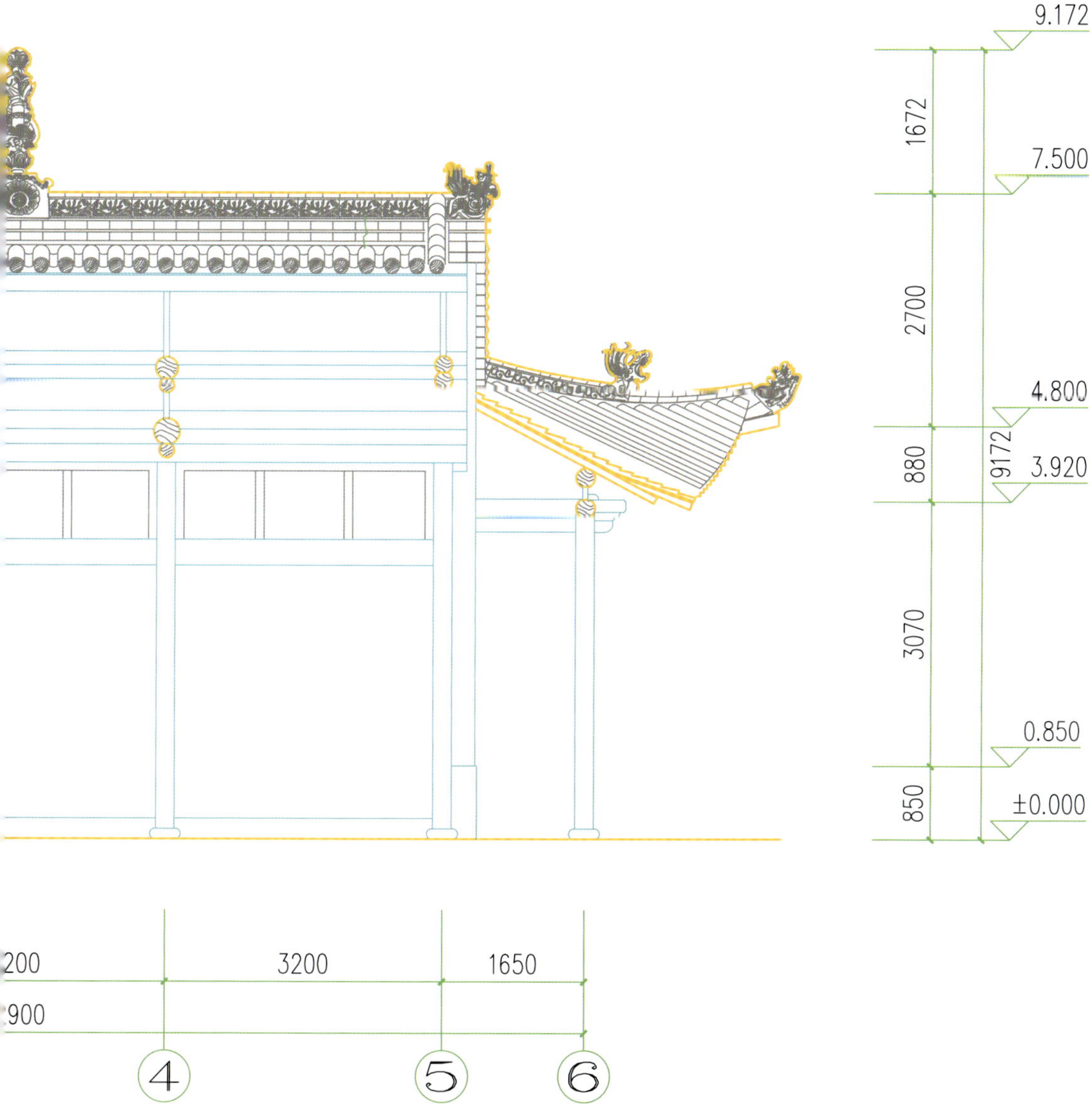

石作子祠 2—2 剖面图 1:75

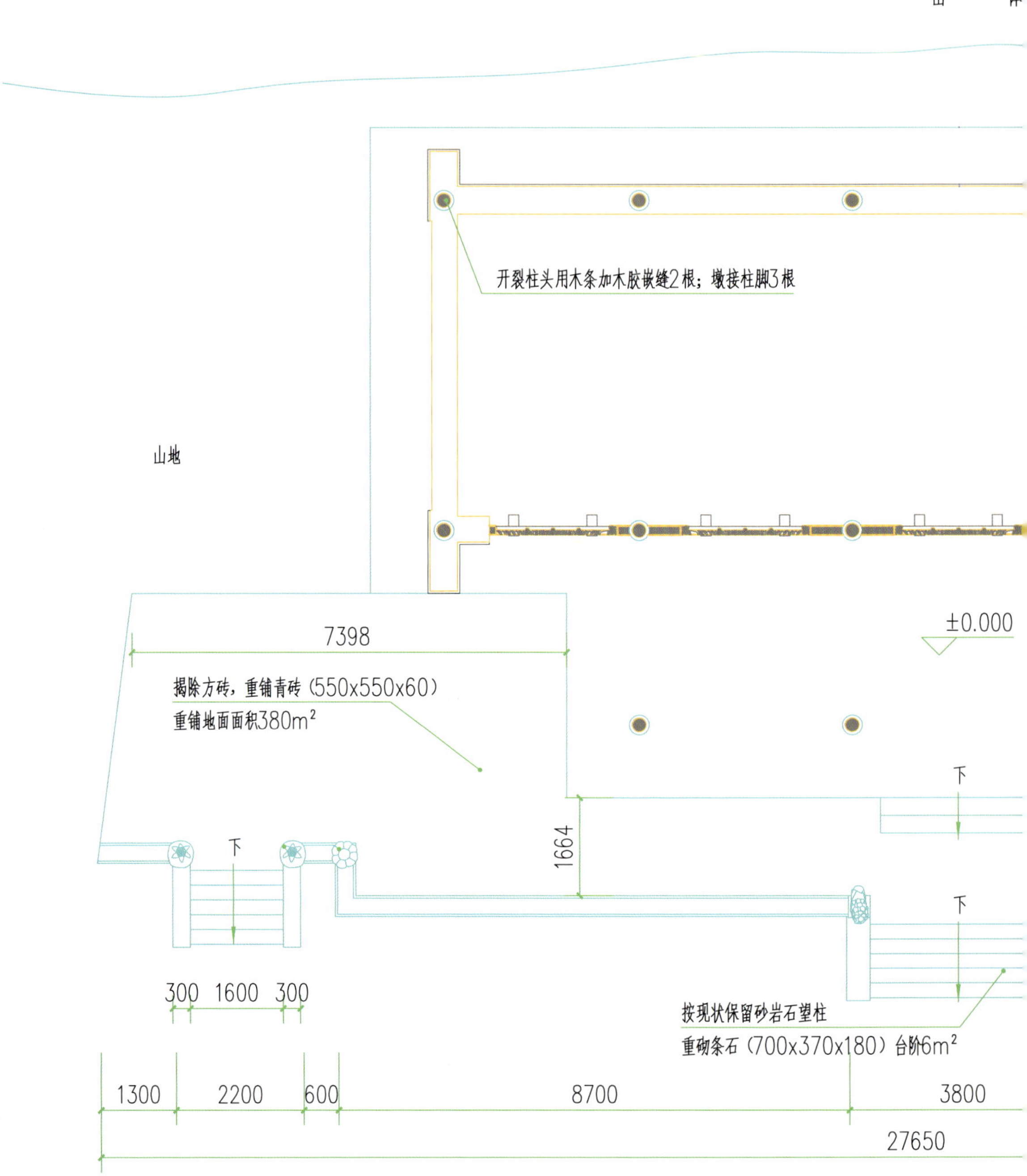
山　　体
开裂柱头用木条加木胶嵌缝2根；墩接柱脚3根
山地
7398
±0.000
揭除方砖，重铺青砖（550x550x60）
重铺地面面积380m²
下
1664
下
下
300 1600 300
按现状保留砂岩石望柱
重砌条石（700x370x180）台阶6m²
1300 2200 600 8700 3800
27650

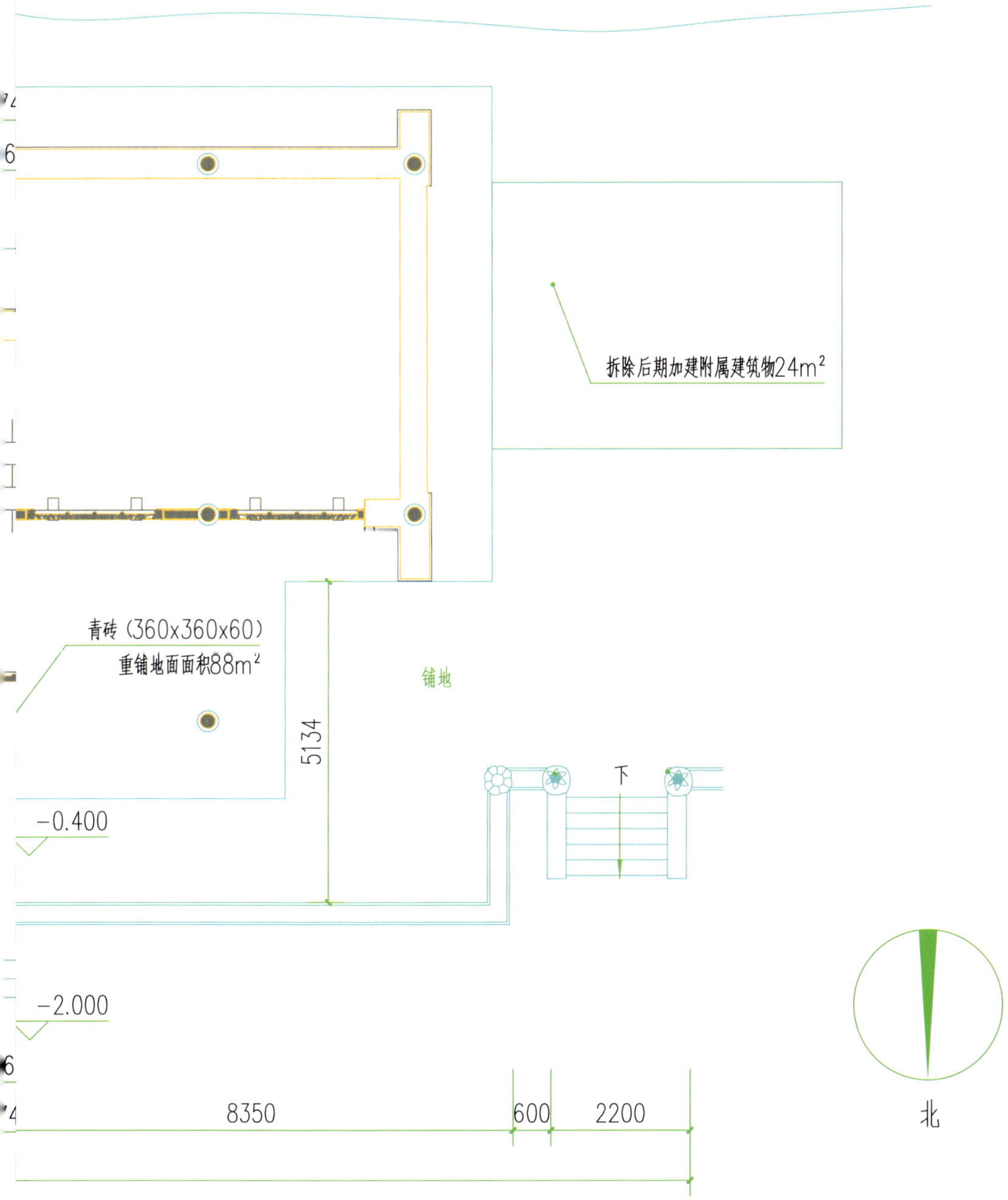
拆除后期加建附属建筑物24m²
青砖（360x360x60）
重铺地面面积88m²
铺地
5134
下
-0.400
-2.000
8350
600
2200
北

四进院平面图 1:100

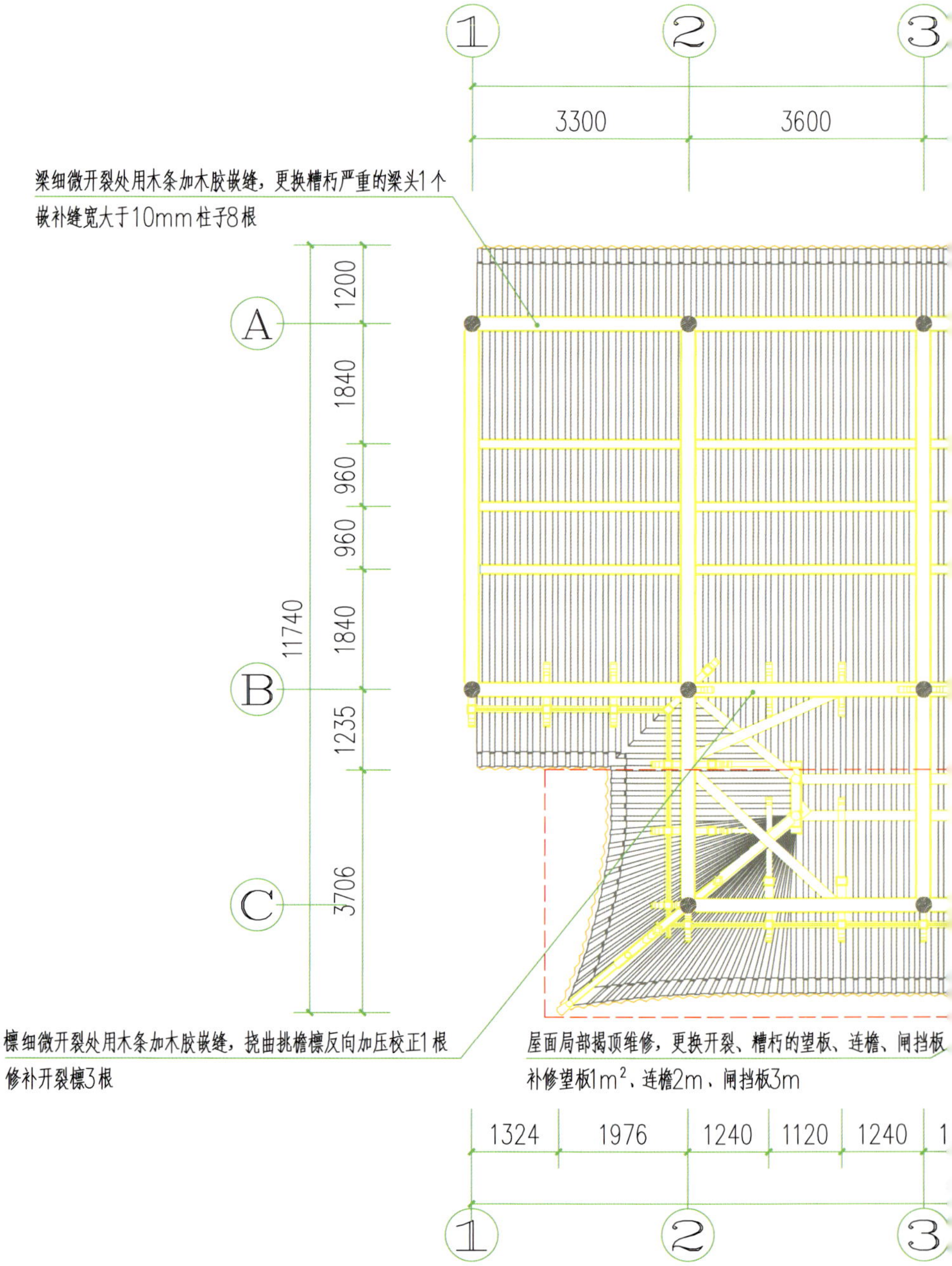

梁细微开裂处用木条加木胶嵌缝，更换糟朽严重的梁头1个
嵌补缝宽大于10mm柱子8根
檩细微开裂处用木条加木胶嵌缝，挠曲挑檐檩反向加压校正1根
修补开裂檩3根
屋面局部揭顶维修，更换开裂、糟朽的望板、连檐、闸挡板
补修望板1m²、连檐2m、闸挡板3m
3300
3600
1200
1840
960
960
1840
1235
3706
11740
1324
1976
1240
1120
1240
A
B
C
1
2
3

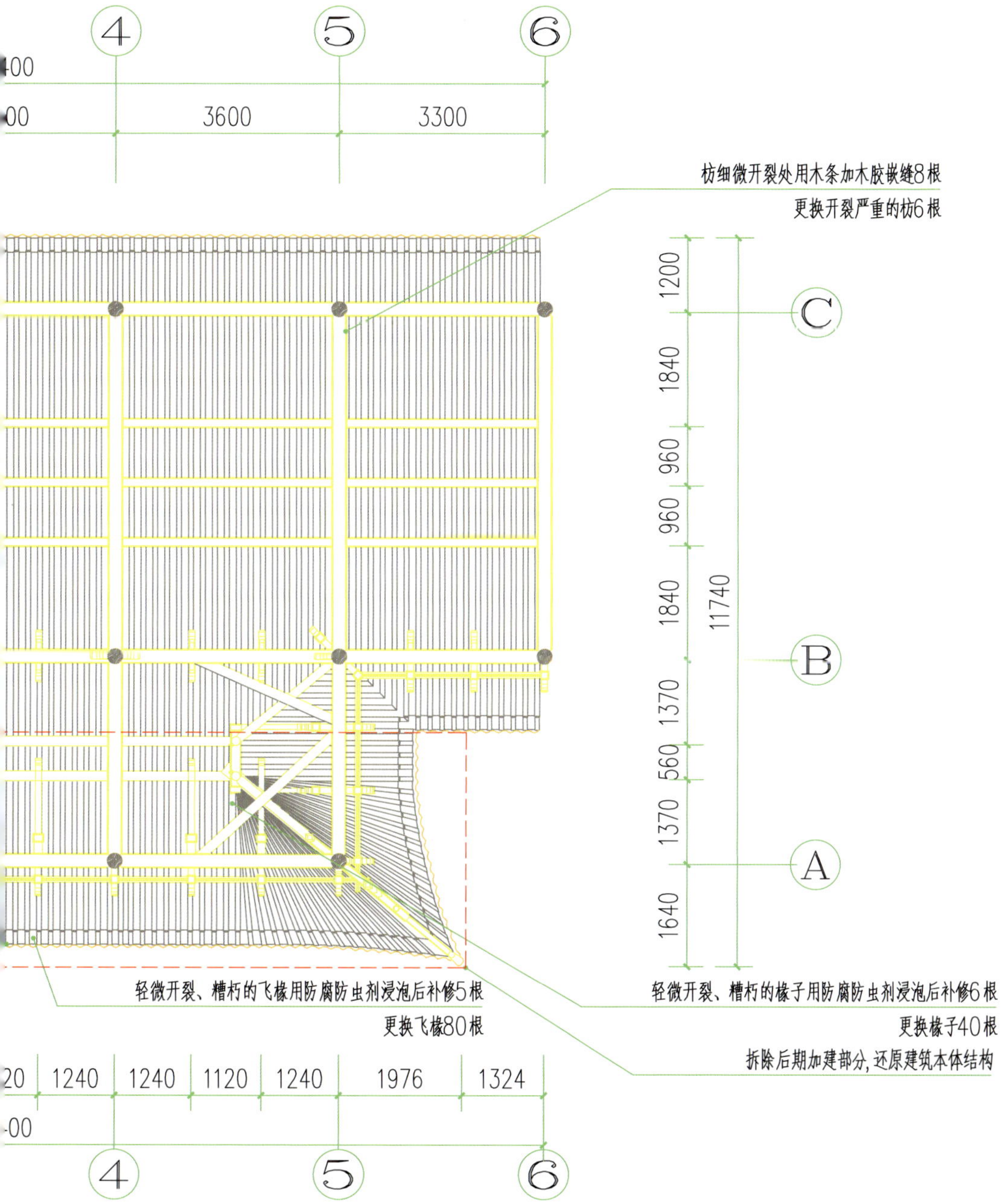

伏羲殿梁架仰视图 1:100

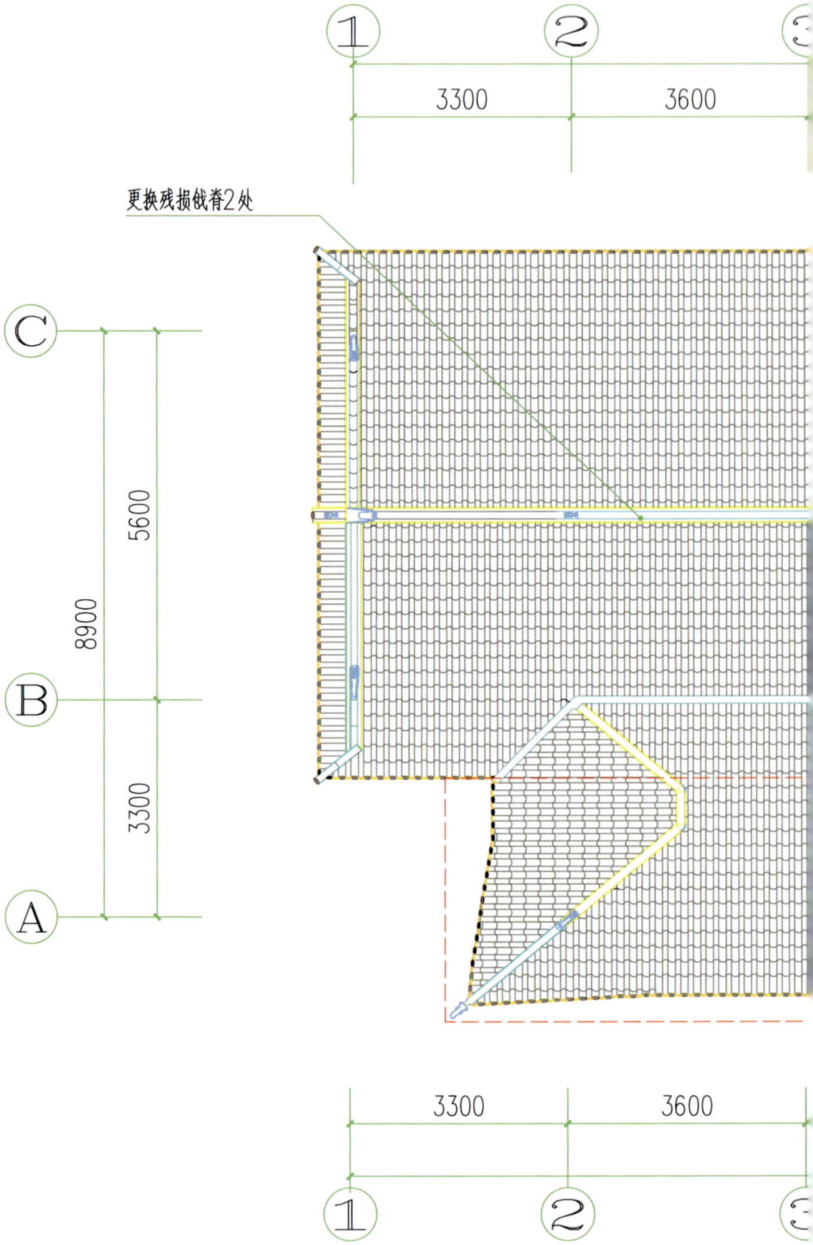

1
2
3300
3600
更换残损戗脊2处
C
B
A
5600
8900
3300
3300
3600
1
2

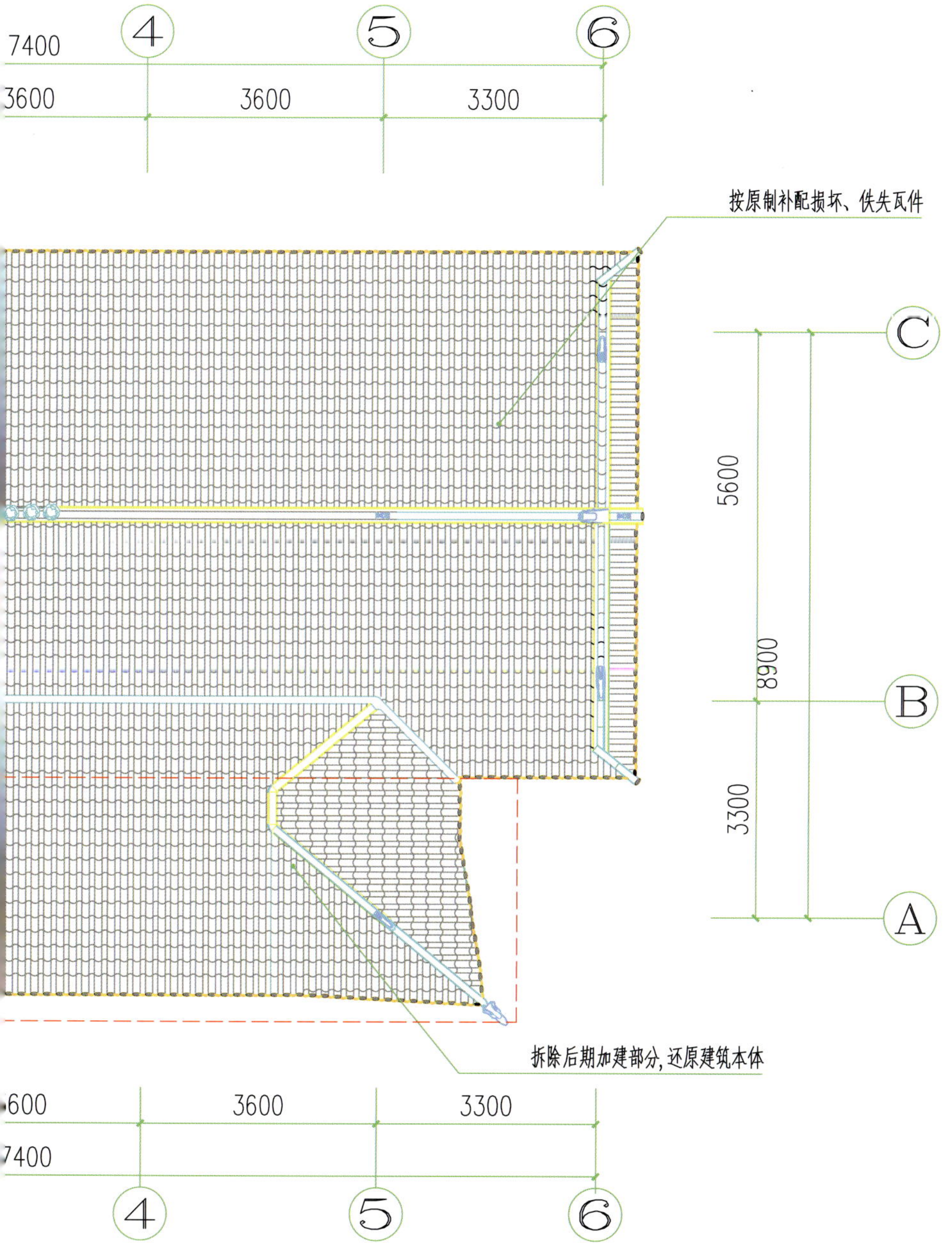

伏羲殿屋顶平面图 1:100

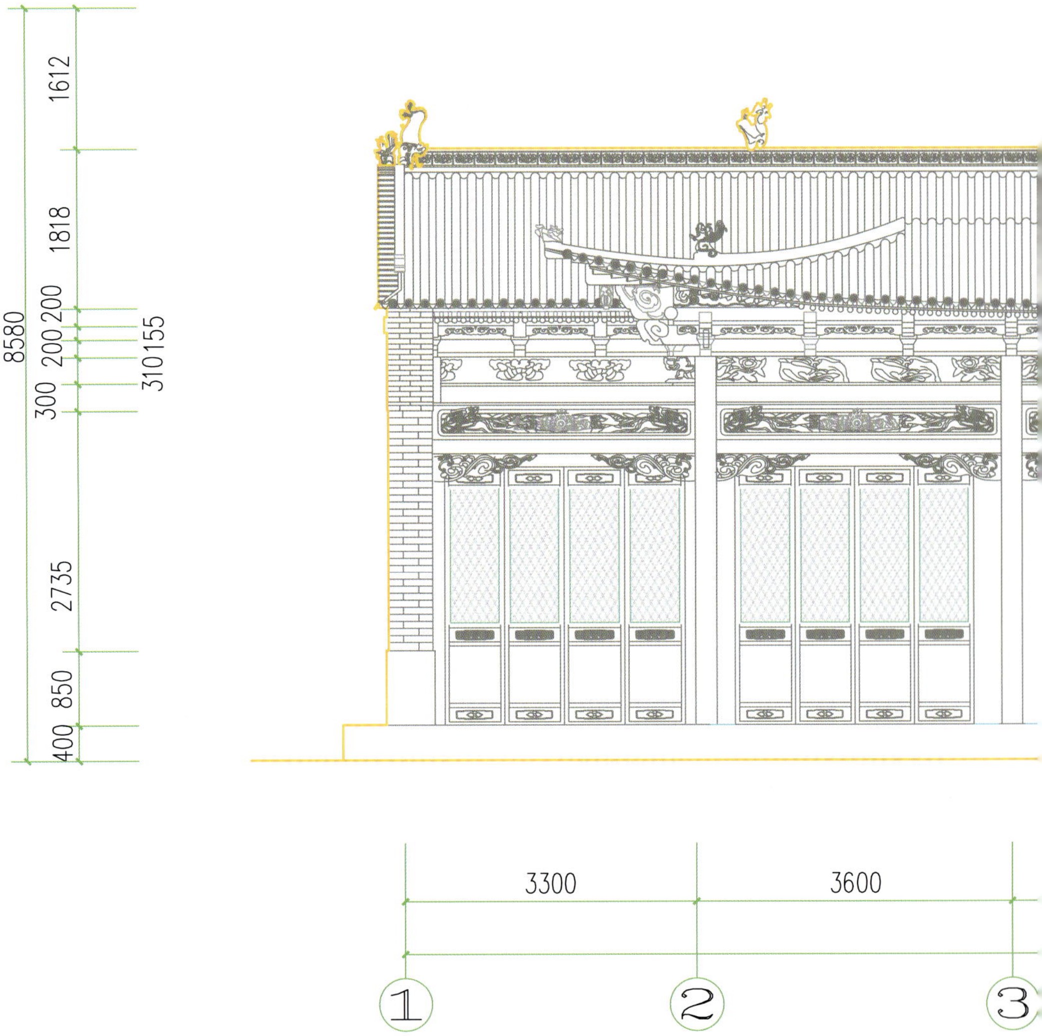

1612
1818
200
200
8580
310155
300
2735
850
400
3300
3600
1
2
3

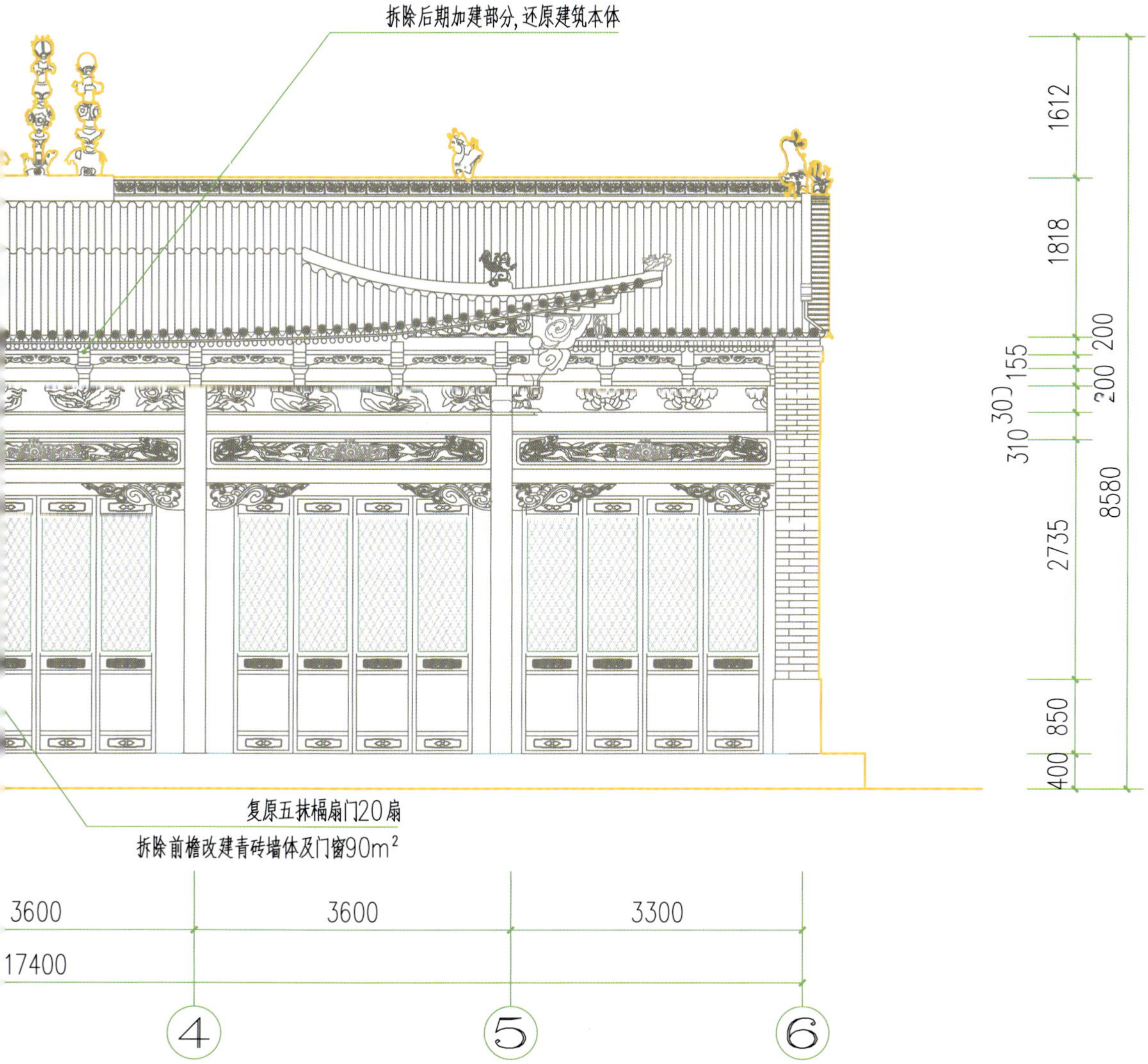
拆除后期加建部分，还原建筑本体
1612
1818
200
200
155
300
310
200
2735
8580
850
400
复原五抹槅扇门20扇
拆除前檐改建青砖墙体及门窗90m²
3600
3600
3300
17400
4
5
6

伏羲殿北立面图 1:75

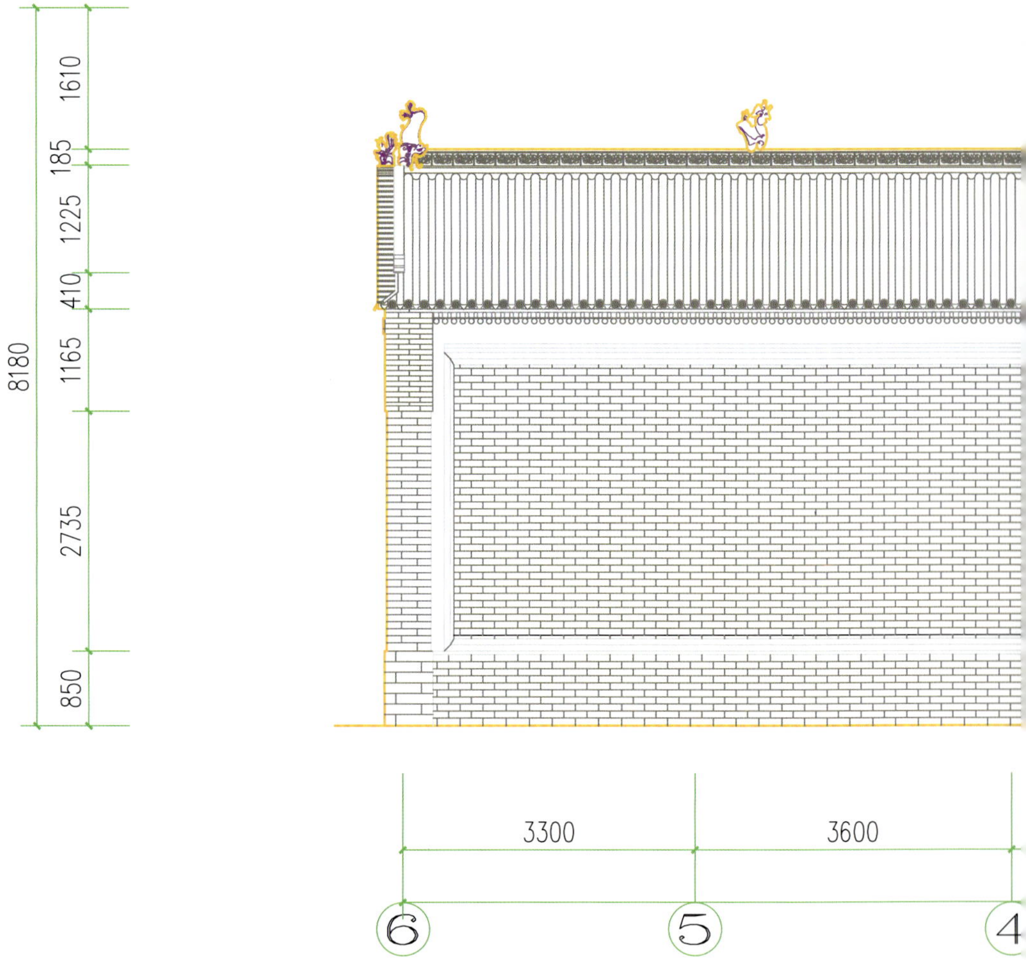
1610
185
1225
410
8180
1165
2735
850
3300
3600
6
5
4

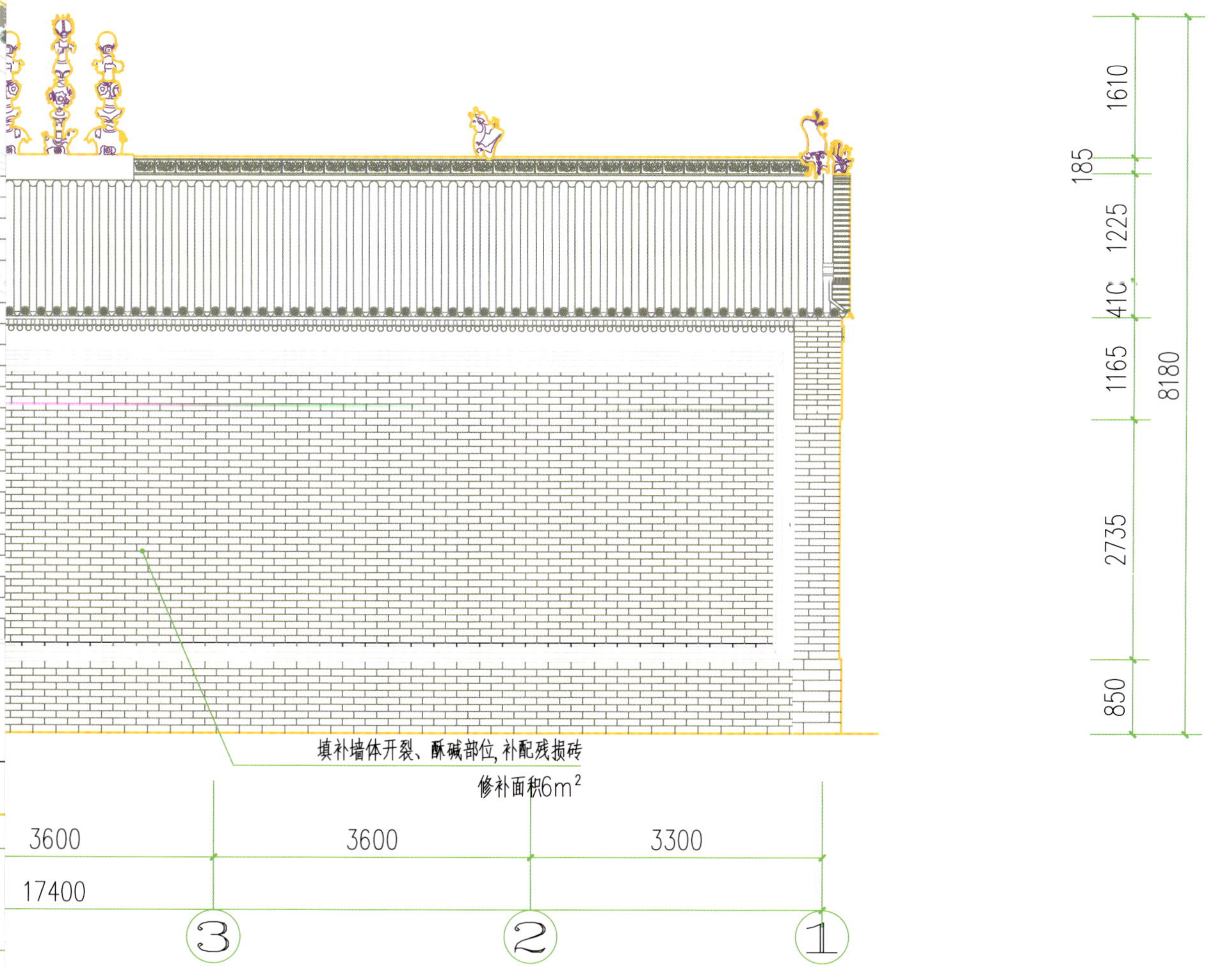
1610
185
1225
41C
1165
8180
2735
850
填补墙体开裂、酥碱部位，补配残损砖
修补面积6m²
3600
3600
3300
17400
3
2
1

伏羲殿南立面图 1:75

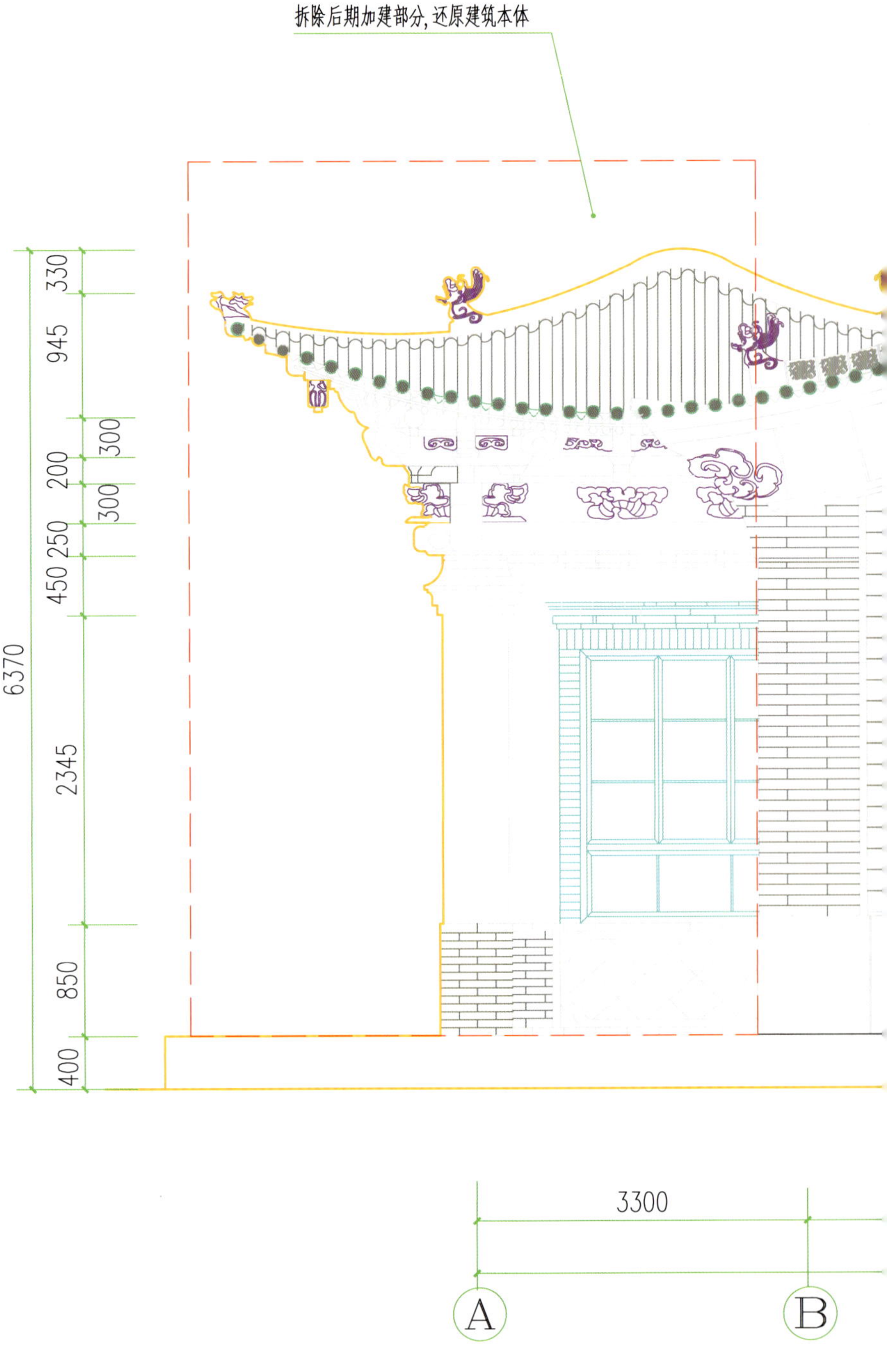

拆除后期加建部分，还原建筑本体
330
945
300
200
300
250
450
6370
2345
850
400
3300
A
B

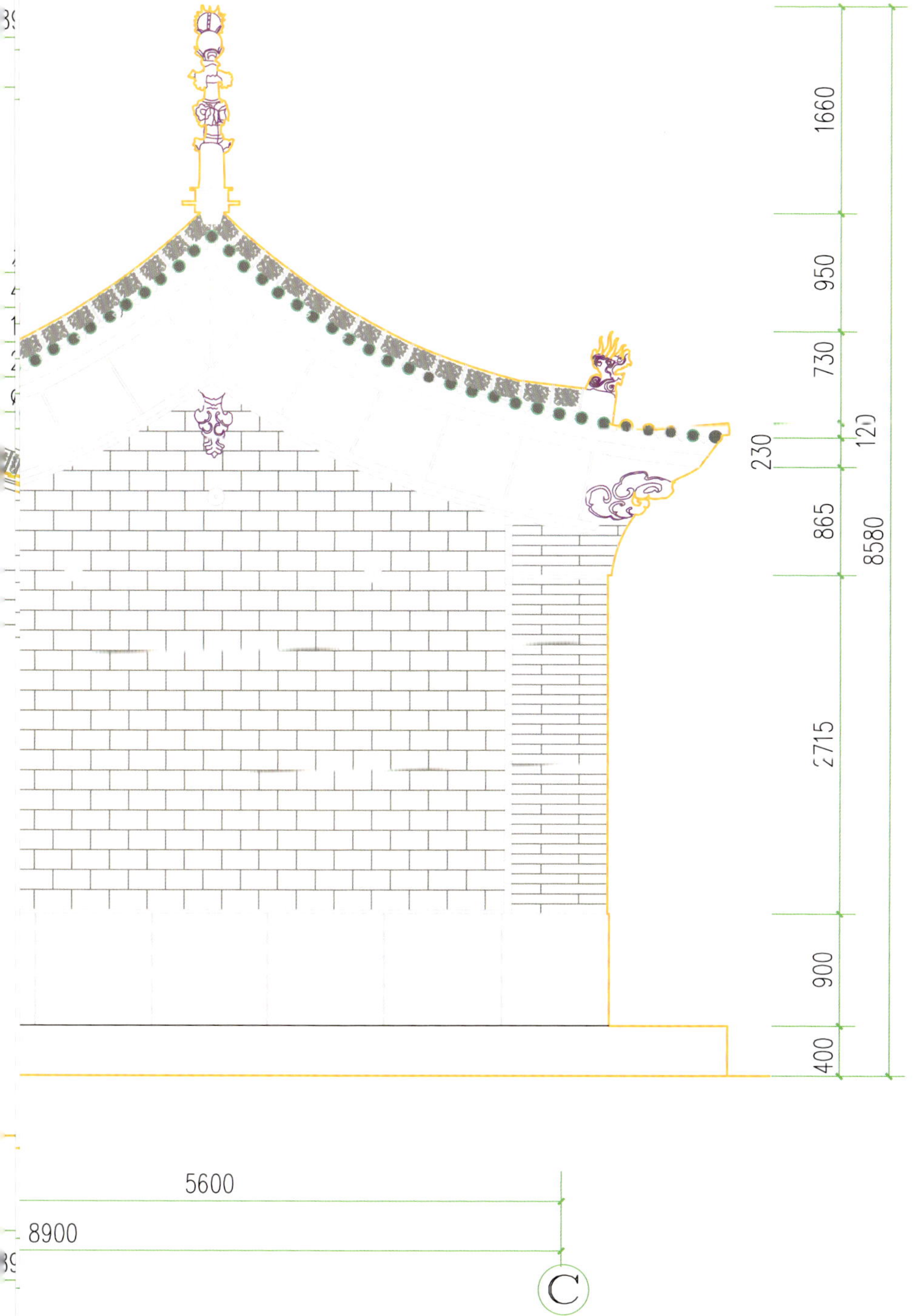

伏羲殿西立面图 1:50

伏羲殿门立面大样图 1:20

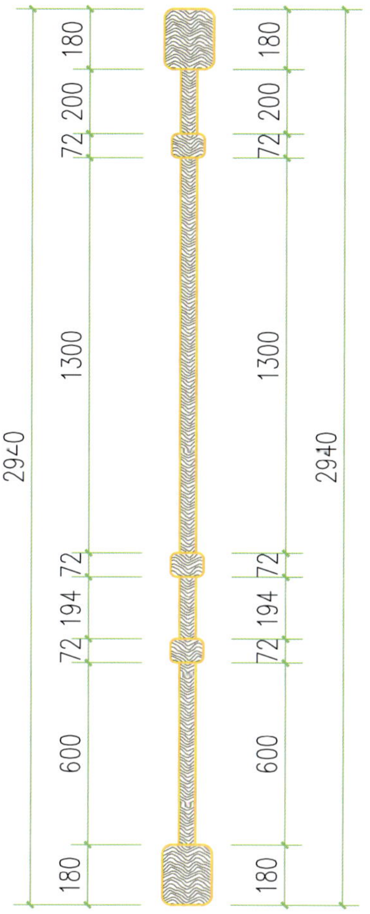

伏羲殿门剖面大样图　1:20

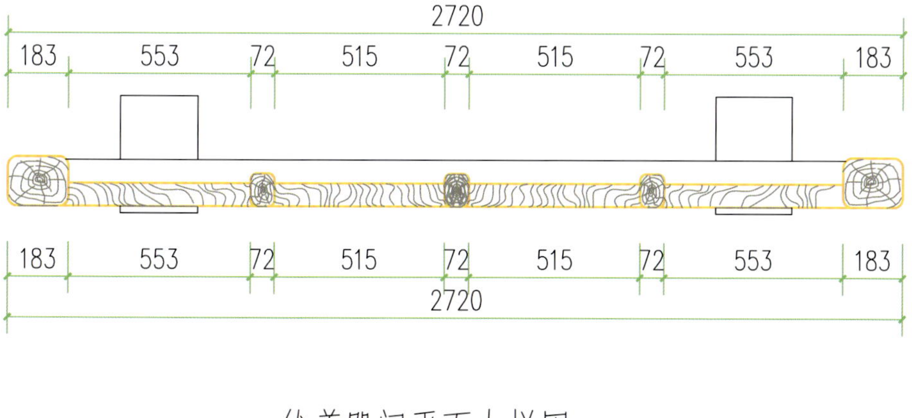

伏羲殿门平面大样图　1:20

吻兽大样图 1:10